INTO THE
PHILOSOPHY

走 进 哲 学 丛 书

黑格尔与当代法国马克思主义

历史与逻辑

夏 莹 著

北京师范大学出版集团
BEIJING NORMAL UNIVERSITY PUBLISHING GROUP
北京师范大学出版社

目　录

引 言 | 当代法国哲学的基本问题与我们的时代

一、众声喧哗中的当代法国哲学

任何思想史的研究在本质上都应隐含着对当下问题的关切与回应。单纯地回顾一段历史，如果仅仅带来对于某些人物以及某个概念抑或观念的简单演绎，这种考察将是一种彻底的抽象。

对于当代法国这一段思想史的考察，一方面是为了展现当代法国思想演进的一种面向；另一方面，则为我们重新思考当下社会现实问题提供一种思想变革之可能性的理论背景。

毫无疑问，当代哲学的舞台自 20 世纪以来已经被法国思想家所占据。当代的法国哲学在某种意义上已经脱离了国别哲学的藩篱，成为当今哲学存在的唯一样态。这一哲学样态的形成过程几乎囊括了与其同代之哲学的所有人物与流派，胡塞尔、黑格尔、海德格尔、尼采、弗洛伊德与马克思，你方唱罢我登场，陆陆续续传入法国，与法国人特有的思想创造力相结合，共同描绘出一幅多姿多彩的当代法国哲学的画卷。对于这段哲学史的叙述方式，国内外学界存在着多条路径，例如加里·古廷（Gary Gutting）与艾伦·施里弗（Alan D. Schrift）认为当代法国哲学或可被划分为三个学派：实证论、精神论和观念论。① 福柯将第二次世界大战后的法国哲学界划分为对立的两个方向，产生了所谓关注经验、意义的"主体哲学"与关注知识、合理性的"概念哲学"②。这一划分影响深远，尤其获得了中国研究界的认同。国内学者诸如莫伟民教授正是在基本接受了这一二元划分之后，按照"意识哲学"和"概念哲学"的两大阵营在其《二十世纪法国哲学》当中来谈论不同的法国哲学家的。③ 杨大春教授在其《20 世纪法国哲学的现象学之旅》当中也倾向于类似的划分，只是将其转变为所谓"实存哲学"（主体哲学）和"概念哲学"（知识哲学）的表述。④相较于这种主题式的分类，还有一种以思想渊源来划分当代法国哲学的做法也颇有影响，文森特·德贡布（Vincent Descombes）这样来划分当

---

① 参见 Gary Gutting, *French Philosophy in the Twentieth Century*，Cambridge University Press，2001，p. 8；Alan D. Schrift, *Twentieth-Century French Philosophy*，Blackwell Publishing，2006，p. 8。

② M. Foucault, *Dits et Écrites IV*（*1980-1988*），Garlimard，1994，p. 764。

③ 参见莫伟民、姜宇辉、王礼平：《二十世纪法国哲学》，导论，北京，人民出版社，2008。

④ 参见杨大春：《20 世纪法国哲学的现象学之旅》，第一章，北京，社会科学文献出版社，2014。

代法国哲学的两个阶段：第一阶段，所谓 3H 阶段，即指在这一阶段中，法国思想界主要受到了黑格尔(Hegel)、海德格尔(Heidegger)以及胡塞尔(Husserl)的影响，形成了独特的法国现象学传统。第二阶段，所谓"三个怀疑大师"的阶段，其所意指的是经过了 20 世纪 60 年代之后，尼采、弗洛伊德与马克思成为当代法国思想批判哲学形而上学之思想利器。[①]

以上种种有关当代法国哲学的划分方式在各自的视角之下都有其合理性。但仅就这一系列不同的划分方式而言，他们虽似乎较为全面地呈现出当代法国哲学的全貌，实际上却没有指明在不同流派、不同阶段的划分当中，当代法国哲学所蕴含的问题主线以及关键人物。在我看来，当代法国哲学始终包含着某种对于人的能动性的强烈观照，因此构筑了一种对主体性原则的探寻，在这一主体性原则当中，主体可能与人直接等同，或者作为一种可能行动的践行者(agent)；由这一问题意识的激发带来了当代法国哲学对两位思想家——马克思与黑格尔的切近与反叛：马克思早在 20 世纪 30 年代就已经伴随着科耶夫对黑格尔的传播而隐蔽地进入了法国，并在 1968 年左右成为法国思想界的显学，支撑 1968 年"五月风暴"的 3M(马克思、马尔库塞与毛泽东)思想在某种意义上不过是马克思思想在当代的不同表现形态。而"五月风暴"则近乎是一个经典的马克思思想的实验。但一个不争的事实是，"五月风暴"作为一种社会运动的失败，并没有带来马克思思想在法国的衰退，恰恰相反，

[①] 参见[法]文森特·德贡布：《当代法国哲学》，王寅丽译，北京，新星出版社，2007。

当 20 世纪 60 年代法国新尼采主义兴起，法国哲学进入所谓三个怀疑大师笼罩之下的时期，马克思再一次与尼采、弗洛伊德一起成为支撑新一代法国学人展开思考的思想路标。在这一时期，政治上对于马克思思想的反叛，最终促使很多思想家更为谨慎而冷静地反观马克思，比如吉尔·德勒兹(Gilles Deleuze)，正是在对马克思思想的追捧过后出版了他运用马克思的方法分析当代资本主义的鸿篇巨制：《资本主义与精神分裂(卷 1)：反俄狄浦斯》。由此在法国思想界形成了一种奇特的现象，几乎所有的法国思想家都或长或短地经历过与马克思思想的邂逅，也因此几乎所有的法国思想家都可以在某种意义上被称为马克思主义者。马克思的思想几乎成为所有当代法国思想家思想的隐形底色，而黑格尔则总是作为他们无法逃避的思想源头。在法国学者的思想视野中，马克思，作为推崇斗争和劳动的哲学家，其思想的核心问题是对富有肉身之人的关注以及其历史的展开。而黑格尔，这个貌似被胡塞尔、海德格尔的"现象学"所遮蔽的思想家，却成为法国人每一次重新审视自己的起点：科耶夫的黑格尔研讨班开启了整个当代法国哲学的问题域，而阿尔都塞、德勒兹等人所掀起的反-黑格尔的热潮在短时间内改变了当代法国哲学的基本方向。但在此，我还想进一步指出这样一点：无论法国学者如何看待黑格尔，他们对于马克思所主导的对于行动主体以及人的能动性的关注从未改变。

正是基于这一基本观点，本书重新展开这段当代法国哲学的发展历程。其间，我将以法国马克思主义的发展脉络为主线，反观黑格尔思想对于法国马克思主义者们的重要意义。这一考察包含着两个目的：第一，阐发当代法国哲学围绕行动主体以及人的能动性所形成的诸多问题域；第二，系统展现黑格尔与马克思在当代欧洲思想界存在的基本样态，并最终探寻马克思思想的内在旨归。换言之，这一考察最终落脚点不仅在于展现一段法国马克思主义思想发展的嬗变过程，更为重要的是对马克思思想自身的再度审视，其中不仅蕴含着黑格尔与马克思在思想史上所具有的一种关联，而且还包括在今天全球资本主义蔓延开来的时代，马克思的幽灵将以何种方式回荡于我们所生活的世界上空，这是我展开这一次法兰西思想之旅的理论诉求。

但这种学理的考察只是问题的一个方面，另一个方面则存在于对于这一学理演进的反思性的追问：为什么在 20 世纪的 30 年代，在法国思想界会产生如此巨大的转变？为什么在这一转变当中，人的主体性原则会成为讨论的焦点？为什么偏偏是黑格尔，这个来自他们所仇恨的国度——德国的哲学家会成为整个思想转变的助推器？马克思又是以何种方式被带入法国思想家的视域当中来的？当然更为重要的是：为什么我们今天需要关心这一段历史，抑或说，这段历史对于当下我们所处的这个时代究竟又有什么样的借鉴意义？

二、当代法国哲学与我们的时代问题：知识论与存在论的矛盾

这些问题的绝大部分会在我们对于理论的梳理当中作为思想演进的现实背景而进入我们的分析视野之内，在此，我想就最后一个问题，即有关这段思想史的考察与我们的时代之间的关系，给出一个我个人的理解。

20世纪30年代的这段法国思想史所展现的是一种知识(认识论)与存在(存在论)之间的对峙，而我们的这个时代正在重新凸显出知识论与存在论之间的内在矛盾。萨特曾在他的《辩证理性批判》当中清晰地指认了他所处时代中特有的"存在和知识的对立"[①]，而马克思在萨特看来之所以成为"我们时代的不可超越的哲学"[②]，是因为马克思从黑格尔那里学会了如何将真理(知识论抑或认识论的问题)容纳在人类学当中来获得理解。但不得不引发我们注意的一点在于萨特对于马克思的这种判定的鲜明倾向：马克思的思想在此似乎以一种人类学的意义完成了知识论与存在论之间的"和解"。在某种意义上，这一和解方式近乎成为整个当代法国思想界的一种理论愿景。至于事实是否如此，只能说愿望与现实之间，实际上还存在着巨大的鸿沟。

事实上，就整个当代法国思想发展的脉络看来，知识论与存在论的两股思潮构成了当代法国思想中近乎并行不悖的两种力量。这在20世纪初期表现为新康德主义与法国黑格尔主义的对垒，这种对垒在很短暂的一段时间里(大约在20世纪的40—50年代)曾表现为萨特的存在主义这一枝独秀，但在20世纪50年代以后，迅速崛起的结构主义实际上接过了新康德主义知识论的接力棒，与萨特的存在论再一次处于对峙状态。时至今日，当代法国哲学最富有原创力的思想家们仍然致力于这两个问题的融合，例如当代法国左翼思想家阿兰·巴迪欧(Alain Badiou)试图以数学的方式，以分析哲学的态度来重新书写一种主体性哲学(在

---

① [法]让-保罗·萨特：《辩证理性批判》(上)，林骧华、徐和瑾、陈伟丰译，2页，合肥，安徽文艺出版社，1998。

② 同上。

某种意义上，任何形式的主体性哲学本质上都是一种人类学），他所努力的方向仍然是萨特当年对于马克思思想的强制性解读而产生的那个美好的愿景：将知识论纳入人类学当中。

　　为什么会出现这种知识论与存在论之间的交替？这是本书随后的章节中会陆续展现的话题，它所牵涉的绝非单纯的理论兴趣，更折射着自20世纪以来的世界历史的现实情境。两次世界大战的阴影，显而易见地被呈现在了这群法国哲学家的思想历程当中，知识论中所包含的理性精神，在这一时期化成了战争中不断翻新的机械化武器。它对于人的存在的威胁是真实而紧迫的。由这种冷冰冰的杀人机器反射出了一种对活生生的人的存在的观照，是这一历史情境的题中之意。但对于一贯富有二元思维的民族来说，对于对立一方的观照从未影响他们对于另一方的诉求。正如法国思想家大都富有双重知识背景，如加斯东·巴什拉（Gaston Bachelard）一般，徘徊于理性与情感的两极之间。后-萨特时代的思想家并没有忘记战争带来的创伤性记忆，同时，他们仍然以相对冷静而科学的态度去观察原始民族的社会结构，他们热衷于与"指涉物"无关的语言学。这种二元刈立的态度难道不是一种现代性的宿命？在现代社会中，一方面将人设定为评判一切事物之合理性的根据；另一方面，人也在这一过程中越来越成为站在这部合理性机器旁边的"人"，一个理性自我运转的旁观者。于是，人与人所构筑的客观性之间的冲突及其和解绝非通过黑格尔的思辨哲学就可以表征和解决的。人与世界之间的鸿沟，在进入20世纪以后不是消失了，而是更为显著地被凸显了出来。

　　如果我们坚持着黑格尔的论断，将哲学视为时代精神的精华，那么法国人的二元性思维①正是这个时代之哲学唯一可能存在的样态。只要这个时代仍未过去，当代法国哲学所彰显的问题域就无法真正地退出历史的舞台。

于是，接下来的问题在于：今天我们的时代问题又是什么呢？吉尔·德勒兹在 20 世纪 80 年代所撰写的哲学鸿篇巨制《差异与重复》的导言中曾对这个时代作出这样一个判定："现代世界是拟像（simulacres）的世界。"②"拟像"概念对于 20 世纪 80 年代的法国大概并不是一个陌生的概念，让·鲍德里亚（Jean Baudrillard）在晚期的媒介理论中也曾经对于"拟像"这个概念情有独钟。③ 两者的判断都具有相当的预见性，他们对于一个时代的概括在今天逐渐显现出其内涵的丰富性。

拟像的逻辑，无论对于德勒兹，还是对于鲍德里亚而言都意味着对复制品与原型的颠覆。④两人都立足对社会现实的观察，发现了媒介的普遍化所带来的一种新的社会现实的构造方式：现实，不是自然而然形成的现存，抑或人们有意为之的人造物，而是被一种人无法左右的外在力量所操纵着，人以及人所创造的一切都不过是这种力量的表现。这种力量，在鲍德里亚那里是可见的媒介，它们以任意性的符号为表现方

---

① 对于这一方面的相关论述可参见[英]苏迪·哈扎里辛格：《法国人是如何思维的》，李虎、李宋乐颖、梅应钰译，北京，新华出版社，2017。这本书的导言部分对此有精彩的论述，并将这一思维方式的演进贯穿始终。

② Gilles Deleuze，*Différence et répétition*，PUF，1968，p. 1.

③ 参见 Jean Baudrillard，*Simulation*，translated by Paul Foss，Paul Patton and Philip Beitchman，Semiotext(e)，Inc.，1983，p. 11。

④ 参见 Gilles Deleuze，*Différence et répétition*，PUF，1968，p. 2。同时还可参见 Jean Baudrillard，*Symbolic exchange and death*，translated by Lain Hamilton，New Delhi 1993，p. 53。

式，符号的自我繁殖成为左右人的一种力量。而德勒兹则陷入了一种抽象的形而上学的设定，他以差异与重复的观念来概括这种现代社会的运行机制。在这个时代，原作没有了，本质消失了。事物获得了无限繁殖的力量，如同杜尚对于达·芬奇的蒙娜丽莎所作出的多次改写，那留着胡子的蒙娜丽莎，与仅有山羊胡子本身的一张白纸以及一张蒙娜丽莎的单纯的复制品成为富有独特性的艺术作品，其原因就在于它们在拟像的逻辑中所具有的合法性。原作的消失，解放了所有的拟像，它们的特异性得到了完全的释放。

　　而随着科学技术的发展，虚拟现实的构筑真正完成了拟像的狂欢。在此，原作不需要被有意地忽视或者否弃，而是从未存在过。虚拟技术在当代社会给人类所造成的危机，不过是拟像逻辑发展到极致必然带来的问题。在德勒兹与鲍德里亚所活跃的 20 世纪 80 年代，拟像技术还未能发展为一种真正的威胁，反而成为一种反抗既有体制、解放想象力的可能的手段，因此，在他们的哲学当中，由拟像所带来的反思，或者是中性的，或者是积极的，但当今天，当 AlphaGo 与 AlphaZero 将人类的棋手打败，人类特有的学习能力似乎被技术的自我运行所破译之后，在拟像逻辑中，复制品对于原作的反叛已经不是一种解放，而是瞬间变成了一种巨大的威胁。人，作为"人工智能-人"的原作，将面临被后者否弃的可能性。

　　哲学面对这样一个时代所给出的注定不是一种简单的迎合抑或愤世嫉俗的批判。哲学的任务，在我看来，仍是在变幻莫测的现实背后发现某些不变的东西。人工智能所代表的科学技术对于人类生存的威胁在某种意义上不过是工业技术诞生以来不断出现的诸多危机和矛盾的升级。在哲学上，我们仍可以将其概括为知识论与存在论之间的冲突与矛盾。

　　虚拟技术无论如何真实地再现了现实，其背后都包含着诸多可计算性要素的累计和变化，它是客观知识体系发展的新形态，它代表着理性体系发展的基本样态。它对于人的现实存在样态的模拟程度的不断提高所彰显的不仅是技术的演进，同时更意味着现代人的存在样态自身所陷入的机械化重复，可被计算性要素还原的异化状态。随着"非理性的人"日益退出现代社会的生活世界，人被还原为机器人的可能性在不断提高。从这个意义上说，哲学需要再一次构筑一种新的带有人类学色彩的存在论，以抵抗拟像逻辑的恶性膨胀所带来的知识论的当代形态。

　　于是，尽管在现实社会中，我们正经历着人类社会从未有过的变革与冲击，但当我们反思这一时代主题的哲学表达的时候，我们却发现它与 20 世纪 30 年代的法国哲学有着惊人的相似性。科耶夫与萨特，伊波利特与阿尔都塞，他们与我们一样都曾经历过面对知识论所构筑的越来越严峻的客观性而不得不反思的过程，抑或曾面临其主体性原则该如何在其中获得恰当的安置的问题。这一问题在没有知识论的挑战之时，还从未显现出它如此强烈的紧迫感。在这一意义上，在今天恢复存在论的讨论，恢复一种可能的人类学，的确再一次成为整个时代的主题。

　　从这一意义上说，我们今天回望 20 世纪 30 年代至今的法国马克思主义发展历程，就绝非出于一种单纯的思想史的乐趣。恰恰相反，在这一段思想史的纷争当中，我们看到了一种试图在哲学层面抵御知识论入侵的理论努力。其中，黑格尔与马克思，前者作为代表法国哲学批判知识论的新康德主义的有效工具，成为新一代法国学人无法绕过的思想史起点，而后者则成为法国哲学试图开拓出一种真正关注人的现实生活本身，并富有强大行动力的理论形态不得不借助的思想资源。因此，黑格尔与马克思成为我们关联这段历史的核心人物。

第一章 ｜ 黑格尔主义进入法国：不可能性
与可能性

一、什么样的思想可以被法国人接受？

黑格尔与马克思思想作为思想流派真正触动法国思想界是极为晚近的事情。两者进入法国思想界的时间大约都在 20 世纪 30 年代。相较于两者在 19 世纪欧陆其他国家所产生的影响而言，法国思想界的反应实在是太过迟钝了。这种迟钝多少有些让人费解，特别当我们在回顾黑格尔与马克思的经典著作的时候，发现黑格尔与马克思在其思想的建构过程中都对法国的思想与现实保持着如此强烈的兴趣与密切的关注，这一迟钝就变得更加让人捉摸不透。

法国人对于自身思想的骄傲，不足以解释这种有意或者无意的忽略，它更无法解释为何在 20 世纪 30

年代，黑格尔与马克思思想在法国学界的勃兴。对于法国思想界而言，对某种思想的接受的前提是这一思想具有两种特质。第一，作为接受者的法国思想界须从其中辨认出作为可能性源头的法国哲学思想。1929年2月23日至25日，在胡塞尔应邀在索邦大学所做的四次有关"先验现象学导论"的讲座当中，作为当时已经蜚声世界哲学界的现象学大师，胡塞尔强调了自身与笛卡尔传统的一致性，甚至将现象学视为笛卡尔思想的当代形态。而胡塞尔的到来近乎是当代德国哲学进入当代法国学界的第一次尝试。胡塞尔在法国哲学传统面前的低姿态，使得现象学以及整个德国哲学得以获得真正进入法国学界的入场券。在某种意义上，我们或可将这一思维惯性视为法国思想固有的傲慢，但同时我们也不得不承认，正是基于对自身哲学传统的固守和继承，任何外来思想对于法国思想界的入侵，最终都激发并成就了当代法国哲学自身新的创造。胡塞尔的现象学以及追随着胡塞尔的脚步而来的黑格尔与马克思哲学的传入，最终都成就了独特的法国黑格尔主义、法国马克思主义。这正是法国哲学特有的吸收方式。

　　第二，进入法国哲学视野的哲学思想需要与当代法国的社会现实之间存在某种呼应关系。柏格森曾这样描述在法国做哲学家所应有的基本特质："法国哲学家们并非为圈内人士而写作，他们的对象是整个人类。"①换言之，在法国的哲学家虽然也在运用概念、范畴与命题来构建哲学，但一个富有深远影响的法国哲学家却从不会将哲学仅仅囿于概念

---

① ［法］丹尼斯·于斯曼主编：《法国哲学史》，冯俊、郑鸣译，扉页，北京，商务印书馆，2015。

与范畴之间的逻辑推论，他们在书斋当中所津津乐道的问题永远与书斋窗外的现实生活息息相关。这表现在法国思想家们并不热衷于思想的玄想，而是更热衷将日常生活的方方面面都纳入哲学。法国年鉴学派的代表人物、历史学家费尔南·布罗代尔(Fernand Braudel)，在其鸿篇巨著《十五至十八世纪的物质文明、经济和资本主义》当中曾以轻松的笔触描述了自身的研究方式与传统历史学研究方式的差别所在："在传统历史的书本上，人是从来不吃不喝的……我以为不应该把糖、咖啡、茶、烧酒等许多食品的出现贬低为生活细节。它们分别体现着无休止的重大历史浪潮。"①这一法国人特有的历史学研究方式同样可以用来描述法国人在哲学上的构筑方式。正因如此，唯物主义传统在法国的盛行由来已久。这一传统从法国诞生，即便在整个被观念论(idealism)所统治的 19 世纪的欧洲大陆上，法国人的唯物主义仍作为强劲的底色支撑着其思想界，甚至时至今日，在法国思想界，一种被称为思辨唯物主义的思潮又以某种独特的方式复兴着"唯物主义"传统。那么究竟何为唯物主义呢？法国当代哲学家阿兰·巴迪欧将所谓客观性优先的原则视为唯物主义的基本原则。这个看似简单而朴素的界定，却切中了法国哲学的基本精神。

客观性，一方面代表着近代以来法国哲学中固有的知识论传统，以及由此引发的科学主义的理论趋向，另一方面则意味着哲学家对于社会现实的密切关注。在法国，真正富有影响力的哲学家都以各种方式介入

---

① ［法］费尔南·布罗代尔：《十五至十八世纪的物质文明、经济和资本主义》第一卷，顾良、施康强译，vi 页，北京，商务印书馆，2017。

公共生活当中。法国思想界的诸多哲学家参与或者直接创办了 20 世纪初期的诸多刊物，并在大众媒体日益发达的今天，深度介入广播、电视与网络等平台。他们可以一边在大学讲台上讲授柏拉图与黑格尔，一边在大众媒体上谈论法国总统与流行电影，并能以某种方式将两者完美结合起来。紧随时代的问题，成为他们进行哲学研究的根本动力和方式。

正因如此，法国哲学家在面对外来思想的入侵之际，并不热衷于讨论这些思想家自身究竟说了什么，而是热衷于追问他们的思想究竟在何种意义上有助于他们解决当时法国社会现实所遭遇的基本问题。正因如此，胡塞尔的现象学可以被同时理解为柏格森的生命哲学与布伦茨威格所主张的新康德主义的德国表达，黑格尔成为密切关注人之生存的哲学人类学家，而马克思则变成了法国共产主义传统的当代继承人。面对如此这般的解读，我们无须质疑它在何种意义上是合理合法的，相反，我们只须清醒地意识到，这些异质思想最终融入法国的方式是变成当代法国哲学的一部分，形成了独特的法国现象学运动、法国黑格尔主义以及法国马克思主义。

当代法国哲学家，在晚年也曾反复称自己为一个马克思主义者的吉尔·德勒兹曾经这样描述自己处理哲学史的方式：

> 我想象自己来到一位哲学著作者的背后，使其生子，那是他的儿子，是畸形儿。那确实是他的儿子，这一点至关重要，因为确实需要由哲学著作者说出我让他说出的一切。而孩子是畸形的，这一点也十分必要，因为哲学著作者应该经历那各种各样令我高兴的偏

移、滑脱、断裂、散逸。①

德勒兹的这一概括对于当代法国思想界而言具有普遍的意义。法国思想界正是逼迫外来的思想生出法国社会现实需要的思想之子。这就是法国哲学接纳外来思想的独特方式。

当代法国哲学也正是在诸多外来思想资源的支撑之下才形成了其独属于法国的哲学贡献。对于 20 世纪的法国哲学来说，黑格尔思想的进入以及随之而来的马克思思想的繁盛是其成就自身至关重要的环节。在此，我们将以历史事实为依据，将考察的时间段拓展至近代，分别考察黑格尔、马克思思想与近代以来的法国哲学之间曾存在过的相互交流与沟通的历史过程，以期在这一过程当中发现前两者与法国精神之间的差异与统一，从而以历史事实为线索，展现黑格尔、马克思思想与当代法国哲学之间最终融合的现实条件。

二、亦敌亦友：黑格尔与法国哲学的基本精神

黑格尔在世之时不仅成为普鲁士的国家哲学家，同时也已经成为欧陆思想的绝对统治者，但在法国，最早有关黑格尔著作的译介工作却开始于 1840 年以后，即黑格尔过世多年以后。在 1840 到 1852 年

---

① ［法］吉尔·德勒兹：《哲学与权力的谈判》，刘汉全译，6 页，南京，译林出版社，2014。

间，借助查尔斯·贝纳（Charles Bénard）在这一时期所撰写的美学课程的著作，黑格尔的《美学讲演录》最早进入了法国。换言之，对于这一时期的法国哲学家来说，黑格尔不过是一个对艺术理论进行过系统梳理的美学理论家。直至 1854 年，在一部名为《黑格尔的主体性逻辑》（*La Logique subjective de Hégel*）的选编本中，黑格尔的《逻辑学》中的三个章节才被翻译为法语出版，它们分别为"观念""判断"以及"逻辑三段论"。但这一引介的结果是将黑格尔仅仅转变为一个形式逻辑的宣讲者。在这一基调之下，黑格尔更为重要的著作在 1855 年以后陆续出版，包括两卷本的《逻辑学》（1859 年），三卷本的《自然哲学》（1863 年、1864 年、1866 年），以及两卷本的《精神哲学》（1867 年、1870 年），由此覆盖了黑格尔的整个《哲学全书》，两卷本的《宗教哲学》则出版于 1876 年与 1878 年。[①] 然而真正激发了当代法国思想界对黑格尔产生浓厚兴趣的《精神现象学》并没有出现在最初的引介书目中。由此带来的一个直接的后果是黑格尔在法国学界仅仅被认为是一个关注概念、范畴之逻辑演进的体系哲学家。而法国思想界对于这样一种哲学并不喜欢。这种体系化的、晦涩的哲学并不符合法国哲学的基本精神。黑格尔的这种晦涩显然与早期法国学界对其著作的翻译有着密不可分的关系。

在 20 世纪 30 年代曾经为法国人重新开讲黑格尔的亚历山大·

---

① 参见 Gwendolin Jarczyk, Pierre-Jean Labarrière, *De Kojève à Hegel*：*Cent Cinquante ans de Pensée hégélienne en France*，Albin Michel，1996，p. 21。

科耶夫(Alexandre Koyré)曾这样描述法国人对黑格尔思想缺乏兴趣的原因：黑格尔著作的晦涩，笛卡尔主义和康德主义哲学传统的强势，黑格尔的新教信仰，然而最首要的是法国人并不相信黑格尔所谓"逻辑综合与历史生产之间的绝对统一性"。相反，对于法国的理性主义者来说，历史与永恒的、存在于时间之外的理性和逻辑总是分离的。①

这一指认在某种意义上是准确的。它除了指出黑格尔哲学对于法国人所呈现出的晦涩外表之外，更为重要的是它触及黑格尔无法引发法国学界兴趣的另外两个重要的原因：其一，当代法国思想长期以来被笛卡尔主义与康德主义所统治；其二，法国思想与黑格尔哲学之间存在着根本差异，这种差异可以简单地归结为法国思想中惯有的二元论思维方式与黑格尔的一元论的体系哲学之间的根本差异。当然，需要特别强调的另一点是，如果这两者与黑格尔思想的异质性如其显现的那样坚不可摧，那么我们就无法解释为何就在科耶夫撰写这一文章的时候，黑格尔思想却突如其来地被法国思想家所热衷。

在此，我沿用了科耶夫的分析框架来敞开另外一种理论的可能性，即在看似与黑格尔哲学格格不入的理论背景中，实际上却可能隐含着与即将形成的法国黑格尔主义的暗合。

---

① Alexandre Koyré, «Rapports sur l'état des études hégélinnes en France», *Revue d'histoire de la philosophie*, 5, 1931(12), p. 150.

(一)在康德与黑格尔之间

正如科耶夫所言，时至 20 世纪初期，在统治法国思想界的思想当中，笛卡尔主义与康德主义仍然是其主流思潮，它们都带有强烈的理性主义传统。20 世纪初期，伴随着物理学与生物学领域的新发展，以柏格森为代表的生命哲学逐渐征服了当代法国思想界，这一哲学形态与近代法国的曼恩·德·比朗(Maine de Biran)的唯灵论融为一体，在当时的法国学界形成了唯灵论与观念论的对峙。前者凸显了对人的存在(肉体抑或精神)的关注，后者则更侧重于对概念的分析和理解。但如果我们回望这段发生在世纪之交的法国思潮勃兴，会看到两种思想流派在形成过程中，不仅在人员上具有相互师承的关系[唯灵论者菲利克斯·哈维桑(Félix Ravaisson)曾是观念论者，如埃米尔·布特鲁(Émile Boutroux)、朱利斯·拉舍利耶(Jules Lachelier)及布伦茨威格(L. Brunschivcg)的先驱]，而且在思想上拥有共同的理论来源——德国古典哲学，即从康德到黑格尔的思想演变过程对于"貌似"分裂开的两派都有深远的影响。唯灵论者哈维桑的思想来源是谢林，观念论者布伦茨威格的思想来源则是康德。而随后于 20 世纪 30 年代传入的黑格尔主义则实际上承担了唯灵论对问题的关注方式，成为当代法国人言说人之存在方式的思想资源。因此在黑格尔传入法国的过程中，以布伦茨威格所主导的新康德主义是否真的阻碍了黑格尔的传入？我们需要追溯这一思潮的形成过程及其基本问题意识来作更为深入的研究。

法国思想界对于康德的译介较黑格尔更早，自 1796 年起，康德的三大批判的相关翻译工作就已经开始，并在 1850 年左右最终完成，从

1786 年开始有关康德的解读就已经在法国思想界展开。① 但真正对于法国思想界产生决定性影响的却是被称为新康德主义的思想流派。这一流派贯穿于世纪之交，一度占据着法国思想的主流。从其诞生之初，该流派即分裂为两条平行的发展路径：其一，以查尔斯·赫奴威耶（Charles Renouvier，1815—1903）的新批判主义（néocriticisme）为代表，其理论的目标在于"将知识还原为现象的法则"②，而这一路径，对于赫奴威耶来说必须借助康德的方法，只是他所谈论的范畴似乎不仅限于质、量等康德所提出的诸范畴，而且还可能包括诸如现实（réalité）与否定（négation），这些概念之间的本质关系成为概念体系的重心所在。其二，以拉舍利耶为主导的康德研究，则与法国唯灵主义的哈维桑保持着不可分割的关系。拉舍利耶自身清晰地指认了这一点：

> 对我而言，正是通过哈维桑，我们学习到我们不是在实体的抑或现象的客观性形式之下来思考存在，而是在精神的、行动的、主观的形式之下来思考……我确信你可以在柏格森与芮博特（T. Ribot）那里，也可以在布特鲁那里，以及在我这里找到这样的想法。这是我们唯一拥有的共同点，由此构成了最近二十年以来哲学运动的整体。③

---

① 参见 Fabien Capeillères，«Généalogie d'un nékantisme français：à propos d'Émile Boutroux»，*Revue de Métaphysique et de Morale*，1998(3)，pp. 405-442。

② Fabien Capeillères，«Généalogie d'un nékantisme français：à propos d'Émile Boutroux»，*Revue de Métaphysique et de Morale*，1998(3)，p. 416。

③ 源自拉舍利耶 1891 年 12 月 8 日写给保罗·珍妮特（Paul Janet）的信。

我们不能忽略这一思想学统的指认，因为在其中，我们看到了被学界区分为两个分裂阵营的思想流派——唯灵论与观念论之间本质上的统一性。对于拉舍利耶而言，康德正是基于对主观形式的研究而成为这一思想学统无法忽视的哲学家："康德将知性的原则还原为纯粹主观的价值，正是通过他，我们获得了决定论原则的合法性。"①借此，我们能否作这样一个断言：正是借助康德，法国的唯灵论得到了确证。如果是这样，法国的唯灵论与新康德主义所代表的观念论之间的对立就不复存在了。而如果这一对立不复存在，那么，新康德主义对黑格尔传入法国的阻碍也必然是有限的。因为正如我们已经指出的那样，黑格尔哲学对于当时的法国哲学界来说，同样是以思考"存在"，特别是人的存在为己任的哲学形态。

赫奴威耶还只是偏重批判性的划界，从而将知识与道德划分为两个不同领域；而拉舍利耶则开启了一种偏重逻辑主义的康德主义传统，就这一点而言，他的思想似乎与同时期发端并流行于德国的新康德主义有异曲同工之妙：后者更为坚定地否定任何"先行的材料"，并将任何经验视为范畴的诸效用，由此被称为"逻辑主义"。② 但拉舍利耶与唯灵论之间如此密切的关联却不得不引发我们的关注。因为正是在唯灵论的哲学中，富有感性的、经验性的生命哲学形式得到了保留。因此当新康德主义者拉舍利耶将其自身归入唯灵论的学统之时，其为法国的新康德主义

————————

①　Jules Lachelier，*Cours de logique*，Éditions Universitaires，1990，p. 15.

②　参见 M. Kühn，《Interpreting Kant Correctly：On the kant of the Neo-Kantians》，In Rudolf A. Makkreel and Sebastian Luft eds.，*Neo-Kantianism in Contemporary Philosophy*，Indianna University Press.

埋下了内在自我悖论的种子。因此，其后不久的布特鲁，新康德主义又
一位重要的代表人物，曾这样说："康德的问题就是我们的问题"，因为
"康德承认了经验是我们知识的唯一来源，如果不依赖于事实（les faits）
我们无法获得有效的知识，同时要保持道德的绝对品行……康德提出了
在科学与道德中抽取出绝对的经验"。① 可以说，从某种角度来看，康
德哲学中所蕴含的二元张力在法国的新康德主义那里被凸显出来，一方
面，其范畴体系所构筑的主观结构成就了强调概念的新康德主义的一
维；而这一主观结构对于经验的依赖性却成就了新康德主义的另一维，
它始终与富有活力的唯灵论纠缠在一处，从而为这一思潮向海德格尔的
存在论转变打下了良好的基础。而对海德格尔的引入与黑格尔进入法国
近乎是同一过程，它以更为直接的对人的存在的关注而成为统治法国
学界的又一重要思想资源，并在实际上左右了法国人对于黑格尔以及
马克思思想接纳的理论方向。对此，我们将在随后的章节展开具体的
分析。

回到新康德主义的问题。法国新康德主义之所以能在相当一段时间
内在法国思想中占据主流，显然与其二元张力有着密切的关联。布伦茨
威格作为当代新康德主义的代表，将现实（la réalité）视为可知性化的
（intelligible）②，因此观念的体系就是世界的体系。这一阐释路径与"法
国的 épistémologie（认识论）"传统有着呼应和契合。而后一种思潮所意
指的不仅包括一般的认识论问题，同时还包括法国独特的科学哲学，以

---

① Émile Boutroux, *La philosophie de Kant*, Vrin, 1926, pp. 11-12.

② Émile Bréhier, «L'idéalisme de Léon Brunschvicg», *Revue Philosophique de la France et de l'Étranger*, 1946(1/3), p. 1.

及科学史等多个领域的相互关联。① 它作为笛卡尔理性主义的实证化变种成为或隐或现的线索始终贯穿在整个法国思想界。布伦茨威格的新康德主义只能算作这一认识论传统中的一支。随着第一次世界大战的结束，世界范围内开始了对理性主义的强烈批判与质疑，法国思想中富有张力的另一维开始再一次滋生萌发。卢梭主义所蕴含的不仅是大革命的狂热，还包括对人之社会性存在的关注，对于人作为理想化生存方式的不懈追求。这一倾向在笛卡尔传统下的认识论中是无法获得真正理解的。虽然新康德主义与唯灵论之间存在着密切关联，但两者都无法触及卢梭主义这一维所关注的问题。因此它们与当时的法国社会现实已经严重脱节。

　　新康德主义因包含着唯灵论的要素为 20 世纪 30 年代现象学的传入提供了理论前提，换言之，尽管德国的现象学，其中包括黑格尔的现象学传统，与法国的新康德主义存在着根本的不同，但由于法国新康德主义将"经验"作为"概念"的前提性条件，因此会不自觉地误认现象学为自己的同道中人，从而以官方哲学的立场接纳了现象学。加之 1929 年，胡塞尔站上索邦大学的讲台，将自己的现象学称为笛卡尔思想的继承，这更是帮助现象学赢得了法国学界同仁的普遍认可。而 20 世纪 30 年代以后，俄裔思想家亚历山大·科耶夫所开设的黑格尔研讨班，则近乎成为引导法国青年学人进入现象学的经典教程。这一研讨班对于早已厌恶了新康德主义传统的法国青年学人而言如同一股学术的清风。在其中他

---

　　① 　参见［法］米歇尔·比特博尔、让·伽永主编：《法国认识论（1830—1970）》，郑天喆、莫伟民译，iii 页，北京，商务印书馆，2011。

们所看到的不是黑格尔晦涩的逻辑学，而是其对于人自身生存境遇的切实关切。

科耶夫的黑格尔研讨班也将黑格尔的整部《精神现象学》视为对笛卡尔"我思"之"我"的持续追问，借助刚刚被法国思想界所接纳的胡塞尔的现象学之名，科耶夫实际上将早期海德格尔的哲学人类学塞入黑格尔的阐释当中。其中马克思也借助"劳动"和"斗争"的概念被带入了法国思想界。[1] 这段历史或可视为当代法国思想界一次集体的青春躁动，新康德主义在此充当着被反叛的对象遭到了集体摒弃，在这一摒弃过程中，曾经激烈批判过康德的黑格尔成为青年一代法国学人的另一个选择。

但由于黑格尔著作法语版本的缺乏，20 世纪 30 年代从科耶夫研讨班中走出的法国黑格尔主义者们所谈论的黑格尔并不是那个在思想史中与康德对立的黑格尔，正如被他们所屏蔽的新康德主义，在某种意义上也不是康德思想自身一样。一个由欲望理论占据主导的法国黑格尔思潮所看到的是一个个活生生的人所组成的相互承认的社会，其中，理论的重心不再是黑格尔的绝对真理的获得，而是对现实的人的存在论分析。在此，科耶夫的工作为后续法国思想的发展同样提供了富有张力的两条道路：其一，他树立了肉身的人在法国哲学研究中的核心地位，为以萨特为代表的人本主义提供了思想的先声；其二，他通过将人界定为欲望的存在，并同时将人之欲望的特殊性阐发为欲望着他者的欲望，从而实质性地掏空了人的本质属性，开启了拉康所代表的非主体性的主体性讨

---

① 参见[法]科耶夫：《黑格尔导读》，姜志辉译，685 页，南京，译林出版社，2005。

论模式。由此，科耶夫再一次为法国黑格尔主义思潮内部构筑了一种二元张力：对人的本质的探寻以及"人的本质实质为空"的最终结论。这一情景如同法国新康德主义与唯灵论的内在糅合一般，最终包含着思想内在的自我颠覆。

法国新康德主义与法国黑格尔主义在问题域上存在着根本的不同：法国新康德主义意味着对认知问题的关注，而法国黑格尔主义将这一近乎抽象的问题转变为一个存在论问题。这一问题的转变对于 20 世纪的法国学人而言并非一种毫无关联的断裂，因为黑格尔的存在论被视为对未解决的康德认识论问题的一种回应。法国黑格尔主义者让·伊波利特（Jean Hyppolite）曾这样描述黑格尔与康德之间的这一承继关系：

> 从笛卡尔到康德，关系问题就始终是知识的核心问题……康德哲学是一个法则的哲学抑或有限确定性之间关系的哲学。黑格尔延续了对这一法则本质的反思，从而证明，所有的天文学知识都预设了时间和空间的关系。他不仅关注在两种量的经验性关联之间的反思，而且还表明了时间的概念是如何预设了空间的概念并反过来被空间的概念所预设……无限是活生生的关系原则。①

换言之，黑格尔用一种近乎生命式的活生生的辩证法进一步说明了康德哲学诸范畴关系的存在论基础。这一转向反映了当时法国思想界的

---

① Jean Hyppolite，*Studies on Marx and Hegel*，translated by John O'Neill，Heinemann Educational Books，1969，p. 8.

集体呼声。与之不同的是，新康德主义者布特鲁又有另一个版本的黑格尔："黑格尔的逻辑试图让非理性，伴随着它所引发的自我悖论，成为概念的条件，成为作为活生生的、富有效用性的现实的理性的条件。"①这种带着浓郁的康德色彩的黑格尔阐释，即将黑格尔的思想仍然视为是为概念设定条件的工作，却表达出了法国思想界对于黑格尔和康德的不同看法：黑格尔代表着某种非理性的倾向，康德则反之。由此可见，这两种解读黑格尔与康德之间关系的倾向实际上都将黑格尔推向了更贴近现实生活的一维，而将康德推入了更抽象的概念的一维。在这一意义上说，较之康德，黑格尔显然更贴近此时此刻的法国的社会现实。两次世界大战不仅摧毁了法国人曾经的辉煌与自信，也摧毁了作为思想之奠基的理性主义的权威性。黑格尔的历史辩证法所包含的张力恰好迎合了当时法国思想界普遍的关切：失败的法国是否正处于辩证的否定性阶段？苦恼意识所规定的人如何在主奴辩证法（历史的存在论）中走出一条人的自我解放的道路？这些问题只能依赖于科耶夫式的黑格尔所构筑的哲学人类学。

从某种意义上说，我们或可作如下概括，从 20 世纪初期到 20 世纪 50 年代，法国思潮的哲学基础从康德转向黑格尔，其所构筑出的哲学也从对认知（概念）的关注转向了对社会实存的关注。在这一转变中，一个充满张力的法国新康德主义（富有生命哲学倾向的唯灵论与实证化的概念哲学的杂糅）与一个充满张力的黑格尔（对人的本质的探寻与探寻为

---

① Émile Boutroux, «Sur la nécessité, la finalité et la liberté chez Hegel», in Émile Boutroux, *Ètudes de la philosophie allemande*, Vrin, 1926.

空的宿命的杂糅)成为思想转变的理论基调。但不管怎样，在法国的新康德主义与新黑格尔主义之间存在着的张力，让它们呈现出了彼此渗透与互释的可能性。换言之，简单地说，新康德主义所构筑的知识学传统阻碍了黑格尔的进入，无法说明黑格尔在传入过程中对新康德主义的依赖，更无法说明随后黑格尔的传播在当代法国思想当中缘何呈现出一种二元论的取向。但如果我们以复杂的视角来反思这段历史，我们会发现法国的新康德主义在某种意义上引导了法国黑格尔主义的阐释方向。

(二)法国哲学中显在的二元论与黑格尔哲学中潜在的二元论

　　法国的新康德主义并没有阻止黑格尔在法国的传播，相反，却以某种隐形的方式推动了其思想的进入。从这一意义上说，亚历山大·科耶夫的相关判定并不那么准确，但科耶夫对于这一问题的另一判定却以某种方式道出了黑格尔在传入法国之后所呈现出的独特样态。在此，我们再一次引用科耶夫有关法国人对黑格尔不感兴趣的原因追溯的后半段：

　　　　然而最首要的是法国人并不相信黑格尔所谓"逻辑综合与历史生产之间的绝对统一性"。相反，对于法国的理性主义者来说，历史与永恒的、存在于时间之外的理性和逻辑总是分离的。[1]

---

　　① Alexandre Koyré，«Rapports sur l'état des études hégélinnes en France»，*Revue d'histoire de la philosophie*，5，1931(2)，p. 150.

在此，科耶夫准确地触及法国哲学的一个重要传统——二元论。从笛卡尔到柏格森，盘旋在法国哲学上空的，始终是一种二元论式的思考方式。黑格尔在《哲学史讲演录》中对于笛卡尔所开创的近代哲学传统给予了高度的评价，将其视为"新世界的哲学"①的开端，对于这种近代哲学的基本特质，黑格尔清楚地意识到它是由"各种对立"所构成的：思维与神的对立、善与恶的对立以及自由与必然的对立等。② 而引发种种对立的原因在于自笛卡尔以来，哲学开始了真正的内在性（immanent）之旅：

> 哲学的原则是从自身出发的思维，是内在性……按照这个内在性原则，思维，独立的思维，最内在的东西，最纯粹的内在顶峰，就是现在自觉地提出的这种内在性。这个原则是从笛卡尔开始的……也就是说，这种思维是全世界每一个人的共同事业、共同原则；凡是应当在世界上起作用的、得到确认的东西，人一定要通过自己的思想去洞察；凡是应当被认为确实可靠的东西，一定要通过思维去证实。③

换言之，笛卡尔因为强化了思维作为确证世界存在的根基所在，实际上反而彰显了思维与存在之间的差异性，在这种看似以思维统摄一切

---

① ［德］黑格尔：《哲学史讲演录》第四卷，贺麟、王太庆译，59 页，北京，商务印书馆，1978。

② 同上书，10 页。

③ 同上书，59～60 页。

的哲学原则当中最终却延伸出身与心、思维与存在的平行二元论。

何以如此呢？原因很简单，从著名的"Cogito, ergo sum（我思故我在）"的命题出发，笛卡尔实际上让我们自觉到了思维（我思）与存在（我在）的分离。因为他将一个原本可能无法分割的共同体分割开来，并将"两者在何种意义上是统一的？"放入一个需要讨论的体系当中，并以此推导出神的存在，以彻底的理性主义的推理方式赋予了神的存在的合理性。神的存在，在笛卡尔那里无非是为思维（我思）与存在（我在）之间的同一性给予的保障。由此，不仅思维与存在、身与心，而且统摄两者的神都成了思维的自我设定。从这一意义上说，笛卡尔为法国哲学所开拓的二元论传统，其最终的目的是树立坚实的主体性原则，从而使得主体与客体、思维与广延处于一种需要通过某种方式将其调和起来的对峙。

严格说来，当 20 世纪柏格森再一次将二元论明确地搬上法国哲学舞台的时候，他并非以另一种形式，诸如物质与记忆、知觉与精神来重述一种笛卡尔式的二元论，而是试图用一种近代生物进化论的基本理论，在富有强大历史感的时间性当中尝试解决法国哲学传统中的二元论。例如他通过对物质的重新界定超越了简单的唯物与唯心的对立。在柏格森看来，所谓物质"是一种意象（image）的集合，我们所说的意象是大于观念论者的表象（presentation），同时又小于实在论者所谓物（thing）的一种存在"①。正是基于这一界定，物质与知觉、记忆与精神之间的差别就不是质性的，那么两者之间的融合就不仅是可能的，而且

---

① Henri Bergson, *Matter and Memory*, translated by N. M. Paul and W. S. Palmer, Zone Bokks, 1988, p. 9.

是必然的。因此，尽管柏格森总是在一种对立性的表达当中谈论自身哲学贡献，诸如性质与数量、自由与必然，但其最终的落脚点却将所有这些对立融合在某种感觉-运动机制之中，在其中构筑一个从物质到物质的运动机制。因此柏格森在当代法国哲学中的地位是独特的，它一方面接管了法国传统哲学中的二元论话语体系，却试图以完全不同的方式实现对它的超越。在笛卡尔那里，对二元论的超越依赖的是对神的设定；而在柏格森这里，对二元论的超越却要依赖于与时间性有着密切相关性的"绵延"(la durée)来实现。但另一方面，柏格森却似乎并没有成就一种真正统一的一元论，而是如柏格森专家皮特·冈特尔(Peter A. Y. Gunter)指出的那样，心与身虽然没有被描述为一种极端化的二元论，却作为一种二元性(duality)仍然保持一种可能的对峙。① 但正是在这种二元性所构筑的张力之间，一种能动性的生命原则被凸显出来。

在某种意义上说，笛卡尔的二元论确立了一种静止的主体性原则，这种主体，作为思维的实体只能依赖神的设定为其与广延的实体构筑一个同一性的原则，而柏格森却依赖构筑一个感觉-运动机制，依赖无法分割的物质与精神的二元性的自我演进而实现一种同一。因此柏格森的二元论充满着张力与活力，它为一种能动的主体性原则提供了哲学阐释路径。更进一步说，从笛卡尔的二元论到柏格森的二元论，法国哲学经历了一种从旁观者理论向行动者实践理论的过渡。

对于这种二元论之差异的自觉直至 20 世纪 80 年代才被新一代的柏

---

① David Ray Griffin, *Founders of Constructive Postmodern Philosophy: Peirce, James, Bergson, Whithead and Hartshorne*, State University of New York Press, 1993, p. 141.

格森主义者德勒兹所阐发出来。德勒兹借助对福柯思想的讨论区分了两种二元论：

> 必须留意二元论一般说来至少有三种含义：有时它涉及一种真正的二元论，它标志着两种物质间（如在笛卡尔作品中）或两种能力间（如在康德作品中）不可化约的差异；有时它涉及一种超一元论过渡的临时阶段，如在斯宾诺莎或柏格森作品中的；有时它涉及一种进行于多元论深处、蓄势待发的分派，这正是福柯的情况。①

在此，德勒兹将笛卡尔与柏格森的二元论传统视为与福柯的二元论不同的两种类型，但显然将柏格森的二元论视为走向福柯的二元论的过渡环节，在所谓静止的"真正的二元论"与动态的"进行于多元化深处、蓄势待发的分派"之间，柏格森的二元论为其后的能动性二元论敞开了可能性空间。

对于德勒兹来说，福柯的二元论体现了一种永恒的对抗性关系，"知识考古学"正是产生于一个可视与可述（意义的表达）的对抗之间：

> 所有知识都由可视迈向可述，反之亦然；然而，并不存在整体化的共同形式，也不具一对一式（bi-univoque）的雷同或对立，仅有以横贯作用并在形式的二元性中找到它自身行动及实现条件的力量

---

① ［法］吉尔·德勒兹：《德勒兹论福柯》，杨凯麟译，86 页，南京，江苏教育出版社，2006。

关系。如果在这两种形式间能相互调适，则是由于它们（在强迫状态下）的"相遇"（rencontre）。[1]

同时，"因为如果可视与可述进入一种二元状态，正是基于他们以各自的形式（作为外在、散射或散布形式）形成两种'多样性'，且无一能被导向某种统一性中：陈述只在言说的多样性中才存在，而可视性则只在非言说的多样性中存在，而且这两种多样性开启于第三种多样性上，即力量关系的多样性，一种漫射的多样性，它不再由前两者通过，而是自所有二元论形式中解放出来"[2]。

在此，德勒兹为我们展现了福柯之二元结构的三个特性。其一，强调了知识考古学得以产生的在可视与可述之间存在的缝隙，从而凸显了某种二元性的不可消除。其二，强调了由可视与可述之间被迫相遇而产生的调适，从而凸显断裂中意义的生成性。前者强调了某种行动可以产生的空间，后者则强调了这种行动得以被激发的某个契机。其三，断裂的两端各自包含着生发多样性的可能性，从而保障了断裂与生成性的不可消除。

德勒兹借助对福柯思想的阐释将柏格森的二元论进行了激进化的演绎。从根本上改变了法国哲学二元论传统的问题指向。从笛卡尔到柏格森，提出二元论并非就是其理论旨归所在，就其本质上说，为二元论探寻一个形而上学式的统一性基础才是其最终的落脚点。两者的差异仅在

---

[1]　[法]吉尔·德勒兹：《德勒兹论福柯》，杨凯麟译，40～41页，南京，江苏教育出版社，2006。

[2]　同上书，86页。

于后者为主体性的实践行动构筑了一个可能性的空间。德勒兹将二元论所敞开的空间推进到多元化的离散，无疑延续了柏格森所开创的路径。

因此当科耶夫指出法国的理性主义者（笛卡尔是其典型代表）并不热衷于讨论逻辑与历史的同一，并认为历史总是与逻辑分离的时候，他是对的。但就其特别凸显了黑格尔哲学中的绝对同一性，而忽略了黑格尔哲学自身包含的二元差异化的理论内涵，并以此判定法国思想界无法接受黑格尔而言，又包含着某种程度的片面性：第一，他忽视了法国思想界面对外来思想时所特有的"消化"能力，换言之，法国人善于按照自身理论的诉求来重构异质的思想，这一点我们会在本书中反复提到并验证；第二，他忽视了黑格尔思想自身潜在的二元化的取向，而正是这一取向的存在，才给予了当代法国思想界对其重构的可能性空间。

在此，我们将以黑格尔的"精神"概念为例彰显黑格尔思想中与当代法国思想有着天然契合度的二元化取向。

黑格尔"精神"概念的提出源于他在法兰克福时期对"和解"之路的探寻。曾经迷恋过古希腊与古罗马的宗教与自由政治体系的黑格尔，在法兰克福时期终于认识到被他所诟病的资本主义社会现实具有无可辩驳的客观性和现实性，于是黑格尔开始为其所洞察到的既存的社会矛盾之"和解"而努力。[1] 只是这种和解并非简单地去除矛盾，作为辩证法大师，黑格尔所试图完成的是如何将矛盾转变为矛盾之和解的动力，甚至必要环节。在此阶段，黑格尔借用了英国经济学中的异化（alienation）概

---

[1]　参见［匈］卢卡奇：《青年黑格尔》（选译），王玖兴译，95～99页，北京，商务印书馆，1963。

念来探寻和解的可能。异化概念最初意指货物的出售，而后在几乎一切自然法的社会契约论里被用以表示原始自由的丧失。① 德语中的"外化"（Entäußerung）与"异化"（Entfremdung）都是对这一概念的翻译。因此黑格尔意义上的"外化"与"异化"都包含着与主体（个人）的疏离。这种"外化"概念对于构建主体性哲学（意识哲学）的意义何在？这构成了黑格尔辩证法得以产生的关键环节。但开辟这一环节的肇始者却不是黑格尔，而是费希特。

费希特进行哲学研究的动机源自这样一个问题：为什么在某个时候客观的东西会变成主观的东西，自在的存在会变为被表象的东西？在费希特看来，要回答这一问题，必须将思考回溯到这一点上，即"客观东西与主观东西在其中不是全然分离，而是浑然一体"②的。这一思考对于黑格尔的和解之路具有启示意义。客观的存在并非与主观毫不相干，它本身就是主观外化的产物，并且这个产物正是对主观存在的一种确认。这一理论在费希特的学说中被表达为自我与非我的关系问题。费希特指出："在我有自我意识以前，我究竟是什么呢？对此，自然的回答是：我根本不是，不存在，因为我〔那时〕不是自我。只在自我对它自己有所意识时，自我才是。"③那么如何才能对自我有所意识呢？"你的内在活动指向自身之外的某个东西（指向思维客体），同时返回自身，指向

① 参见［匈］卢卡奇：《青年黑格尔》（选译），王玖兴译，102 页，北京，商务印书馆，1963。

② 《费希特著作选集》卷三，梁志学主编，3 页，北京，商务印书馆，1997。

③ ［德］费希特：《全部知识学的基础》，王玖兴译，12 页，北京，商务印书馆，1986。

自身。然而按照以上所述，返回自身的活动给我们产生的是自我。"①费希特在此提出了一个重要问题：自我意识的确认需要借助自我意识之外的另一个"他者"才是可能的。

　　在批判费希特的"自我"的基础之上，黑格尔展开了关于"精神"（Geist）的建构。在他看来，费希特所谓自我与非我的对立是一个非法的推理，这不过是纯形式的思辨。因为它的出发点仅仅是自我。"自我是无限的，是能思维的，但却发现自己与一个非我相联系。这是一个矛盾。"②也就是说，费希特的自我在设定非我与受到非我之限制的两重意义上是相互矛盾的，这就像一方面说上帝造物，另一方面又说上帝不得不受到其所造物的限制一样。费希特的自我作为一种无限性的存在，只能不断扬弃非我对自我的限制，从而陷入"恶的无限性，并且永远不断地发现新的界限"③。费希特的自我成了一个理想性的存在。

　　正是在扬弃了费希特的"自我"之后，黑格尔设定了精神的基本内涵。他批判费希特陷入了恶的无限，为了能够阻止这种无限，黑格尔认为需要设定一个精神作为克服这种二元对立的真正出发点和最终归宿。然而，正是在这一点上，黑格尔显现了其与当时德国观念论传统之间的差异。在黑格尔看来，精神并不是一个出于"我思"之"我"的单纯"意识"，作为一种具有真理的"确定性"，"意识本身就是真理"，但"无疑地

　　　① 《费希特著作选集》卷二，梁志学主编，759 页，北京，商务印书馆，1994。
　　　② ［德］黑格尔：《哲学史讲演录》第四卷，贺麟、王太庆译，324 页，北京，商务印书馆，1978。
　　　③ 同上。

这里面也还是有一个他物"。① 进一步说，对于意识而言，"意识同样又是这样的东西，对于它一个他物（即自在的东西）存在着"②，这个"他物"是确证意识存在的必要条件。只是在黑格尔这里，这个"他物"并非构成对意识的"限制"，它与意识"共在"。这一"共在"是意识的高级阶段——自我意识的基本特质，紧接着关于"意识与他物的同一性"论述之后，有这样一段耐人寻味的话：

> 自我是这种关系的内容并且是这种关联过程的本身；自我是自我本身与一个对方相对立，并且统摄这对方，这对方在自我看来同样只是它自身。③

"自我是这种关系的内容"是本段文字的关键。第一，自我意识指的并非意识自身，相反，自我意识总是一个自我与一个对方的共在。换言之，自我的存在总是需要一个"他者"的存在，因此"自我"是一种"关系性"的存在。第二，只是在这个关系中，这个与自我对立的"他者"在本质上仍是自我的一种显现。第一点帮助黑格尔击败了主观唯心主义，第二点则让黑格尔超越了以谢林为代表的"客观唯心主义"。谢林意识到了外化的现实与自我的对立，并且试图用"绝对"来加以整合，但他"在实践与对象之间划了一条不可逾越的鸿沟"，从而导致了"谢林给自己提出

---

① ［德］黑格尔：《精神现象学》上卷，贺麟、王玖兴译，115 页，北京，商务印书馆，1979。

② 同上。

③ 同上书，115～116 页。

来的问题就成了无法解决的问题了"。① 现在留给黑格尔的问题是，如何通过外化的逻辑来整合这个"自我本身与一个对方"的对立。

需要特别关注的是，在黑格尔这里，这个"对立"本来就不存在。因为在他看来："自我意识是从感性的和知觉的世界的存在反思而来的，并且，本质上是从他物的回归。"②换言之，自我意识本身就是意识从他者那里得到确证的结果。自我意识是反思的结果，自我意识注定只能以"共在的""关系性的"方式存在。因此对以下这段话的理解就变得至关重要：

> 意识，作为自我意识，在这里就拥有双重的对象：一个是直接的感觉和知觉的对象，这对象从自我意识看来，带着否定的特性的标志，另一个就是意识自身，它之所以是一个真实的本质，首先就只在于有第一个对象和它相对立。自我意识在这里被表明为一种运动，在这个运动中它和它的对象的对立被扬弃了，而它和它自身的等同性或统一性建立起来了。③

对自我意识的理解，必须从"双重化"（或者同时也就是一种二元论）的含义中来获得。自我意识不是单纯的、单一的意识，而是一种运动，

---

① ［匈］卢卡奇：《青年黑格尔》（选译），王玖兴译，103 页，北京，商务印书馆，1963。

② ［德］黑格尔：《精神现象学》上卷，贺麟、王玖兴译，131 页，北京，商务印书馆，1979。

③ 同上书，132 页。

是自我（意识）与非我（他者）的相互确认。黑格尔的自我意识就是一个外化及其复归的过程。这是黑格尔的外化逻辑与费希特与谢林等人的思想的最大区别：外化的对方并非异质的一个存在，而是另一个自我。因此外化及其复归是可能的，并且，就自我意识的内涵而言，这种复归的重点并非在于复归为何物，而是作为一种复归的运动本身。早期的黑格尔曾经用"生命"概念来表达这种外化逻辑的过程，这个含混的概念甚至一直保留到《精神现象学》当中，被黑格尔用来描述那个"诸多差别的扬弃"的"活生生的"过程。①

对于黑格尔来说，自我意识在"共在"中得以实现："欲望的满足诚然是自我意识返回到自己本身，或者是自我意识确信它自己变成了〔客观的〕真理……但是它这种确信的真理性实际上是双重的反映或自我意识的双重化。"②换言之，复归了的自我意识同样需要他者的确认，从这一意义上说，两个自我意识只有在"共在"中，才能相互确认，也才能成就自我意识的存在：

> 这里的问题是一个自我意识对一个自我意识。这样一来，它才是真实的自我意识；因为在这里自我意识才第一次成为它自己和它的对方的统一……说到这里，精神这一概念已经出现在我们前面了。意识所须进一步掌握的，关于精神究竟是什么的经验，——精

---

① 参见[德]黑格尔：《精神现象学》上卷，贺麟、王玖兴译，133 页，北京，商务印书馆，1979。

② [德]黑格尔：《精神现象学》上卷，贺麟、王玖兴译，121 页，北京，商务印书馆，1979。

神是这样的绝对的实体，它在它的对立面之充分的自由和独立中，亦即在互相差异、各个独立存在的自我意识中，作为它们的统一而存在：我就是我们，而我们就是我。意识在自我意识里，亦即在精神的概念里，才第一次找到它的转折点，到了这个阶段，它才从感性的此岸世界之五色缤纷的假象里并且从超感官的彼岸世界之空洞的黑夜里走出来，进入到现在世界的精神的光天化日。①

"精神"概念在此出场了。它包含了两个层面的含义。

第一，自我意识的双重化就是黑格尔"精神"概念的内涵。Geist（精神）在德语中的含义除了作为"意识"的精神之外，还包含着"精神实体"的内涵。换言之，Geist 在黑格尔的视域中从来都不是一个纯粹意识的存在，相反，其概念本身就包含着精神与被精神所外化的对象，并且精神也只有在这种外化的精神实体中才得以显现。由此，例如石头、树木等"物质"的存在也可以是精神。为了表达精神的这种"共在性"，黑格尔说出了那句令人费解的命题："我就是我们，而我们就是我。"②我的复数化的存在方式才是自我的本真的存在方式，也就是"精神"的存在方式。

第二，黑格尔指出了"精神"概念所完成的哲学使命——对于粗陋的唯物主义（感性的此岸世界之五色缤纷的假象）和主观唯心主义（超感官的彼岸世界之空洞的黑夜）的双重超越，而精神概念是黑格尔得以实现

————————

① ［德］黑格尔：《精神现象学》上卷，贺麟、王玖兴译，138 页，北京，商务印书馆，1979。

② 同上。

超越的关节点。精神概念的建构使黑格尔在思维与存在、感性与超感官、客观与主观之外找到了"第三者"，它摒除了哲学立场上的非此即彼，哲学由此不再被迫选择从"物质"出发还是从"意识"出发。黑格尔洞悉了这两条道路的同质性："思维就是物性（Dingheit），或者说，物性就是思维。"①进而用精神概念超越了思维与物性共有的抽象性，而他力图把握的"现在世界"的现实性也不再是从两种不同立足点出发所推导出来的，而是一个流变的过程本身："我们对于意识也许不可以说它有冲动，因为它直接有对象，而相反地，精神则必须被理解为冲动，因为它本质上是活动。"②早期黑格尔用"生命"概念来对其加以讨论，精神概念的出现，剔除了生命概念中的神秘性与含混性。简言之，精神就是意识既外化又复归的整个过程，就是意识与意识之外化的"共在"状态。而正是在这一共在状态之中，黑格尔的统一性哲学中的二元论取向显露无遗，这不仅表现在精神必须以自我意识的双重化为其前提这一方面，另一方面精神在本质上就是一个富有能动性的过程。在这一意义上说，我们甚至可以作这样一个更为大胆的推论，黑格尔的精神概念所彰显的"统一性"更接近于笛卡尔调和二元论所作的有关神之存在的论证，自我与他者的共在是神（精神）之合法性论证的必要预设；精神概念所彰显的能动性过程，则与柏格森所呈现出的以（时间性的）绵延为核心的生命哲学有异曲同工之妙。

　　关于黑格尔的精神概念，西方学界主要存在三种不同的解释。其一，将精神等同于康德的先验自我。这种观点无非是将黑格尔塞入笛卡

---

　　① ［德］黑格尔：《精神现象学》下卷，贺麟、王玖兴译，110 页，北京，商务印书馆，1979。

　　② ［德］黑格尔：《精神哲学》，杨祖陶译，245 页，北京，人民出版社，2006。

尔传统之中，从而将精神等同于"我思"，并囿于纯粹主体性哲学当中。其二，将精神视为康德先验自我的"所指"或者"承担者"。其中将所指指向抽象的人本身的，被称为"左派黑格尔"；将所指指向"上帝"的，则被称为"右派黑格尔"。这两派的解读注定要被黑格尔所拒斥，因为它们在本质上是对费希特和谢林的回归。① 费希特与谢林遗留给黑格尔的问题仍然是意识与存在（现实）如何实现统一的问题。如果将精神概念解读为一种带有唯心主义色彩的、超验性的存在，那么这实质上是把黑格尔的精神概念与费希特和谢林的"自我"和"绝对"等同起来，精神也至多不过是现实经验世界背后的固定不变的本体论基础。从这一意义上说，它们并没有从根本上反叛康德，也没有解决康德留下的"物自体"问题。

从根本上看，黑格尔要走的道路并没有脱离意识哲学的固有轨道。但他却对这种纯粹意识所主导的"先验性"保持一种批判的态度。因为这种先验性总是通过设定不同的僵死的"定点"来展开对世界的构造，例如黑格尔谈到作为异化的精神的两种存在方式——以思维为出发点和以物质为出发点的区别"并不在于事情本身，而纯粹只在于，两派思想形成的出发点不同，并且两派在思维运动中各自停留于自己的一个定点上原地不动。假如它们越出它们的定点，它们就会走到一起，并且认识到，那在一派看来据说是一种可恶的而在另一派看来是一种愚蠢的东西者，乃是同一个东西"②。简而言之，从思维和物质这两个不同的定点出发，

────────────────

① Robert R. Williams, "Hegel's concept of Geist", In G. W. F. Hegel, *Critical Assesments*, edited by Robert Stern, Routledge, 1993, pp. 538-539.

② ［德］黑格尔：《精神现象学》下卷，贺麟、王玖兴译，109 页，北京，商务印书馆，1979。

其最终旨归是一样的。因为一旦开始运动，就会发现，它们所走的是同一条道路，即意识之路。因此这两个不同的定点在先在性的意义上是"同一"的，世界总是在一种先在性中被设定。对于黑格尔来说，这种先验的设定并不存在。所有事物包括最高阶段的绝对精神，都是在一个过程中展开自身的。从这一意义上看，我们可以理解对黑格尔的这样一种阐释："（在黑格尔那里）超验不再是在本体论上与世界分裂，超验也不再是现象世界的先天条件和基础，相反，超验成为一个介入生活世界的中介。"①在黑格尔哲学中，精神概念是最能体现这种介入生活世界的中介思想的一个概念。

由此形成了关于精神概念的第三种解释，即精神不是意识或者自我意识，而是自我意识的双重化，或者更为确切地说是以主体间性为内涵的"承认"。这一路径正是当代法国思想家科耶夫开创的。这一解读充分彰显了黑格尔哲学与前德国古典哲学的区别所在，并且有可能消解黑格尔哲学的唯心主义特质，如将"承认"的双方直接等同于现实的具体的人，从而使精神概念成为现实的社会化的主体间性。它可能在某种意义上构成了黑格尔哲学的过度阐释，却成为当代法国哲学介入黑格尔的有效入口。同时也为黑格尔哲学自身的拓展性研究作出了独特贡献。因为就理论性质上看，黑格尔固然批判了康德所代表的形式主义和以谢林为代表的神秘的浪漫主义，但他所努力破除的不是二者所固有的意识哲学外壳，而是他们用一个固定僵死的"定点"来构造世界的理路。从这一意

---

① Robert R. Williams, "Hegel's concept of Geist", In G. W. F. Hegel, *Critical Assesments*, edited by Robert Stern, Routledge, 1993, p. 543.

义上说，精神的提出就是这种破除的努力。因此，面对黑格尔的精神概念，问题不在于纠结它究竟是"精神"还是"精神实体"，而在于凸显其所包含的对立双方的"共在性"的架构方式。而对这种共在状态的凸显不仅让黑格尔的哲学看起来更接近法国哲学的二元论传统，更为重要的是，它让黑格尔哲学更为接近马克思，从而使得法国哲学借助黑格尔，竟然成就了马克思思想在法国的一度辉煌。

三、黑格尔与法国大革命传统：契合与反叛

(一)契合：罗陀斯岛上的舞蹈

相比于法国人对黑格尔哲学的迟钝，黑格尔对法国哲学、法国的语言以及法国的艺术之热爱是众所周知的。虽然晚年的黑格尔持有一种显而易见的保守主义的立场，但他却似乎对法国大革命及其内在的哲学精神持一种赞赏的态度。据说 1789 年法国大革命爆发之时，在图宾根神学院学习的黑格尔和他的室友谢林以及荷尔德林一起在图宾根附近种下了一棵自由之树，并将卢梭视为他心目中的英雄。[①] 黑格尔在《历史哲学》中更是对法国大革命给予了高度评价："这是一个光辉灿烂的黎明。一切有思想的存在，都分享到了这个新纪元的欢欣。一种性质崇高的情绪激动着当时的人心；一种精神的热忱震撼着整个的世

① 参见侯鸿勋：《黑格尔对法国革命的态度》，见《外国哲学》编委会编：《外国哲学》第 2 辑，26 页，北京，商务印书馆，1982。

界，仿佛'神圣的东西'和'世界'的调和现在首次完成了。"①这一点在法国相关文献的记载中也得到了确认。法国著名的哲学家维克多·居桑（Victor Cousin，1792—1867）曾经记载了自己于 1816 年在海德堡拜访黑格尔的场景，并直接感受到了黑格尔对于法国精神的热爱：

> 在汽车离开的几个小时之前，我决定去拜访黑格尔，但，那一天，汽车最终却没有带走我，次日，它仍然没有能够带走我，第三天，我虽离开了海德堡，却带着一定会在回法国之前再一次返回这里，并住上一段时间的坚强决心。究竟发生了什么？并不是他拥有出色的口头表达抑或他的言谈包含着什么魅力吸引了我，他总是艰难地用德语来表达他自身，他讲法语讲得太糟了……但黑格尔先生喜欢法国，他热爱法国大革命，并且总是向我展示一种带着拿破仑式的表达……黑格尔先生一方面很自由，一方面又很推崇君主制……但黑格尔先生拥有一种无限的自由精神。②

这是远在黑格尔被引入法国之前，一位法国哲学家对黑格尔的直观印象，同时也为我们提供了黑格尔本人切近法国精神的直接佐证。但这种热爱是充满矛盾的，正如在居桑这里所指出的那样，黑格尔一方面很推崇自由，一方面又如此热衷于君主体制。这样一种矛盾的心态可以说贯穿整个黑格尔的思想和他的一生。严格说来，其基调并没有改变，日

---

① ［德］黑格尔：《历史哲学》，王造时译，418 页，上海，上海书店出版社，2001。

② Gwendolin Jarczyk，Pierre-Jean Labarrière，*De Kojève à Hegel：Cent Cinquante ans de Pensée hégélienne en France*，Albin Michel，1996，pp. 18-19.

常生活中的黑格尔因对自由的绝对诉求而热爱着法国大革命，却在其所有的冷静的理论研究当中反思和批判了法国大革命以及其所隐含的启蒙哲学的理论旨归。后一种取向在其早期的《精神现象学》中已显露无遗，并随后在其《历史哲学》与《法哲学原理》中都得到重申。对于黑格尔来说，法国大革命对自由的绝对化的追求带来的是绝对的恐怖，罗伯斯庇尔所树立的"德行"，对于黑格尔来说只是主观的意见，它带来的必然是混乱的任意的暴行。黑格尔很早就洞悉到罗伯斯庇尔可能具有的危险性，在他给谢林的信中这样说："您知道卡里厄被绞死这回事吗……人们说在符腾贝格法国报纸是被禁止的。这件事很为重要，它暴露了罗伯斯庇尔的全部危害性。"①对于黑格尔来说，国家与君主制是遏制这种主观任意的可能性道路，而在法国大革命中，法国人却如此轻易地将自己的仁慈的路易十六送上了断头台。

这是处于历史变迁中的黑格尔所特有的一种理论立场，黑格尔不仅看到法国大革命的爆发，并在其生活的年代同时看到了法国大革命所带来的革命的恐怖，这使得黑格尔思考整个社会规范，并且在其法哲学原理的建构当中对于国家与君主制抱有如此坚定的信念。而早于黑格尔的康德，因为并没有能够看到大革命的真正后果，才对大革命表现出更多的同情，而晚于黑格尔的马克思，则似乎更多地看到了法国大革命所带来的拿破仑第二帝国的可笑复辟，才表现出了对于革命之未完成的痛惜，以及对于探寻彻底革命之可能主体的热衷，并最终决定了他否弃国家的激进立场。在某种意义上说，法国大革命如同一个时代的幽灵总是

---

① 《黑格尔通信百封》，苗力田译编，31 页，上海，上海人民出版社，1981。

盘旋在德国思想家的头脑之中，成为他们构筑其思想的基石。卢卡奇在《青年黑格尔》当中明确地指认了这一点：

> 我们再重复一遍：我们在此所考察的那些被智性反思所触及到的重大历史事件正是法国大革命以及其随之所产生的法国阶级斗争，其后果对于德国的内部问题产生了深远的影响。一般说来，这一时期的表象化的意识形态的伟大程度与其对于这一世界性的历史时刻在多大程度上充满兴趣有关。费希特的哲学到达了一种死亡-终结点(dead-end)，因为他并不能解决德国民主国家革命的矛盾。相反，在歌德和黑格尔的《精神现象学》与《逻辑学》当中，我们却拥有了对于整个意识形态发展产生了决定性影响的著作。①

卢卡奇的这一指认实际上触及了哲学在近代的一次重大的转变。在德国古典哲学之前，哲学与时代的关系从未如其所表现的那样密切。但从德国古典哲学开始，哲学家却开始不再将自己的视野仅仅局限在方寸之间的书房里，而是自觉抑或不自觉地将自己融入历史变化的大潮当中。正如我们在前文中已在学理层面所详尽展开的那样：即便对于在人生中的大部分时间中都将自己的哲学旨趣放在对"知识学"研究的康德而言，仍有一本《历史理性批判文集》，在其中他对其所处的启蒙时代进行了深入剖析，甚至对于世界实现所谓"永久和平"的理想状态提出了一些可实施之策略，这一哲学的态度在德国古典哲学之前是很难想象的。自

---

① Georg Lukács, *The Young Hegel*, The Merlin Press Ltd, 1975, p. xxvi.

黑格尔哲学伊始，这一哲学与时代之间的关联性得到了更为自觉的表述。青年黑格尔在其所谓"耶拿时期"不仅密切关注着法国大革命的发展进程，更将研究延伸到英国的政治经济学。后者诞生于并服务于刚刚勃兴的资本主义市民社会，其充斥着市侩色彩的理论底色与德国的思辨哲学原本并不相容，但青年黑格尔却能有意识地将其纳入他的反思体系当中，这与其独特的哲学观不可分割。卢卡奇对此给予高度的关注与赞许，在他看来，黑格尔之所以能与其同时代的思想家分割开来，关键并不仅仅在于"他对于法国大革命与拿破仑时代给出了最伟大的和最公平的德式评价。另外，他是唯一一个极为严肃地试图去把握在英国所发生的工业革命的德国哲学家"①。卢卡奇花去大量的笔墨来凸显黑格尔在青年时期对于政治经济学的关注，以至于让青年黑格尔与青年马克思成为一对思想的双胞胎。这种阐释或许是过度的，却从一个侧面彰显了黑格尔所开拓的哲学独特性。

黑格尔在其《法哲学原理》中将哲学与时代之间的这种密不可分的关系视为哲学的任务：

> 哲学的任务是要把握这个现在所是的东西(das，was ist)，因为这个所是，就是理性。就个体而言，每个人本来都是他时代的产儿；那么，哲学也就是被把握在思想中的它的时代。妄想一种哲学超出它的现在世界，就像一个人妄想跳出他的时代之外，跳出罗陀斯岛一样，是愚蠢的。如果它的理论确实超越了时代，而建设一个

---

① Georg Lukács，*The Young Hegel*，The Merlin Press Ltd，1975，p. xxvi.

依照应然存在的世界，那么这个世界诚然也存在，但只存在于他的意见——一堆散沙中，人们可以随意添加任何想象的成分。[①]

因此，尽管黑格尔的哲学带有保守主义的理论色彩，但其哲学却与法国哲学拥有共同的理论旨趣，从黑格尔开始，哲学走出了书斋化的理论姿态，它不仅仅是一个世界、一个时代的旁观者，更是这个世界、这个时代的介入者。他不仅将哲学世界化了，同时更为重要的是他开启了将世界哲学化的过程。而哲学与时代的这种密不可分的关联性，同样也是当代法国哲学精神的基本旨归。

（二）反叛：对启蒙的反思与批判

当代法国人接纳黑格尔思想之所以如此缓慢，其理论的晦涩性只能算是表面化的原因，鉴于德语语言的障碍，黑格尔的同代人以及其后继者在很长一段时间内都未能领会到黑格尔哲学中与其内在精神气质相契合的那种"现实性"维度。相反，他们看到的更多的是黑格尔对于法国大革命以及作为其思想支撑的法国启蒙精神的一种"激进化"的批判，而从根本上忽视了黑格尔对于这一政治运动与哲学思想中所包含的"自由"的赞许，只是对于黑格尔来说，这种"自由"，由于它仅仅是一些依照公理概念而重新缔造的原则，因此失去了它合乎理性的现实性维度。因此正如法国人厌弃黑格尔的哲学太过抽象和晦涩一样，黑格尔强烈地批判了法国大革命的自由太过抽象和哲学了。黑格尔在《历史哲学》中这样批判

---

① ［德］黑格尔：《法哲学原理》，邓安庆译，13 页，北京，人民出版社，2016。

法国大革命：

> 有人说，法国大革命是"哲学"的产物，而"哲学"又被称为"世界智慧"，不是没有理由的，因为它不但是在自己和为自己的"真理"，作为纯粹的本质，而且也是唯一的真理，只要它在世俗性中变成生动。所以我们不能够否定那种说法，说法国大革命从"哲学"得到第一次的推动。但是这种哲学起初只是抽象的"思想"，不是绝对的"真理"的具体的理解——两者之间有着一种不可测度的区别。[1]

换言之，在黑格尔看来，法国最为生动而鲜活的现实革命是比他的哲学更为抽象的一种哲学，因为在这里，自由只是一种主观的原则，它的纯粹性与绝对性让它仅成为一种抽象的"思想"，而绝对的真理需要抽象的思想与现实客观性的和解，自由在这种和解中才是具体的。而抽象的自由仅仅是绝对恐怖的表达方式。后者构成了黑格尔批判革命以及其哲学基础——启蒙的全部理由所在。

在某种意义上说，启蒙不仅是法国大革命的先导，同时还是它的理论表达方式。在黑格尔那里，大革命流血的事实使黑格尔带有了一种预成性的批判视角。在这一视角之下，启蒙被凸显为一种主观主义的基本原则，抹杀了它原本具有的丰富性。

---

[1]　[德]黑格尔：《历史哲学》，王造时译，416～417 页，上海，上海书店出版社，2001。

　　鉴于此前我们已经系统地梳理了近代启蒙思想与黑格尔以及马克思所共同分有的理论前提和结论，在此对启蒙的相关讨论不再赘述。需要再度强调的是，黑格尔对启蒙问题的分析几乎全部依附于对法国大革命的讨论。在其中我们的确看到了黑格尔对于这段法国历史清晰的理论立场。

　　在黑格尔的"精神现象学"的发展历程中，启蒙作为"精神"章中的精神之自我异化的环节中的一部分，就其所处的发展阶段而言，仍然属于精神的未完成，抑或未成熟的状态之中。在被称为"教化"的阶段，精神塑造了两个分裂的世界：现实的个体化构筑的伦理世界（现实的自我意识）与信仰的世界（纯粹意识）。启蒙被黑格尔称为"纯粹识见"，它"作为理解把握着自身的自主体完成了教化"①，而这种自主体即意味着"把一切东西都进行概念式把握，消除一切客观事物，把一切自在存在都转化为自为存在。当它转而反对信仰，也即反对那个一级的、位于彼岸世界的本质王国时，它是启蒙"②。换言之，启蒙精神成为一种纯粹的主观主义，并试图在自身之内制造种种对立，比如启蒙与信仰的对立、思维与物性的对立，但这些对立，由于在本质上都是一种主体的抽象，因此他们的对立在本质上是虚假的。黑格尔对此有着极为深刻的批判。③ 黑格尔指出：

---

① ［德］黑格尔：《精神现象学》，先刚译，301 页，北京，人民出版社，2013。
② 同上。
③ 参见［德］黑格尔：《精神现象学》，先刚译，334～342，355～357 页，北京，人民出版社，2013。

当纯粹识见达到完成时，它会认识到当初客观的内容其实是它自己的内容。但这样一来，完成的结构就既不是重新制造出它与之斗争的谬误，也不是仅仅成为它的最初的概念，而是成为这样一个识见，即认识到绝对的自我否定是它自己固有的现实性，就是它自己，或者说是它的自我认知着的概念。——这就是启蒙与各种谬误之间的斗争的本性：启蒙是在与自己进行抗争，它所谴责的正是它所主张的东西。这一点已经呈现在我们面前，换言之，这是启蒙及其斗争的自在的本质。[1]

在此，黑格尔已经看到了启蒙的自我悖论："启蒙是在与自己进行抗争，它所谴责的正是它所主张的东西。"这种说法与 140 年以后的霍克海默与阿多诺如出一辙。这绝非历史的巧合，而是整个启蒙思想在经过费希特改造之后必然走向自我悖谬。一方面，费希特对于绝对自我的观照，使得启蒙理性成为主观主义主导下的绝对自由，这种绝对自由所代表的普遍事业"始终只能面对一种否定的行动；它只能是那些带来毁灭的弗里亚女神"[2]。因此启蒙理性在 18 世纪为世界带来法国大革命的恐怖，在 20 世纪为人们带来两次世界大战的硝烟。另一方面，费希特对于统一性的追求带来了对体系性科学的迷恋。黑格尔哲学虽然已经看到了费希特思想中的绝对自我的同一性与谢林思想中绝对自然的同一性都是片面的，却没有根本放弃同一性本身，他在将差异化加入体系之中以

---

[1]　[德]黑格尔：《精神现象学》，先刚译，338 页，北京，人民出版社，2013。

[2]　同上书，364 页。

后，将同一性逻辑转变为某种"统一性"。辩证法被纳入一个完美的思辨体系之内，尽管为其思想带来了诸多张力，但最终由绝对所构筑的"一"并没有消失。这种体系化的统一性的诉求，在现代性的运演逻辑中自然而然地被转变为一种试图将一切事物纳入合理化过程的思想倾向。而合理化过程的实现与计算化、商品化的过程之间只有一步之遥。因此，卢卡奇在其《历史与阶级意识》当中揭示出了资本主义的二律背反与现实的物化现象之间所具有的本质关联，其洞见是极为深刻的。

从这一意义上说，黑格尔对启蒙的批判，虽然带有理论预成性"偏见"，却可能在某种意义上触及丰富的启蒙自身的内在悖论。而法国大革命只是这种悖论性表达的极端形态，而贯穿于我们当下的工具理性思维的统治又何尝不是这种启蒙理想的悖谬性发展的日常化形态呢？从这一意义上说，黑格尔对启蒙的解读影响了当代西方马克思主义者对于启蒙的批判，这也是情理之中的事情了。

基于以上的分析，我们不仅为法国思想为何迟迟不能接受黑格尔思想提供了一个学理上的分析（黑格尔对于启蒙的批判以及其对法国大革命的拒斥），同时又为当代法国思想为何能够在 20 世纪 30 年代全面接受黑格尔提供了一种理论可能性的分析（黑格尔哲学与法国哲学在理论论域与学理思路上具有一致性）。当然法国人真正接纳黑格尔的确还需要更多的现实条件和理论契机。

第二章 | 马克思对近代法国理论及政治
实践的研究与拓展

　　与黑格尔相比，马克思的哲学气质与法国精神更
为切近，两者对于社会现实都持有毫不妥协的批判态
度，只是马克思以理论家的姿态完成了对于改变世界
的可能性条件的研究，而法国思想界则更善于将矛头
直指社会现实，让理论直面现实。这一精神所产生的
直接的历史性事件——1848 年革命、1851 年路易·
波拿巴的政变以及 1871 年伟大的巴黎公社运动都成
为马克思演练其唯物史观的教练场。马克思为此完成
了多部作品，但似乎都并没有立刻在法国得以出版和
发表。例如他最为著名的《路易·波拿巴的雾月十八
日》于事件爆发不久后就已完成，但只是发表在共产
主义者同盟约·魏特迈在美国出版的不定期刊物《革
命》上。而马克思系统阐发巴黎公社运动思想的相关

文献集结为《法兰西内战》，最初也是 1871 年在伦敦以英文小册子的形式出版的，虽再版两次，并被译为德文，却似乎并没有在法国产生过真正的影响。原因在于当时的法国思想界已经为这些激进性的历史事件提供了丰富的本土性的理论资源：以圣西门、傅里叶所构筑的空想社会主义传统，孕育了带有博爱色彩的普遍主义的幻象，并且在行动中被转换为布朗基的激进共和主义和蒲鲁东的工联主义。严格说来，马克思也曾经是这一传统的德国继承者。马克思在其中找到了无产阶级阶级斗争的可能方式并在其失败当中总结经验教训。但在最初，法国人似乎并不在意马克思对于这些重大历史事件所给出的反思和批判，因为参与这些重大历史事件当中的先驱者中并没有多少人在那个时候熟悉马克思的著作。在被马克思称为"新社会的光辉先驱"①的巴黎公社中，大部分人信奉的是卢梭以及 19 世纪的共和派社会主义者，如路易·勃朗（Louis Blanc）以及蒲鲁东，仅有一位真正的马克思主义者，他是匈牙利共产主义者和第一国际的成员莱奥·弗兰克尔。② 所以尽管马克思在法国风起云涌的革命浪潮中发现了改变世界的主体力量，但马克思的哲学作为一种思想形态被法国学界接受仍然是极为迟缓的过程。

　　如果黑格尔无法进入法国是因为他晦涩的表达方式以及抽象的思维方式，那么马克思最初无法进入法国却可能是由于他所特有的行动者哲学与法国流行的诸多富有行动力的激进思想太过相似，以至于法国人一时间还无法辨认出"马克思的伟大"。这种相似性让马克思的哲学看起来

　　① 《马克思恩格斯选集》，154 页，北京，人民出版社，2012。

　　② 参见［英］苏迪·哈扎里辛格：《法国人是如何思维的》，李虎、李宋乐颖、梅应钰译，93 页，北京，新华出版社，2017。

如同法国思想的产儿。在此，我们或许首先需要以某种方式明确法国的思想对于马克思所具有的重要的历史意义，因为这种确认，在另一种意义上恰好成就了马克思最终被法国人全面接纳的全部可能性。

一、行动者哲学对法国唯物主义的改造

马克思的哲学在本质上是一种行动者哲学，其哲学的全部内容所指都与现实的革命行动的可能性与现实性相关，它与那些仅仅作为一种旁观者的理论哲学有着本质的区别。对于马克思而言，作为解释世界的哲学(旁观者的哲学)只满足于用抽象的思辨哲学来构建一个预成性的理论体系，但是以改变世界为己任的行动者哲学，则更关注当下社会现实所构筑的可能性条件为改变之行动所能够敞开的理论空间。但这一哲学究竟该以何种方式展开自身，的确是一个难题，因为它一边拒斥着哲学概念的抽象性、思辨封闭性，一边却也不得不运用概念来阐发其行动者哲学的本质。这样一种哲学形态如何可能？马克思在其理论的形成过程中逐渐形成了其独特的阐发路径和切入点，以在两者之间探寻平衡关系。而他对法国唯物主义的系统了解，显然为这样一种哲学的建构提供了理论的灵感。

试图改变世界的行动者哲学首先需要建基于唯物主义基础之上。但唯物主义对于 18 世纪的德国来说虽然是新鲜而时髦的，却绝非深刻的并需要思辨哲学家认真对待的一个流派。它让人产生的联想总是粗陋的，正如拉美特利的"人是机器"的论断，唯物主义似乎完全漠视人的独

特性。对于当时的思辨哲学家(一群被马克思称为批判的批判者的人，如他曾经的战友布鲁诺·鲍威尔)而言，唯物主义，特别是法国的唯物主义，不过是斯宾诺莎主义在法国的复兴，带有形而上学的特质。①

但马克思却很有耐心地考察了法国唯物主义的发展历程，系统讨论了唯物主义传统是如何"变得漠视人了"②。马克思指出："法国唯物主义有两个派别：一派起源于笛卡儿(笛卡尔——引者注)，一派起源于洛克。后一派主要是法国有教养的分子，它直接导向社会主义。前一派是机械唯物主义，它汇入了真正的法国自然科学。"③正是在对抗笛卡尔的形而上学的过程中法国的唯物主义逐渐强大起来。关于在这一对抗中产生的具体争论，并不是马克思所关注的中心，相反，马克思将更多的笔墨放到了"这一对抗何以能够产生"的问题上。马克思认为：

> 人们之所以能用 18 世纪的唯物主义理论来解释 17 世纪的形而上学的衰败，仅仅是因为人们对这种理论运动本身是用当时法国生活的实践形态来解释的。这种生活所关注的是直接的现实，是世俗的享乐和世俗的利益，是尘俗的世界。同它那反神学的、反形而上学的、唯物主义的实践相适应的，必然是反神学的、反形而上学的、唯物主义的理论。形而上学在实践上已经威信扫地。④

---

① 参见《马克思恩格斯文集》第 1 卷，326 页，北京，人民出版社，2009。
② 《马克思恩格斯文集》第 1 卷，331 页，北京，人民出版社，2009。
③ 同上书，327~328 页。
④ 同上书，329 页。

对于马克思而言，理论上的分歧来源于实践上的变革，唯物主义所代表的正是 18 世纪世俗生活的普遍化的事实。正是因为马克思拥有这一"实践"的视角，法国唯物主义才呈现出了它丰富的面向。

这种丰富表现在，它不仅带来如"人是机器"一般机械论式的论断，同时它还将英国的唯物主义感性化，"使它有血有肉，能言善辩"①。物质，这个被唯物主义片面化的基本要素在法国的唯物主义当中似乎再一次"带着诗意的感性光辉对整个人发出微笑"②，它最终让法国的唯物主义汇入社会主义和共产主义的运动当中。因为唯物主义一旦开始关注人性，并确认了人的外部环境对于人性的影响，那么改变客观世界就是完善人性的必要条件。

在此，马克思通过批判鲍威尔对法国唯物主义的片面化理解所展开的不仅是对法国唯物主义的系统梳理，在我看来，马克思在此是为其特有的唯物主义建构扫清道路。

唯物主义作为一种社会思潮兴盛于 18 世纪，它伴随着市民社会的兴起而逐渐从一种单纯的"享乐主义"转变为一种严肃的哲学理论。青年时代的马克思虽然受到了德国古典哲学的洗礼，却并不热衷于思辨哲学所关注的问题，在其青年时代的诗作《黑格尔》当中，对此曾有这样生动的表述：

康德和费希特喜欢在太空遨游，

---

① 《马克思恩格斯文集》第 1 卷，333 页，北京，人民出版社，2009。
② 同上书，331 页。

> 寻找一个遥远的未知国度；
>
> 而我只求能真正领悟
>
> 在街头巷尾遇到的日常事物！①

这种视域的转换如同一种隐形的力量支配着马克思自身的理论旨趣，马克思在其博士论文中，虽然凸显了一种黑格尔式的自我意识的自由观，但其对于德谟克利特与伊壁鸠鲁的研究本身让他的哲学理论起点从一开始就确定在了对于唯物主义者理论的关注之上。法国的唯物主义对马克思的唯物主义理论的建构提供了丰富的思想资源，但马克思显然并未满足于其略显粗陋的形式。马克思的唯物主义在本质上是一种实践哲学，它是德国古典哲学所流传下来的"批判传统"对法国唯物主义的一次能动性的改造。这一改造表现在马克思对于思辨统一性原则的打碎，换言之，将被黑格尔完成了的思维与存在之间的统一性拆解开来。这一工作，马克思是借助于对青年黑格尔派的批判来完成的。

马克思模仿批判的批判家，即鲍威尔等人的口吻这样说：

> 批判的批判家——职业的神学家——无论如何也不可能想到，竟然有这样一个世界，在那里意识和存在是不同的，而当我只是扬弃了这个世界的思想存在，即这个世界作为范畴、作为观点的存在的时候，也就是说，当我改变了我自己的主观意识而并没有用真正对象性的方式改变对象性现实，即并没有改变我自己的对象性现实

---

① 《马克思恩格斯全集》第 1 卷，736 页，北京，人民出版社，1995。

和其他人的对象性现实的时候，这个世界仍然还像往昔一样继续存在。因此，**存在**和**思维**的思辨的**神秘的同一**，在批判那里作为**实践**和**理论**的同样神秘的同一重复着。①

马克思用肯定的语气言说着鲍威尔式批判者的看法，鲍威尔等人坚持以自我意识构建思维与存在的神秘同一性，认为观念的改变应立即导致存在的改变，这是鲍威尔批判哲学的主张。鲍威尔不能想象世界是个"意识和存在不同的"世界。因此面对现实工人的生存苦难，"照批判的批判的意见，一切祸害都只能在工人们的'思维'中……但是，这些群众的共产主义的工人，例如在曼彻斯特和里昂的工场中做工的人，并不认为用'纯粹的思维'就能够摆脱自己的企业主和他们自己实际的屈辱地位。他们非常痛苦地感觉到**存在**和**思维**之间、**意识**和**生活**之间的**差别**"②。这种差别就是一种断裂。工人现实生存的"异化"使得任何概念的辩证法都显得软弱无力，一切仅仅驻足于思辨逻辑的创造、改变都遭到了马克思的嘲弄。这一嘲弄集中表现在马克思对思辨结构的批判当中。

对思辨结构秘密的阐释如此精彩以至于人们很容易忽视其中所包含的马克思有意或者无意的对黑格尔的误读。马克思在此指认了现实存在物苹果、梨、扁桃是如何被内化为"果品"概念，并以后者为前者的本质和真理的。对这个思辨结构展开的描述无疑是精准的。但问题在于马克思混淆了这样一个事实：思辨结构的提出带有认识论的底色，思辨结构将概念作为

---

① 《马克思恩格斯文集》第 1 卷，358 页，北京，人民出版社，2009。黑体为原文所加。
② 同上书，273 页。

现实的本质，并将现实视为概念的化身，这一原则总是在认识论的意义上具有合法性。因此当马克思极具讽刺意味地认为哲学家以思辨的方式"创造出"这些果实，即思辨哲学家"完成了一次创造行动"①时，这种批判显然有其偏颇之处，因为这种创造从来不是一个从"无"到"有"、点石成金的神秘行动，而仅仅是在人认知世界层面上的"创造"。否弃它的合法性，马克思将会让自己的哲学退回到 18 世纪的粗陋的唯物主义。但马克思对于思辨结构的这种近乎倒退式的批判彰显了其理论的彻底性，在思辨精神肆虐的时代，这种类似矫枉过正的理论构建也许是唯一有效的选择。② 马克思对思辨结构的嘲弄不仅砍断了思维与存在之间的统一性，更为重要的是，它同时凸显了现实、存在的优先性。

游走在哲学与经济学之间，马克思向唯物主义的这种倒退没有带来粗陋的唯物主义的复苏。相反，当马克思将区别于思维的"存在"归入"社会现实"的范畴之下的时候，马克思反而重新恢复了与黑格尔的关联。因为正是黑格尔第一次将历史性的思维引入哲学，并在观念论的传统中恢复了"客观性"（现实性）的一席之地，尽管在绝对精神的最终环节上一切都归于思辨逻辑之内，但这种对彻底的主观主义的批判最终帮助马克思在唯心主义与唯物主义之间，在退与进之间找到了属于自己的理论话语。

这样一种断裂性的批判帮助马克思坚定了这样一种信念，即"批判

---

① 具体论述参见《马克思恩格斯文集》第 1 卷，279 页，北京，人民出版社，2009。

② 阿尔都塞在《保卫马克思》中曾更为系统地指出青年马克思的倒退："依靠康德和费希特的帮助，马克思退到了十八世纪末；依靠费尔巴哈的帮助，他退到了十八世纪理论历史的重心。"（[法]路易·阿尔都塞：《保卫马克思》，顾良译，18 页，北京，商务印书馆，2010。）

的武器当然不能代替武器的批判，物质力量只能用物质力量来摧毁"①。即思辨概念的改变不能带来现实的变迁，改变现实的力量只能源于现实自身，马克思的这一批判哲学不仅意味着研究视域的变化，同时更是理论研究的最终旨归的变迁。哲学，作为时代的精神不仅要去解释世界，更为重要的在于"改变世界"②。

"解释世界"与"改变世界"在现实中最终导致了保守主义与激进主义的不同结果。严格说来，我们无法对这样两种倾向作任何的价值评判，它们只是面对现实的两种不同的态度。以黑格尔为代表的形而上学走向保守主义既有现实的原因，也是其理论的必然归宿。在现实中，黑格尔时代的德国四分五裂，德国贫弱的国力使其无法在现实中呼唤法国大革命式的断裂性的变革，德国当时的时代问题是"统一"大于"革命"。因为只有统一的国家的形成才可能带来德国的繁荣。因此黑格尔在《法哲学原理》的最后将国家视为"理性的形象和现实"③，这是德国特有现实的一种反映，符合当时的时代精神的需要。而在理论上，黑格尔以和解为旨归所构建的绝对哲学，虽然充满着矛盾的张力（辩证法），却最终走向了思维与存在的统一性。这种形而上学的构建方式既是那个时代的精神所要求的，又构筑了其社会现实的趋向。统一性哲学意味着将所有外在的矛盾内在化，从此任何外在的对抗都将最终被转换为观念体系内部的

---

① 《马克思恩格斯文集》第 1 卷，11 页，北京，人民出版社，2009。
② 参见《关于费尔巴哈的提纲》第十一条："哲学家们只是用不同的方式解释世界，问题在于改变世界。"（《马克思恩格斯文集》第 1 卷，502 页，北京，人民出版社，2009。）
③ ［德］黑格尔：《法哲学原理》，范扬、张企泰译，360 页，北京，商务印书馆，1961。

矛盾，体系获得了空前的生存弹性。显而易见，统一性原则与保守主义的政治倾向的关联绝非偶然，而是必然的。与此相应，我们是否可以推论出激进政治与统一性哲学的断裂有必然关联呢？在我看来，答案是肯定的。

马克思哲学的现实性绝不仅在于他对于资本主义社会的异化现象的洞悉与分析，更为重要的是他探寻到了改变这一现实的现实路径。在理论上对"改变世界"的呼唤，在相应的政治话语当中被称为"革命"。法国的社会运动为马克思的革命提供了鲜活的经验，而以理论的方式去反映这一经验，不仅意味着对于革命事实的分析与讨论，同时还意味着对于形而上学的思辨统一性的批判。

马克思用哲学的批判打碎了思维与存在的统一性，在强调了两者的不可化约性之后凸显了现实条件对于人的活动的约束性。由此形成了人的能动性与受动性的矛盾对立。这是将黑格尔内化了的矛盾重新外化的一个过程。革命的意义和价值也正是在正视外化矛盾，承认矛盾的不可消融的意义上才显现出来的。统一性哲学原则无法兼容革命。革命，意味着斗争，意味着克服与超越既存的一切，带有强烈的主观性色彩，它不会听从统一性哲学对于结果的最终"安排"，而是持续在对抗性当中探寻不断克服自身、走向更高阶段的道路。马克思以实际斗争作为出发点，"并把批判和实际斗争看做同一件事情。在这种情况下，我们不是教条地以新原理面向世界：真理在这里，下跪吧！我们是从世界的原理中为世界阐发新原理。我们并不向世界说：停止你那些斗争吧，它们都是愚蠢之举；我们要向世界喊出真正的斗争口号"[1]。

---

① 《马克思恩格斯文集》第 10 卷，9 页，北京，人民出版社，2009。

在此，我们发现了马克思与法国精神之间存在的理论关联。马克思通过德国哲学所蕴含的能动性原则改造了法国旧有的唯物主义传统。将其固有的认识论传统转变为一种存在论，将唯物主义的立脚点从对客观世界的认知（抑或说解释）转变为对客观世界的改造。而这一能动性原则得以实现的全部基础在于马克思对于思辨统一性的拆解。思维与存在之间的断裂所形成的二元空间为人的能动性提供了全部可能性，马克思依赖于对黑格尔哲学的批判阐释了这一点。而这种理论上的"二元论"趋向，正如我们已经指出的那样，更加让马克思与当代法国哲学之间保持了一种切近的关联性。

二、用法国的民族性格改造德国人："发明"无产阶级

马克思所构筑的行动者哲学包含着两个伟大发现，即唯物史观与剩余价值学说。两者相辅相成勾勒出一个"如何改变世界"的基本主旨。它们的共同主题是"资本主义的历史命运究竟是什么"。唯物史观是关于一般性的现实历史推进的内在动力学说，剩余价值学说则揭示出资本主义社会这一特定社会形态得以消亡的内在机制。概而言之，马克思的这两大发现分别从一般与特殊两个层面上展开了对现实历史运动机制的分析。哲学家触及现实的方式只能是以理论的方式表述现实。一种不同的表述方式，必然意味着一种对现实的不同理解方式。而所谓改变世界的前提在某种意义上需要建立在对这一世界的预先理解之上，因此将实践与理论分割开来看的做法本身就是一种形而上学。马克思哲学中所包含

的两大发现并不是一种新的形而上学，因为它的关注点从来不是解释既有的历史事实抑或现代资本主义的运行规则，而是为了阐发改变现实历史的可能性条件。因此在这两大发现当中，隐含了第三个重要的发现——对无产阶级的发现。

无产阶级不仅是唯物史观的理解者，同时还是创造历史的践行者。它不仅是剩余价值的创造者，更是剩余价值所构筑的压迫体系的受害者。对于无产阶级及其历史境遇与未来解放的思考始终贯穿于马克思思想的整个发展历程中。不管马克思处于人道主义时期，抑或处于政治经济学批判时期，作为资本主义社会中被彻底异化了的群体，无产阶级总是以隐形的抑或显在的方式成为马克思理论观照的最终落脚点。

无产阶级的源发语境一般被视为马克思的《〈黑格尔法哲学批判〉导言》。在其中马克思似乎在哲学的层面为我们提出了一个具有普遍意义的阶级，这个阶级被作了如下的描述：

> 一个被戴上彻底的锁链的阶级，一个并非市民社会阶级的市民社会阶级，形成一个表明一切等级解体的等级，形成一个由自己遭受普遍苦难而具有普遍性质的领域，这个领域不要求享有任何特殊的权利，因为威胁着这个领域的不是特殊的不公正，而是普遍的不公正，它不能再求助于历史的权利，而只能求助于人的权利，它不是同德国国家制度的后果处于片面的对立，而是同这种制度的前提处于全面的对立，最后，在于形成一个若不从其他一切社会领域解放出来从而解放其他一切社会领域就不能解放自己的领域，总之，形成这样一个领域，它表明人的完全丧失，并因而只有通过人

的完全回复才能回复自己本身。社会解体的这个结果，就是无产阶级这个特殊等级。①

　　在这段对无产阶级的经典界定当中，引发我们关注的是其中诸多带有哲学的原则高度（甚至包含着些许思辨意味）的表述，指出无产阶级是特殊性与普遍性的辩证统一：无产阶级拥有特殊的普遍性。一般说来，苦难，一个特殊的情感，这一情感总是被特定的阶级所体验到，然而，无产阶级所遭受的苦难竟然具有"普遍性质"，并由此使其享有的权利、其所遭受的不公，都不再表现为特殊的、历史的，而成为普遍的、属人的。因此其所佩戴着的枷锁就是一个"彻底的"枷锁，其所实现的解放也是普遍的解放。这是问题的一个方面。

　　另一方面，我们不能忽视的是马克思对于无产阶级作为一个"非市民社会阶级的市民社会阶级"的强调。在此，马克思基于对黑格尔思想的批判，将无产阶级产生的根源放入市民社会而非理性化的现代国家当中。目前学界的诸多研究表明，黑格尔《法哲学原理》中的"贱民"概念的确与马克思的"无产阶级"观念有着内在一致性，两者的最大区别正是在这一立脚点的不同。② 当然其导致的政治后果也截然相反：对于黑格尔而言，贱民不过是在现代理性体制之外的非理性要素，黑格尔的做法不过是以求助于现代国家赋予其"形式的自由"的方式来消化这一非理性，其结果是原本具有革命性的一个群体仅仅成为现代国家完善自身的必要

---

① 《马克思恩格斯选集》第1卷，15页，北京，人民出版社，2012。
② 参见任劭婷：《从黑格尔"贱民"到马克思"无产阶级"的逻辑变革——现代自由的困境与出路》，载《哲学动态》，2017(3)。

中介，甚至是一个不能被其体系有效扬弃的一个中介。而对于马克思的无产阶级而言，其所赖以存在的正是这个现代理性体系的典型表现，即市民社会。换言之，无产阶级是内生于市民社会，其基本原则却与市民社会相左的一个极为特殊的存在。这一阶级之所以成为非市民社会的市民社会阶级，是因为它的诉求不是市民社会内部的物质利益，而是一种普遍的诉求，在《〈黑格尔法哲学批判〉导言》时期，马克思将这种普遍的诉求视为"社会的原则"，我认为，其等同于这一时期马克思强调的"人是人的最高本质"的基本原则。基于这一最高原则的设定，"无产阶级要求否定私有财产，只不过是把社会已经提升为无产阶级的原则的东西，把未经无产阶级的协助就已作为社会的否定结果而体现在他身上的东西提升为社会的原则"①。不可否认，马克思在此所阐发的无产阶级所具有的"非市民社会"的属性，仍然带有理论的思辨色彩。它的论证方式是普遍性与特殊性之辩证关系的一种置换。在其中，无产阶级作为一种特殊阶级，是社会原则的否定性要素，同时也是实现社会原则的一个基本方式。所以无产阶级就如同黑格尔的思辨辩证法中的否定性中介，它自身的否定与消亡也就是它所附带的肯定性要素的实现。在无产阶级的理论语境中，无产阶级的解放不仅意味着这个理性体系的消亡，同时还意味着阶级自身的消亡："哲学不消灭无产阶级，就不能成为现实；无产阶级不把哲学变成现实，就不可能消灭自身。"②这种自否性是思辨辩证法的典型特质。由此引出一个多少让人有些困惑的问题：尽管马克思将

---

① 《马克思恩格斯选集》第 1 卷，15~16 页，北京，人民出版社，2012。

② 同上书，16 页。

对无产阶级的阐发放在了市民社会之内而非理性体系之外（相对于贱民而言），但马克思在此显然继承了黑格尔式的辩证法的阐释方式：无产阶级作为一种自否定的要素，在否定自身的同时实现对社会整体的救赎。这种演进思路在本质上是思辨的：这是特殊性向普遍性、否定性向肯定性转变的一种辩证过程。在其中，我们无法看到无产阶级作为一个现实的、具有颠覆性的物质力量的那一维度，相反，无产阶级却好像是黑格尔式逻辑学体系推演出的一个中介概念。那么，这个作为非市民社会的市民社会阶级在何种意义上可以突破它所内在于其中的这个市民社会体系？仅从以上对于无产阶级的论述中，我们是无法看到的。

以上问题还可以转变为这样一个问题：作为概念的无产阶级在何种意义上具有现实的、颠覆性的物质力量？解决这一疑问需要我们进一步深入马克思发现无产阶级的过程中去理解无产阶级概念自身的内涵。

马克思究竟是如何发现无产阶级的？直接的回答或许有两个：第一，事实在先的经验主义的回答，即现实存在着种种被压迫阶级，例如工人阶级，他们的现实生存境遇让马克思"直观"到"无产阶级"的存在；第二，逻辑在先的唯理论式的回答，即马克思预先拥有了一个"无产阶级"的概念，而后在这一概念的指引之下发现了符合无产阶级概念基本规定的种种现实存在的各类人群，从而将其纳入无产阶级概念的内涵之中。以上两种回答内含着两种方法论，事实在先的回应所对应的是一种理论的归纳法，由此决定了无产阶级是诸经验事实的"共相"；而逻辑在先的回应所对应的是一种理论的演绎法，无产阶级在此变成了逻辑推演的诸前提之一。但不管怎样，无产阶级的概念在这两种发现路径中实际上都被抽象为一个脱离了现实具体情景的概念。科拉科夫斯基因此非常确定地说：

> 值得注意的是，关于无产阶级特殊使命的思想是说，作为阶级，无产阶级如果不解放整个社会就不能解放自身。这一思想首先是作为哲学的推论而非观察的结果出现在马克思的思想之中。当马克思撰写《导言》（《〈黑格尔法哲学批判〉导言》——引者注）时，他几乎不知道任何实际的工人运动的情况，这时，他所系统叙述的原则仍然以他的社会哲学为根据。①

于是，无产阶级如何具有一种现实的革命力量，就再一次被还原为"思维"如何作用于"存在"的问题。而事实上，这样一个问题域，在哲学史上总是被思辨"辩证法"的方式左右。② 如果马克思真的仅仅囿于以上两种方式来发现无产阶级，那么他的理论不会超越黑格尔，其思想之穿透力只能终止于上文所引述的段落中所直接呈现出的那种思维之辨。

关于马克思对无产阶级的发现所隐藏的方法论的反思，我并不同意科拉科夫斯基的判定，我认为，即便是处于《〈黑格尔法哲学批判〉导言》时期的马克思，仍然不是一个以原则优先来反思现实的思想家。

---

① ［波兰］科拉科夫斯基：《马克思主义的主要流派》第一卷，唐少杰等译，133 页，哈尔滨，黑龙江大学出版社，2015。

② 正如科拉科夫斯基在其《马克思主义的主要流派》中所概括的那样，在马克思思想形成的史前史的讨论中，科拉科夫斯基将从普罗提诺到黑格尔的思想演进过程概括为上帝（思维）的现实化（存在）之路，并将其统统纳入"辩证法的起源"的章节之下，这种概括耐人寻味。（参见［波兰］科拉科夫斯基：《马克思主义的主要流派》第一卷，唐少杰等译，第一章，哈尔滨，黑龙江大学出版社，2015。）

在这一文本当中关于无产阶级诞生之表述中，或许我们都过于强调其关于无产阶级之一般性的界定，而忽视了产生这一概念的历史语境：贯穿整本《〈黑格尔法哲学批判〉导言》的马克思对德国落后的现实的观照和批判。

在我们上文所引用的段落中，引发马克思提出"无产阶级"这一概念的问题域在于："德国解放的实际可能性到底在哪里呢？"[①]正是在对这一非常具体之问题的回应中，无产阶级，这个普遍的概念被表述出来，同时在这一段表述中，我们还需要特别强调的是，当马克思论述无产阶级的特殊的普遍性之时，特别强调了"它不是同德国国家制度的后果处于片面的对立，而是同这种制度的前提处于全面的对立"[②]，即德国的国家制度以及德国的社会现实本身是无产阶级诞生的现实语境。换言之，无产阶级概念在其诞生之际是针对德国的社会现实革命所提出的一个特殊策略。因此我们不可否认的是，马克思发现的无产阶级，的确是通过"观察""直观"德国现实状况而发现的一个特殊阶级。也就是说，无产阶级是被马克思"看"出来的。

当然这种"看"是一种极为特殊的"看"。它不是经验主义的"看"，不能仅仅将"看"拘束于眼睛所触及之处，这里的"看"显然带有胡塞尔意义上的"本质直观"之看的基本意义：这种直观所实现的一种认知，涉及的是"在意向意义上的内在之物。认识体验具有一种意向（intentio），这属于认识体验的本质，它们意指某物，它们以这种或那种方式与对象发生

[①]　《马克思恩格斯选集》第1卷，15页，北京，人民出版社，2012。

[②]　同上。

关系。尽管对象不属于认识体验，但与对象发生的关系却属于认识体验，对象能显现出来，它能在显现中具有某种被给予性，但尽管如此，它既不是实在地存在于认识现象之中，也不是作为思维（cogitatio）而存在"①。换言之，对于本质直观而言，有两点很重要。第一，关键并不在于认知对象本身是否存在、如何存在（例如，现实中是否存在着一个无产阶级的对应物），而在于对象的显现，以及这种显现所形成的某种直接的被给予性（以与超验的，如神的以及绝对精神的给予性相对立），也就是说，关键在于是否存在着某种向马克思呈现出来的被称为无产阶级的群体，并且这种无产阶级的呈现方式是否囿于特定社会历史情景的规定，或被这些历史规定所决定。第二，对于本质直观而言，这种被给予性的显现的关键又在于认识的意向性。在这一意向性中包含着主体与认知对象之间的关系，实际上意味着主体对对象的关切。在现象学中，这种关切表现在：根本没有逃离了意向行为之外的被意向之物，换言之，向意识呈现之物，从来都在意识之中。而在这个充满着主观主义色彩的意向性观念中，对我而言，实际上表达出的却是直观所包含的一种主客所形成的原初统一性。因此在这种"看"中，一般性是直接呈现的，它不是经验归纳的共相，也不是概念的演绎推理，因为这两者在本质上都是建立在主客二元对立基础上的一种"看"的方式。当我们悬置了一切超越于直观之外的规定（例如对于马克思而言，黑格尔所构筑的庞大的超验的历史逻辑体系就是首先需要批判性悬置的一个背景）之后，剩下

---

① [德]胡塞尔：《现象学的观念》，倪梁康译，46～47 页，北京，人民出版社，2007。

的一切，都以其自身的明证性，以此岸世界的真理的形式直接呈现在马克思的面前。无产阶级的诞生，正是源于在马克思意图颠覆德国落后的社会现实的意向性当中呈现在马克思眼前的一种特殊的阶级本质。

马克思正是采用了现象学式的本质直观的方式来完成对无产阶级的发现的。要揭示这一方法论的展开过程，需要我们回到无产阶级的原发文本。

正如我们已经指出的那样，我们必须认识到马克思对无产阶级的关注源于对德国现实的关注。对于撰写《〈黑格尔法哲学批判〉导言》时期的马克思而言，当时的德国处于一种现实落后于其思想，现代政治体制与旧有的一切野蛮缺陷相结合的阶段。这种德国的现实以同书报检查制度与新闻出版自由的法国九月法令直接勾连起来的现实事件的形式直接呈现在马克思的面前，这种荒谬的呈现方式让马克思产生了改造德国现实的意向性。在这一意向性的指向之下，德国现实的可改造性以及如何改造的具体操作成为马克思思想中无法回避的意向性对象。

首先，德国现实的可改造性在于德国自身作为一种特殊领域正在彰显一种当代政治的普遍缺陷，因而"如果不摧毁当代政治的普遍障碍，就不可能摧毁德国特有的障碍"①。因此，对于德国现实的改造，就不仅仅是改变德国一国的政治特性，同时也是对现代政治的改造。其次，德国的现实与改造、现实的革命与解放，需要有特定的呈现方式："对德国来说，彻底的革命、普遍的人的解放，不是乌托邦式的梦想，相反，局部的纯政治的革命，毫不触犯大厦支柱的革命，才是乌托邦式的

---

① 《马克思恩格斯选集》第 1 卷，12 页，北京，人民出版社，2012。

梦想。"①换言之，德国思辨哲学的传统所擅长的或许是一种整体的、普遍的革命，但如果试图直观到德国现实的、可操作性的革命与解放，这种整体性与彻底性恰恰需要首先被悬置起来。相反德国现实向马克思所呈现的是一种"局部的纯政治的革命"，这一革命的基础"就是市民社会的一部分解放自己，取得普遍统治，就是一定的阶级从自己的特殊地位出发，从事社会的普遍解放。只有在这样的前提下，即整个社会都处于这个阶级的地位，也就是说，例如既有钱又有文化知识，或者可以随意获得它们，这个阶级才能解放整个社会"②。

随后马克思竟然不惜笔墨去描述这一阶级如何获得解放整个社会的具体途径：例如要在自身和群众中激发瞬间的狂热，在这瞬间让这一阶级与整个社会混为一体，成为其总代表，从而使得一个市民社会中的特殊阶级的解放与人民革命相一致，使得一个等级成为整个社会的等级，一切缺陷都集中在另一个等级，一个阶级成为普遍的解放者，另一个阶级成为普遍的奴役者，等等。③ 这是马克思所能设想的局部的纯政治的革命，因此也是现实可行的革命的基本方式。在这里，我们几乎已经看到了作为普遍利益代表者的无产阶级，以及日益清晰可见的两大对立阶级的存在。这种现象，正是在马克思的德国解放的意向性之下呈现出的一些还未被合理概括的现象。

在呈现了一种真正现实的革命方式之后，马克思通过对比德法两国的政治文化特质说明了"德国的解放究竟需要什么"这一更为深

---

① 《马克思恩格斯选集》第 1 卷，12 页，北京，人民出版社，2012。

② 同上书，12～13 页。

③ 参见《马克思恩格斯选集》第 1 卷，13 页，北京，人民出版社，2012。

入的问题。

马克思指出：

在德国，任何一个特殊阶级所缺乏的不仅是能标明自己是社会消极代表的那种坚毅、尖锐、胆识、无情。同样，任何一个等级也还缺乏和人民魂魄相同的，哪怕是瞬间相同的那种开阔胸怀，缺乏鼓舞物质力量去实行政治暴力的天赋，缺乏革命的大无畏精神，对敌人振振有辞地宣称：我没有任何地位，但我必须成为一切。①

在法国，一个人只要有一点地位，就足以使他希望成为一切……人民中的每个阶级都是政治上的理想主义者，它首先并不感到自己是个特殊阶级，而感到自己是整个社会需要的代表。②

通过这样一个对比，马克思发现，尽管同样立足于市民社会，现实的革命却由于德国缺乏一种能够担当普遍性的特殊阶级，而在德国变得不可能。而在理想主义的法国，似乎这个阶级天生地、自然而然地、无须特别发现地普遍地存在于法国所有阶层当中。因此在法国，革命可以由不同阶级来担任，并最终完成于一个带有普遍性的阶级。③ 马克思正是在现实的给予性之下展开其最终指向无产阶级呈现的意向性的："德国解放的实际可能性到底在哪里呢？"④

---

① 《马克思恩格斯选集》第 1 卷，13 页，北京，人民出版社，2012。
② 同上书，14 页。
③ 参见《马克思恩格斯选集》第 1 卷，14～15 页，北京，人民出版社，2012。
④ 《马克思恩格斯选集》第 1 卷，15 页，北京，人民出版社，2012。

对于这一问题的回答引发了我们上文所引用的一段关于无产阶级的论述。无产阶级，这一现象的呈现在某种意义上是生发于特殊的德国现实之中的，德国现实中这样一个阶级的匮乏构成了马克思改造德国的意向性行为过程中最想探寻的意向对象，无产阶级因此成为改造德国的意向行为之内的意向对象。这一对象的呈现与这一意向行为密不可分。因此它虽然是被看到的，却是现象学意义上的本质直观中呈现出来的意向对象。这一概念在这一意义上绝不与经验论意义上的思维的共相抑或唯理论意义上的逻辑演绎的前提相混淆。因为这两者都可能导致将无产阶级视为一个抽离出其具体的社会历史情境的抽象概念。由此带来的直接结果就是在现实的斗争实践中纠结于在现实生活中找寻与这一抽象概念相符合的阶级，一旦与概念的规定相符合的阶级消失了，马克思所倡导的整个现实革命似乎就失去了整个主体，最终失去了革命的可能性。相反，当我们将无产阶级视为一种现象呈现，并将马克思对无产阶级的发现视为一种现象学意义上的本质直观，那么革命主体就不仅仅依赖于种种抽象的规定，而是包括了不同具体时期的社会现实的具体情景。作为意向对象的无产阶级不应有太多固定的规定性，相反，它在不同的现实呈现下将呈现为不同的形态。其中唯一不变的或许是马克思通过探寻社会现实革命和解放所形成的意向性行为。在这一意向性行为之下，无产阶级也的确可能表现出某些普遍性，但我并不认为这一普遍性表现在其作为特殊阶级却代表普遍利益，抑或其对于私有财产的否定，我将这些规定都视为当时马克思针对落后的德国现实，并在对人的复归的理论语境下形成的一些特殊规定。在我看来，时至今日，更富有普遍性的却是马克思对无产阶级的这样一个描述："组成无产阶级的不是自然形成的而是人为造成的贫民。"①因此在探寻压迫与反抗的意向性行动当中，能够呈现为意向对象的无产阶级正是在任何时候都会"人为造成"的贫民。因此，无产阶级并不一定是一个被剥夺得一无所有的无产者，而是在某种特定的压迫体制下，人为造成的贫民。他们的贫困因此总是相对的贫困，即相对于压迫者而言所产生的贫困。从这一意义上说，无产阶级会是一个永不消失的意向对象。而当代西方马克思主义者们为探寻无产阶级所作出的种种努力，恰好证明了这一多样化的无产阶级意向对象的存在方式。

　　换言之，马克思正是在对法国民族性格的观察与分析中展开有关无产阶级的构造的。这一构造的源发动力其实是不满足于德国人故步自封式的政治诉求。但正是借助法国民族性格完成的这一次对德国人的改造，却产生了这样一个自身带有能动性原则，并具有普遍性的特殊阶级——无产阶级，并为马克思的激进政治诉求找到了现实的革命主体。而这一革命主体的设定让马克思呈现出的实践哲学与法国的空想社会主义之间产生了巨大的分歧。法国的空想社会主义仅仅将资本主义所构筑的残酷现实视为"应当"扬弃的对象，并将对未来的构想建筑于空中楼阁之上，而不去从应当被抛弃的社会形态之中探寻实现美好未来社会的现实的可能的道路。而马克思则在对思辨统一性的批判与无产阶级的构造中作了有效的推进。其中，对统一性的批判所带来的二元论趋向为人的行动提供了现实的可能性空间，而对无产阶级的建构则为这一行动探寻到了可以担当的行动主体。两者对于马克思行动者哲学的建构而言，可

---

① 《马克思恩格斯选集》第 1 卷，15 页，北京，人民出版社，2012。

谓缺一不可。而正是这一行动者哲学的架构方式成为马克思与当代法国哲学之间的内在契合之处。

三、马克思对蒲鲁东政治经济学的批判与扬弃

(一)揭开思辨的政治经济学的内在秘密

马克思在转战到法国巴黎之后体会到一位德国革命者所特有的时代错位感。在法国已经成为现实的社会情境在其所生活的德国竟然还是一个有待建立的理想。同样，也正是在这一时空错位之间，马克思形成了早期较为激进的政治主张，并在此基础上发明了无产阶级这一革命主体。严格说来，这一革命主体所要完成的历史任务并不仅仅是向旧的德国制度开火，同时更要超越当时整个欧洲既有的不平等的社会现实。而要真正实现这一任务，此刻身处法国的马克思，不仅需要依赖对德国思辨哲学的反思和批判，同时更需要积极吸收盛行于法国思想界的诸多社会主义思潮。其中对蒲鲁东的政治经济学的批判，对于马克思形构自身的政治经济学批判，克服法国空想社会主义思潮的影响有着举足轻重的重要意义。

早在写作《德意志意识形态》之前，马克思就在恩格斯的帮助之下，建立了共产主义通讯委员会。这个委员会几乎可以说是后来所有共产国际的雏形。马克思在 1846 年 5 月 5 日给比埃尔·约瑟夫·蒲鲁东写信对这个组织要做的事情给出了说明。在其中，马克思以极为恳切的语气

邀请蒲鲁东担当这个刚刚成立不久的共产主义通讯委员会的法国联络人。这个组织主要要做的工作，就是借助来自英法德三个国家的联络人的通讯活动"讨论学术问题，评述流行的著作，并进行社会主义宣传"①。其最终目的，概括起来就是让英法德三国的人们都能够彼此了解到发生在不同国家的社会主义运动的基本状况，而马克思清楚地意识到这样一种思想的交流在某种意义上就是当时学者所进行的一种现实的斗争。

马克思这样写道："这是文字形式的社会运动为了摆脱民族局限性而应当采取的一个步骤。而在行动的时刻，当然每个人都非常希望对外国情况了解得象本国情况一样清楚。"②但马克思显然所托非人。这封信的收信人，马克思当时认定的法国社会主义最富有代表性的人物蒲鲁东，却并没有看到这份邀请有什么价值。蒲鲁东此刻拿出了法国人难得的坦率，在他给马克思的回信中直接这样说："由于我有各种各样要做的事情，加之我天性懒散，我无法保证与你们保持此类通讯联系。"③

在此需要补充说明的是，当时声名鹊起的法国经济学家蒲鲁东实际上是一个极为勤奋的思想家，因此，此刻他以懒散为说辞推辞了此事，显然不是因为蒲鲁东太过忙碌，没时间向马克思描述法国社会主义运动的现状，而是因为此刻的蒲鲁东已经感觉到了这个曾经与他彻夜长谈的德国后辈在思想上已经与他分道扬镳了。

———————————

① 《马克思恩格斯全集》第 27 卷，464 页，北京，人民出版社，1972。

② 同上。

③ 转引自[法]米歇尔·维诺克：《自由的声音：大革命后的法国知识分子》，吕一民、沈衡、顾杭译，314 页，上海，文汇出版社，2019。

1844年秋天，马克思到巴黎不久就拜见了蒲鲁东。当时的蒲鲁东已经是名声大噪的法国思想家了，他在那部书名为《什么是所有权?》的著作中，提出了震惊当时整个欧洲学界的宣言式的命题："所有权即盗窃。"马克思对这部著作推崇备至，在法国拜见蒲鲁东的时候抱着一种与偶像见面时的紧张与激动。同时，不可否认的是，天才的马克思也一定用他的渊博的知识储备以及深邃的思想一度征服了蒲鲁东。据说他们曾经彻夜长谈。关于两位德法思想家之间的这场对话，他们留给我们后人的信息并不多。唯一留下的一点痕迹是马克思在1865年蒲鲁东去世时给《社会民主党报》的一封信里这样说：

> 1844年在巴黎逗留期间，我与蒲鲁东先生有过私交……在经常持续整整一夜的漫长讨论中，因为他不懂德语，无法对事物进行深入研究，我就以我的黑格尔主义去骚扰他（对他进行灌输）——这对他大有害处。①

马克思在写下这封信的时候，早已将蒲鲁东视为他思想上的敌人了。原因当然也不是因为蒲鲁东拒绝担任共产主义通讯委员会的法方联络人，但大约正是因为这种拒绝，让马克思逐渐认识到了蒲鲁东与他的思想之间的巨大差异。1846年，当马克思系统批判了他的青年黑格尔派同伴们，并同时形成自己的唯物史观的同时，蒲鲁东推出了他的思想

---

① 转引自[法]米歇尔·维诺克：《自由的声音：大革命后的法国知识分子》，吕一民、沈衡、顾杭译，301~302页，上海，文汇出版社，2019。在已出版的《马克思恩格斯全集》中文第1版当中未找到这一书信。

生涯中最为重要的另一部著作——《贫困的哲学》。

这部著作在当时的法国思想界产生了巨大的社会影响。蒲鲁东主义的信徒也逐渐多了起来。马克思在 1846 年的 12 月底才拿到了这部著作，他在给他的一个俄国朋友安年科夫的信里说，他用了两天的时间就把这部书浏览了一遍，并随即产生了这样一个判断："我必须坦白地对您说，我认为它整个说来是一本坏书，是一本很坏的书。"①

马克思给安年科夫写了一封很长的信阐发了这个判断，似乎还嫌不够，1847 年上半年，马克思又一次将他批判的矛头指向蒲鲁东，写出了又一部向对手发起论战，却又颇有立场的学术专著，即《哲学的贫困》。

对于马克思来说，蒲鲁东的《贫困的哲学》不仅"杂乱无章""妄自尊大"，而且还在炫耀"德国哲学的一个角落"的同时创造了"可笑的哲学"。② 马克思在蒲鲁东哲学中看到了他灌输给蒲鲁东的那点黑格尔要素发挥了作用，马克思虽然批判黑格尔，但其实在更深刻地理解黑格尔的基础上仍然是这个思想大师最为隐蔽的好学生，于是当面对蒲鲁东这位并不那么地道的黑格尔主义的法国学生时，马克思必须赶紧明确一点，这个哲学之所以可笑，并不是因为沾染了德国哲学，而是如马克思所认为的："因为他不了解处于现代社会制度联结……关系中的现代社会制度。"③

然而德国哲学固有的思辨气息的确成为蒲鲁东研究政治经济学时的

---

① 《马克思恩格斯文集》第 10 卷，41～42 页，北京，人民出版社，2009。
② 同上书，42 页。
③ 同上。

底色，因为这部著作要谈论的核心是经济矛盾的体系。蒲鲁东想要做的，并实际上也按照他的意愿完成的是这样一部很奇怪的作品：其中政治经济学所涉及的诸多概念，最终都变成思辨哲学体系中自我推演的逻辑概念。例如蒲鲁东在谈论商品的使用价值和交换价值的时候，指出两者之间的矛盾关系是成反比的：使用价值高，交换价值反而低；交换价值高了，使用价值反而低。这一结论显然并非基于对社会现实的经济运行方式，借助政治经济学的相关概念就可以得出的，蒲鲁东的进一步阐释印证了这一点：

> 凡属日用必需而数量又是无穷的东西就一钱不值，毫无用处但极端稀少的东西价格就不可估量。但是最困难的是，实际不会容许有这两种极端，因为一方面人类生产的任何产品决不会在数量上增加到没有止境的地步，另一方面即使最稀少的东西也会有某种用处，否则就不会有任何价值。因此，使用价值和交换价值虽然按性质来说经常力图互相排斥，但两者必然是互相联系的。①

由此可见，一方面，蒲鲁东所描述的是日常必需品在我们生活中的使用性与其价值之间的关系；另一方面，蒲鲁东的推论是思辨的，使用价值和交换价值两者之间的关系，在此仅仅与人们对一个物品的需要和这个物品的数量有关，好像与物自身所需要的材料和劳动时间都没有什么关系。这一本质彰显了蒲鲁东的政治经济学还未能达到当时已日趋成

---

① 转引自《马克思恩格斯全集》第4卷，82页，北京，人民出版社，1958。

熟的古典政治经济学的研究层次，并未能在劳动作为价值主体的层面上展开相关讨论，因此完全无法抓住价值的根本。因为如果交换价值与使用价值的比例关系只是与人们的需要与商品的数量有关，那么问题似乎就可以被归结为消费者可以根据自己的需要来决定商品的使用价值，生产者根据商品的数量就可以决定这个商品的交换价值。这一看似荒诞的结论在蒲鲁东的思辨的政治经济学语境下却推进得很彻底："我作为自由的购买者，我就是我的需要的裁判，是物品适用与否的裁判，是对这个物品愿意出多少价格的裁判。"[①]

在当时享有盛誉的蒲鲁东，为何会得出这么荒唐的结论？原因也并不复杂，这是法国人在接受外来思想之时一贯采用的方式，即按照他们所期望呈现的样子呈现出来。正如此刻，蒲鲁东试图用一套从概念推到概念的思辨逻辑来推演原本与现实密切相关的政治经济学。所以，在处理使用价值和交换价值之间的关系的时候，他总是趋向于用一些与人的自由意志直接相关的概念来推演价值问题，以便找到其中经济关系的内在矛盾。似乎只有用思辨的概念演绎出的才是真理，而不管这些概念在现实生活当中究竟是如何被构造出来的。

这样的思想论敌，马克思很熟悉。他在《神圣家族》以及《德意志意识形态》当中提到的青年黑格尔派的朋友们都是这种思辨的高手，只是他们很少披着政治经济学的外衣，因此指认他们脱离现实，较之蒲鲁东，显然更容易一些。

蒲鲁东先生的理论更具有迷惑性，他不仅谈论人民的贫困，而且用

---

① 转引自《马克思恩格斯全集》第 4 卷，84 页，北京，人民出版社，1958。

他独特的价值理论来分析贫困的内在原理，甚至还提出克服这种贫困应采取的方式，比如建立人民银行，在这个银行里的一切信贷都是无息信贷，蒲鲁东先生认为这样就可以克服资本家对工人的剥削，面对这个幼稚的构想，恩格斯在 1846 年 9 月 18 日给马克思的一封信中用了一个有趣的比喻来对它加以讽刺："这样一个卓越的计划，以前竟然就没有人想到过，不过，既然打算表演这样的戏法，倒不如用月亮的银光立刻铸造出五法郎银币，那岂不是更便捷得多吗?"①不得不说，这一对蒲鲁东思想的讽刺性类比是十分恰当的。

(二)《贫困的哲学》的贫困

1. 有关"构成价值"的批判

尽管马克思已经发现了蒲鲁东政治经济学研究的思辨本质的秘密，但蒲鲁东的《贫困的哲学》一出版却仍大受欢迎，深受民众的喜爱，在法国销量极好。就连马克思的故乡德国都接连出了三个不同的版本，而马克思的《哲学的贫困》在布鲁塞尔和巴黎却仅仅印了 800 本，反响平平，以至于马克思最终不得不自己支付出版资金。甚至这部著作的主角，被批判的蒲鲁东似乎也仅仅是在 1847 年 9 月给友人的一封书信当中简单地提到了马克思的这部书，觉得整部著作都不过是马克思的一些气话，所以并不值得他认真对待。然而历史无声，却可涤荡出那些真正富有生命力的思想真金。今天，蒲鲁东的这部当年畅销的书却只是因为曾是马克思的《哲学的贫困》的研究对象才被后人所知晓。

---

① 《马克思恩格斯文集》第 10 卷，38 页，北京，人民出版社，2009。

但有一个不能回避的事实是，这个时候的马克思对于政治经济学的研究还不够深入。整部著作所彰显出的也恰是一个正在逐步打磨自身理论武器的思想者所做的一次思想联系。因此，在《哲学的贫困》中，我们看到马克思一边通过引用斯密、李嘉图、萨伊等人的古典政治经济学的相关理论来批判蒲鲁东的概念和方法，一边打造着独属于他自己的理论武器，建构一种政治经济学研究的方法论。

在撰写《贫困的哲学》之前，蒲鲁东曾提出了极为激进的命题：所有权即盗窃。在某种意义上说，抓住了所有权问题，在那个时候近乎等于抓住了现代社会不平等的经济根源，至少对于19世纪40年代马克思那一代人来说是如此。因此，马克思曾经折服于蒲鲁东的思想力度。但正如我们已经指出的那样，蒲鲁东在他的政治经济学批判中陷入了标榜自由意志的思辨体系当中，这一思辨的转向在某种意义上扼杀了蒲鲁东思想内在的全部激进性。

当然，如果马克思在阅读《贫困的哲学》的同时重新阅读蒲鲁东拒绝担任共产主义通讯委员会的法方联系人的回信，那么，对于蒲鲁东的这个奇怪的理论转向就不会难以理解了。正是在这封信当中蒲鲁东曾以思想导师的立场试图指点这位来自德国的年轻人——马克思的理论研究之路。

蒲鲁东曾这样告诫马克思：

> 如果您愿意的话，让我们一起寻求社会的规律，寻找这些规律赖以实现的方式……但是……在摧毁了一切至高无上的教条主义之后，不要让我们反过来梦想着给人们灌输什么……让我们不要成为

新宗教的传播者。[①]

对于马克思积极推进的革命行动，蒲鲁东不以为然，他告诉马克思，他更倾向于"用火焰逐渐地灼烧财产，而不是制造一个财产所有者的圣巴塞罗缪之夜赋予它新的力量"[②]。

圣巴塞罗缪之夜是法国历史上著名的一个夜晚，它发生在1572年的8月24日，这一夜，法国天主教徒对新教徒进行了一次血腥的大屠杀，这一屠杀甚至持续了几个月。蒲鲁东似乎在用这个夜晚比喻马克思所热衷开展的革命，只能说明在蒲鲁东的眼中，此刻马克思所试图构筑的革命不过是在用一些抽象的原则做一些不切实际的理想主义的宣传和鼓动。蒲鲁东在信里坦白，他只是通过一个他和马克思共同的朋友才知道马克思所写的东西，换句话说，他从未真正读过马克思的著作。从他对马克思思想的判断来看，蒲鲁东此言不虚。

蒲鲁东对马克思的指点，一定让马克思看得啼笑皆非。他认为马克思所犯的错误，正是他自己的理论已经犯下的错误。因为正是蒲鲁东本人，从不尊重社会现实的真实存在，用几个抽象概念的相关关系构筑了一些抽象原则，就以为自己掌握了当下社会的全部真理。他用来灼烧财产的"火焰"根本就不可能真正燃烧起来，因为他的理论最终都是一些飘在天空的抽象原则，对于现实的社会变革，起不到任何作用。

---

① 转引自［英］戴维·麦克莱伦：《马克思传（第4版）》，王珍译，148页，北京，中国人民大学出版社，2016。

② 参见［英］戴维·麦克莱伦：《马克思传（第4版）》，王珍译，148页，北京，中国人民大学出版社，2016。

　　但蒲鲁东的确拥有一整套科学的外衣，他甚至拥有一个所有古典政治经济学家们都没有触及的新发现，蒲鲁东将它称为对"构成价值"的发现。尽管这一个概念对于后世政治经济学界的研究毫无影响，但在当时，却被蒲鲁东视为自身在理论上的一个伟大发现。"'为了迁就那些由于懦怯而不容易接受新思想的人们'，他极力缩小这个发现的意义。"①而显然，这个担心是不必要的，这个概念不仅没有流传至今，其实在当时就已经遭到了马克思的无情批判。

　　究竟什么是蒲鲁东所谓"构成价值"？理论的推演并不复杂，在此蒲鲁东试图如斯密、李嘉图等政治经济学家一样，去理解一个产品内在的价值生成原因。究竟是什么决定了一个产品的价值？这个问题的确是当时极为重要的政治经济学问题。蒲鲁东抓住了这个根本问题，却没有抓住这个问题的根本。蒲鲁东在讨论价值的时候，特别在意一个产品的效用，也就是这个产品对于使用者和生产者究竟有什么用处。大概正是因为他特别看重一个产品的效用，所以他会特别关注供求关系对于价值的影响。同时，由于这一变动中的供求关系在某种意义上充分体现了人的自由意志，所以蒲鲁东对类似供求关系的各种比例关系情有独钟，认为这些类似的比例关系，例如生产中一个劳动与另一个劳动之间的比例关系，消费中对一个产品的需要与另一个产品的需要的比例关系，都是价值的"构成"，是可以决定价值之本质的"构成价值"。

　　这个构成价值的荒诞性，其实不需要经济学家的反驳就可以一眼看穿，但不知为什么蒲鲁东却似乎很难理解其中存在的问题。这其中

---

　　① 《马克思恩格斯全集》第 4 卷，88 页，北京，人民出版社，1958。

的要害，我想仍然是他太过宽容地看待眼前不平等的社会现实了。在蒲鲁东的理论中，他虽然看到了所有权给人们带来的不平等，却实质上认为通过对经济规律的理解和运用就可以直接改变这种不平等。这其实不过是思辨哲学关于自我逻辑的推论所呈现出的又一表现关系。

那么面对那些发生在生动的现实生活中并不符合蒲鲁东的经济规律的现象，他该怎么办呢？比如那个总在变动着的供求关系，只有在达到一个平衡的时候才能真正反映出价值，蒲鲁东要靠什么，让现实的供求关系能永远保持在一个平衡的状态呢？马克思按照蒲鲁东的逻辑，替蒲鲁东作出回答："今后产品应当完全按照花费在产品上的劳动时间来交换。不论供求关系怎样，商品的交换应当永远象商品的生产量完全适合需求那样来进行。"[1]在此，马克思准确地推论出蒲鲁东特有的经济逻辑，这表现在他不断围绕"应当"这个词来描述蒲鲁东的思想逻辑。产品生产花费多少时间，消费者对商品的需要是多少，怎么能由某个经济学家给出的"应当"来规定呢？难道为了保持供求关系的平衡，一个经济学家就能规定一个人一天"应当"吃几个水果，吃多少饭吗？如果没办法规定，那么蒲鲁东所预设的那个供求的平衡关系该怎么达到呢？如果这个比例性关系不能平衡，蒲鲁东的那个伟大的构成价值怎么能够成为决定产品"价值"的重要发现呢？

面对这个逻辑的荒谬性，马克思曾给出了这样一个生动的比喻："一般人都这样说：天气好的时候，可以碰到许多散步的人；可是蒲鲁

---

① 《马克思恩格斯全集》第4卷，103页，北京，人民出版社，1958。

东先生却为了保证大家有好天气，要大家出去散步。"①马克思的这个比喻很恰当。

于是，就其共同面对的政治经济学批判而言，马克思与蒲鲁东，究竟谁在构造一个新的宗教？显然是蒲鲁东。蒲鲁东的构成价值成为他理解产品价值的核心，从而也成为他理解当下社会中财富积累的关键。而这个构成价值全部的运行都依赖于蒲鲁东在"应当"的意义上所预先设定的各种规范。只有在诸多的"应当"当中，这个价值才得以被准确计算出来。因此，现实生活产品的生产与消费，在蒲鲁东的头脑中显然不是一些实际发生的事情，而是首先应当在种种合理的规范中被规定好的法则。它们是一些律法，是一些抽象的"应当"的表达。所以当蒲鲁东思考到有关未来的问题的时候，他的做法也很简单。马克思这样概括作为立法者的蒲鲁东的基本做法："如果社会愿意'排除'使它烦恼的'一切麻烦'，那末只要去掉不好听的字句，改一改说法就可以了：要达到这个目的，只要请求科学院出版一部新辞典就够了。"②换言之，此刻的蒲鲁东，如同站在西奈山山顶的摩西，接受了耶和华的神谕，有了一个伟大的发现，这个发现充满着对现实经济事实的"告诫"，一个个由"应当"构成的经济法则，规范着蒲鲁东头脑中的社会现实，由此，对于蒲鲁东这位经济学界的摩西而言，社会现实中存在的一切问题，都是因为人们似乎根本无视神给予我们的规范，因此改变现实的所有工作，当然就是按照这些戒律中的种种"应当"去设定一个个有效的社会经济运行法则，这

---

① 《马克思恩格斯全集》第4卷，102～103页，北京，人民出版社，1958。
② 同上书，100页。

样似乎就够了。

2. 有关"劳动剩余"的批判

法国哲学不仅在吸纳外来思想的过程中有自己的独特方式，更为重要的是法兰西民族在建构思想的时候同样包含着鲜明的民族特征。近代以来的法国哲学在热情奔放的激进思潮之下总是隐藏着某种冷静沉思的科学精神，以至于任何时代活跃在法国思想界的思想家多多少少都带有一种其他民族少见的矛盾性格。比如，帕斯卡尔一边痴迷于创造科学定理，一边却在《思想录》里构筑一种不同于数学思维的微妙精神。再如孟德斯鸠，一边试图用物理定理来构建人类社会，所以撰写了《论法的精神》，一边却用生动的笔触弘扬着人类声色犬马式的感性生活，撰写了《波斯人信札》。

蒲鲁东，作为 19 世纪 40 年代法国思想界的宠儿，自然也具有这种矛盾的张力，并在阐发他的哲学理论的时候，展现了他特有的科学精神。但蒲鲁东终究不是孟德斯鸠，他之所以未能成为一个真正进入法国哲学史的思想家，大概正是因为无论是他的哲学，还是他所展现的算术原理都不那么出色。他依据精确的科学理论与丰富的社会事实所作出的推理和结论不仅缺乏科学计算的严谨性，更缺乏一种思想固有的穿透性。

在《哲学的贫困》中，马克思已经就一些计算上的问题与蒲鲁东展开了较量。在其中，马克思充分展现了他特有的数学天赋。马克思有一部《数学手稿》流传至今。据说这部手稿的写作时间就开始于 1846 年左右，并实际上贯穿了马克思的一生。在马克思的《资本论》时期，对数学的研究，占据着马克思的业余生活，1881 年，马克思曾把一份"论导数概念"的手稿和一份"论微分"的手稿誊抄清楚给恩格斯寄去。恩格斯在 1881 年 8 月 18 日的一封信里提到了阅读这些手稿的感受，从这些感受当中，恩格斯为我们展现了马克思对于数学研究所特有的那种深刻："昨天，我终于鼓起勇气，没有参考书便研究了你的数学手稿，我高兴地看到，我用不着参考书。为此我向你表示祝贺。事情是这样清楚，真是奇怪，为什么数学家们要那样顽固地坚持把它搞得神秘莫测。"①

真理总是简单的。任何学科的基础理论都应有它可以直接被大众所理解的路径，最为出色而透彻的研究大约就应当是这样一条道路，帮助大众通达到理论的最深处，并激发大家的兴趣。马克思的数学手稿，至少对于恩格斯来说，达到了这样的效果，恩格斯在这封信的末尾以更为直接的方式向我们展现了这种乐趣："这件事引起我极大的兴趣，以致我不仅考虑了一整天，而且做梦也在考虑它；昨天晚上我梦见我把自己的领扣交给一个青年人去求微分，而他拿着领扣溜掉了。"②

在此，我们以迂回的方式绕开了马克思与蒲鲁东之间有关算术计算的那些细枝末节的争论，但我们却不能绕开他们通过计算而得出的结论。在《哲学的贫困》当中，马克思在被冠名为"科学的发现"的一章中讨论了蒲鲁东的几个经济学上的概念和命题。除了我们已经讨论过的"构成价值"，还包括马克思用整套算术计算给予反驳的"劳动的剩余"。

这个概念出自蒲鲁东所谈到的一个定理：

① 《马克思恩格斯文集》第 10 卷，464～465 页，北京，人民出版社，2009。
② 同上书，466 页。

任何劳动必然留下某些剩余，这个定理是经济学家们公认的。这个原理对我来说是普遍的和绝对的真理；这是可以当做全部经济科学总结的比例规律的必然结果。①

显而易见的是，蒲鲁东在谈论劳动的剩余的时候还没有忘记他在构成价值中所提出的那个"比例关系"。当然劳动剩余不仅要符合这个构成价值的基本原理，同时还要彰显这个构成价值在产生社会财富的时候所采取的基本方式。所以，蒲鲁东在这里提到，劳动剩余的根本目的其实就是要以更为直接的方式，谈论由不同的劳动所共同构成的社会财富究竟是如何积累的。

财富积累的方式其实很简单，主要依赖的当然是"剩余"，但这个剩余究竟是怎么产生的呢？蒲鲁东在这里暴露了他全部政治经济学研究所具有的保守性。这意味着在蒲鲁东的时代，政治经济学有其独特的运行方式。它是以当时普遍存在的经济架构为研究对象的一门社会科学。在这种经济架构中，所要分析的价值体系构筑了人与人之间的一种独特的社会关系，这一独特的社会关系为任何进入市场中进行买卖的物赋予了超越其自身单纯的物性的意义，例如，对物的所有权如同物的自然属性一般为物所有，而一旦所有权不得不成为分析作为商品之物必须要讨论的问题，一定会涉及谁拥有这个产品，谁生产这个产品，卖了这个产品得来的钱将属于谁等相关问题，而这些问题本身是有阶级性的，不可能存在什么纯粹客观的规律。

---

① 转引自《马克思恩格斯全集》第 4 卷，128 页，北京，人民出版社，1958。

　　至此，这位曾指出"所有权即盗窃"的思想家，在触及所有权形成的一个重要环节，也就是财富积累的时候，竟然把它的整个形成过程描写得如此自然而客观。仿佛产生财富的劳动剩余如同一个种子种在地里必然结出果实那样自然而然。而事实上，摆脱了人身依附关系的现代社会的所有剥削的秘密都蕴含其中，但在这一问题上，蒲鲁东却视而不见，甚至呈现出一种理论的天真。例如，为了说明劳动剩余概念的自然合法性，蒲鲁东甚至借用了神话资源，带领读者去计算普罗米修斯一天的生活：

　　　　最初，普罗米修斯从自然的怀抱中走出来，感到生活在一种愉快的悠闲中……于是，普罗米修斯就开始劳动，从第一天（第二次创世的第一天）起，他的产品，即他的财富，他的幸福等于十。第二天普罗米修斯实行分工，他的产品增加到一百。从第三天起，普罗米修斯每天发明机器，发明物体的新的效用，新的自然力……他的劳动活动步步进展，他的生产数字也就随着上升，这表明他的幸福也在增进。最后，因为对他来说消费就是生产，因此每天的消费只是消耗前一天的产品，它还为第二天留下剩余产品。①

　　蒲鲁东选择普罗米修斯作为主角来表演他有关"劳动剩余"的经济戏剧，这一定让马克思很是恼怒。因为普罗米修斯，作为为人间盗来天火的神，在马克思的哲学戏剧中原本扮演着对抗神灵，为人类的自我繁衍

---

① 转引自《马克思恩格斯全集》第4卷，134页，北京，人民出版社，1958。

带来光明的英雄，而现在，在蒲鲁东的戏剧中，竟然变成了一个莫名其妙的"劳动者"。

马克思以略带戏谑的愤怒指责这个蒲鲁东版的普罗米修斯的荒诞：

> 蒲鲁东先生的这个普罗米修斯真是怪物！他无论在逻辑上或政治经济学上都是软弱无力的……普罗米修斯一谈起生产和消费，他就完全变成可笑的人物。对他来说消费就是生产；他在第二天消费的是前一天生产的东西，因此他经常有一天的储备；这多余的一天就是他的"劳动的剩余"。但是既然今天消费昨天生产的东西，那末在没有前一天的最初第一天，普罗米修斯为了使以后有一个工作日作为储备就必须做两天的工作。但是在第一天，当时既没有分工、又没有机器，除了火以外也不知道别的自然力量，那他是怎么得到这个剩余的呢……这种说明现象的方法，部分是希腊的，部分是犹太的，既神秘又有寓意……①

在此，马克思显然已经没有必要再与蒲鲁东进行理论上的论辩了，因为蒲鲁东已经陷入神话故事中了。这个故事里充满着蒲鲁东的主观幻想。神话，既然是人的理性还没有成熟的时候解释世界的一种权宜之计，现在蒲鲁东拿出神话故事来讲述自己的经济学，也就意味着他的经济学在劳动剩余的问题上无能为力了。

曾精于计算的蒲鲁东为什么要让自己陷入神话故事的编造中呢？或

---

① 《马克思恩格斯全集》第 4 卷，134 页，北京，人民出版社，1958。

许有如下两个原因。

其一，支配他构造劳动剩余的理论基础与现实的人的生产毫无关系，它全部的理论基础都是抽象的理论推理。这个推理很简单，财富要增长，总要有相对人的消耗而多出来的剩余。至于这个剩余是怎么被生产出来的，蒲鲁东觉得不太重要，好像用普罗米修斯一个人的需要、劳动、消费就可以说明。这个神话构想的全部矛盾在于将一个人等同于一个社会，将一个社会等同于一个人，人类的全部生产都是由一个人的生活需要造成的。当然，需要指出的是，仅就这一点而言，蒲鲁东与那些古典政治经济学的理论前提是一致的，因此他所编造的普罗米修斯不过就是另一个版本的鲁滨逊罢了。

其二，蒲鲁东试图用一种集体财富和公共福利的方式来抹平不同财富生产中事实存在的不平等。抽象的理论推理最终只能带来保守的政治诉求。蒲鲁东一边从理论上推理出由于劳动剩余带来集体财富的增加，工人生活日益富足，一边却无法忽视"社会上某些阶层日益富裕，而另一些阶层则死于贫困"①。只是面对这种眼睁睁的不平等，蒲鲁东却似乎依赖于公共福利的增长去缓解那些最贫困阶级的生活状态，这一设想正如他为未来所设计的那个发行无息贷款的人民银行一样，不仅不切实际，而且根本就是与虎谋皮。他从未看到所谓劳动有剩余，根本上是由于两个阶级之间的对立所产生的结果。剩余之所以能够产生，正是因为一方试图占有另一方的劳动成果，如果不是因为可以侵吞别人的劳动成果，哪个资本家会想方设法制造多余的产品，自己够用了，生产也就该

---

① 转引自《马克思恩格斯全集》第 4 卷，135 页，北京，人民出版社，1958。

停止了。普罗米修斯式的计算是没道理的，为什么要生产多一天的产品做储备？这个想法对于那些拥有集体财富的原始人来说，完全无法理解。

对此马克思给予了清楚的指认：

> 蒲鲁东先生使之复活的这个普罗米修斯究竟是什么东西呢？这就是社会，是建立在阶级对抗上的社会关系。这不是个人和个人的关系，而是工人和资本家、农民和地主的关系。抹杀这些社会关系，那就是消灭整个社会，而你的普罗米修斯也就变成一个没有手脚的怪影……①

(三)黑格尔化的政治经济学研究方法

德国人很严谨，希望所有被他们讨论的话题都是准确的。法国人很浪漫，希望他们所讨论的话题都是富有某种理念的。两个欧洲毗邻的民族却产生了近乎截然相反的民族性格，这让人很难想象将两种民族特质杂糅在一起的思想究竟会怎样。在此，当我们跟随马克思深入到对蒲鲁东政治经济学背后的方法论研究的时候，却隐约可见一个融合着高卢—日耳曼精神的思想体系正在形成。

在《哲学的贫困》的第二章当中，马克思以"方法"为题讲到了蒲鲁东哲学背后的德国底色。此刻的马克思已经后悔自己曾经在那些彻夜长谈的夜晚里给蒲鲁东灌输的那一点点黑格尔的知识，因为那被蒲鲁东涂抹

---

① 《马克思恩格斯全集》第4卷，135页，北京，人民出版社，1958。

在他的思想构图之上的黑格尔底色是黑格尔思想当中，马克思最为憎恨的那些色彩：这个黑格尔，全然没有了对社会现实的关注，他的全部哲学都被表述为一种概念的形而上学。在其中，一切鲜活而生动的生活本身都被塞入到概念的框架当中。这可以视为黑格尔构筑自身体系的一种方法。而对于马克思来说，当时英国的那些大政治经济学家，如斯密与李嘉图，正是在这一方法的运用上与黑格尔是一个战壕中战斗的同盟军，马克思对此进行了清醒的指认："如果说有一个英国人把人变成帽子，那末，有一个德国人就把帽子变成了观念。这个英国人就是李嘉图，一位银行巨子，杰出的经济学家；这个德国人就是黑格尔，柏林大学的一位专任哲学教授。"①

在这一表述当中，我们通过一个"帽子戏法"看到了马克思对两个在欧洲近代思想场域中的思想家所呈现出的不同样态。在 19 世纪，这个帽子戏法显然已经风靡了欧洲。英国经济学家与德国哲学家都痴迷于此。但在《哲学的贫困》中，马克思似乎以更为同情的态度来对待李嘉图。因为就在这部书中，马克思已经提到过李嘉图的帽子戏法的另一种变形，在那个变形中，李嘉图将帽子的生产费用的减少所带来的后果与维持人的基本生活资料所需要的费用完全等同起来，这是什么意思呢？意思就是说，在资本家的账本上，那维持工人生活的工资和生产帽子需要的采购原材料的花费是一回事儿。这个道理对今天的我们来说不难以理解，但对于充满着人道主义关怀的思想家来说，可能就没有那么舒服了。因为很显然，在资本家的账本中，人的生命不仅没有特殊性，而且

---

① 《马克思恩格斯全集》第 4 卷，138 页，北京，人民出版社，1958。

还被算计着，被还原为冷冰冰的数字。资本家希望工人每天都尽可能多地生产出劳动的剩余。但马克思在李嘉图这样冷冰冰的计算面前，却表现得很宽容：

> 李嘉图的话是极为刻薄的。把帽子的生产费用和人的生活费用混为一谈，这就是把人变成帽子。但是用不着对刻薄大声叫嚷！刻薄在于事实本身，而不在于表明事实的字句！法国的作家，象德罗兹、布朗基、罗西等先生用遵守"人道的"语言的礼节来证明他们比英国的经济学家们高明，从而得到天真的满足；如果他们责难李嘉图和他的学派言词刻薄，那是由于他们不乐意看到把现代经济关系赤裸裸地揭露，把资产阶级最大的秘密戳穿。①

在此，马克思不是法国的人道主义作家，因为他在李嘉图的这套帽子戏法中看到的是资本主义社会现实的最大秘密：不要责怪经济学家们的理论变抽象了，他们不过是对一个已经被抽象了的资本主义社会的客观描述罢了。这种冷冰冰的描述之所以让人道主义者感到恐怖，是因为那些人道主义的思想家总是想逃避现实。而在这个抽象的现实中，人的确已经变成了帽子，因为他可以精确地用帽子的数量来衡量自己一天的劳动。

至于德国的思辨哲学家黑格尔的帽子戏法，其所采取的手法与李嘉图的手法差不多。只是他将这一手法运用得更为彻底：他将从人变

---

① 《马克思恩格斯全集》第 4 卷，94 页，北京，人民出版社，1958。

来的帽子变成了观念。而蒲鲁东对经济学的研究，则最为完整地表达了这一整套从李嘉图到黑格尔的帽子戏法的各个套路，在他所生活的那个年代，实际上完成了一次罕见的英法德三种思想的交融与碰撞，尽管在马克思看来，他的这种思想交融不过是一种极为拙劣的杂糅与误读。

比如，蒲鲁东完成了这样一个重要工作：

（英国的——引者注）经济学家们都把分工、信用、货币等资产阶级生产关系说成是固定不变的、永恒的范畴。蒲鲁东先生有了这些完全形成的范畴，他想给我们说明所有这些范畴、原理、规律、观念、思想的形成情况和来历。①

这个工作初看起来比英国经济学家的工作显得更为重要，因为在这里蒲鲁东有意识地要说明一下这些经济概念的历史运动。而这一工作如果真的完成了，它就契合了马克思当时对英国政治经济学最为不满的那一部分：那些英国的经济家总是把资本主义制度及它所蕴含的各种经济关系视为"天然的"，于是在前资本主义社会中，那些封建制度的形成似乎都是有历史的，而一进入资本主义社会就没有历史了。资本主义的生产关系和社会关系就是历史的终结。因为在这些政治经济学家的眼中，人不为己天诛地灭，所以自私自利就是人性的本质，能够激发并体现出这种自私自利的基本精神的，正是资本主义的生产

---

① 《马克思恩格斯全集》第 4 卷，139 页，北京，人民出版社，1958。

关系。

因此蒲鲁东在最开始的时候似乎是马克思的同道中人，因为他不仅关注反映人间疾苦的贫困问题，而且试图用一种历史的眼光来看待经济概念。但大家不要因为蒲鲁东提出了一个概念的演进史就把他和马克思划归一个阵营。马克思在其中认出了蒲鲁东的这个概念的历史运动的本质：

> 由于蒲鲁东先生把这些关系看成原理、范畴和抽象的思想，所以他只要把这些思想（它们在每一篇政治经济学论文末尾已经按字母表排好）编一下次序就行了。经济学家的材料是人的生动活泼的生活；蒲鲁东先生的材料则是经济学的教条……在抽象的最后阶段……，一切事物都成为了逻辑范畴，这用得着奇怪吗？[①]

换言之，蒲鲁东用来讨论历史运动的方式本身是逻辑范畴的自我推进。这个"历史"与现实生活中每个人的活动并无关联，人的生产，在蒲鲁东这里变成了生产的概念，人的分工，变成了分工的概念。于是，人的生产关系也自然变成了一个概念与另一个概念的关系。或许你会说，当我们读一本理论著作的时候，所感受到的不也是一堆概念的推演吗？马克思对现实的描述，不也是一堆概念组成的吗？

这个问题很好，却不是根本问题。因为蒲鲁东不仅用概念逻辑来表达每个经济概念的历史运动，而且还把这些历史运动放入一个"神圣公

---

① 《马克思恩格斯全集》第 4 卷，140 页，北京，人民出版社，1958。

式"当中，也就是：肯定、否定、否定的否定。[①] 有了这个公式，蒲鲁东哲学所固有的黑格尔的底色再一次显露无遗。这或许可以视为黑格尔哲学在近代法国的一次重要的思想历险，但在他与蒲鲁东思想的融合当中却没有产生出像 20 世纪 30 年代之后当代法国马克思主义那样的重要影响。原因很简单，因为这一次的德法思想融合还只是一次简单的外部相加，并未能实现真正的有机整合。蒲鲁东得到黑格尔的公式如获至宝。因为从此他就不用再去关心诸如生产、分工、信用在现实生活中究竟是如何产生的，如何展开的这样的问题，他只想按照肯定、否定、否定之否定的逻辑架构，把这些概念塞进去，这样，现实的生活就被逻辑地推论出来了。

现实的经济事实究竟是怎样的，蒲鲁东已经越来越没有兴趣了，他所关心的只是进入这个公式里的概念与概念之间的矛盾关系，毕竟，有了肯定与否定的矛盾，才能最终走到否定之否定，体系才能完成。蒲鲁东对这一逻辑的推演津津乐道。这位试图给大家解释贫困究竟如何产生的经济学家，最终实际上不过是告诉我们，贫困就是由经济概念之间的相互矛盾造成的。

大约正是由于这个原因，马克思将蒲鲁东的"贫困的哲学"颠倒为"哲学的贫困"。蒲鲁东原本试图用经济体系的矛盾来说明现实中的贫困，结果却不过是构造了一个建基于抽象基础上的低配版的黑格尔哲学体系，最终蒲鲁东所能说明的，从来不是现实的贫困，而是这个抽象的哲学体系的贫困：它什么现实问题也解决不了，所能实现的不过

---

① 参见《马克思恩格斯全集》第 4 卷，140 页，北京，人民出版社，1958。

是让经济学家沾染上形而上学家的怪病，躺在自家的书房中悲天悯人地生活着。

四、法国的政治实践对马克思行动者哲学之嬗变的影响

马克思所构筑的独特的行动者哲学在其演变过程中的每一次转变总是与近代法国诸多政治实践和事件密不可分。19 世纪 50 年代路易·波拿巴所发动的政变以及发生于 1871 年 3 月到 5 月的巴黎公社都成为马克思构筑其独特的行动者理论不可或缺的社会现实背景。它们的发生让马克思逐步深化了政治行动背后的物质利益的本质，夯实其有关行动之可能性条件的唯物主义基础的考察路径。换言之，近代法国的政治实践实际上充当着马克思思想的实践场，在其中，马克思的唯物史观的基本原理被检验，被丰富。

(一)被想象的"政治"与被革命化的"社会"

马克思哲学的基本形态虽然表现为一种基于社会现实历史发展的新唯物主义的建构，并最终形成了所谓唯物史观的相关讨论，但就马克思思想的核心问题而言，却并非仅仅囿于一种理性历史观的考察和建构。自莱茵报时期马克思发现现实物质利益以来，如何让既有的社会现实发生革命性的变革，即对革命行动得以发生的可能性条件的考察就成为马克思哲学研究的核心主题。

自 1847 年以后，马克思通过参与共产主义同盟的建立与相关活动，

直接参与 1848 年发生在德法两地的欧洲革命，同时还运用初步构建的唯物史观对发生于 1848 至 1851 年的法国政治斗争进行了密切的追踪，并基于此创作出了政治思想史上的名篇《路易·波拿巴的雾月十八日》。但是，对法国这一时期的政治事件的相关分析，显露出马克思始终试图在纷杂的政治事件当中探寻那些真正主导事件的非政治要素，即主导不同阶级的现实物质利益。因此，政治层面的斗争与革命，由此都变成了一种表层的现象，在本质上，它们都成为一种指向未来的社会革命的过渡阶段。

1. "政治"与"社会"的对峙：马克思哲学的理论旨归

"政治"与"社会"，在马克思自身思想的演进过程中，处于一种隐形的对立状态。对于这一对立的自觉在《黑格尔法哲学批判》和《论犹太人问题》中即可窥见端倪。它体现在这一时期马克思对国家和市民社会之关系的讨论当中。

第一，马克思对黑格尔哲学中作为理念的国家作出了激进的批判，即国家与市民社会之间的关系被颠倒过来，不是国家决定市民社会，而是市民社会决定国家。在此，马克思将蕴含着全部政治内涵的国家，仅仅视为一种思辨哲学中的理念，因此在黑格尔那里"观念变成了主体，而家庭和市民社会对国家的现实的关系被理解为观念的内在想像活动"，实际上，"家庭和市民社会都是国家的前提，它们才是真正的活动着的"。[1] 这一颠倒蕴含着马克思对政治国家的根本理解，即家庭与市民社会并非由国家所想象出的内容，而是相反，市民社会和家庭现实地想

---

[1] 《马克思恩格斯全集》第 3 卷，10 页，北京，人民出版社，2002。

象了国家。对于马克思来说，国家仅仅作为一种理念而存在，它绝不能依赖想象就可以现实地构造出任何东西。政治国家，在这一意义上，对马克思而言，就是一种建基于家庭与市民社会之上的想象的共同体，它是建基于市民社会基础之上的独特抽象——近代原子个人的抽象设定。马克思在《神圣家族》中曾对这种原子式个人的抽象作出了深刻的批判。

> 市民社会的利己主义的个人在他那非感性的观念和无生命的抽象中可以把自己夸耀为原子，即同任何东西毫无关系的、自满自足的、没有需要的、绝对充实的、极乐世界的存在物。而非极乐世界的感性的现实却决不理会他这种想象，他的每一种感觉都迫使他相信他身外的世界和个人的意义，甚至他那世俗的胃也每天都在提醒他：身外的世界并不是空虚的，而是真正使人充实的东西。①

因此，对于生活在真实的"社会"当中的一个个个人而言，"他们之间的现实的纽带是市民生活，而不是政治生活……在今天，只有政治上的迷信还会妄想，市民生活必须由国家来维系，其实恰恰相反，国家是由市民社会来维系的"②。在此，不仅政治国家无法推演并主导市民社会，而且，政治国家的存在本身也仅仅源于现代以来对市民社会的原子化抽象，因此仅具有一种阶段性的意义："国家本身的抽象只是现代才有，因为私人生活的抽象也只是现代才有。"③

---

① 《马克思恩格斯文集》第 1 卷，321 页，北京，人民出版社，2009。
② 同上书，322 页。
③ 《马克思恩格斯全集》第 3 卷，42 页，北京，人民出版社，2002。

第二，在《论犹太人问题》当中，马克思不再仅仅纠缠于政治国家与市民社会之间关系的颠倒，他同时更为清晰地指认了两者之间外在的对峙。换言之，政治国家与市民社会之间并不如黑格尔一般是囿于同一个思辨体系中的理念自身展开的不同环节，而是相反，两者彼此外在地构筑了现代人的生活方式：

> 完成了的政治国家，按其本质来说，是人的同自己物质生活相对立的类生活……在政治国家真正形成的地方，人不仅在思想中，在意识中，而且在现实中，在生活中，都过着双重的生活——天国的生活和尘世的生活。前一种是政治共同体中的生活，在这个共同体中，人把自己看做社会存在物；后一种是市民社会中的生活，在这个社会中，人作为私人进行活动，把他人看做工具，把自己也降为工具，并成为异己力量的玩物。政治国家对市民社会的关系，正像天国对尘世的关系一样，也是唯灵论的。①

正是基于现代市民社会与政治国家之间的分裂，马克思发现了鲍威尔所主张的仅仅在政治上废除宗教，并不能真正实现犹太人的解放。政治解放最终不过成为一种手段，"而这种手段的目的是市民社会生活"②。因为政治解放中所实现的诸如自由、平等等观念所诠释的人的基本人权，不过是建基于市民社会体系之内的一种抽象的人权。在一种

---

① 《马克思恩格斯文集》第1卷，30页，北京，人民出版社，2009。
② 同上书，43页。

仅仅关注需要和个人欲求的自发状态下，这种市民社会中的人权只能依赖私有财产对其所作出的预先保障。因此马克思深刻地洞见了当时各色的人权宣言当中所宣布的自由观念背后的本质："自由这一人权的实际应用就是私有财产这一人权。"①

因此，单纯的政治革命所实现的只能是市民社会生活的普遍化。因为如果政治国家不过是建基于市民社会基础上的一个想象的共同体，那么更换现实的国家机器，也不过是揭穿这个想象共同体的虚幻性，由此解放出来的是关注现实物质利益的现实的个人，但只要这些个人还囿于市民社会之内，仅仅关注这样一个社会为他们设定的抽象的人性规定，即经济人、理性人的假定，他们就不能实现真正的人的解放。

马克思曾经极为明确地指出了政治解放与人的解放之间的区别：

> 政治解放一方面把人归结为市民社会的成员，归结为利己的、独立的个体，另一方面把人归结为公民，归结为法人。
>
> 只有当现实的个人把抽象的公民复归于自身，并且作为个人，在自己的经验生活、自己的个体劳动、自己的个体关系中间，成为类存在物的时候，只有当人认识到自身"固有的力量"是社会力量，并把这种力量组织起来因而不再把社会力量以政治力量的形式同自身分离的时候，只有到了那个时候，人的解放才能完成。②

---

① 《马克思恩格斯文集》第 1 卷，41 页，北京，人民出版社，2009。
② 同上书，46 页。

因此，对于马克思而言，政治层面的变革与革命，从来都不是其革命的最终旨归，相反，在已获得解放的市民社会之上实现的真正的社会化的革命才是马克思所向往的人的解放的全部内涵。在此，革命化的社会替代了想象的政治，其所实现的解放将是真实的，并同时具有彻底性的。

基于政治革命与社会革命之间的对立，马克思在关于德国革命、法国革命与英国革命等的诸多讨论当中，总是会在同一个革命主题之下区分两种不同类型的革命：无产阶级的革命带有社会革命的色彩，而资产阶级的革命则大多带有政治革命的色彩。因此对于马克思而言，革命只要还未曾在无产阶级层面，也就是社会革命的层面发生，就根本不是彻底的革命。在这一意义上说，在马克思的视域当中，政治层面的变革与革命都不过是资本主义社会的自我完善，而社会化的革命才是真正超越资本主义的道路。因此，与其说马克思哲学是一种可能的政治哲学形态，不如说他的哲学是一种蕴含着革命彻底性的社会哲学。

处于资产阶级大革命时代的马克思，每天所见的革命，绝大部分是其所理解的政治革命。而马克思独特的社会哲学视角，使得他能够穿透这些政治哲学的纷争，在背后发现影响政治革命走向的真正力量——市民社会的经济架构以及其背后的阶级关系，这成为他发动自身的社会化革命的起点所在。

2. 路易·波拿巴的胜利：流氓无产阶级与资本逻辑的同构性

1848 年欧洲革命为马克思这种独特的社会哲学视角提供了一个个有效的范例。马克思不仅亲身参与了这一革命，并在这一革命过后实现了一次研究范式的彻底转变。1848 年革命前马克思还曾投入大量的时间与精力从事政党的组织和现实的斗争，而 1848 年后被迫流亡伦敦的马克思，则将全部的研究工作退入到书斋中，以便完成对于刚刚萌生的资本主义经济架构的全面分析和理解。对于路易·波拿巴之胜利的关注，正是在马克思从事政治经济学批判的间隙当中完成的。因此，《路易·波拿巴的雾月十八日》（以下简称《雾月十八日》）作为一篇精彩的政论性文章，还应视为马克思社会哲学的一次演练。

路易·波拿巴，作为流氓无产者的首领，如何能够在保皇派、共和派、山岳派之间脱颖而出，同时在宪法以及相应的民主体制之内骗取了所有人的信任，最终披着拿破仑的神圣外衣在共和多年的法国重新复辟帝制，这在当时几乎成为一个未解的历史之谜。其中纷乱的政治斗争，全部表现为代议制民主内在的斗争。这种代议制以再现（representation）的方式彰显了社会中人的物质利益，但这种再现，即代表，对于物质利益的"显现"带有一种想象的成分。例如，保皇派"似乎"代表保守的皇权政治，山岳派"似乎"代表无产者，共和派"似乎"代表法国初生的资产阶级，但实际上当真正的政治斗争发生之后，却出现了立宪派反对宪法，而革命派支持立宪的情况。

现实政治的乱象所显现出的正是代议制自身的"唯灵论"。在 19 世纪 50 年代的法国革命当中，政党的政治主张与其现实的政治行动之间的错位，说明政治主张的虚幻性。在现代资本主义社会当中，以需要的体系联系起来的现实的个人，并没有形成前现代社会中固定不变的实体性阶级。在封建社会中，源于血统的区分，人与人之间的区别是不可跨越的，但在被市民社会所主导的资本主义社会当中，政治层面的政党之间的差异与区分，不过是各个政党所持观念的差异和区分，这些差异与区分在物质利益的对峙当中都会出现一些根本的位移。政治层面的政治主张让位于物质利益的诉求，因此出现了路易·波拿巴得以存在的机会。他没有政治层面虚幻的诉求，他严格说来不归属于任何政党，但他准确地把握了不同政党背后的利益关系，通过不断操纵这些利益关系，反而获得了全面胜利。因此，在某种意义上说，波拿巴的胜利，正是社会革命对政治斗争的胜利，因此也就是市民社会对国家的胜利。

正如《雾月十八日》第二版序言所说，马克思对路易·波拿巴的政变的分析区别于两种常见的路径，即以雨果的《小拿破仑》为代表的个人英雄主义与以蒲鲁东的《从十二月二日政变看社会革命》为代表的客观历史编纂学。马克思在《雾月十八日》开头开宗明义地指出："人们自己创造自己的历史，但是他们并不是随心所欲地创造，并不是在他们自己选定的条件下创造，而是在直接碰到的、既定的、从过去承继下来的条件下创造。"①雨果将路易·波拿巴描绘成一个小人，强调政变过程中，路易·波拿巴个人的卑劣行径与阴谋诡计；而这恰恰强调了波拿巴个人的主观能动性，好像历史是他一个人随心所欲地创造的。而蒲鲁东则将政变视作历史发展的必然结果，这实际上暗示了某种类似"历史理性"的东西，历史只是按照其自身的逻辑进行宿命论式的演进。这虽然在解释世界的层面使问题变得容易，却完全忽视了人创造历史、改变世界的可能。马克思同时批判了这两种倾向，认为雨果"不是把这个人写成小人物而是写成巨人"，而蒲鲁东的论证则"不知不觉地变成了对政变主角所

---

①　《马克思恩格斯文集》第 2 卷，470～471 页，北京，人民出版社，2009。

作的历史辩护"。① 事实上，雨果与蒲鲁东虽然表面上处在两个极端，却又不约而同地落入了唯心主义的窠臼，即将历史事件归因于观念。所不同的只是，雨果归因于波拿巴个人的道德品质，而蒲鲁东归因于"历史理性"罢了。

马克思在《雾月十八日》中的总问题是："法国阶级斗争怎样造成了一种局势和条件，使得一个平庸而可笑的人物有可能扮演了英雄的角色。"②马克思眼中的历史不仅仅是蒲鲁东式的必然规律与布罗代尔式的长时段，同时也关注路易·波拿巴上台这种历史的偶然、插曲与一时的倒退。但是，马克思对偶然的理解并不是雨果式的少数帝王将相的主观影响，也与近来的激进哲学不同；后者将偶然性的事件理解为无法预期的断裂，而向天启神学的倾斜。在马克思这里，偶然性的背后，仍有具体的、活生生的社会现实基础作为其前提条件。

《雾月十八日》描绘了法兰西第二共和国时期议会内外各个派别纷乱的政治斗争。前文已述，这不过是想象性的代议制游戏，但最终胜利者却是路易·波拿巴这个没什么政治经验，唯一的政治资本只是其姓氏的新人。从表面看，波拿巴在议会斗争中的崛起大致经历了以下几个关键事件：第一，秩序党扳倒共和派，推举波拿巴作为傀儡总统上台；第二，秩序党为了打击山岳派，通过限制议员发言自由的规则，结果却削弱议会，强化了波拿巴的行政权；第三，波拿巴利用秩序党的内斗，发难解散巴罗内阁，并逐步强化其个人权力，直至成功发动政变。而隐藏

---

① 《马克思恩格斯文集》第 2 卷，466 页，北京，人民出版社，2009。
② 同上。

在这些表面的政治斗争背后的，是法国当时具体的社会条件。波拿巴上台固然有其个人的因素，但更多的是由法国当时社会物质发展状况导致的阶级斗争的具体局势，以及资本的内在特性所决定的。

作为议会斗争基本框架的"共和国"是资本主义生产方式的上层建筑的体现，代表了资产阶级的利益，是"一个阶级对其他阶级实行无限制的专制统治"①，为了"使资本的统治和对劳动的奴役永世长存"②。具体地，共和派提出了共和国的形式，秩序党填充了共和国的内容。对于共和派来说，没有共同的利益基础，只是"由一些抱有共和主义思想的资产者、作家、律师、军官和官吏"③组成的。共和派基于观念提出了共和国的框架，但共和派缺乏阶级基础的支撑，加之45生丁税等政策严重侵害了广大人民的利益，因而在斗争中早早出局。而秩序党之所以在大部分时间都处于优势地位，正是因为秩序党的正统派和奥尔良派所代表的大地产资产阶级与金融资产阶级，在当时法国资产阶级各派别中占据主流地位。秩序党在宪法、议会这些问题上首鼠两端、摇摆不定，正是因为对于秩序党来说，重要的是确立资产阶级的统治，而宪法这些形式上的问题，不过是他们用来打压政敌的工具罢了。

秩序党的失败，源于法国资本主义的发展状况与资产阶级的分裂倾向。19世纪中叶的法国，资本主义虽已有一定的发展，但是其发达程度有限，远远不及英国。因此，法国的资产阶级和无产阶级都比较羸

---

① 《马克思恩格斯文集》第2卷，479页，北京，人民出版社，2009。
② 同上书，104页。
③ 同上书，481页。

弱。"法国最大的工厂主与他们的英国敌手比起来都是小资产者。"①法国的资产阶级又存在分裂的普遍倾向，罗伯斯庇尔时期的山岳派，复辟王朝的正统派，七月王朝的奥尔良派，都各自细分成数个派别争斗不休。类似当代美国那样依赖于资本主义的高度发达与资产阶级普遍、稳定地联合而形成的两党制，在法国从来没有出现过。在马克思所讨论的法兰西第二共和国时期，资产阶级内部分裂成秩序党、共和派与山岳派；只有在六月起义时，才因为镇压无产阶级的需要临时联合在一起。本就不算强大的资产阶级分裂得支离破碎，其基础与力量就变得极为有限，任何一个派系的力量都不足以将整个资产阶级进行整合，进而推动资本主义的发展。这种倾向在波拿巴政变前夕达到了高潮。支撑资产阶级各派别共同利益的共和国摇摇欲坠，秩序党内部的正统派与奥尔良派各自代表的大地产资本与金融资本的利益无法调和，而两派各自又进一步分成若干派别。议会内外、巴黎和外省的资产阶级同样陷入了分裂。一些资产阶级议员甚至"为某种个人动机而牺牲本阶级的总的利益"②投靠波拿巴。这种鹬蚌相争的局面，为波拿巴将资产阶级各个击破提供了可能。

路易·波拿巴能获得最终的胜利，最根本的因素在于其阶级属性。对此，马克思有一个精彩的评价，认为"流氓无产阶级"才是"波拿巴的本色"。③ 对"流氓无产阶级"一词，马克思有狭义与广义两种用法。在《共产党宣言》和《法兰西阶级斗争》中，"流氓无产阶级"的用法是狭义

---

① 《马克思恩格斯文集》第 2 卷，154 页，北京，人民出版社，2009。
② 同上书，535 页。
③ 同上书，524 页。

的，指底层不事生产、"专靠社会餐桌上的残羹剩饭生活的分子"①，波拿巴用来推动政变的爪牙十二月十日会，正是由这些人所组成的。在《雾月十八日》中，流氓无产阶级的用法是广义的，指社会上层具有同样特点的人群。马克思在其他场合称之为"流氓无产阶级在资产阶级社会上层的再生"②或者"高等流氓"③。这些人群包括波拿巴本人及其政治上的党羽，"他本人、他的亲信、他的政府和他的军队都属于这个阶级"④。

流氓无产阶级⑤并不是传统意义上在生产关系中处于特定位置，具有特定利益诉求的阶级。流氓无产阶级的核心特征是寄生性。他们一方面不进行劳动，不创造价值；另一方面却能圆滑地适应整个社会体系，通过种种手段攫取他人的劳动成果，最大化自身的利益。除此之外，流氓无产阶级没有任何具体的规定性。代议制框架下的党派（party），正如其词根"part-"所暗示的，永远都代表特定的一部分人的利益。但是，流氓无产阶级没有固定的利益根基与诉求，反而超脱于想象性的政治之外；加之波拿巴作为流氓无产阶级比资产阶级更擅长"下流手段"⑥，使之可以随时变换自身的立场，而没有物质利益基础与道德框架的约束。

---

① 《马克思恩格斯文集》第 2 卷，95 页，北京，人民出版社，2009。

② 同上书，83 页。

③ 《马克思恩格斯文集》第 3 卷，160 页，北京，人民出版社，2009。

④ 《马克思恩格斯文集》第 2 卷，574 页，北京，人民出版社，2009。

⑤ 严格地说，这些人群并不能算作"无产"阶级，但又与狭义的流氓无产阶级有高度的相似性，或可称之为"流氓资产阶级"。为了行文的流畅，下文使用"流氓无产阶级"的广义含义，即包括狭义的流氓无产阶级与流氓资产阶级。

⑥ 《马克思恩格斯文集》第 2 卷，531 页，北京，人民出版社，2009。

所有的阶级与党派，以及其背后的物质利益关系，都可以是波拿巴的棋子。波拿巴将所有人玩弄于股掌之上，逐步增加其个人权力，最终成功发动政变。波拿巴一伙通过加利福尼亚彩票等空头支票，欺骗法国人民，在博取声望的同时趁机聚敛钱财；对于资产阶级，波拿巴利用其软弱性，解散巴罗内阁，撤换尚加尔涅，在最恰当的时机对国民议会进行勒索，并通过挑起资产阶级各个派系之间的矛盾来从中渔利。而且，波拿巴还充分利用了各个派别都忽视了的，法国人数最多的农民阶级。在《共产党宣言》中，马克思就已经指出，农民既可能是革命的，也可能是保守的。这需要根据具体的社会现实条件进行分析。如果农民站在无产阶级一边，"维护他们将来的利益"[1]，那么就是革命的。毛泽东《中国社会各阶级的分析》中对半自耕农、贫农等"半无产阶级"潜在革命性的分析正是遵循了这一思路。[2] 但是，在法国当时的具体状况下，农民主要是"保守的农民"，他们互相隔离而缺乏社会联系，无法自己代表自己。他们固守过去的小块土地所有制，这曾经是法兰西第一帝国强权政治、教士统治与军队的物质基础。波拿巴通过玩弄能指的游戏，将自己与其英雄的伯父的形象相重合，利用农民对共和国的仇恨，争取到小农的支持，并且将一部分小农发展成流氓无产阶级的军队。

波拿巴能够上台与复辟，最重要的因素，是流氓无产阶级与资本主义本身的同构性。流氓无产阶级除了"自己能生活得舒服"[3]，即自身利益的最大化（因此需要寄生在整个经济体系上）之外，没有任何规定性，

---

① 《马克思恩格斯文集》第 2 卷，42 页，北京，人民出版社，2009。

② 《毛泽东选集》第 1 卷，6～7 页，北京，人民出版社，1991。

③ 《马克思恩格斯文集》第 2 卷，574 页，北京，人民出版社，2009。

没有原则，也没有底线。资本的逻辑也是如此。资本的终极目的是以钱生钱，也就是增殖自身。为了这一目的，资本需要不断地流动，不断地改变自身，而没有确定的形态，也没有确定的规定性："一切等级的和固定的东西都烟消云散了，一切神圣的东西都被亵渎了。"①资本的逻辑，实际上也就是作为其社会基础的市民社会的逻辑。马克思早在《论犹太人问题》中就指出，在市民社会中，世俗的"犹太精神"，即对金钱的崇拜，以及实际需要、自私自利的精神得以普遍化了。市民社会对"人"的自私自利的规定，正是作为资本主义意识形态凝结的西方经济学的"经济人"的初始假设。

在这样的资本逻辑之下，资本主义呈现出与流氓无产阶级一致的寄生性的特征，即资本家寄生在无产阶级的劳动成果之上。这种寄生是全方位的，除了工业资产阶级的剥削之外，资产阶级在地产、金融、赋税、消费等领域对无产阶级进行全面的压榨："当厂主对工人的剥削告一段落，工人领到了用现钱支付的工资的时候，马上就有资产阶级中的另一部分人——房东、小店主、当铺老板等等向他们扑来。"②事实上，资本流向工业领域只是偶然现象，在工业领域创造出一些价值，促进生产力的发展更是偶然的。资本流动的常态，更多的是与创造的价值无关的，是通过房地产、金融、全球殖民等手段进行的公开或隐蔽的掠夺。

在 19 世纪中后期的法国，相较于多少具有生产性的工业资本，更能代表资本的"以钱生钱"特质的、寄生性的金融资本在历史舞台上占据

---

① 《马克思恩格斯文集》第 2 卷，34～35 页，北京，人民出版社，2009。
② 同上书，39 页。

了压倒性的主流地位。路易·波拿巴上台之前的七月王朝，就是被马克思称为"流氓无产阶级在资产阶级社会上层的再生"①的金融贵族所统治的。二月革命推翻七月王朝，新成立的法兰西第二共和国为了收买前朝的金融贵族，甚至不惜损害小资产阶级、工人、农民的利益，"二月革命就直接地巩固和扩大了它本来应该推翻的银行统治"②。在路易·波拿巴倒台之后建立的第三共和国时期，又是金融资本家长期处于统治地位。这一时期，法国的工业资本主义发展缓慢，法国经济的发展与帝国地位的确立，一方面依靠被列宁称为"高利贷帝国主义"的金融游戏，另一方面依靠全球殖民。如果我们回到路易·波拿巴上台前后的历史时刻就会发现，在大地产资本家的正统派与金融资本家的奥尔良派相互牵制的情况下，波拿巴的流氓无产阶级反倒成为与资本主义最契合的群体。波拿巴羽翼渐丰未丰之时，任命的以富尔德为财政部长的听差内阁就是金融贵族的性质，波拿巴独揽大权之后，所作所为亦与金融贵族无甚区别。他们发放名为加利福尼亚彩票的空头支票敛财，利用铁路承租权操纵股价之类的行为，在晚近的资本主义发展中不过是常见的投机套路。

　　流氓无产阶级与资本主义内在的同构性，成为波拿巴最终获胜的深层理由。资产阶级各个派别在想象性的议会进行政治斗争，波拿巴并不在政治上再现（代表）任何政党，却代表了现在资本主义社会的本质规定：那操纵着真实斗争的背后的现实的物质利益关系，代表了资本主义的市民社会本身。因此，正如马克思在《一八五九年的爱尔福特精神》中

---

① 《马克思恩格斯文集》第 2 卷，83 页，北京，人民出版社，2009。

② 同上书，93 页。

所说的，拿破仑主义成为 1789 年法国大革命的"遗嘱执行人"，"反动派正在实现革命的纲领"。① 路易·波拿巴有意无意地被历史推到了台前，承担起发展法国并不算发达的资本主义的任务。法兰西第二帝国时期工业迅速发展，经济繁荣，重工业、交通运输业、商业、农业均有较快的发展②。对于波拿巴派来说，这只是他们进一步地从事投机、舞弊之类流氓无产阶级的行径所需要的条件，但客观上也将 1789 年以来的资产阶级革命继续向前推进。在法兰西第二帝国时期，"法国终于完成了向资本主义社会形态的过渡"③。进一步地，波拿巴甚至间接地承担起自 1848 年六月起义开始，至今尚未实现的无产阶级革命的遗嘱执行人的角色。这是因为，"工业无产阶级的发展是受工业资产阶级的发展制约的"④。法兰西第二帝国时期，由于资本主义的发展，无产阶级的力量也随之壮大，并且促成了 1871 年，比 1848 年六月起义规模更大，并且一定程度上取得了胜利的巴黎公社，虽然革命的果实最终未能保留下来。

3. 溢出当代政治哲学研究视域之外的社会解放

《雾月十八日》的分析路径所彰显的是溢出政治哲学研究范式之外的一种社会哲学的可能性路径。马克思对于社会与政治的区分，使其与当代政治哲学的研究缺乏相同的问题意识：当代政治哲学旨在确立国家应当遵循的规则或理想标准，马克思的根本目标与理想则是首先打碎国家

① 《马克思恩格斯全集》第 13 卷，462 页，北京，人民出版社，1962。
② 郭华榕：《法兰西第二帝国史》，92～114 页，北京，北京大学出版社，1991。
③ 同上书，118 页。
④ 《马克思恩格斯文集》第 2 卷，88 页，北京，人民出版社，2009。

机器，把社会从国家之中解放出来。

对于浸染在 19 世纪 50 年代的欧洲革命时期之中的马克思而言，国家不过是一个阶级压迫另一个阶级的专制工具。马克思认为，现代中央集权制的国家机器"起源于君主专制时代"，最初是"新兴资产阶级社会反对封建制度的有力武器"，① 但是资产阶级逐步扫清封建残余、控制政权之后，随着资本主义生产方式的发展，在资产阶级与无产阶级的对立逐渐深化的背景下，国家"变成了资本借以压迫劳动的全国政权，变成了为进行社会奴役而组织起来的社会力量，变成了阶级专制的机器"②。卡芬雅克的共和派临时政府的六月屠杀，路易·波拿巴的议会制共和国的阶级恐怖，以及梯也尔的临时共和国对巴黎公社的血腥镇压都是如此。而正是基于镇压无产阶级的需求，国家机器行政权得以不断膨胀。

因此，在这样的国家框架之内，以代表制为原则的议会斗争，只能是一种唯灵论式的幻象。作为人口中的绝对少数的资产阶级把持的国家机器，所声称的对人民群众的代表，只能是一种虚假的代表。比如，以赖德律-洛兰为首的山岳派，数次与当时相对弱小、难以成为一种独立的政治力量的工人阶级结成联盟，似乎"代表"了工人阶级的利益，但在六月起义这场无产阶级反对资产阶级的斗争中，却毫不犹豫地站在资产阶级一边。路易·波拿巴在上台与复辟的过程中，得到了农民的大量选票，似乎"代表"了农民，但马克思尖锐地指出，波拿巴不过是利用了保

---

① 《马克思恩格斯全集》第 17 卷，355 页，北京，人民出版社，1963。
② 《马克思恩格斯文集》第 3 卷，152 页，北京，人民出版社，2009。

守的农民的"拿破仑观念"，并且在法兰西第二帝国时期，从包括农民在内的整个社会吸血，为了罪恶的目的发动战争，而战争赔款却要由农民来承担。当代西方的貌似"代表"下层人民的左翼政党也是如此。皮凯蒂在《资本与意识形态》中指出，1990 年以来，美国、英国、法国等西方国家的左翼政党，明目张胆地抛弃了底层阶级，成为受到过更多高等教育的群体控制的"婆罗门左派"（Gauche brahmane），与"商人右派"（droite marchande）轮流执掌政权，压榨无产阶级。[①] 隐藏在这虚假代表背后的资产阶级各个派别在议会中的明争暗斗、轮流坐庄的游戏，不过是将国家机器看作"胜利者的主要战果"[②]的分赃活动罢了。这正是因为，国家机器在膨胀的过程当中，成为对整个社会持续吸血的"寄生赘瘤"，成为腐败、苛捐杂税与投机的温床。资产阶级的共和国与君主国本质上并无不同，不过是将封建贵族的分散的特权变为领薪的国家公职人员的特权，将作为这种特权的物质与精神支持的地主门客与教士集团变为常备军与意识形态国家机器。

在这样的国家的框架之内，讨论所谓"公平的分配"，不过是一种拉萨尔式的浅见。马克思在《哥达纲领批判》中，明确地批驳了这种观点，指出"消费资料的任何一种分配，都不过是生产条件本身分配的结果；而生产条件的分配，则表现生产方式本身的性质"[③]。因此，在资本家掌握生产条件的资本主义社会中，无产阶级受到剥削是必然的分配结

---

① Thomas Piketty, *Capital and Ideology*, translated by Arthur Goldhammer, Harvard University Press, 2020, p. 807.

② 《马克思恩格斯文集》第 3 卷，192 页，北京，人民出版社，2009。

③ 同上书，436 页。

果，"公平的分配"这种拉萨尔式的说法，本身就预设了资本主义的框架。因此，当代英美政治哲学所追求的在国家体制之内的公平或正义，在其现实性上，仅仅在这样的意义上是成立的：公平或正义作为一种观念，本身是资本主义生产方式在观念上的反映，资产阶级用公平正义的名称，指代符合其自身利益的分配方式。

从这一意义上说，马克思社会哲学的分析视角并不着力于寻找公平的分配方案，更不是为资本主义摇旗呐喊，而在于作为公平分配的前提的打碎腐朽的资本主义国家机器本身、消灭阶级统治及其社会物质基础的无产阶级革命。"奴役他们的政治工具不能当成解放他们的政治工具来使用。"[1]虽然资产阶级创造的某些具体观念与制度，可以被无产阶级所利用，使得资产阶级"为反对封建制度而锻造出来的各种武器都倒过来朝向它自己"[2]，但是在阶级斗争的过程中，在议会民主框架之内的斗争充其量只能是一种辅助性的方案。国家冒充为市民社会的"完美反映"[3]，实则"靠社会供养而又阻碍社会自由发展"[4]。无产阶级革命的任务，就是使"社会把国家政权重新收回"[5]，把社会从国家中解放出来，把社会的归还给社会。

在此，我们不得不再一次回到马克思关于政治国家与社会对立的思想。在 1848 年欧洲革命以及巴黎公社的现实实践语境之下，马克思实

---

① 《马克思恩格斯文集》第 3 卷，218 页，北京，人民出版社，2009。
② 《马克思恩格斯文集》第 2 卷，514 页，北京，人民出版社，2009。
③ 《马克思恩格斯文集》第 3 卷，191 页，北京，人民出版社，2009。
④ 同上书，157 页。
⑤ 同上书，195 页。

际上将资产阶级对应着政治国家，将无产阶级对应着社会。与资产阶级政治的唯灵论式代表不同，无产阶级是"社会的一切健全成分的真正代表"①，这不仅因为无产阶级政权（如巴黎公社）与工人、农民、小资产阶级等各个阶级的利益相一致，更因为无产阶级是社会财富的真正制造者，是社会进步的真正推动者。

在此，我们有必要再一次强调马克思自《论犹太人问题》以来就为我们所展现出的政治与社会之间的对峙，从而进一步明确政治解放与社会解放之间的对立。政治解放旨在从中世纪的君权与宗教当中解放，走入以市民社会为基础的资本主义现代国家之中；而社会解放是在打碎国家机器之后，进一步地使"社会从犹太精神中解放出来"②，即从资本主义精神当中解放出来。在《法兰西阶级斗争》中，马克思再一次提出"政治解放""政治复辟"和"社会解放""社会复辟"这一组概念，并将政治解放和政治复辟指向推翻和返回封建君主国，而将社会解放和社会复辟指向了超越和返回资本主义市民社会及其国家机器。在《法兰西内战》手稿中，马克思则更为直接，指出无产阶级的巴黎公社，是"社会解放的政治形式"③。这些证据表明，在关于政治的讨论中，站在无产阶级的普遍性立场而非资产阶级的特殊性立场的马克思，永远都是以社会为出发点和旨归的。

基于这样的社会哲学基石，作为社会解放的无产阶级革命不能是

---

① 《马克思恩格斯文集》第 3 卷，162 页，北京，人民出版社，2009。
② 《马克思恩格斯文集》第 1 卷，55 页，北京，人民出版社，2009。
③ 《马克思恩格斯文集》第 3 卷，197 页，北京，人民出版社，2009。

"躲在社会背后"①的蒲鲁东式空想，而同样需要注重社会现实条件的基础。比如，在二月革命中，无产阶级无法独立地实现自身的利益，而只能依附于资产阶级，以及六月起义的失败，都是因为在当时的法国，工业资本主义的生产方式尚未完全建立，无产阶级的社会力量很弱小。因此，无产阶级革命应当"利用旧世界自身具有的一切强大手段来推翻旧世界"②。马克思认为，革命发生的条件，是"现代生产力和资产阶级生产方式这两个要素互相矛盾"③所带来的危机。而《资本论》的意义正在于，基于对资本主义社会的全面考察，真正地理解并创造革命的社会条件。今天，全球资本主义仍然如日中天，资本具有极强的灵活性与适应性；资本没有确定规定，甚至能将其对立面吸收进自身。资本主义生产关系为了拯救自身而不断变化，造成相当长一段时间以来，无产阶级革命处于低潮，但是，资本为了逐利，作为"流氓资产阶级"的寄生、腐朽的特征也越来越强，这必将为资本主义带来结构性的不可回避的危机，而如何沿着马克思开辟的社会哲学的思想路径，理解并把握资本主义及其潜在的危机带来的革命条件，比起囿于当代政治哲学内在的分配正义，更应成为当代马克思主义者最为重要的理论任务。

(二)走向历史具体：唯物史观视域下的路易·波拿巴政变

在此，我们将继续深入到马克思有关于路易·波拿巴政变的经典文本当中，呈现以行动者为轴心的唯物史观的建立及其作为一种独特的审

---

① 《马克思恩格斯文集》第 2 卷，478 页，北京，人民出版社，2009。
② 同上。
③ 同上书，176 页。

视视角对社会现实事件进行分析的路径。这一进一步深化的研究实际所呈现的是在法国政治实践的介入当中，马克思哲学思想自身所发生的潜在变化。

在马克思的经典文献当中，《雾月十八日》应算作一个相对独特的文本。其独特性表现在两个方面。一方面，就其在马克思思想发展历程中所处的时间节点而言，它出现于马克思与恩格斯刚刚完成的《共产党宣言》之后，同时也完结于马克思重返书斋系统展开政治经济学的研究和批判之前。另一方面，就其所采取的写作形式而言，它成就了一种介于时事评论与理论建构之间的思想表达方式。这一文本的特殊性决定了该文本独特的理论价值。第一，它成为马克思所构建的、仅作为一种理论形态存在的唯物史观在当时现实社会革命的历史背景下的一次有效演练，因此清晰地展现出马克思唯物史观的理论特质。第二，在其中，马克思践行了一种以行动为目的的旁观者的分析视角，以此深化了对革命行动之现实可能性的理论探讨。通过这一文本，马克思以时评的方式，以描述性的表达方式介入这一现实的历史革命当中，从中发现了在诸多纷乱的政治行动背后所隐藏着的特定的经济架构。这一经济架构自法国大革命之后正在被资本逻辑所侵占，因此它必然会表现出资本逻辑所要求的一种独特运作方式。固有的政治哲学所诉求的普遍价值在其中都显现出了一种难以理解的脆弱性，而马克思也正是在这一脆弱性当中发现了对政治博弈之研究的可能性界限。

1. 政治哲学的不可能性与社会哲学的可能性

因为马克思的《雾月十八日》的存在，社会学界的研究者曾将马克思视为肇始于21世纪美国社会学界的"事件社会学"的真正鼻祖。① 这一判断的积极意义在于它凸显了《雾月十八日》这一文献特有的研究方式：这是一种用片段化的事件来表达历史、讨论社会架构的理论尝试，而非仅仅描述了一场充斥着各色权力游戏的政治大戏，因此马克思的这篇经典文献并非仅仅是马克思的政治时评，抑或政治哲学研究的一个典型案例，而是基于对更有整全性意义的"社会"的观照。但这一判断可能同时还会引发一种误解，即将马克思对于活生生的现实革命的研究归入社会学的学科研究范式之内。将马克思独特的社会哲学归入现代实证科学的门类当中，显然有窄化这一研究的可能。

正如我们在此前对马克思哲学中的"政治"与"社会"概念的讨论和区分中已经指出的那样，纵观马克思自身哲学的发展历程，马克思的《雾月十八日》是一项隶属于德国古典哲学传统的社会哲学研究。这一哲学将"社会"作为个人活动的总体构成，并以此为基础单位来探讨历史变迁的可能性。就此而言，社会哲学包含着两个前提。其一，其思考问题的起点不是城邦政治，而是近代以来才得以产生的市民社会。其二，这一哲学所关注的理论旨归，不是一种既有社会的建构与描述，即解释世界的工作；而是一个社会向另一个社会变迁的可能性条件，即改变世界的工作。基于以上两点，德国古典哲学语境下的社会哲学，不仅与当代英美传统下的政治哲学研究截然不同，更与以实证科学研究为旨归的社会学有着云泥之别。

---

① 参见应星：《事件社会学脉络下的阶级政治与国家自主性——马克思〈路易·波拿巴的雾月十八日〉新释》，载《社会学研究》，2017(2)。

　　不可否认的是，社会哲学与社会学诞生于共同的历史情境，即近代以来，伴随着城邦政治的衰弱，市民社会阶层的逐渐兴起，"社会"作为一种左右人类共同体的潜在力量开始逐渐代替"政治"发挥着举足轻重的作用。基于对"社会"的共同关切，推崇以实证科学去研究人类社会的孔德与试图扬弃实证科学来研究人类社会的黑格尔活跃于同一历史时期，即 18 世纪末 19 世纪初。在此期间，人类共同体的建构与变革的根本动力发生了变化。古代社会的变迁所依赖的大多是城邦治理者的行为，这些行为构成了政治的基本内涵，即作为政治治理术的施政方针。这些行为的类别在亚里士多德的学科分类当中被归入蕴含着至善原则的"实践"当中。这意味着政治行为在对社会的建构与变革当中隐性地包含着对人类至善与幸福的诉求。由此，以政治行为为研究对象的政治学在其诞生之日就与道德哲学有着密不可分的关联：城邦秩序与正义的诉求所依赖的是至善原则的设定。这一设定，在古代社会中带有着天然的自然目的论，但在近代则被转变为基于人性论证的自然法传统。后者不再仅仅致力于描述城邦秩序、社会关系和社会行为的合理性，而在于寻找一些经验的基础原则来对其加以论证。① 因此，社会的变革目标于是成为人性至善原则的一种实现方式。政治行动也强烈地依赖于某些至善的原则以及这些原则设定的方式。与之相关，政治学，作为一种城邦治理术也随之转变为一种政治哲学。施特劳斯认为：

———————

　　① 参见［德］海因里希·罗门：《自然法的观念史和哲学》，姚中秋译，71 页，上海，上海三联书店，2007。

如果人们把获得有关好的生活、好的社会的知识作为他们明确的目标，政治哲学就出现了……因此，政治哲学的主题必须与目的、与政治行动的最终目的相同。政治哲学的主题是人类的各种伟大目标：自由以及政府或帝国——这些目标能够提升所有人超越他们可怜的自我。①

对施特劳斯来说，政治哲学成为一个蕴含着人类理性自我认知和自我超越的哲学分支，它"限于人类头脑独力能够触及的事物"②。这意味着，所有关于"好的""至善"的原则都是人类理性为自身构筑的规范。据此，施特劳斯将政治哲学与政治神学区分开来。但这种区分显然包含着一种可能的限度。当政治学对于城邦的安置要依赖某种至善原则的时候，不管这一原则源自神谕，抑或人的理性，它们都具有一种超验的先定和谐。从这一意义上说，政治哲学与政治神学之间的区别并不能轻易区分开来，特别是在启蒙之后，"理性"已经代替了任何形式的"神"，成为形而上学的保障。因此，真正意义上能够避免政治哲学陷入政治神学的根本途径应当是放弃以"政治"为轴心的理论研究，转向以"社会"为基础单位来展开对人类社会变迁的理解和把握。施特劳斯在对政治哲学与政治神学的区分当中实际已经触及了社会哲学的研究路径，但没有给予足够的重视：

---

① ［美］列奥·施特劳斯：《什么是政治哲学》，李世祥等译，2 页，北京，华夏出版社，2014。

② 同上书，5 页。

政治哲学依赖的前提是，政治关联——一个人的祖国或民族——是最全面最权威的关联，而社会哲学却把政治关联看作一个更大整体（它将之命名为"社会"）的一部分。①

施特劳斯对于社会哲学的判定，虽然略显简单，却清晰地划定了政治哲学与社会哲学之间研究范围的差异。相较于传统的政治哲学而言，社会哲学更倾向于以一种整全性的方式来把握人类社会的变迁。政治，在其中，仅仅成为左右社会变迁的要素之一。但也正是在这一意义上说，侧重于实证科学的社会学研究无法担当起对于整全性的"社会"的理解。

社会学作为用以分析"社会"的实证科学，在社会哲学的视域下仅意味着试图运用一种片面化的知性思维来把握"社会"，它在本质上并不适用于诸如社会和历史的分析方式。康德为知性与理性之间划定了不可逾越的界线，黑格尔则以一种带有整全性的科学，即知识学，将知性思维作为人类认知自我超越的必经环节，并在理性的自我运动当中完成了对整全性的把握，也即黑格尔意义上的真理的把握。理性的整全性在黑格尔的法哲学中化作对"社会"的整全性把握。在其中，新兴的市民社会与家庭和国家一起构筑了整全性的人类社会，在黑格尔的理性的自我扬弃的历史性过程中完成了"现存"与合乎理性的"现实"之间的融合与统一。社会哲学也有了它的基本轮廓。尽管在德国古典哲学的传统中，并没有太多的哲学家强调它作为一种独立的哲学形态所包含的定义与研究范

———————

① ［美］列奥·施特劳斯：《什么是政治哲学》，李世祥等译，5 页，北京，华夏出版社，2014。

式，但"社会"却成为后黑格尔哲学中经常被运用和讨论的概念。

青年马克思基于对黑格尔思辨体系的拒斥，在法哲学批判的视域下，特别凸显了市民社会对国家的决定性作用，并在《论犹太人问题》当中，将政治解放的最终结果与这种市民社会的形成关联起来，将其与真正的人的解放，也即一种社会化的人类和人类社会的形成对立起来：

> 政治解放一方面把人归结为市民社会的成员，归结为利己的、独立的个体，另一方面把人归结为公民，归结为法人。
>
> 只有当现实的个人把抽象的公民复归于自身，并且作为个人，在自己的经验生活、自己的个体劳动、自己的个人关系中间，成为类存在物的时候，只有当人认识到自身"固有的力量"是社会力量，并把这种力量组织起来因而不再把社会力量以政治力量的形式同自身分离的时候，只有到了那个时候，人的解放才能完成。①

这意味着政治解放从根本上是不彻底的，这种不彻底性的原因在于这一解放的全部规定建基于市民社会的抽象之上，其中，丰富而全面的人变成了利己而自私的人。而政治解放最终实现的却不过是这一抽象的、利己的、独立的个人、公民抑或法人的胜利。正是在试图与这样一种解放相对立的意义上，马克思的"社会"概念获得了它的合法性。"社会力量"附带着对人的整全性的理解而与"政治力量"相对立。自此，在早期马克思的诸多表述当中，"社会"作为一个形容词，一度成为描画未

---

① 《马克思恩格斯文集》第 1 卷，46 页，北京，人民出版社，2009。

来人的解放的典型表述。《1844 年经济学哲学手稿》中的共产主义，作为"通过人并且为了人而对人的本质的真正占有"，同时"也就是向社会的即合乎人性的人的复归"。① 在这种扬弃了私有财产的状态下，"社会性质是整个运动的普遍性质；正像社会本身生产作为人的人一样，社会也是由人生产的。活动和享受，无论就其内容或就其存在方式来说，都是社会的活动和社会的享受"②。尽管我们不得不承认，早期马克思的社会概念还带有太多人道主义的假定，因此与黑格尔的"精神"概念有着本质的同构性，③ 但正是因为借助这一术语的颠倒，马克思能够在继承黑格尔哲学的历史性原则、整全性思想的同时去构筑他独特的唯物主义。其中，早期马克思对于蕴含着人道主义假定的"社会"的关注最终转变为对现实历史矛盾的整体的考察。马克思在《关于费尔巴哈的提纲》中将这一更具整全性的社会概念转变为其新唯物主义的立脚点，即"旧唯物主义的立脚点是市民社会，新唯物主义的立脚点则是人类社会或社会的人类"④。这一表述，不仅意味着社会，作为人类社会的全体，成为马克思唯物史观的研究对象，同时它作为社会化的人类，成为人对自身生存环境进行革命与变迁的真正动力。马克思的新唯物主义的真正展开构筑了他的唯物史观。因此，当我们在此特别凸显了马克思思想中社会哲学的基本属性的时候，目的并非构造不同于唯物史观的另一种哲学，

---

① 马克思：《1844 年经济学哲学手稿》，78 页，北京，人民出版社，2018。

② 同上书，79 页。

③ 参见夏莹：《黑格尔"精神"概念的构造方式及其社会内核——基于青年马克思哲学权威的考察》，载《清华大学学报（哲学社会科学版）》，2013（4）。

④ 《马克思恩格斯文集》第 1 卷，502 页，北京，人民出版社，2009。

而只是凸显了马克思的唯物史观诸多表达方式中的一种可能性。

2. 表象逻辑的深化与反表象化的"表达"："社会"语境中的政治斗争

马克思的《雾月十八日》在以下两种意义上成为马克思社会哲学的一个典型形态：其一，这一文本以事件化的表达方式呈现了一种活生生的社会"变革"；其二，这一文本在对路易·波拿巴政变的分析当中否定了单纯的"政治斗争"的根本力量，其所凸显的恰恰是一种左右政治斗争背后的社会物质利益的博弈。因此，与马克思对于唯物史观基本原则的经典表述相比，《雾月十八日》以更为鲜活的方式表达了唯物史观内在的社会哲学的基本维度。

在我看来，《雾月十八日》虽然讲述的是路易·波拿巴利用政变黄袍加身的整个过程，但马克思却绝非这一政变的旁观者。他独特的问题意识决定了这部著作内在的哲学属性。对于刚刚深度介入 1848 年欧洲革命的马克思而言，他对这一事件进行系统研究的核心问题，不仅仅是"为什么一个有 3600 万人的民族竟会被三个衣冠楚楚的骗子偷袭而毫无抵抗地做了俘虏"[①]，更为重要的是"人类历史上第一次无产阶级登上历史舞台的行动为何遭到惨败"。马克思明确提出了第一个问题，却将对这一问题的"解释"放入革命的话语建构当中，从而让这一事件的全部意义构成了"革命"主题的一个"局势"和"条件"。如果我们以此来重新解读《雾月十八日》，我们或可作出这样的一个判定：这是一部围绕 19 世纪（对于马克思而言的新时期）社会革命的方式及其可能性的研究，因此，在某种意义上说，《雾月十八日》的全文中隐藏着一明一暗的两条线索：

① 马克思：《路易·波拿巴的雾月十八日》，14 页，北京，人民出版社，2018。

明线所讲述的是路易·波拿巴的胜利，即他利用议会政治来复辟帝制的发家史；而暗线则是第一次无产阶级革命的失败。对于马克思而言，后一条线索中所蕴含的革命主体以及革命的可能性，才是马克思关注的要点所在。正因如此，在马克思对波拿巴事变的关注当中，事件的主角不是波拿巴，而是整个法国的阶级斗争；正如在波拿巴的整个政变当中，政治权谋的斗争也非马克思的主要关注点，马克思更关注的是导致这一政治权谋得以产生的条件和局势，而后者作为一种整全性的社会力量决定了政治斗争的走向。

对这一原则的把握，马克思在《雾月十八日》开篇即给予了自觉的阐发：

在与我这部著作差不多同时出现的、论述同一问题的著作中，值得注意的只有两部：维克多·雨果的《小拿破仑》和蒲鲁东的《政变》。

维克多·雨果只是对政变的主要发动者作了一些尖刻的和机智的痛骂。事变本身在他的笔下被描绘成一个晴天霹雳。他认为这个事变只是某一个人的暴力行为。他没有察觉到，当他说这个人表现了世界历史上空前强大的个人主动性时，他就不是把这个人写成小人物而是写成巨人了。蒲鲁东呢，他想把政变描述成以往历史发展的结果。但是，在他那里关于政变的历史构想不知不觉地变成了对政变主角所作的历史辩护。这样，他就陷入了我们的那些所谓客观历史编撰学家所犯的错误。相反，我则是证明，法国阶级斗争怎样造成了一种局势和条件，使得一个平庸而可笑的人物有可能扮演了英雄的角色。①

正是在与雨果、蒲鲁东的比较当中，马克思凸显了唯物史观分析问题的理论特质：他试图抛开对事变主体（如雨果的主观主义视角）抑或宏大历史叙事的整个过程（如蒲鲁东的客观主义视角）的关注，转而关注事件主体与事件发生的客观条件之间的相互作用。只是此刻马克思在活生生的历史事变当中看到的不是一个抽象的、单一的主体——路易·波拿巴，而是多种类型的主体的相互博弈，其中立宪派、革命派、国民议会、山岳派、保皇派以及无产阶级都成为左右这一事变的主体力量，而波拿巴的胜利正是由于这些党派和阶级群体在其现实的斗争情景下无法兑现自己的政治主张，只能听从于自身的社会物质利益的本质规定。其结果带来了一种显而易见的政党理念与政党行为之间的错位。由此呈现出一种让人费解的政治乱象，马克思对此洞若观火：

> 我们所谈的这个时期，各种尖锐的矛盾极为错综复杂：立宪派公然图谋反对宪法，革命派公开承认自己拥护立宪；国民议会想左右一切，却总是按议会方式进行活动；山岳派以忍耐为天职，并以预言未来的胜利来补偿现在的失败；保皇派扮演着共和国的元老院议员的角色，为环境所迫，不得不在国外支持他们所依附的互相敌对的王室，而在法国内部却支持他们所憎恨的共和国。②

---

① 马克思：《路易·波拿巴的雾月十八日》，3~4 页，北京，人民出版社，2018。
② 同上书，34 页。

对于这种政治乱象的分析，马克思所采取的是其一直娴熟运用的意识形态批判方法，它所蕴含的是一种不断被深化的表象逻辑，即原本各个党派在政治斗争中所采取的实际行动理应是各党派对自身立场的阐释的一种外在"表象"（representation）。按照"表象"的逻辑，呈现的（presentation）与被再现的（re-presentation）表象之间应该存在着一一对应的关系。也就是说，再现的表象，即各个政党在政治舞台上的行为方式同时也就是那个被表象的本质，即各个政党对自身政治主张的阐释所预先规定的。表象与本质之间是相互印证与呼应的关系。但在波拿巴政变前的法兰西第二共和国当中，所有的政党行动，作为一种"表象"，却"似乎"都没有能够真正再现各个政党的政治主张。相反，保皇派会去支持共和国，立宪派却公然反对宪法，山岳派人不再激进，总是不断地与不同的政治力量结盟，无产阶级中也总是混杂着可以被随时收买的流氓无产者，他们甚至直接成为波拿巴政治大戏的金牌配角。这一情景如同当代语言学中对能指（signifier）的自发性和自主性的强调，以及由于对这种强调而带来的能指、所指（signified）与指涉物（reference）之间的意义断裂。面对这种意义断裂，马克思在《雾月十八日》中实际完成了两个工作。其一，坚持一种表象逻辑的分析模式，试图为当时作为表象的所有的政党行为进一步探寻其内在的被表象者，即支配表象的本质驱动。而这一本质驱动，在马克思这里，最终表现为不同阶级的物质利益。我将其称为纵向的、本质化的分析路径。其二，运用一种反表象化的思考路径，着意于在"社会"语境之下，探寻不同物质利益群体之间在其各自的政治表现当中所呈现的一种相互关联，而正是这个复杂的政治表现，为波拿巴政变提供了一种可能的条件和局势。我将其称为横向的、表达的

(expression)分析路径。前一分析路径带有探寻历史本质的诉求，后一分析路径则兼顾了历史的偶然性，两者的相辅相成，丰富了马克思唯物史观的内涵。而这两项工作，在本质上都需要用一种"社会"的分析视域来替代"政治"的分析视域，也即用社会哲学的分析路径去替代政治哲学的分析路径。

对于第一项工作，马克思通过举例分析了多个不同党派的政治行为与其实质的物质利益，其所彰显出的是：那令人费解的政党行为与其言辞之间的错位实际上不过是一个政党物质利益的真实表象。例如，在对保皇派的分析当中，马克思指出：

> （保皇派）在议会之外，总是相互倾轧。在幕后，他们又穿起他们旧时的奥尔良派的和正统派的制服，进行他们的旧时的比武。但是在公开的舞台上，在大型政治历史剧演出时，在扮演一个议会大党的角色时，他们对自己的可敬的王朝只是敬而远之，无止境地推迟君主制的复辟。他们在从事自己的真正事业时是以秩序党的姿态出现，即凭着**社会的**资格，而不是凭着**政治的**资格；是作为资产阶级世界秩序的代表者，而不是作为出游公主的护卫骑士；是作为和其他阶级对立的资产阶级，而不是作为和共和派对立的保皇派。①

---

① 马克思：《路易·波拿巴的雾月十八日》，38～39页，北京，人民出版社，2018。黑体为原文所加。

在这段精彩的描述当中，保皇派的政治行为与他的社会属性被马克思特别区分开来。在社会属性方面，保皇派不管自称为秩序党、保皇党还是正统派，都不过是资产阶级物质利益的代表；而保皇派所采取的种种行为，其在不同的场合所扮演的角色却是他们的政治属性。在马克思的表述当中，我们清晰地辨识出两者之间的差异：政治的属性只能让我们看到一个政党最外在的表演，而社会属性，才会让一个政党的本质真正显露出来。马克思对这样一种批判路径有着充分的自觉：

> 正如在日常生活中应当把一个人对自己的想法和品评同他的实际人品和实际行动区别开来一样，在历史的斗争中更应该把各个党派的言辞和幻想同它们的本来面目和实际利益区分开来，把它们对自己的看法同它们的真实本质区别开来。①

作为补充，马克思通过对流氓无产者与农民阶级的政治属性的分析，为唯物史观构筑了一个横向的、表达的分析路径。出于以下两个原因，在此我特别强调马克思对这两个阶级的分析：其一，构成这两个群体的人群可能分散在社会的各个角落，并不具有显而易见的统一性，两者作为阶级，在某种意义上都应算作马克思的理论发现；其二，两者特有的政治属性都为波拿巴最终黄袍加身提供了条件，创造了"局势"。但让人困惑的是，这两个阶级背后却都缺乏明确的现实物质利益的诉求，换言之，他们既没有一个统一的"言辞"，也没有统一的物质利益，他们

---

① 马克思：《路易·波拿巴的雾月十八日》，38 页，北京，人民出版社，2018。

有的只是表象化的政治行动。因此对于他们为何去支持波拿巴，以及为何他们的支持对波拿巴复辟帝制竟然具有真实有效性等问题，如果仅仅采用此前表象逻辑的分析方式，即去探寻表象背后被表象的本质所在，可能一无所获。马克思在此所采取的分析路径带有一种鲜明的反表象化的特质：一方面马克思颇费笔墨地去勾勒他们的生存状态，例如不厌其烦地列举流氓无产者可能包括的各色职业类型：

> 在这个团体里，除了一些生计可疑和来历不明的破落放荡者，除了资产阶级中的败类和冒险分子，就是一些流氓、退伍的士兵、释放的刑事犯、脱逃的劳役犯、骗子、卖艺人、游民、扒手、玩魔术的、赌棍、皮条客、妓院老板、挑夫、下流作家、拉琴卖唱的、捡破烂的、磨刀的、补锅的、叫花子，一句话，就是被法国人称做浪荡游民的那个完全不固定的、不得不只身四处漂泊的人群。①

抑或详细描画法国农民特有的生活方式：

> 小农人数众多，他们的生活条件相同，但是彼此间并没有发生多种多样的关系。他们的生产方式不是使他们互相交往，而是使他们互相隔离……他们进行生产的地盘，即小块土地，不容许在耕作时进行分工，应用科学，因而也就没有多种多样的发展，没有各种不同的才能，没有丰富的社会关系……一小块土地，一个农民和一

---

① 马克思：《路易·波拿巴的雾月十八日》，64页，北京，人民出版社，2018。

个家庭；旁边是另一小块土地，另一个农民和另一个家庭。①

这些近乎烦琐的描述，根本目的正是揭示这两个群体独特的生活方式决定了他们失去被组织化的全部可能性。而马克思基于这种特定的生活方式展开对其阶级属性的判定时，所运用的分析方式并非基于一种表象逻辑的推演，因为两者都没有统一的物质利益作为其可"被表象"的本质，而是依赖对其诸多散落的属性进行描画才勾勒出一个本质的轮廓，我将其称为"表达"的逻辑。法国哲学家吉尔·德勒兹在其对斯宾诺莎的研究当中曾系统阐发了"表现"的逻辑在处理本质与现象之间的关联时所具有的不同于"表象"逻辑的关节点：概而言之，表象逻辑所依赖的是表象与被表象者、现象与本质的一一对应，而表达的逻辑则侧重于用一种多样化的表达来描述本质；在表象逻辑中，现象与本质具有唯一的对应性，在表达的逻辑当中，作为本质的被表达者与表达者，却是一与多的关系，并且本质也总是只有在多种表达的描述当中才得以存在。正如德勒兹所言："被表达者并不存在于其自身的表达之外，它只是作为表达者的本质而被表达。"②

具体到马克思此刻的分析语境来说，无论是对流氓无产者还是对农民阶级的分析，马克思对其生活境遇的描述所构筑的一种表达，自身就是其本质规定的全部显现。由此，这两个阶级缺乏统一性的本质规定自身就成为他们的一个本质。这一本质需要依赖于他

---

① 马克思：《路易·波拿巴的雾月十八日》，109页，北京，人民出版社，2018。

② Dilles Deleuze, *Spinoza et le problème de L'expression*, Minuit, 1969, p. 35.

们多样化的生活方式的"表达"来得以呈现。运用"表达"的逻辑，马克思看到了波拿巴在政治乱象的博弈中获得成功的全部秘密：波拿巴，作为一个游弋在各大党派之外的政治人物，自身并没有作为其社会本质的物质利益，换言之，波拿巴并不试图代表任何一种物质利益群体，而这种没有任何物质利益诉求的空洞能指，恰恰使其成为流氓无产者与农民阶级这样两个同样没有统一的物质利益的群体所寻找的代表。于是马克思称其为"流氓无产阶级的首领"①，并看到了农民阶层将波拿巴视为他们所试图寻找的另一个拿破仑②，看穿了"波拿巴想要扮演一切阶级的家长似的恩人"③。由此可见，将波拿巴推上历史舞台的正是一群无法在纵向的表象逻辑中获得预先规定的一些群体，他们只能以横向的表达方式来勾勒一个本就不存在的本质性的物质利益诉求。

但无论是纵向的表象逻辑，还是横向的表达逻辑，都从根本上否定了政治力量对于波拿巴政变的决定性意义，其所凸显的总是一种带有整全性色彩的社会属性，这一社会属性或者是本质化为物质利益诉求，或者表达为各色生活方式，决定了表象层面上的政治斗争。

3. 行动的可能性：历史的重复与革命的差异

作为刚刚从 1848 年革命中退守书房的马克思，其撰写《雾月十八日》的核心目的，毫无疑问是对刚刚爆发的革命给予冷静的反思，而非分析波拿巴的政变。因此，对波拿巴与资产阶级各个政党所上演的政治

---

① 马克思：《路易·波拿巴的雾月十八日》，64 页，北京，人民出版社，2018。

② 参见上书，110 页。

③ 马克思：《路易·波拿巴的雾月十八日》，119 页，北京，人民出版社，2018。

大戏的关注，成为他反思 1848 年革命失败的理论前件。在此，我需要强调，这里所提到的革命的失败，不仅指以六月起义为代表的无产阶级革命，同时也指最终被波拿巴窃取胜利成果的资产阶级革命的失败。马克思在《雾月十八日》中实际上为我们展现出两类革命方式——资产阶级革命与无产阶级革命。它们虽然都失败了，但失败的原因却完全不同。对于马克思而言，就革命所特有的阶级属性而言，资产阶级革命所试图完成的不过是马克思在《论犹太人问题》当中所提出的"政治解放"，而马克思在六月起义中所看到的无产阶级革命却可能完成一种真正的社会化的人类解放。从这一意义上说，马克思在《雾月十八日》中对于两类革命的分析，在某种意义上成为马克思否弃政治力量的分析路径，诉诸社会哲学的分析路径的又一范例。

马克思对于这两场革命的描写极富文采，不仅展现出一个活生生的社会历史革命，而且以极为清晰的笔触勾勒出两者在表现方式上的差异：概而言之，对于资产阶级革命而言，革命的展开总是需要借助一次历史的重复，因此革命也总是带有过去时代的全部内涵，由此演绎出一个个历史的悲喜剧，正如马克思在《雾月十八日》开篇所指出的那样：

> 黑格尔在某个地方说过，一切伟大的世界历史事变和人物，可以说都出现两次。他忘记补充一点：第一次是作为悲剧出现，第二次是作为笑剧出现。①

---

① 马克思：《路易·波拿巴的雾月十八日》，8 页，北京，人民出版社，2018。

面对这种历史的重复，马克思持有一种鲜明的否定态度，他所面对的这个与拿破仑有着些许亲缘关系的路易·波拿巴正是以近乎漫画的方式复制了他的叔叔拿破仑曾有的辉煌，因此，那以英雄史诗般被记录下来的拿破仑的政变及其帝国，在马克思生活的 1848 年变成了一出出小丑的闹剧，波拿巴戴着拿破仑的帽子，用尽各种卑劣手段骗取选民的选票，他所发动的政变，看似是拿破仑雾月十八日政变的重复，实际上不过是对一部悲剧的戏仿，它所成就的也只能是一出笑剧。在马克思的眼中，这一重复成为人类创造历史的一个惯例。面对这个惯例缘何产生的问题，马克思作出了这样的解释：

> 人们自己创造自己的历史，但是他们并不是随心所欲地创造，并不是在他们自己选定的条件下创造，而是在直接碰到的、既定的、从过去继承下来的条件下创造。一切已死的先辈的传统，像梦魇一样纠缠着活人的头脑。①

在此需要强调的是，此刻马克思所凸显的创造历史不得不直面的客观性并不是他在唯物史观中所强调的那个现实的物质生产，在 1848 年欧洲革命中，阻碍人们按照自己的意志去创造历史客观性的是所有那些从过去继承下来的社会历史条件。正是这些先在的社会历史条件成就了1789 年以来法国资产阶级革命的典型形象：戴着幽灵的面具参与革命的狂欢。而马克思则如同一个游走在万圣节夜晚的游客，观看着往来人

---

① 马克思：《路易·波拿巴的雾月十八日》，9 页，北京，人民出版社，2018。

群各自穿着古代先祖的服饰，煞有介事地用现代人的语言和行为方式，用对已死的历史的演绎推进着当下的革命。在这一过程中复活的从来不是那个被扮演的幽灵，而是那个扮演者自身试图完成的革命。马克思对这样一个如同万圣节中的假面舞会一般的革命做了极为精彩的描述：

> 当人们好像刚好在忙于改造自己和周围的事物并创造前所未有的事物时，恰好在这种革命危机时代，他们战战兢兢地请出亡灵来为自己效劳，借用它们的名字、战斗口号和衣服，以便穿着这种久受崇敬的服装，用这种借来的语言，演出世界历史的新的一幕。例如，路德换上了师徒保罗的服装，1789—1814 年的革命依次穿上了罗马共和国和罗马帝国的服装，而 1848 年的革命就只知道拙劣地时而模仿 1789 年，时而又模仿 1793—1795 年的革命传统。①

但随之而来的问题是：资产阶级革命在创造历史的时候为何总是需要借助对旧有传统的复活？马克思对这一问题的分析仍然坚持着他固有的表象逻辑的分析路径，在其所探寻到的革命主体的自身存在样态当中去说明进行革命的全部可能性方式。作为新兴的资产阶级，他们所推翻的是一种天然的等级秩序，他们所建立的是一个用金钱来换算一切的市民社会。每个人在其中都没有了一种不惜一切代价来做一件事的勇气，因为斤斤计较的计算就是资产阶级固有的生活方式。但革命，从本质上说，却总是依托于一种无法计算的耗费。因此在资产阶级革命的初期，

---

① 马克思：《路易·波拿巴的雾月十八日》，9 页，北京，人民出版社，2018。

资产阶级的斗士们需要古典英雄的幽灵来为这一革命注入灵魂，否则那些每天喜欢在账本上计算一天得失的资本家们并没有根本的动力去推翻阻碍他们发展的封建等级社会：

> 资产阶级社会完全埋头于财富的创造与和平竞争，竟忘记了古罗马的幽灵曾经守护过它的摇篮。但是，不管资产阶级社会怎样缺少英雄气概，它的诞生却是需要英雄行为，需要自我牺牲、恐怖、内战和民族间战斗的。在罗马共和国的高度严格的传统中，资产阶级社会的斗士们找到了理想和艺术形式，找到他们为了不让自己看见自己的斗争的资产阶级狭隘内容、为了要把自己的热情保持在伟大历史悲剧的高度上所必需的自我欺骗。①

在此，马克思指认了资产阶级革命者的两个特点：第一，这群只能拿着算盘盘算个人得失的资产阶级革命者们需要披着古代英雄的外衣来让自己的革命看起来更富有崇高感；第二，那英雄的外衣终究也不过是一件外衣而已，它改变不了的是现代资产阶级的软弱本性。这种软弱性，表现在他们本质上对政治斗争的漠不关心，对马克思所持有的宏大的实现社会化人类的伟大目标也嗤之以鼻，他们所关心的仅仅是眼前的利益、手中的钱袋。因此，一旦革命成功，所有那些英雄的外衣都会被资产者们弃之如敝屦。

马克思借用英国革命曾经走过的道路，告诫着身处革命热潮中

---

① 马克思：《路易·波拿巴的雾月十八日》，10 页，北京，人民出版社，2018。

的法国人：

> 在 100 年前，在另一个发展阶段上，克伦威尔和英国人民为了
> 他们的资产阶级革命，就借用过旧约全书中的语言、热情和幻想。
> 当真正的目的已经达到，当英国社会的资产阶级改造已经实现时，
> 洛克就排挤了哈巴谷。①

在此，"洛克排挤了哈巴谷"所表达的正是资本主义革命的最终宿
命：这场万圣节的假面舞会总会在革命的第二天就终止自己的狂欢，回
到利益优先的平庸生活。

但马克思所希望看到的革命，绝非终结于这场万圣节的假面舞会。
马克思之所以如此密切地关注 1848 年这段历史进程，正是因为在其中，
马克思所期盼的无产阶级第一次真正登上了历史的舞台。在 1848 年的
二月革命中，无产阶级还似乎只是资产阶级需要联合的一种力量，而
1848 年的六月起义，则纯然被马克思定义为一次无产阶级独立完成的
革命。尽管革命的结局是失败，但马克思在《1848 年至 1850 年的法兰西
阶级斗争》当中极富有洞察力地说：

> 在这些失败中灭亡的并不是革命，而是革命前的传统的残余，
> 是那些尚未发展到尖锐阶级对立地步的社会关系的产物，即革命派
> 在二月革命以前没有摆脱的一些人物、幻想、观念和方案，这些都

---

① 马克思：《路易·波拿巴的雾月十八日》，10 页，北京，人民出版社，2018。

不是二月胜利所能使它摆脱的，只有一连串的失败才能使它
摆脱。①

这种从失败中获得胜利的革命，是一种能够开拓出一个全新世界的
革命。马克思是对这一革命有着清醒认识的第一人。马克思在一个仍然
依赖于亡灵的革命当中，看到了未来革命的基本形式，并将这一未来的
革命形式以富有诗意的语言阐发了出来：

> 19 世纪的社会革命不能从过去，而只能从未来汲取自己的诗情。
> 它在破除一切对过去的迷信以前，是不能开始实现自己的任务的。从
> 前的革命需要回忆过去的世界历史事件，为的是向自己隐瞒自己的内
> 容。19 世纪的革命一定要让死人去埋葬他们的死人，为的是自己能
> 弄清自己的内容。从前是辞藻胜于内容，现在是内容胜于辞藻。②

马克思在此区分出一种完全不同于资产阶级革命的指向未来的革命。
它无须披着古代英雄的外衣，无须借助万圣节假面舞会的狂欢，无须借助
华丽的辞藻，因为这样的革命原本就有自己无可替代的理想诉求，原本就
包含自己无可替代的全部革命的内容，因此它无须诉诸古代英雄的幽灵来
提升自身的崇高感，因为它自身革命的内容就包含着这样一种史无前例的

---

① 马克思：《1848 年至 1850 年的法兰西阶级斗争》，25 页，北京，人民出版社，
2018。
② 马克思：《路易·波拿巴的雾月十八日》，11～12 页，北京，人民出版社，
2018。

崇高感。而马克思试图完成的那种指向未来的革命正是以此为目的，以此为内容的。而这种革命的全部担当者，只能是无产阶级。

因此马克思在《雾月十八日》中所谈论的两场革命，绝非仅仅因为由两个不同阶级——资产阶级与无产阶级担当革命的主体就具有了根本的区别，而在于这两场革命所实现的并非同一层面上的解放。作为政治解放的资产阶级革命，所实现的仅仅是人们在利己主义的经济利益计算当中的普遍平等，因此资产阶级的代议制民主所构筑的不过是建基于这样一种经济平等之上的政治上的民主、自由与平等，作为代表（represent-ative）的主体不过是某一党派（party）的部分人（part）的物质利益的代表，而非全体人类的普遍利益的代表，波拿巴政变的成功，正是利用了这一部分利益的代表所构筑的权力游戏的结果。代表（re-presentative）因此从本质上说就是一种表象（re-presentation）的逻辑，代议制民主所构筑的政治解放也不过就是一种表层意义上的人类解放。2016 年，特朗普登上美国政治舞台，他所采取的诸多"政治不正确"的施政方略都让人们在其身上发现了路易·波拿巴的身影。这种类比是否成立，并不在本书讨论之内，但特朗普的施政方略赤裸裸地彰显了对利益的诉求，这一点却毋庸置疑，在这一意义上说，特朗普不过是现代代议制民主最为彻底的表现形态，他已经去除了所有"辞藻"，将资本家贪婪的利益诉求的"内容"直接呈现出来，从而将资产阶级革命的全部精神展现得淋漓尽致。而其最终的胜利不过是以民主的方式完成了对代议制民主的调侃。这种调侃得以形成的根本原因正是代议制自身所实现的平等与自由不过是一种政治层面上的表象化的平等与自由，它被玩弄的结果是由其自身的政治属性所决定的。

因此，马克思在《雾月十八日》中所做的工作，正是用其对政党背后的社会属性的诉求的分析去拨开政治解放的"辞藻"，还原政治斗争的真实"内容"，在其中发现波拿巴政变的真正原因，并将对这一原因的分析导向对包含着整全性内涵的"社会"的分析和批判，在此，"社会"不仅是唯物史观考察的历史的一个基本要素、研究对象，同时还是推进历史革命的内在动力的根本机制。从这一意义上说，在马克思唯物史观的建构当中，始终包含着一种"政治"化的分析路径与"社会"化的批判路径之间的对峙。而对马克思来说，无论是在其富有原则高度的理论表述当中，还是在其对鲜活的历史案例的分析当中，他都毫不犹疑地将政治化的分析路径视为一种表象，将社会化的批判视为这一表象的本质性表达。从这一意义上说，近年来中国学界试图将英美传统下的政治哲学研究范式与马克思的哲学思想进行比较和对接，一方面的确带来了对马克思哲学研究更为丰富的面向，另一方面在论证当中却总是缺乏马克思经典文本的论据支持。就马克思思想发展史的内在逻辑脉络来看，英美传统下以抽象的正义概念为前提，以分配正义为途径的政治哲学研究，从来都作为资产阶级固有的哲学思潮而不断地被马克思所反思、批判和拒斥。马克思用以消解这一政治化的阐释路径的方式，正是他基于一种整全性的"社会"哲学传统而建构起来的唯物史观。而《雾月十八日》正是唯物史观的社会化分析路径的最为经典而生动的表达方式，由此构成了该文本在今天所具有的当代性价值。

(三)行动的践行者并非"流氓无产阶级"

革命与革命主体，甚至一般意义上的主体性问题，是以"改变世界"

为理论旨归的马克思的行动者哲学所着力关注的核心问题。对这一问题的关注自马克思开始，一直延续至当下所有带有马克思主义底色的法国哲学家，后者构成了当代激进左翼思潮的主体。

法国大革命作为世界历史上最重要的一次革命，自然成为马克思主义与激进理论所关注的焦点。即使是在革命话语退潮的当下，不甘于资本主义一统天下的激进思潮，也往往通过对法国大革命的回溯性指认，寻找突破资本主义的可能。但是，到了马克思开始活跃的 19 世纪 40 年代之后，轰轰烈烈的法国大革命最终却沦为法兰西第二帝国的"闹剧"。马克思对这段历史中，流氓无产阶级所扮演的角色有着精彩的分析，而后世的思想家，尤其是当代激进左翼对流氓无产阶级的不同理解，也反映了其在革命与主体性问题上的贡献与困境。

当代的激进左翼以最为彻底的方式继承了马克思的行动者哲学的全部内涵。但其所处的情境与马克思的时代却有很大不同。在全球资本主义高奏凯歌的背景之下，基于哲学自身的发展，激进左翼对革命主体问题有了进一步的理解。激进左翼的贡献在于，切中了当下具体的现状与问题意识。但是，激进左翼对于流氓无产阶级不切实际的过高期望，将流氓无产阶级与无产阶级相混淆，从根本上背离了马克思的原义。流氓无产阶级诞生于近代法国思想当中，并实际上活跃于近代以来的法国政治实践当中，成为任何一种行动者哲学都无法回避的一个关注要点。在此，问题的关键不在于厘清这一概念的内涵，更重要的是在法国现实的政治实践当中认清这一行动者及其对革命行动所产生的否定性意义。而马克思对这一概念的关注则几乎全部基于法国政治实践所呈现的一种独特的社会现实。

1. 流氓无产阶级的概念

"流氓无产阶级"(lumpenproletariat)的概念，最早在《德意志意识形态》中被提及，在《共产党宣言》中有了相对明确的表述：

> 流氓无产阶级是旧社会最下层中消极的腐化的部分，他们在一些地方也被无产阶级革命卷到运动里来，但是，由于他们的整个生活状况，他们更甘心于被人收买，去干反动的勾当。①

马克思对于流氓无产阶级最集中的分析，在《路易·波拿巴的雾月十八日》《1848年至1850年的法兰西阶级斗争》这两部政论作品中。1848年的二月革命到1851年路易·波拿巴上台这段时期，流氓无产阶级在历史舞台上异常活跃。这两部著作中的流氓无产阶级，相较于《共产党宣言》而言，有了更为丰富而深刻的内涵。

一方面，这两部著作中的"流氓无产阶级"的概念，继承了《共产党宣言》中的社会底层的地痞流氓、社会渣滓这一层含义。马克思指出："流氓无产阶级在所有大城市里都是由与工业无产阶级截然不同的一群人构成的。这是盗贼和各式各样罪犯滋生的土壤，是专靠社会餐桌上的残羹剩饭生活的分子、无固定职业的人、游民。"②流氓无产阶级往往是与无产阶级对立的，他们既是临时政府组织起来用来对付革命群众的别动队的主要组成部分，也是路易·波拿巴上台的核心阶级基础。

---

① 马克思、恩格斯：《共产党宣言》，38页，北京，人民出版社，2014。
② 马克思：《1848年至1850年的法兰西阶级斗争》，42页，北京，人民出版社，2014。

　　另一方面，马克思巧妙地利用"流氓无产阶级"这个概念，分析了上层阶级中与之极为相似的部分，包括七月王朝的统治者金融贵族，法兰西第二帝国的统治者波拿巴派，以及作为"流氓无产阶级的首领"[①]的路易·波拿巴本人。为了与传统意义上的流氓无产阶级相区别，我们不妨将其称为"流氓资产阶级"。具体而言，金融贵族，或者说权贵资本，是权力与资本最无耻、最没有底线的结合。马克思在《1848 年至 1850 年的法兰西阶级斗争》中指出，金融贵族操纵法律、政策、舆论，通过投机与欺骗来变现，"金融贵族……不过是流氓无产阶级在资产阶级社会上层的再生罢了"[②]。据《雾月十八日》的记载，波拿巴派也有类似的行径："波拿巴派的流氓无产阶级是要发财致富的"[③]，他们预先知道了出让铁路承租权的消息，在交易所进行投机获利。路易·波拿巴本人则是为了权力与利益无所不用其极的政客，既对资产阶级两面三刀，又通过欺骗、馈赠、贷款等手段诱骗法国人民。

　　流氓无产阶级具有两个基本特征，其一是赤贫的经济地位，其二是寄生性。寄生性包括两个方面。一方面，流氓无产阶级不进行劳动，也不创造价值。拉克劳认为，流氓无产阶级是"绝对的外在者"[④]，是黑格尔意义上的"没有历史的人群"[⑤]。拉克劳的意思是说，马克思的历史是

---

① 马克思：《路易·波拿巴的雾月十八日》，64 页，北京，人民出版社，2014。

② 马克思：《1848 年至 1850 年的法兰西阶级斗争》，29 页，北京，人民出版社，2014。

③ 马克思：《路易·波拿巴的雾月十八日》，119 页，北京，人民出版社，2018。

④ Ernesto Laclau, *On Populist Reason*, Verso, 2005, p.144.

⑤ Ernesto Laclau, "Why Constructing a People Is the Main Task of Radical Politics", *Critical Inquiry*, 2006, 32(4), p.667.

生产的历史，而流氓无产阶级并不参与生产的历史。另一方面，流氓无产阶级又高度依赖生产体系，通过巧取豪夺的方式占有他人的劳动成果。在"寄生性"这一点上，不仅是社会底层的小偷、诈骗犯、强盗，社会上层的金融贵族与路易·波拿巴这样的政客也是如此。"寄生性"正是流氓资产阶级之为流氓无产阶级在社会上层的再生的核心要素。

因此，从"寄生性"的视角来看，流氓无产阶级与福柯的"不正常的人"这样的被排斥者并不能完全等同。二者之间的区别就在于其与主流体系的关系。齐泽克认为："相较于无产阶级，尽管流氓无产阶级看上去更彻底地'没有位置'，却更有效、更圆滑地适应了社会大厦。"[①]更精确地说，流氓无产阶级的寄生性决定了他们在生产环节中处于体系之外，但在攫取利益之时高度依赖既有的体系。福柯的"不正常的人"，无论是被排斥与隔离的麻风病人，抑或是被监视与规训的罪犯，他们既在肉体上被排斥在体系之外，又在概念上被定义为非人，在所有的环节中都与主流体系相脱离。

需要指出的是，随着资本主义的发展，对流氓无产阶级与流氓资产阶级的考察也越来越具有时代意义。当今的资本主义已经发展到全球金融资本的时代，根据福柯在《生命政治的诞生》中的说法，我们今天的世界是被经济学的权力/知识所定义的，尤其是 20 世纪 60—70 年代，被以贝克尔为代表的美国新自由主义经济学（亦称"经济学帝国主义"）所定义。在这种背景之下，金融贵族这样的流氓资产阶级在社会中也占据了

---

① Slavoj Žižek, "Against the Populist Temptation", *Critical Inquiry*, 2006, 32 (3), p. 565.

一席之地。在今天，无论是在老牌资本主义国家还是在中国，都充斥着利用种种金融手段做多做空，或者与寻租权力合谋的损人利己的行径，甚至还有以金融概念包装的骗局。金融贵族们赚得盆满钵满，而把风险与灾难转嫁给整个社会。金融贵族这样的流氓资产阶级，在今日资本主义社会中的影响力与危害，已远远超过了底层的流氓无产阶级。

此外，资本主义的发展为流氓无产阶级与流氓资产阶级提供了更丰富的寄生资源与手段。事实上，二者的特质与资本主义是极为契合的。流氓无产阶级与流氓资产阶级是摇摆不定、没有原则、没有底线、无法预测的。他们唯一固定的诉求就是逐利，而这恰恰就是资本主义最重要的经济人假设。

流氓无产阶级的摇摆不定，在革命问题上体现为他们"能够作出轰轰烈烈的英雄业绩和狂热的自我牺牲，也能干出最卑鄙的强盗行径和最龌龊的卖身勾当"[1]。他们可能是革命的，更有可能是反动的。流氓无产阶级并非自觉的革命主体，但并非没有革命的可能性，这一特征就成为后世思想家为流氓无产阶级翻案的契机。

2. 流氓无产阶级对主体性空位的填充

马克思对流氓无产阶级的评价主要是负面的，几乎没有提到流氓无产阶级成为革命主体的可能性。较早讨论这种可能性的是毛泽东 1925年的《中国社会各阶级的分析》。毛泽东认为，像三合会、哥老会这样的

---

[1] 马克思：《1848 年至 1850 年的法兰西阶级斗争》，42 页，北京，人民出版社，2018。

"游民无产者"，"是人类生活中最不安定者……很能勇敢奋斗，但有破坏性，如引导得法，可以变成一种革命力量"。① 毛泽东与马克思的思路实际上是一致的，但在当时的具体情境下，强调了流氓无产阶级可能的革命性。

另外一些思想家走得更远，如弗兰茨·法农。法农认为："正是在群众中，在这贫民窟的人民中，在流氓无产阶级的内部，起义将找到它在城市中的先锋队。流氓无产阶级形成了殖民地人民中最自发、最激进的革命力量之一。"② 法农眼中的另一类革命主体是农民："在殖民地国家，只有农民是革命者。他们没有什么可失去的，他们将获得一切。"③相应地，法农并不认可无产阶级的革命性，认为殖民地的无产阶级生活相对优渥，并且处于萌芽状态。

显然，法农对农民的评价致敬了《共产党宣言》中的著名表述："无产者在这个革命中失去的只是锁链。他们获得的将是整个世界。"④马克思在《〈黑格尔法哲学批判〉导言》中所讨论的无产阶级，是在资本主义内部产生的否定资本主义的力量，无产阶级作为"人的完全丧失"而没有任何特殊性，因而可以获得普遍性的未来。对于法农来说，相较于殖民地的无产阶级，流氓无产阶级与农民，更接近马克思眼中的无产阶级。

事实上，马克思的"无产阶级"更多的是一个哲学概念，是在黑格尔

---

① 《毛泽东选集》第 1 卷，8~9 页，北京，人民出版社，1991。

② Frantz Fanon，*Les damnés de la terre*，Éditions La Découverte & Syros，2002，p. 125.

③ Ibid.，p. 61.

④ 马克思、恩格斯：《共产党宣言》，65 页，北京，人民出版社，2014。

式的辩证运动中，产生于并内在于资本主义社会，而终将成为资本主义的掘墓人，走向下一阶段的中介。在马克思的实践理想中，把黑格尔作为最终形态的"绝对"发展为"共产主义"，从而回溯性地指认了"无产阶级"是革命的主体。马克思的论敌巴枯宁曾批判马克思不能摆脱黑格尔式的形而上学抽象思维的支配，"不是从生活到思维，而是从思维到生活"①。应当承认，巴枯宁的这一观察有一定道理，但我们并不能赞同巴枯宁的立场。"无产阶级"作为哲学概念这一特征，非但不是马克思的理论缺陷，反倒是马克思的一个重要的理论贡献。正是基于无产阶级的概念，马克思才为我们提出了走出资本主义的可能性。

在这个问题上，齐泽克的说法更加清楚："马克思区分了'工人阶级'（working class）与'无产阶级'（proletariat）：'工人阶级'是特定的社会群体，而'无产阶级'是主体性位置。"②比如，马克思在《1848年至1850年的法兰西阶级斗争》中所分析的法国的现实中外省的工人阶级并不是理想的无产阶级，它仍然比较弱小，"还没有能力实现自己的革命"③，"在资产阶级利益旁边实现自己的利益，而不是把自己的利益提出来当做社会本身的革命利益"④。朗西埃也在《无产者之夜》等研究中表明，现实的工人阶级与理想的无产阶级之间存在着一定的差距。尽

---

① ［俄］巴枯宁：《国家制度和无政府状态》，马骧聪、任允正、韩延龙译，162页，北京，商务印书馆，2013。

② Slavoj Žižek, "Against the Populist Temptation", *Critical Inquiry*, 2006，32 (3), p. 564.

③ 马克思：《1848年至1850年的法兰西阶级斗争》，34页，北京，人民出版社，2018。

④ 同上书，35页。

管如此，在马克思所处的特定时空条件当中，经验世界的工人阶级与承担主体性概念的无产阶级大体上仍然是同一的。因此，马克思以及后来的马克思主义者，有时也对"工人阶级"和"无产阶级"这两个词不加区分地使用。

如果在齐泽克的框架下考察法农，就可以很清楚地发现，在法农所讨论的殖民地的现实状况下，工人阶级与无产阶级发生了重大的分裂。殖民地的情况比欧洲更加复杂，革命者需要同时面对阶级矛盾与民族矛盾。而相对优渥的经济状况与社会地位，以及相对匮乏的阶级意识，导致殖民地的工人阶级无法承担革命的主体性位置。因此，法农其实是用农民与流氓无产阶级填充了这一空位。

但是，工人阶级与无产阶级的分裂，并不仅仅发生在被殖民地区等第三世界。在发达资本主义国家当中，更普遍的一种情形是，资本主义略施小恩小惠，使得工人阶级经济境遇改善，而摆脱了绝对贫困，并且，资本主义用新自由主义经济学等意识形态与商业宣传让工人阶级忘记了相对贫困。这样，工人阶级就不再具有马克思所说的"失去的只是锁链"这种一无所有的普遍性的结构性地位，也没有了阶级意识，而无法承担主体性位置，革命的话语也开始式微。

这正是马尔库塞的思路。马尔库塞在《单向度的人》中指出，在发达工业社会中，资产阶级与工人阶级融合为一个共同体，工人阶级"过着明显缺乏否定性的生活"[①]。在马尔库塞这里，"否定性"是指对当前社

---

① ［美］赫伯特·马尔库塞：《单向度的人：发达工业社会意识形态研究》，刘继译，23 页，上海，上海译文出版社，2008。

会状态的批判性向度，而工人阶级失去了否定性成为"单向度的人"，也就失去了革命的主体性。到了《反革命与造反》中，马尔库塞对工人阶级的批评更加严厉："在大多数工人阶级的身上，我们看到的是不革命的，甚至是反革命的意识占着统治地位。"①马尔库塞也将希望寄托于"生活在底层的流浪汉和局外人，不同种族、不同肤色的被剥削者和被迫害者，失业者和不能就业者"②，简言之，寄托于社会的边缘人群。虽然不能将其完全等同于流氓无产阶级，但是二者无疑有许多重合之处。马尔库塞认为，"即使他们的意识不是革命性的，他们的反对也是革命性的"③。这是因为，这些人群拒绝现存的资本主义秩序，因而仍然具有否定性与批判性的可能。

法农、马尔库塞等人，虽然用流氓无产阶级等群体填充了无产阶级的主体性位置，但其思路和马克思并不能完全等同。因为农民阶级与流氓无产阶级虽然一无所有，但是他们并不是资本主义内部所产生的，而是资本主义秩序之下的边缘阶级。马尔库塞自己就说，马克思的工人阶级"具有三个特点：一是工人阶级本身就能使生产过程停顿下来，二是它占人民的大多数，三是就其整个存在而言，它是现存物的否定者。这三个特点使工人阶级成了潜在的革命主体"④。马尔库塞

①　[美]H. 马尔库塞等：《工业社会和新左派》，任立编译，84 页，北京，商务印书馆，1982。

②　[美]赫伯特·马尔库塞：《单向度的人：发达工业社会意识形态研究》，刘继译，202 页，上海，上海译文出版社，2008。

③　同上书，202～203 页。

④　[美]H. 马尔库塞等：《工业社会和新左派》，任立编译，110 页，北京，商务印书馆，1982。

本来是想说当今美国的工人阶级已不再具备这些特征，但是，我们可以反过来说，流氓无产阶级等群体，除了部分地符合第三点，同样不具备其他特征。而仅仅依靠对现存制度的否定性，说明法农等人的理论，其实已经从马克思的内在运动走向了巴枯宁式的外在爆破。巴枯宁眼中的革命主体是"赤贫的无产阶级"，认为他们"蕴藏着未来社会革命的全部智慧和全部力量"①。巴枯宁的思路是，因为这些人没有财产，因而具有强烈的破坏热情，而破坏是革命的必要条件："没有广泛的和剧烈的破坏，没有求生性的和有效的破坏，就不会有新革命，因为正是从破坏中，而且只有通过破坏，才能孕育和产生新的世界。"②而法农同样主张暴力的必要性，认为只有通过暴力，才能实现殖民地的解放。而我们接下来将要看到，这一思路在当代激进思潮中的发展及其困境。

3. 当代激进左翼思潮中的流氓无产阶级与"剩余"主体的困境

当代激进思潮在行动哲学上的核心特征之一，就在于融合了巴什拉—阿尔都塞—福柯以来的"断裂"思想。这种断裂观认为，思维与存在，以及断裂前后的情境都是断裂的、不可通约的。这样，革命的目标就在于，创造一种当前的资本主义秩序的断裂，从而走向共产主义的未来。

在"断裂"的框架之下，当代激进左翼的几位主要思想家，在主体性问题上，都对被主流所排斥的边缘群体或流氓无产阶级有一种异乎寻常

---

① ［俄］巴枯宁：《国家制度和无政府状态》，马骧聪、任允正、韩延龙译，8页，北京，商务印书馆，2013。

② 同上书，34页。

的关注，如巴迪欧的"事件位"与"先将来时主体"、朗西埃的"无分之分"、齐泽克的"贫民窟"等。事实上，对边缘群体的关注并不是从当代激进左翼开始的。巴塔耶的"没有共同体之人的共同体"，康吉兰的"正常与病态"的区分，已经从不同的角度开启了这一问题，到了福柯这里，经由对"疯人""罪犯""不正常的人"的系统分析，指出其在权力/知识体系中，是被人为定义并通过不同的权力手段所排斥的对象。激进左翼的突破主要在于，强化了边缘群体激进性、革命性的维度，将之视为潜在的革命主体。

阿兰·巴迪欧的事件哲学，就将这种"断裂"思想推到了极致。巴迪欧基于数学中的集合论构造了一个庞大的哲学体系。其中最核心的概念"事件"（événement），就被视为一种"历史性的中断"（césure historique）[1]，而事件相应的数学规定 $e_x = \{x \in X, e_x\}$，在集合论中实际上是一个非法的公式，是一种类似于罗素悖论的不可能性的结构。因此，在先定情境中，事件是绝对不可能的。但事件真的发生了，并因而带来一个新的不同的情境。也就是说，事件造成了相对于先定情境的彻底的断裂与颠覆。显然，事件哲学在政治上的理论诉求，就在于为突破资本主义先定情境的革命寻求理论依据。

在事件的承担者的问题上，巴迪欧首先设定了"事件位"（site événementiel）作为在事件之先的事件发生的必要（但不充分）条件，事件位的元素在先定的情境中都不被呈现，比如全员都是黑户的家庭。这样的元素具有事件性的潜能。巴迪欧更重要的概念是先将来时（futur

---

① Alain Badiou, *L'être et l'évènement*, Seuil, 1988, p. 375.

antérieur)主体(sujet)，主体对事件之后所创造的新的情境有一种预先的认知，但是这种认识在原先的情境之中是没有内容的，是空无的。这就是说，巴迪欧的主体试图从象征秩序内部指向不可能却无比真实的实在。

雅克·朗西埃笔下的"无分之分"的逻辑也是类似的。朗西埃的理论诉求在于"政治"对"警治"的断裂。朗西埃认为，当代的政治形态与政治哲学是一种"警治"(police，也译为治安)。朗西埃认为，警治分配了"可见与可说的秩序"[①]，即规定何者可见，何者不可见；何者可述，何者不可述。相应地，"政治"(politique)就是对"警治"逻辑的断裂，使不可见的变为可见的，使不可述的变为可述的。政治对警治断裂的关键就在于"无分之分"(la part des sans part)，即被警治秩序视为不存在的，因而是"空""多余"的元素。政治的发生，就在于无分之分对于警治分配的破坏。无分之分因而就是当仁不让的革命主体。朗西埃认为"无分之分"正是马克思的"无产阶级"。

将"事件位""无分之分"等边缘群体激进化的理论基础，在于一种对马克思的拉康化挪用。简言之，需要反对的资本主义秩序在结构上大致可理解为一种象征秩序。比如朗西埃就明确地说警治是"一种社会的象征性结构"[②]。而这种象征秩序总存在着一个结构性的威胁，即拉康的"剩余""空无"或者是"外亲性"，即由象征秩序自身所导致的，象征秩序

---

① ［法］雅克·朗西埃：《歧义：政治与哲学》，刘纪蕙、林淑芬、陈克伦等译，48页，西安，西北大学出版社，2015。

② ［法］雅克·朗西埃：《政治的边缘》，姜宇辉译，129页，上海，上海译文出版社，2007。

却无法容纳与理解的东西。齐泽克下述说法颇具代表性："马克思此处实际上宣告了拉康对普遍性的看法：普遍性必有其例外……普遍性都必然带来一种特殊的'外亲性'（extimate）元素……削弱了普遍性的基础。"①这种空无，或者说实在界，是最真实的，它宣告了象征秩序的破缺，因而可能成为反对象征秩序的潜在力量。在实践层面上承担实在界的剩余角色的，就是被资本主义象征秩序所排除的，包括一些流氓无产阶级在内的，处于边缘、剩余地位的人群。基于这样的思路，对资本主义事件性的断裂得以可能。

　　这种对马克思的拉康化挪用的最典型的例子就是斯拉沃热·齐泽克对笛卡尔"我思"的重构及"贫民窟"的提出。齐泽克在《神经质主体》中主张一种"笛卡尔主体"，但齐泽克的"我思"并不是"透明的思考主体"，而是它"被遗忘的另一面，即'我思'之中那过剩的、不被承认的内核"②，这种主体是"鸿沟、缺口、空白"③。齐泽克进一步认为，这种笛卡尔主体可以导向一种解放性政治："笛卡尔的空主体就是无产阶级，是沦为无实体的主体的空无之点的行动者。"④更具体地，齐泽克将"贫民窟"视为当代可能的无产阶级："如果新兴无产阶级的立场就是新兴大都市贫民窟的居住者的立场呢……贫民窟的许多特点与马克思主义对无产阶级

---

　　① ［斯洛文尼亚］斯拉维·纪杰克：《神经质主体》，万毓泽译，251～252 页，台北，桂冠图书股份有限公司，2004。

　　② 同上书，2 页。

　　③ 同上书，222 页。

　　④ Slavoj Žižek，"The Varieties of Surplus"，*Problemi International*，2017（1），p. 25.

革命主体所做的陈旧而准确的描述不谋而合。"①齐泽克认为，贫民窟即使不完全是革命主体，但至少是巴迪欧意义上的"事件位"，具有革命的潜能。齐泽克并不讳言，贫民窟与马克思笔下的流氓无产阶级有相似性。但齐泽克认为，在今天的全球资本主义条件下，情况已经发生了变化。工人阶级无法承担无产阶级的使命，而贫民窟更加接近无产阶级的结构性位置。

需要指出的是，齐泽克对马克思的拉康化挪用有时是有些生硬的，而且也并不完全符合马克思的原意。因为，马克思的无产阶级是体系内部的力量，而激进左翼的"剩余"革命主体游离于体系，为体系所不能容纳和理解。相较于黑格尔-马克思的内在颠覆的革命逻辑，激进左翼对断裂、剩余的强调，更接近法农、马尔库塞以来的巴枯宁式大破大立的外在性爆破。当齐泽克说无产阶级是一种主体性位置的时候，他是对的。但当齐泽克通过拉康的框架去理解这种主体性位置之时，他无疑走得太远了。

更重要的是，这种思路虽然给出了断裂的可能性，但并没有能够成功地证明剩余或实在界相对于象征界的能动性。或者说，在这样的理论结构中，这种能动性是无法被证明的。因为象征界垄断了我们的全部知识，处于象征界之中的我们，不可能获得关于实在界的确切知识。我们自然也不可能知道或是证明，实在界之中是否存在确切的撕裂象征界的力量及作为其承担者的主体。因此，作为断裂的革命就成为不可预期

---

① ［斯洛文尼亚］斯拉沃热·齐泽克：《视差之见》，季广茂译，423～433 页，杭州，浙江大学出版社，2014。

的。正如巴迪欧对"事件"的态度：我们不可能知道事件何时发生，也无法促成其发生。主体的意义充其量只能是为事件的发生作准备，并待其发生之后，开创新的情境。

在传统哲学中，能动性往往通过诉诸意识层面而得到证明。具体在革命主体问题上，无产阶级的关键不仅在于其"失去的只是锁链"的结构性的社会与经济地位，也在于马克思已经开始思考，后来为卢卡奇所明确和发展的"阶级意识"概念。但是，当代法国哲学的核心取向之一，就在于不遗余力地解构传统意义上主体清晰、自决的意识。阿尔都塞的"意识形态询唤出主体"、福柯的"人之死"、拉康的"无意识主体"等理论，都从不同的角度证明了主体的被动性。也就是说，主体自以为清晰、自决的意识，实际上听命于一个具有更大普遍性的东西，主体只不过是这个东西的结构性的后果。从这样的思路反观传统主体理论，就会发现传统主体同样在能动性与普遍性之间纠缠不清，而普遍性的形而上学则可能使主体成为派生的，反而消解了能动性，无论这种普遍性是理性还是历史。这就造成了主体性的两难，如果我们接受这种后果，自然没有什么能动性；反之，如果像当代哲学一样解构形而上学，也就同时解构了依赖于它的主体。上帝之死带来了人之死。

因此，唯一的希望，只在于不依赖任何东西的，不知自何而起的偶然性。因为偶然性可以允许一切可能性。在象征秩序控制最薄弱的边缘，偶然性之下的一切可能性之中，说不定恰好有值得我们期待的未来。比如巴迪欧事件哲学中的先将来时主体，唯有在与事件性的真理偶然相遇的轨迹之中，方可开创新的情境。这样一来，异质性就变得极为必要了。保持丰富的域外的异质性的意义就在于，提供尽可能多的偶然性带来的可能性。

但是，仅仅依赖偶然性与溢出，而缺乏确定性的东西所建立起来的主体性是极为脆弱的。这种脆弱性的来源之一，就在于权力与反抗潜在的同构性。这种同构性可以从福柯在《性经验史》中所说的权力与其反对者的复杂的关系来理解。福柯认为："权力只有依靠大量的抵抗点才能存在。"[①]这就意味着，分散的、异质的、偶然的反抗，会成为权力本身进行扩张的策略的一个环节。权力可以因其否定的存在而被证明，也可以将否定的因素予以吸收。对于福柯来说，当今资本主义社会中的权力/知识包括规训权力、生命政治以及作为其知识基础的新自由主义经济学。福柯眼中的权力是微观的、分散的，而这恰恰与德勒兹所说的资本的流变性特征相契合。这样，基于偶然性、流变性进行抗争的主体性，就很容易为同样具有流变性的权力或资本所捕获。基于溢出的反抗，可能沦为齐泽克所说的"犬儒主义"，即消解一切价值之后对资本主义随波逐流式的深层的共谋。

在权力与溢出共谋的问题上，齐泽克自己的一个例证，恰恰回到了我们所讨论的"流氓无产阶级"概念的原点，即路易·波拿巴上台的历史。齐泽克认为，权力的支撑恰恰就在于"溢出"，这正是朗西埃的"警治"权力所排除的"无分之分"：

权力所"拒绝看见"的东西，与其说是被治安空间所排除的"人

---

① ［法］米歇尔·福柯：《性经验史》，佘碧平译，62 页，上海，上海人民出版社，2005。

民"的（非）部分，不如说是权力自己的公共治安机制的那个看不见的支撑……所有的贵族统治，都必然带有隐藏的——被公然否认的——流氓无产阶级的支撑。①

路易·波拿巴正是"站在所有阶级之上，在所有阶级中游荡，直接依赖所有阶级的排拒物/残余"②，而获得了溢出性的权力。

齐泽克的权力与反抗的逻辑在此呈现出惊人的同构。这个例证不仅消解了朗西埃基于"无分之分"的革命性"政治"，也消解了齐泽克自己对"贫民窟"的判断。齐泽克的贫民窟既被视为革命的潜力，也被视为权力的基础。这恰恰印证了最初马克思对流氓无产阶级的判断。也正因为如此，经验世界的真正的"剩余"人群，与激进左翼在概念上规定的理想的革命主体相去甚远，其差别更是远远超过了齐泽克所说的工人阶级与无产阶级的差别。偶然性将主体从必然性之中解放出来，但也使主体没有了方向。我们利用偶然性与过去决裂，使未来的一切都成为开放的。但是，流氓无产阶级就在这个时候乘虚而入。因为流氓无产阶级恰恰是具有高度偶然性的、没有原则的、难以预测的存在。边缘人群进入资本主义的秩序之后，大多在资本的逻辑之下，成为流氓无产阶级，而站在资本主义的一边。如果他们因此获得了巨大的利益，更会转变为流氓资产阶级。我们可以轻易地举出很多这样的例子，比如黑客群体。虽然齐泽

---

① ［斯洛文尼亚］斯拉维·纪杰克：《神经质主体》，万毓泽译，332～333页，台北，桂冠图书股份有限公司，2004。

② ［斯洛文尼亚］斯拉沃热·齐泽克：《视差之见》，季广茂译，529页，杭州，浙江大学出版社，2014。

克将阿桑奇视为反对全球资本主义的希拉里共识的英雄，但黑客所做的更多的是制造勒索病毒、攻击比特币交易所并利用金融手段套利等行径。赤贫者、恐怖分子这些群体，同样有类似的情况。

因此，我们不可能仅仅依靠"剩余"这一个特征建立主体性。对于"剩余"人群，其偶然性的特质与流氓无产阶级过于相似，我们有必要具体鉴别出其中真正具有革命性与主体性的要素。这样一来，革命主体的分布就会极为零散。这种分散的主体性在福柯的"生存美学"与德勒兹的"游牧"的层面上是有意义的，但这种游击式的主体性，很难对兼具一元论的总体性与流变的灵活性的资本主义体系造成有效的破坏。

流氓无产阶级的破坏性维度还体现在后革命的问题上。基于偶然性、断裂、溢出的革命，即使真的成功了，革命的未来同样是不确定的。因为我们很难指望，断裂之后的那个对我们来说是随机的新情境，恰好符合我们的预期。比如，在巴迪欧的"事件"理论中，基督降临、法国大革命都被巴迪欧视为事件，相应的主体是圣保罗和山岳派。但我们知道，圣保罗之后是十字军、山岳派之后是路易·波拿巴，而利用流氓无产阶级上台的路易·波拿巴，并不能说比波旁王朝更加进步。这样的革命只不过是仍然需要被打倒的新秩序代替了已被打倒的旧秩序。

当代激进左翼对流氓无产阶级过高的期许背后，实际上存在革命与主体性问题上的范式转换。激进左翼认为，在马克思的时代，推翻资本主义建立共产主义的革命目标与行动方针比较清晰，主体性因而指向相对明确的未来。但是，随着革命话语的退潮与当代哲学对宏大叙事的解构，激进左翼的建构性理论也屡屡受挫。激进左翼坚持马克思所开创的改变世界的思想路径，因而主要转向了否定性的维度，即保持对主流的资本主义秩序的异质性与抗争态度。虽然今天的激进左翼往往被诟病为仅有一种激进的姿态，但这种激进的姿态已经是激进左翼沿着马克思的路径走到今天所争取到的最大的理论成果，从而防止人类彻底被资本主义吞噬，而为人类的解放保留了可能。而永恒的剩余与断裂，正是这种否定性的激进姿态的理论基础。这样，变动不居的边缘主体，或者说流氓无产阶级，就成为这种激进姿态的域外的主体性的承担者。

而当今激进思潮的主要问题其实在于，对流氓无产阶级是否具有这种批判性、否定性的意义缺乏甄别，将流氓无产阶级的革命性理想化，将之简单地等同于无产阶级，而背离了马克思对无产阶级和流氓无产阶级的区分。如果说激进哲学未来在主体性问题上希求有所推进，可能的方向在于，在同质性、普遍性的意识被消解的今天，至少在批判性的意义上重建一种异质性阶级意识；进一步，有可能的话，寻求这样的异质性阶级意识的团结的可能性。由此，才能完成自马克思所开启的行动者哲学的当代形态的转换。

第三章 ｜ 黑格尔与马克思在法国哲学中的
邂逅：一场有关人的历险

一、早期法国思想界对马克思的接受

(一)作为行动纲领的马克思主义

在马克思还在世之时，他的思想就已经开始借助
他的女婿保尔·拉法格(Paul Lafargue)在法国传播。
但马克思思想首次与法兰西思想邂逅，却并没有想象
中那么顺利。尽管拉法格是一个极有才情的思想家，
他不仅最早将马克思的《共产党宣言》《路易·波拿巴
的雾月十八日》以及《反杜林论》的一部分翻译引介到
了法国，而且他还极为彻底地通过运用马克思主义的
分析方法在人类学、美学以及语言学等各个领域作过
突出的贡献，其文风朴实而丰富，并没有太多被法国
人厌倦的思辨特质，但其对于法国思想界的影响比起

其组织的政治行动而言却仍逊色很多。拉法格与茹尔·盖得（Jules Guesde）一起创立了第一个法国社会主义政党——法国社会主义工人政党联合会（Fédération du Parti des Travailleurs socialalistes de France），在报纸上发表文章，与马克思一起发表能够直接指导工人运动的行动纲领。以至于马克思都似乎感觉到自己的思想正在以某种方式触动法国的现实生活本身。马克思在 1880 年 11 月 5 日给弗里德里希·阿道夫·左尔格的信中流露出了他对于这一工作的赞许和认可：

> 你或许已经注意到，恰恰是《平等报》（主要是由于盖得转到我们这边和我的女婿拉法格的努力）第一次成了真正意义上的"法国的"工人报纸……此后不久，盖得来到伦敦，在这里和我们（我、恩格斯和拉法格）一起为即将到来的普选起草一个工人竞选纲领……这是把法国工人从空话的云雾中拉回现实的土地上来的一个强有力的步骤，因此，他引起了法国一切以"制造云雾"为生的骗子手的强烈反对……这个纲领还是首先在中央区，即在巴黎及其郊区被通过，接着又在其他许多工人区被通过。同时形成了这样一些工人团体，它们对纲领持反对态度，但是它们（那些不是由真正的工人，而是由游民以及少数受骗工人作为普通成员组成的无政府主义者团队除外）接受纲领中的大部分"实际"要求，而在其他问题上则提出了各种各样的观点，在我看来，这种情况证明，这是法国第一次真正的工人运动。[①]

---

① 《马克思恩格斯文集》第 10 卷，452～453 页，北京，人民出版社，2009。

但拉法格的工作最终不过是法国工人运动的一种延续。这一运动对于 1848 年以后的欧洲来说近乎是一种常态。拉法格只是将原本已经被法国民众普遍接受的革命思想涂抹上了马克思思想的底色。换言之，虽然主导巴黎公社的并不是马克思的思想，但这一运动的最终结果却显然为作为一种革命行动理论的马克思思想的传入敞开了大门。也就是说，当我们反观马克思主义在法国的开端，我们看到的是拉法格与盖得作为马克思主义的践行者直接介入法国现实社会的斗争中采取的种种行动，而非他们的理论。[①] 因此，法国最早的马克思主义者总是以直接的行动者的姿态存在。马克思主义的理论也总是以行动纲领的方式进入法国思想界，由此带来了两个后果。第一，马克思的哲学文本被法国学界认真对待，成为理论研究对象的时间一直被推迟到了 20 世纪 30 年代，即在 1929—1934 年，由乔治·波利策（Georges Politzer）以及亨利·列斐伏尔、诺伯特·古特曼（Norbert Gutermann）、乔治·弗里德曼（Georges Friedman）、皮埃尔·莫朗日（Pierre Morhange）和保罗·尼赞（Paul Nizan）等人组织了第一个由法国知识分子组成的研究马克思主义的团体，[②] 他们开始研究作为哲学形态的马克思思想。对于马克思的理论形态接纳得如此迟缓，在我看来，与马克思思想首先作为行动纲领传入法国有密切关联。第二，这种带有强烈行动指向的马克思主义使得作为理论形态的马克思主义从未能与法国的政治运动完全剥离开来，它总是以

---

① 参见 Leslie Derfler, "Paul Lafargue and the Beginnings of Marxism in France", *Biography*, 1991, 14(1), pp. 25-38。

② 参见[美]马克·波斯特:《战后法国的存在主义马克思主义：从萨特到阿尔都塞》，张金鹏、陈硕译，33 页，南京，南京大学出版社，2015。

某种方式与法国共产党以及世界范围内的共产主义运动保持着共生共荣的关系。这一点特别体现在共产主义理论在法国的显现方式上。尽管所有的哲学思想在进入法国的过程中总难免被其固有的思想同化、消融，但马克思主义哲学似乎在被同化的道路上走得最远。19 世纪的法国人将马克思思潮等同于那些已经被马克思彻底批判和拒斥的布朗基主义以及蒲鲁东主义，即便到了 20 世纪 20 年代以后，马克思似乎也不过是法国空想社会主义的新版本。例如法国共产党领导人莫里斯·多列士（Maurice Thorez）曾经这样描述共产主义的道路：

> 共产国际的道路，也就是我们的道路，是为了工人阶级而斗争，以及实现社会主义伟大理想的道路。共产主义不是一堆空想、不是梦想，也不是乌托邦。它代表了 1.8 亿苏联公民的幸福生活，代表了热心青年人的幸福；它也将是我们的生活，以及我们孩子的生活。它将是我国人民的生活，它将是所有终将摆脱资本主义奴役的人民的生活。[①]

多列士的表述毋庸置疑带有马克思主义的色彩，但也是一贯以追求博爱的社会共同体为特点的法国思想界所能接受的有关未来的想象。因此学者苏迪·哈扎里辛格的指认触及了法国思想界与马克思思想邂逅的一个要点："共产主义学说在法国具有长久的吸引力，但这其中存在一

---

① 转引自［英］苏迪·哈扎里辛格：《法国人是如何思维的》，李虎、李宋乐颖、梅应钰译，95 页，北京，新华出版社，2017。

个关键矛盾：共产主义尽管在现行的政治秩序下日益制度化，它仍然带有田园的、乌托邦式的特点。"①而后者始终是当代法国思潮无法去除的重要底色。这彰显了马克思哲学与当代法国思想之间的内在契合，更为重要的是它彰显了马克思哲学在法国思想界被片面化的趋向。马克思有关未来社会的构想是建立于在当时社会经济事实的分析和批判的基础上的，而非固有的思辨玄想，但法国人在接纳马克思的时候却从未将马克思的政治经济学批判纳入其思考的中心。即便在 20 世纪 30 年代出现的各种研究马克思主义的思想团队中，也几乎没有一位经济学家。美国学者马克·波斯特的判断有相当的合理性：那些试图将共产主义沐浴在自然科学进步的光芒之中的法国马克思主义者实质上不过是狄德罗和 18 世纪唯物主义的继续。②

正如我们已经指出的那样，马克思的唯物主义与法国旧有的唯物主义存在着根本的不同，马克思为唯物主义注入了能动性原则，让客观现实本身富有了自身运动变化的内在动力机制，从而让唯物主义哲学可以直接被转换为一种行动理论。但以拉法格为代表的第一代法国马克思主义者却都未能清楚地认识到这一点，因此在拉法格等人最初的传播过程中，马克思的思想被撕裂为两个面向：一方面，马克思思想为行动直接提供纲领的"宣言"和"纲领"，仅仅成为行动的指导方针；另一方面，马克思思想却仅仅是法国 18 世纪唯物主义的现代翻版。对于更为热衷于

---

① ［英］苏迪·哈扎里辛格：《法国人是如何思维的》，李虎、李宋乐颖、梅应钰译，96 页，北京，新华出版社，2017。

② 参见［美］马克·波斯特：《战后法国的存在主义马克思主义：从萨特到阿尔都塞》，张金鹏、陈硕译，34 页，南京，南京大学出版社，2015。

笛卡尔哲学的法国人来说，一种仅仅恢复了客观世界的优先性的哲学理论并不具有特别大的吸引力。因此，虽然拉法格与盖得等人不遗余力地在法国工人当中通过传播并实际运用马克思的分析方法来指导行动，但是与其说马克思被法国思想界接纳了，不如说马克思的思想被误认为法国思想的当代形态被法国传统吞并了。

(二)拉法格与饶勒斯的唯物史观之辩

我们当然无法忽视拉法格众多的理论著作的存在，他运用了其所理解的马克思主义的分析方法对所有权、宗教以及唯物史观进行讨论。我们始终关注的是为什么这样一种传播未能将马克思的理论真正带入当代法国思想界。拉法格等人过度关注对现实的革命行动的指导，只是其中的一个原因。在此，我们将通过拉法格与饶勒斯的一段学术争论来探寻马克思主义最初未能引发法国思想界兴趣的深层原因。

让·饶勒斯(Jean Jaurès，1859—1914)是法国社会党的领导人之一，同时也是一位在 19 世纪就开始痴迷于德国哲学的法国学者。这在当时的法国学界并不多见。1889 年，当他开始撰写博士论文《德国社会主义的起源》的时候，他反复阅读过马克思的《资本论》，并于 1890 年 2 月的《图卢兹快报》上第一次提到马克思。[①] 饶勒斯虽然并不是一个严格的马克思主义者，却以深入人心的方式发表了多个有关马克思主义基本原理的演讲，其中较为著名的是其于 1894 年 7 月 9 日为巴黎集体主义

---

① 参见马胜利：《饶勒斯主义与马克思主义》，载《当代世界与社会主义》，1988(3)。

者学社作的题为《卡尔·马克思的经济唯物主义》的演讲，以及同年 12 月所作的另一个演讲，题为《唯心史观和唯物史观》。在前一个演讲当中，饶勒斯坚定地将人以及人类社会发展的根基放置于"经济环境"当中，而非"想象中的创造的干涉"①。因为后者所能给出的一个又一个宗教的和哲学的体系随着社会的发展不断地被击破。这些体系包括神学、宗教与超验的哲学，甚至包括源于社会经济现实的政治经济学。后者虽源于经验事实，却将其内含的经济规律视为永恒不变的真理，从而让自身沦为诸多观念论中的一种。那么，究竟什么是真正脱离了思辨传统的唯物主义？对于饶勒斯而言，是能够正视那些在特定的历史情境之下处于不断变动中的历史事实的价值，它们将打破观念形态的固定规律。打破的结果，并不是将现实世界归入一种流变当中而使其变得不可把握，而是更为彻底地为人的能动性彰显了一种可能性的条件。马克思的"经济唯物主义使人脱出唯灵论者的宿命论的麻木状态。它向工人高喊：起来罢，研究毁灭你的经济力量，——它们是人手创造的，正如上帝是人脑创造的一样，——你可以控制它们，假如你愿意，——工作机器，这刑罚的可怕工具，便会变成上帝救世主，他使人从苦重的劳动解放出来，他给人以闲暇时间，好去享受肉体的和精神的快乐"②。换言之，在饶勒斯看来，马克思的经济唯物主义的重心并不是为整个社会发展提供一个以经济运行原则为主线的社会发展过程的描述，而是阐发了一种对既成社会的批判和改造的合法性。人为什么能够改造一个外在的客观

① ［法］饶勒斯：《卡尔·马克思的经济唯物主义》，见［法］拉法格：《唯心史观和唯物史观》，王子野译，40 页，北京，生活·读书·新知三联书店，1965。

② 同上书，50 页。

世界？因为这个世界是人手创造的。这个源自维科的历史科学的认识法则成为饶勒斯解读马克思唯物史观的理论背景。从某种意义上说，饶勒斯的确触及到马克思思想的关节点：马克思哲学作为一种改变世界，而非解释世界的理论所具有的特质。

饶勒斯对于马克思思想的这种解读路径成为他阐释和批判马克思的理论底色。正是沿着这一方向，饶勒斯作了第二个演讲，尽管饶勒斯认为，这两个演讲之间似乎存在着些许差异。比如，第一个演讲以肯定的方式阐释了马克思的唯物史观，并显现出饶勒斯对其毫无保留的拥护；而第二个演讲，饶勒斯则坦白其中"可能看不到我用来维护马克思论点的论据的力量"[1]，因为在这里饶勒斯想说明"唯物史观并不妨碍对历史作唯心主义的解释"[2]。

法国的第一个马克思主义者拉法格正是在这一点上与饶勒斯产生了根本的分歧。他于1895年1月12日受邀对饶勒斯的第二个演讲作出回应。相比于饶勒斯在唯物主义与唯心主义之间徘徊，拉法格的立场更为坚定。他坚持着他从马克思思想中继承下来的唯物主义基本原则，这一原则的核心在于，不管我们提供关于什么观念的讨论，都需要将这一观念的缘起追溯到现实的物质生活当中。对于拉法格来说，这一物质生活包括两个方面：一是自然环境，二是人为环境。而人的全部观念，都不过是这两个环境的产物。在此，拉法格将饶勒斯与自己所代表的马克思

---

① ［法］饶勒斯：《唯心史观和唯物史观》，见［法］拉法格：《唯心史观和唯物史观》，王子野译，24页，北京，生活·读书·新知三联书店，1965。

② 同上。

主义者之间的根本分歧概括为："关于观念的起源和形成的争论。"①基于这一分歧点，拉法格在其论证的展开过程中着力从自然环境和人为环境两个部分来阐发他的一以贯之的"唯物主义"视角下的观念发展史。

首先，"人和动物之所以能思想只因为有脑子；脑子把感觉变成观念，正像发电机把传给它的运动变成电一样；是自然，更确切地说，是自然环境（这是为了不学十八世纪哲学家那样使用那种会把自然理想化为形而上学的实体的说法）造出脑子和其它器官。"②18 世纪将自然实体化的学说，是粗陋的法国唯物主义的基本观点。拉法格虽然一边将自己的理论与之相区别开来，一边却以更为彻底的物质还原论的方式来谈论人的观念的起源。他理直气壮地质疑饶勒斯的唯心史观，即将观念视为富有先天性的自发性。因为拉法格很是奇怪，饶勒斯为什么不能"同唯物主义者一样说：一切应当存在在一切中间，思想归根结底只不过是一种物理-化学的现象，只不过是运动的特殊形态而已"③。不同于饶勒斯，拉法格的确非常容易接受这样一种物质还原论式的解释世界的方式。在他与饶勒斯的同名演讲中，拉法格曾以反问的方式质疑饶勒斯为何不能将对观念的寻找对象降低到动物的头脑当中，比如狗的责任感以及水牛和乌鸦的责任感等。④

当然，粗陋的唯物主义还原论在拉法格这里只是问题的第一步，对

---

① ［法］拉法格：《唯心史观和唯物史观》，王子野译，5 页，北京，生活·读书·新知三联书店，1965。

② 同上书，6 页。

③ 同上书，5 页。

④ 同上书，4 页。

于一个马克思主义者来说，对唯物主义立场的坚持更多的应该体现在对人为环境的关注当中，在此，人所构筑的社会关系，特别是资本主义社会以后的经济关系成为构筑观念的全部历史条件。在此，那些被饶勒斯特别强调的、诞生于人的头脑当中的观念——正义和道德，都需要依赖社会现实历史条件来生成。在此，拉法格集中批判了饶勒斯的错误观念："照饶勒斯所说的无意识地沉睡在野蛮人头脑中的那个正义的概念，只是在私有财产产生之后才钻进人脑中去。"[①]拉法格曾经以专著的形式分别讨论过宗教与正义的起源以及财产权的进化过程[②]，正是由于社会经济关系发展所带来的私有财产的产生，那些在共产主义社会中原始的本能占有欲才有了所谓合法的占有以及非法的盗窃的样态。私有财产的产生与包括交换和战争在内的社会交往的运行有关。概而言之，对于拉法格而言，正义与道德观念起源于人的社会交往，特别是以物质生产为核心的经济交往。

但在这一点上，拉法格与饶勒斯真的有那么大的分歧吗？当我们回看饶勒斯的同名演讲时，我们清楚地看到饶勒斯从未否定先验观念的这种现实起源，相反他清楚地指认了马克思的这种经济唯物主义的本质规定：

马克思认为人的思想感情的形式取决于他所生活的那个社会的

————————

① ［法］拉法格：《唯心史观和唯物史观》，王子野译，8 页，北京，生活·读书·新知三联书店，1965。

② 以上两个问题的相关讨论参见［法］拉法格：《财产及其起源》，王子野译，北京，生活·读书·新知三联书店，1962；［法］拉法格：《思想起源论（卡尔·马克思的经济决定论）》，王子野译，北京，生活·读书·新知三联书店，1963；［法］拉法格：《宗教及正义、善的观念之起源》，熊得山、张定夫译，上海，昆仑书店，1930。

经济关系的基本形式……按照马克思的观点，经济生活的组织的方式是历史的最紧密、最基本的弹簧。

这种理论之所以取名经济的唯物主义是因为照它的看法，现成的正义的观念并不是从人的脑子里抽出来的，人不过是在脑子里、在脑物质中反映生产中的经济关系。[①]

对于这种经济唯物主义，饶勒斯承认在第一篇演讲，即《卡尔·马克思的经济唯物主义》中，他是在"力图证明马克思的学说的正确"，并且表现出自身"毫无保留地拥护马克思的学说"。[②] 虽然饶勒斯随后指出这一篇的演讲"可能看不到我用来维护马克思论点的论据的力量"[③]，但他在此所强调的重点在于其提出的观念是对经济唯物主义的一种补充和修正。

因此，对于饶勒斯而言，他所涉及的问题的关键或许并不是拉法格所强调的"观念的起源"的问题，而是人的观念与现实的经济要素之间相互作用的可能性。这个问题所关涉的并不是一个现实的物质世界与人的观念究竟谁优先的问题(问题 A)，而是现实物质世界与人的观念之间存在的矛盾运动该如何展开的问题，或者更进一步说，究竟何为社会现实历史发展的内在动力的问题(问题 B)。拉法格的问题意识总是囿于问题 A 之上，因此他将唯物主义与唯心主义视为两个不可调和的立场，但饶

---

① ［法］饶勒斯：《唯心史观和唯物史观》，见［法］拉法格：《唯心史观和唯物史观》，王子野译，25～26 页，北京，生活·读书·新知三联书店，1965。

② 同上书，24 页。

③ 同上。

勒斯似乎拥有双重的问题意识，并在对问题 A 的讨论过程中，将拉法格所持有的粗陋的物质还原论的色彩剔除，他指出：

> 马克思很不同意那种认为一切思想或意识现象可以用物质的分子的简单的集合来解释的意见，正是这一个假设马克思和后来恩格斯都认为是形而上学的，而且已为科学学派和唯灵主义学派所推翻。①

从而，饶勒斯将马克思的经济唯物主义的全部本质都放在现实经济生活对于社会历史发展的决定当中。在这一点上，饶勒斯与拉法格对马克思的理解并没有根本的差异。两者的差异在于对问题 B 的回答当中。

对于拉法格来说，"人靠他所创造的人为环境的帮助而成为自己的社会命运的创造者和主人，但是他的活动是无意识的、和他的目的是对立的。"②"是经济的必然性而不是自觉的和不自觉的正义观念引导人类前进。"③拉法格在坚持了一种唯物主义立场的同时，却从根本上否定了人的能动性对于社会历史发展的反作用。当一切观念，包括共产主义的理想在拉法格这里都不过是基于现实的经济关系才得以被构想的，那么

---

① ［法］饶勒斯：《唯心史观和唯物史观》，见［法］拉法格：《唯心史观和唯物史观》，王子野译，25 页，北京，生活·读书·新知三联书店，1965。

② ［法］拉法格：《唯心史观和唯物史观》，王子野译，14～15 页，北京，生活·读书·新知三联书店，1965。

③ 同上书，15 页。

一方面，共产主义富有了前所未有的科学性，用拉法格的话来说，"我们不发明新的社会形式，不过是从资本主义的环境中引出它们来"[1]；但另一方面，如果共产主义理想只是亦步亦趋追随着某种特定的经济关系的变革，那么它作为理想的引导性意义就荡然无存。那么持有这一理想的共产主义者在这一历史发展大潮当中该做什么呢？对于拉法格来说，只能是"相信资本主义生产的经济力量必不可免地要把社会引到共产主义"[2]。换言之，共产主义者所拥有的只有对经济力量的信仰，而非改变世界的现实行动。但即便如此坚持经济关系的绝对统治权，拉法格仍然会在演讲的最后去勾勒一幅理想的愿景，在其中生产资料掌握在了劳动者自己的手中，人成为自由的，因此也成为自己的社会命运的主人。[3] 难道这不是脱离了既有经济关系的观念突破吗？如果没有这个超越经济关系的现象，我们又如何拥有改变现实的方向和动力？

如果我们延续着对拉法格的这一质疑走向饶勒斯，或许我们会更为同情地去理解饶勒斯所谓唯心主义与唯物主义在人类历史发展过程中的互补。因为对于饶勒斯而言，唯心主义观念的要点意味着："人类从自己存在的最初时起可以说便有模糊的观念，有对自己的命运、自己的发展的最初的预感。"[4]因此，"在组织这样那样的经济制度之前早就有了

---

① ［法]拉法格：《唯心史观和唯物史观》，王子野译，22 页，北京，生活·读书·新知三联书店，1965。

② 同上。

③ 同上书，23 页。

④ ［法]饶勒斯：《唯心史观和唯物史观》，见［法]拉法格：《唯心史观和唯物史观》，王子野译，26 页，北京，生活·读书·新知三联书店，1965。

正义和权力的先验的观念，他们正是追求这个先验的理想，进入越来越高的文明状态；人类的进步不是由于生产方式的机械的和自动的改变，而是由于人类模糊地或清楚地感觉到的这种理想的影响"①。

饶勒斯与拉法格的真正对立在这样的表述当中显露无遗。饶勒斯确认了观念的引导性对于社会进步的推动作用，与拉法格相比，饶勒斯在强调经济关系对观念的决定性影响的基础上更注重人的能动性表达，因此其所谓唯心主义与唯物主义的调和，更为根本地来说，就是历史发展的客观的经济必然性与人的主观能动性之间的调和。

在此，我们无意评价拉法格与饶勒斯在理论辩论当中孰是孰非，因为有关历史必然性与人的能动性的讨论本就是一个没有唯一答案的问题。特别是对于马克思主义的阐释而言，对这一问题的不同回答从来都存在着不同的答案。拉法格与饶勒斯的确在 20 世纪初期的法国率先让这一问题真正成为一个需要讨论的"问题"。提出这一问题的意义要远远大于对这一问题所作的任何回答。严格说来，这一问题的提出是由饶勒斯这个并非严格意义上的马克思主义者所提出的，并由此激发了拉法格对于这一问题的回应，这一回应直接产生了两个后果：其一，彰显了拉法格对历史发展中的经济必然性的毫无保留的坚守；其二，彰显了拉法格的马克思主义与法国固有的思想传统之间背道而驰的思考路径。

正如我们已经指出的那样，当代法国哲学的思考路径在 20 世纪初

---

①　[法]饶勒斯：《唯心史观和唯物史观》，见[法]拉法格：《唯心史观和唯物史观》，王子野译，26 页，北京，生活·读书·新知三联书店，1965。

期被具有典型的观念论特质的新康德主义所把持，随后在唯灵论的启发之下，出现了对于主观能动性的探寻，尽管这种探寻以弘扬生命机体的有机变迁为理论出发点。拉法格作为活跃于19世纪末20世纪初的最早的马克思主义者之一，在其对马克思思想的传播过程中，却未能真正同马克思思想中与当代法国哲学可以接轨的观念相契合。他和盖得所发动的工人运动，只能算是马克思的实践哲学在法国的一种现实化的表现。但马克思的理论本身却未能真正地被拉法格带入法国，因为拉法格阐发的马克思，带有陈腐的18世纪法国唯物主义的特质，具有强烈的物质还原论的倾向。拉法格还未将理论上升到新康德主义的观念论的层面，并从根本上缺乏对富有生命的人的生活的根本观照（这表现在其对于人的能动性的否定）。因此，尽管拉法格撰写了多部研究著作，并试图将他所理解的马克思主义贯穿其中加以传播，但似乎完全没有得到法国思想界的真正认可。阿尔都塞在20世纪60年代回顾法国马克思主义的发展历程的时候，还曾有过这样的感叹：

> 法国的工人运动在历史上一贯缺少真正的理论素养。这个根深蒂固的缺点，如果套用海涅关于"德意志贫困"的说法，可以叫做"法兰西贫困"……确实，除了马克思十分喜欢提到的空想社会主义者圣西门和傅里叶以外，除了根本不懂马克思主义的蒲鲁东和对马克思主义懂得不多的饶勒斯以外，我们还有什么理论家呢？德国产生了马克思和恩格斯，还有早期的考茨基；波兰出现了罗莎·卢森堡；俄国有普列汉诺夫和列宁；意大利有能与恩格斯平起平坐地讨论问题的拉布里奥拉（法国那时却只有索列尔！），后来又有葛兰西。我们的

理论家又是谁呢？是盖德（盖德——引者注），还是拉法格？[①]

　　的确，持有坚定的经济决定论的拉法格的确无法为法国的工人运动提供真正的理论基础，并因此无法让法国人真正理解马克思，并成为马克思的忠诚信徒。马克思真正进入法国还需要一段时间，等待一个真正了解当代法国人究竟想要什么的思想传播者，并懂得如何以法国学者可以接受并可以理解的方式将马克思的思想带入法国。这一工作最终被一个非法国本土出生的法裔俄国思想家亚历山大·科耶夫完成。只是在他口中所讲述的马克思具备的是一个躲在黑格尔的外衣之下，却可能挣脱这一外衣束缚的思想形态。但也正是借助于他的讲述，法国学人一个个以黑格尔思想为中介成长为一个个真正折服于马克思思想的法国哲学家。

二、当代法国马克思主义的黑格尔底色

　　以 20 世纪为开端的法国马克思主义的形成过程，无法褪去的仍然是它所特有的政治底色。正如马克思的行动者哲学从根本上源于对近代法国政治实践的反思和批判一样，马克思主义也总是作为一种社会运动思潮最先被当代法国思想界所接纳。以至于 20 世纪苏联的社

[①]　[法]路易·阿尔都塞：《保卫马克思》，顾良译，4 页，北京，商务印书馆，2010。

会主义实践的发展过程总是左右着法国思想界对于马克思主义的基本看法。一方面，法国知识界总是自觉抑或不自觉地支持斯大林的苏联社会主义；另一方面，他们又不得不困惑于这一新兴的社会主义国家内部出现的诸多"非人本主义"倾向的政治举措。而后者与当代法国哲学复兴的人本主义转向产生了根本矛盾。马克思主义在当代法国思想界中传播的理论形态与这样一种复杂的接受方式有着直接的关联，例如对于辩证唯物主义的痴迷与对斯大林主义的支持都与马克思主义的传播密切相关。其中马克思主义被分割为两个完整的部分，即辩证唯物主义与历史唯物主义。

与之平行的另一种接受路向源于吕西安·戈德曼对以卢卡奇所代表的西方马克思主义的传播。他所带来的是卢卡奇思想当中有关异化的分析和讨论，由此引发了法国思想界对于马克思的《1844 年经济学哲学手稿》的热议。① 在其中，法国的思想界终于找到了马克思思想与法国思想在理论上的内在契合点：一个人道主义的马克思主义的基本形象，由此出现了诸如亨利·列斐伏尔、马克西米利安·吕贝尔（Maximilien Rubel）以及科斯塔·阿克塞洛斯等多位系统批判经济还原论的思想家，同时，他们对异化理论的反思所指向的是对人的本质规定的关注和讨论；他们对全面而完整的人的关注，一方面彰显了人的主观能动性，另一方面又在对肉体之人的强调当中构筑了唯物主义的基础。这是饶勒斯所讨论的那种唯物主义与唯心主义相调和的样态。正如我们已经指出的

---

① 相关讨论可参见［美］马克·波斯特：《战后法国的存在主义马克思主义：从萨特到阿尔都塞》，张金鹏、陈硕译，46～66 页，南京，南京大学出版社，2015。

那样，饶勒斯所强调的这种理论趋向是马克思主义切中法国思想的一个可行的方案。马克思思想的哲学形态正是在这样一种语境下被法国人所接受的。

由此，在当代法国思想界中存在着两种接纳马克思的方式：其一，将马克思的理论作为社会政治传统谱系中理性乌托邦的规划；其二，将其作为一种强烈批判传统观念论，并对人及其主体性原则给予特别关注的哲学形态。前者的推崇者大多是拥有共产主义信仰的共产党人，对后者的学理化研究却贯穿了当代法国思想中的各个流派。现象学、存在主义以及结构主义，都曾从马克思思想当中获得足够的养分，并延展出影响20世纪法国哲学的诸多重要流派。因此，当我们转而研究这一段法国马克思主义的发展历程的时候，与我们照面的将是整个当代法国哲学的发展脉络，而他们对马克思的吸收方式则成为典型个案，从中我们可以发现法国思想界消化外来思想的所有可能路径。

在20世纪30年代前后，法国的确存在着诸多的马克思主义者，除了我们已经提到的之外，乔治·普利策（George Politzer）、诺波特·居特曼（Norbert Gutermann）、皮埃尔·莫安琦（Pierre Morhange）和保罗·尼赞（Paul Nizan）等都以各种不同的方式（哲学抑或戏剧的）来展开自身对马克思的理解。但真正让马克思思想在法国获得了它的哲学形态，并在思想界产生巨大影响的那群人却未必是一群地道的马克思主义者，相反他们各自拥有自己独特的研究领域，诸如梅洛-庞蒂的现象学、雅克·拉康的精神分析以及巴塔耶的人类学和文学研究。马克思在他们的思想当中总是作为一种隐蔽的底色衬托着各色变幻的理论。但他们所呈现的那个马克思，却是法国人喜欢的样子。因为这群人出生于两次世界大战之间，他们有着共同的人生经历：第一，经历了法国人共同经历的两次世界大战的真实创伤；第二，一起在科耶夫的研讨班上研究过黑格尔的《精神现象学》。

20 世纪 30 年代起，在俄裔法国思想家亚历山大·科耶夫的带领之下，一批法国思想的新锐开始阅读黑格尔。并在其中探寻可以应对法国现实困境的理论资源。但在科耶夫开始系统讲述黑格尔的《精神现象学》的时候，法国思想界还未曾有一本法文的译本。法国思想界曾经如此拒斥黑格尔，以至于法国人对于黑格尔的浓厚兴趣显得过于突兀，但如果我们结合当时法国的社会现实与思想界的发展脉络，法国人对黑格尔的这一次思想转变又完全是在情理之中的。

第一次世界大战之后，法国在现代工业资本主义的统治下，发展道路面临重重困难。法兰西漫长而恢宏的历史成为社会进一步发展的桎梏。法国思想界正在被"如何在不失去自身传统的同时获得国家的全面现代化"这一问题所困扰。而在随后不久爆发的第二次世界大战中，整个法国所遭受的战争创伤真切地刺痛着感性的法兰西思想家们，他们产生了一种切近这一痛感的哲学诉求。而当时占据着法国思想讲台的却是只关心概念范畴的一群新康德主义者，他们更多的与法国的认识论传统同流，而并没有真切地将正在遭受着战争创伤的人本身放置到核心位置去讨论，由此产生了理论空场并且亟待新的思想的填充。

科耶夫的这次黑格尔的法兰西之旅正是在这一特殊的历史背景之下得以开启的，并从一开始就恰好跟上了当代法国哲学发展的节奏。科耶夫借助既有的法国哲学资源的有效支持，敞开了一个可以被法国年轻一代学人所热衷的哲学视域。这究竟是如何可能的？

(一)法国黑格尔主义思想的先声：让·瓦勒的苦恼意识

任何进入被唯灵论(le spiritualisme)与新康德主义所统治的 20 世纪法国思想界的新思潮都需要在某种意义上获得这两派的支持。正如我们已经指出的那样，在科耶夫讲授黑格尔的"精神现象学"之前，胡塞尔的现象学首先被带入法国。1929 年，胡塞尔在巴黎索邦大学作了演讲，将"现象学称为一种新笛卡尔主义"①，这一宣称不仅符合其先验哲学的真实起点，而且也切中了法国哲学界对笛卡尔痴迷的传统。同时，更为重要的是由于唯灵论的代表人物柏格森的"绵延"与胡塞尔的时间性观念颇为接近，而新康德主义的代表人物布伦茨威格富有科学性的观念论与胡塞尔对哲学科学性的强调又似乎有某种暗合，由此胡塞尔的现象学顺理成章地被当时两种主流哲学思潮共同接受，由此成就了我们所熟知的法国现象学的开端。

这一现象学的开端显然对于科耶夫研讨班得以被关注提供了良好的外部条件。因为当时在科耶夫的研讨班中，他无意或有意地混淆了胡塞尔的现象学与黑格尔的现象学，并在对黑格尔现象学的讨论中渗透了当时法国青年一代学人特有的问题意识：当时已经充斥着对以布伦茨威格为代表的新康德主义的反感，一批年轻学子纷纷对其进行了批判，如波

---

① ［德］胡塞尔：《笛卡尔式的沉思》，张廷国译，3 页，北京，中国城市出版社，2002。

伏娃就曾抱怨，这种新康德主义的视角忽视了"人的历险"，萨特和梅洛·庞蒂也认为这样的认识论路径并不能触及真实的世界。[1] 因为在新康德主义当中，"历史"是不重要的，它只是获取知识的一种途径而已，科学主义的倾向将真实的世界抽象为种种干瘪的形式。然而黑格尔哲学强大的历史感以及其对形式主义曾经给出的强烈批判，都与这种反叛的思潮暗合，因此被视为一种探寻"真实世界"的有效途径。

对于社会现实的关注以及对于人的主体存在意义的追问成为这个时期青年人特别热衷探寻的话题。当然这一话题与黑格尔思想的结合，并非肇始于科耶夫。早在 1929 年，让·瓦勒（Jean Walh）就出版了极具影响力的《黑格尔哲学中的苦恼意识》（*Le Malheur de la conscience dans la philosophie de Hegel*）一书。在其中，黑格尔的哲学，特别是在其主奴辩证法中产生的苦恼意识的问题，被转变为一种人的现实存在困境。作为克尔凯郭尔思想的传承者，让·瓦勒在这本书中彻底改变了黑格尔哲学在法国人头脑中的形象：黑格尔哲学不再呈现为法国传统观念中一贯具有的逻辑和体系的外表，不再具有双重原罪，即"哲学的骄傲和理智的抽象"[2]，而是带上了克尔凯郭尔式的悲观的情感色彩，黑格尔哲学顿然成为存在主义哲学的一种显现：

---

[1] Simone de Beauvoir, *Memoirs of a Dutiful Daughter*, translated by J, Kirkup, Harper & Row, 1959, p. 243；Jean-Paul Sartre, *Situations*, translated by Benita Eisler, Greenwich, Conn, 1965, p. 158.

[2] Michael S. Roth, *Knowing and History：Appropriation of Hegel in Twentieth-Century France*, Cornell Uni. Press, 1988, p. 3.

　　黑格尔的思想所涉及的概念与某些情感很接近。分裂和统一，在相互转化之前，在分析的诸多观念中，或者在综合的观念中，知觉的概念都是一些体验与情感。分离是一种伤痛；矛盾是一种不适；对立的要素都是一些没有获得满足的要素，由此我们对于一些谜一样的词就不应感到惊讶，例如，那些被称为理性的概念，首先被称为爱（amour）。[1]

　　瓦勒将黑格尔的抽象概念转变为人的诸多情绪，只是为了进一步说明在黑格尔的《精神现象学》中向来富有多重含义的"苦恼意识"。它原本代表一种因双重化的自我意识处于分裂的焦灼状态，但黑格尔富有人情味的表述方式给了瓦勒等人更为自由的解读空间。从被情绪化的概念出发，这种在黑格尔的逻辑体系中骤然出现的"苦恼意识"在瓦勒这里就变得顺理成章了。在瓦勒看来，"这种苦恼意识，似乎昭示了深层的失衡，尽管是一种暂时性的失衡，这种失衡不仅存在于哲学中，不仅存在于人类当中，同样存在于整个宇宙当中，然而也正是这种失衡才是意识之为意识的真正本质"[2]。黑格尔在这种"失衡"中看到"统一"的需要，并将意识的"外化"或者"异化"看作人类经过的必要环节。而瓦勒也相应作出这样一种解读：意识的苦恼是转化为意识统一的必要条件。"苦恼意识，见证了被整合的诸要素的分裂，即感性与智性的观念的分裂，由此将会拥有一种整合它们的关切，将会成为一种快乐的意识……一种普遍的具

　　　　　　　　　　　　　　　　　

　　① Jean Walh, *Le Malheur de la conscience dans la philosophie de Hegel*，PUF，1951，p. 11.

　　② Ibid.，p. 10.

体性。"①而人类的历史就是这种转化的一种方式，必须得到重视。由此，在瓦勒看来，更为普泛的一种推演是，历史进步需要付出惨痛的代价。对于苦恼意识的安慰就是确信历史还将是进步的，在整个发展的最终，统一是可以实现的，因为有统一的保障，苦恼意识才不是白费的。

黑格尔哲学的这种感性化的转变让青年一代法国学人发现了一个富有痛感的哲学存在的样态，同时也让法国学界对于黑格尔哲学的理解定格在二元论的视域当中。瓦勒对于黑格尔的改造虽然看似"标新立异"，但如果囿于黑格尔对苦恼意识的讨论，却又似乎是一个合理的阐释。因为在黑格尔探讨苦恼意识的章节当中，他所关注的的确是一个纯粹的意识与独立于意识之物打交道的时候所不得不面对的一种分裂意识。苦恼意识，对于黑格尔来说，是一个未能达到完全的自我确定的意识，因此它还只是一个走向自我意识之完成的中介。它不仅包含着对辩证法的全部理解，即在矛盾对立基础上所产生的自我运动，而且还包含着对于"现实性"的全部理解。

在黑格尔的表述中，苦恼意识绝非仅仅是一个纯粹的意识，它"作为一个个别的本质，表现为欲望和劳动，与现实性相对立"②，只是在此：

> 哀怨意识（苦恼意识——引者注）只知道它自己有欲望、在劳动，却不知道这个状况是以一种内在的自身确定性为基础的，也不知道它对于本质的感触是一种自身感触。由于哀怨意识不是作为一

---

① Jean Walh, *Le Malheur de la conscience dans la philosophie de Hegel*, PUF, 1951, p. 154.

② [德]黑格尔：《精神现象学》，先刚译，136 页，北京，人民出版社，2013。

种自为存在而具有自身确定性，所以它的内核始终是一种支离破碎的自身确定性。相应地它通过劳动和享受而得到的证明同样也是一种支离破碎的证明。换言之，它必定会亲自消灭这个证明，因为它在这个过程中发现，这只能暴露出来的事实是，它是一个分裂的东西。在哀怨意识看来，欲望和劳动所针对的现实性不再是一个自在的虚无，不再是一种它必须扬弃和吞噬的东西，而是一种本身就已经分裂的和支离破碎的现实性。①

　　就黑格尔而言，他对于苦恼意识的讨论，在我看来，服务于其试图将意识哲学从知识论（认识论）讨论方式过渡到存在论讨论方式的理论目的。苦恼意识是意识哲学的过渡阶段。尽管黑格尔在此用了人性化的表达方式，但本质上却是在谈论一种抽象的意识与现实世界之间对立。但从让·瓦勒开始，这种苦恼意识不仅被放大为主体性的全部规定，同时让·瓦勒还赋予了这种主体性以真实的肉身，让主体富有了真正的人的生命。苦恼意识在黑格尔那里仅仅是一种处于分裂状态的抽象意识，还缺乏自我意识；而在瓦勒这里，苦恼意识正是意识之全部丰富性和具体性的表现。正因为苦恼意识体会到作为意识的自身与外在的世界之间总是处于矛盾的对立当中（如同当代法国人在经济危机与世界大战的重创之下所体会到的那种世界的陌生化一样），意识才是鲜活的生命的体现，它通过欲望和劳动两种对现实的否定性活动来诠释生命的鲜活。尽管瓦勒按照黑格尔的思维方式为人们提供了一种分裂之统一的可能性，但他

---

①　[德]黑格尔：《精神现象学》，先刚译，138页，北京，人民出版社，2013。

却将更多的笔墨留给了这种支离破碎的苦恼意识，将这样一种痛苦的状态视为人的根本宿命。

不得不说，瓦勒有关苦恼意识的研究对于当代法国哲学来说产生了深远的影响，因为这一哲学不仅以概念的方式（苦恼意识、欲望与劳动）描述了当代法国人的生存状态，同时还为这样一种痛苦的状态找到了一种可能的解脱方式，即黑格尔的辩证法逻辑会让目前所有的痛苦都变成未来重新走向辉煌的中介。

（二）青年黑格尔的重要性

让·瓦勒的黑格尔研究虽然似乎道出一个极为不同的黑格尔，但就瓦勒本人而言，他却绝非在任意歪曲黑格尔的思想资源，相反，在瓦勒的著述中，他"朝向具体"（vers le concret）的每一步，黑格尔的著作似乎都可以提供理论的佐证。例如对于瓦勒来说，"抽象，就其定义而言是生命的分裂"①，而黑格尔正是用概念（Begriff）的提出来克服这种抽象的，概念意味着一种整合和综合，它是黑格尔早期思想中曾经借助"爱"与"宗教"完成的一种理论诉求的替代。因此，对于瓦勒而言，黑格尔的概念只不过是个体理想的哲学表达。伊波利特将瓦勒的这种做法称为泛-悲剧化（pan-tragique）的解读路径，并进一步指出"黑格尔的辩证法也随后被简单地转变为这种泛-悲剧化解读的逻辑术语"②，但不管怎样，

---

① Jean Walh，*Le Malheur de la conscience dans la philosophie de Hegel*，PUF，1951，p. V.

② 参见 Jean Hyppolite，*Introduction à la philosophie de l'histoire de Hegel*，Seuil，1983，p. 104。

法国最早的这些黑格尔主义者们为我们彰显了一种完全不同的黑格尔的样态，为了保障这一样态的丰富性，后继的法国黑格尔研究者们自然而然地保持着前辈学者对于黑格尔文献的关注要点，由此形成了法国黑格尔主义的一些家族相似性。

其一，他们所讨论的黑格尔几乎全部都是"青年黑格尔"，耶拿时期的黑格尔成为其思想的重要组成部分。黑格尔在耶拿时期对政治、宗教的讨论，特别是黑格尔与谢林以及德国浪漫派之间在思想上的关联，都是法国黑格尔主义所津津乐道的内容。因为正如让·瓦勒所承认的那样：

> 我们可以在青年黑格尔的思想中接近克尔凯郭尔思想的种种特质。这些特质理应得到应有的重视，但对青年黑格尔的批判却是始终被忽视的。大约因为这些接近克尔凯郭尔的要素在黑格尔哲学中是以失去它的主体性确证的方式得以显现的。①

换句话说，青年黑格尔思想中充斥的那些富有浪漫主义色彩以及神学色彩的理论观点在其后的思想体系中成为有待超越的必经阶段，而非理论的最终完成。然而这个青年黑格尔的独特形象却在法国的黑格尔主义那里得到了空前的认可。除了让·瓦勒本人，科耶夫的同乡，其研讨班的前任主讲亚历山大·科瓦雷的思想也主要集中在《在耶拿的黑格尔》（*Hegel à Iéna*）一文当中。伊波利特则将他发表于 1935 年 10 月的《形而

---

① Jean Walh, *Esquisse pour une histoire de L'existentialisme*, L'Arche, 1949, p. 91.

上学与道德》中的《新近著作中的青年黑格尔》(*Les Travaux de jeunesse de Hegel d'après des ouvrages récents*)看作其代表性文章之一。在伊波利特的《有关马克思与黑格尔的研究》(*Études sur Marx et Hegel*)当中，其所关注的黑格尔也全部集中在耶拿时期的黑格尔。《精神现象学》成为伊波利特一生中最为重要的研究文本，从翻译到解读，他为黑格尔哲学在法国的传播作出了最重要的贡献。早期黑格尔研究者的以上研究倾向，最终导致黑格尔的《精神现象学》与《逻辑学》在当时的法国学界被视为思想完全对立的两部著作，对于这一点，我们将在随后的讨论中进一步展开。

其二，他们强调黑格尔哲学中生命(la vie)、时间(le temps)以及欲望(le desire)等概念，并将黑格尔的理性逻辑与体系仅仅看作展开这些概念的历史过程。从根本上说，他们所阐发的黑格尔都不过是科耶夫所谓"哲学人类学"的不同版本罢了。由此形成了这样一种理论：

> 它的主题是作为人的人，在历史中的实在存在。在现代的意义上，它的方法是现象学的。因此，这种人类学既不是一种心理学，也不是一种本体论。它试图描述人的整个"本质"，即人的所有"可能性"(认知的，情感的和活动的可能性)。一个时代，一种给定的文化(实际上)只能实现一种唯一的可能性。①

在这一主导思想之下，"时间"是"属人"的时间，科瓦雷就这样阐发

---

① [法]科耶夫：《黑格尔导读》，姜志辉译，38 页，南京，译林出版社，2005。

"黑格尔"的时间：

　　黑格尔的时间，是一个属人的时间。人这一奇怪的存在就是那个"是其所不是，不是其所是"的存在；他是一个在他所是之中否定自身，而热衷于其所不是的，或者至少现在还不是的存在，他是这样一个存在，从现在出发，却否定现在，试图在将来中完成自身，他生活在将来之中，在那里寻找，在那里探求真理；他是这样的存在，只存在于从现在向未来的转变之中，并且在没有未来的时候就不再存在。①

　　科瓦雷对"未来"的强调带有早期海德格尔的味道，由此其对人的强调自然也就可以视为早期存在主义影响下的产物。黑格尔的辩证法在这一意义上只能是对这种人的存在状态的一种描述和展现。② 而历史也由此成为承载这种辩证法的过程而已。然而黑格尔的历史在当时的法国黑格尔主义那里显然还充当着另外一个重要角色：在历史中，无限与有限得到了一种融合，个人与集体（或社会）之间的矛盾得到了解决。

　　由于强调青年时代的黑格尔，黑格尔与浪漫主义之间的关联就成为这个时期重要的主题。伊波利特在其《有关黑格尔与马克思的研究》中对

----

　　①　A. Koyré，«Hegel à Iéna»，In *Études d'histoire de la pensée philosophique*，2e éd.，Gallimard，1971，p. 177.

　　②　参见 Alexandre Kojève，*Introduction to the Reading of Hegel*，Cornell University Press，1980，pp. 184-185。

于黑格尔与谢林之间的关系就曾经有详细的描述。[①] 对无限的向往是青年黑格尔与浪漫主义诸学者们的共同倾向，因为他们试图反叛的是当时那种将无限推向彼岸世界的康德。然而如何触及这种无限却划清了黑格尔与浪漫主义的界限。对于浪漫主义来说，只有通过直觉、想象等充满神秘主义色彩的方式才能最终触及无限。而对于黑格尔来说，他却从未放弃理性自身的探求的方式，历史是在这样一种对理性的执着之中才被引入的。而对于抓住青年黑格尔不放的法国黑格尔主义来说，此时的历史就等同于个人生命的展开，在其中，一与多、现实性与可能性，以及有限与无限得到了辩证法的调和，或者归于统一，但更多的时候是处于二元化的对抗关系当中。[②] 人在历史中成长，从"我"变成"我们"，单个人就变成社会人。这样一种人本学的视角决定了这种向无限的趋进带有强烈的现实性。这种现实性，并非意指一种经验性的事实，而是附带着某种理念的社会性现实。在其中，人的存在虽然一方面遭遇着现实与理念之间的强烈对抗，同时又有内在统一的趋向。法国思想界由此达到了一个从唯灵论的"精神"问题向"存在"问题转变的过程。这带来的是柏格森哲学与新康德主义哲学的没落，现象学与马克思主义的兴起。

如果没有以让·瓦勒为代表的这一代学者对于黑格尔哲学的初步研究，在一个黑格尔的早期文本，包括《精神现象学》都未能得到系统翻译的时代，科耶夫的黑格尔研讨班无法吸引那么多当代法国思想界的青年

---

① Jean Hyppolite, *Etudes sur Marx et Hegel*, M. Rivière, 1955, p. 14-19.

② Ibid., p. 14.

精英。让·瓦勒不仅让法国人重新发现了黑格尔，而且划定了研究黑格尔的基本文献以及相应的概念、方法。亚历山大·科耶夫的到来，让这个法式黑格尔的思想轮廓更为清晰可见了。

三、非实存与哲学人类学：科耶夫的哲学建构方式

肇始于亚历山大·科耶夫，马克思与黑格尔就如同一曲二重奏，始终回荡在当代法国思想界的上空。最初，借助科耶夫的讲述，马克思披着黑格尔的外衣进入了法国，在此后的很长一段时间中，黑格尔的哲学又成为法国马克思主义诸多问题的有效论据。两者此消彼长的演进过程延续至今，但其相辅相成的关系却从未改变。

(一)科耶夫的哲学主线

亚历山大·科耶夫在当代法国思想界的地位十分特殊。这种特殊性首先表现在他对当代法国思想界 20 世纪 30 年代新一代学术精英的产生有难以想象的学术影响力。他的学生，包括梅洛-庞蒂、雷蒙·阿隆、乔治·巴塔耶、雅克·拉康等，后来支撑起整个法国思想的半壁江山。罗杰·卡瓦耶斯在与巴塔耶的通信中这样说，科耶夫对于"整整一代人"产生了"非比寻常的智识上的影响"。在科耶夫的研讨班上，如巴塔耶一样的精英们体会到了前所未有的震撼："数次地被折断、揉碎、杀死：全身窒息和动弹不得。"因此，即便多年以后，雷蒙·阿隆谈起科耶夫时，尽管阿隆并不喜欢他的斯大林主义，却仍毫不犹豫地将其定位为

"仅次于康德或黑格尔之类的伟大哲学家之列"。①

从这一意义上说，科耶夫可以被视为当代法国思想的精神导师。但同时，科耶夫的身份也十分的特殊，他出身俄国贵族，在十月革命当中被迫流亡。在流亡与被捕的过程中体会过死亡的威胁。这样特殊的人生经历原本应将科耶夫推向与马克思主义相抵抗的立场，但对于这个从14岁就开始撰写《哲学笔记》的天才来说，他反而对于马克思主义、共产主义以至于斯大林主义都充满着理论和实践层面的热情。这一特殊的思想立场使得科耶夫在讲述黑格尔的时候，近乎以无意识的方式将他对于马克思思想的理解渗入其中。

当然，在此我们需要强调的是，科耶夫所传播的马克思主义是带有他个人哲学的鲜明特质的，正如他为20世纪初期的法国知识分子所解读的"黑格尔"一样，这种解读从来并不是一种严格意义上的有关黑格尔的解读，而是科耶夫自身哲学的一种表达。其中包含了科耶夫对于黑格尔、马克思以及20世纪20年代的海德格尔带有强烈人类学色彩的哲学形态的杂糅。对此科耶夫自身有清楚的指认：

> 受到一元论的本体论传统误导，黑格尔有时把他关于人的或历史的存在的分析延伸到自然。他说，一切存在的东西是虚无的虚无化（这显然没有任何意义，导致一种站不住脚的自然世界）。例如，他在1805—1806年的《耶拿讲演》中阐述其（受到谢林启发的）自然

① 以上相关评论参见[法]多米尼克·奥弗莱：《亚历山大·科耶夫——哲学、国家与历史的终结》，张尧均译，4～5页，北京，商务印书馆，2013。

哲学时说："黑暗是虚无；正如空间和时间不存在；——正如一般地说，一切都是虚无。"（第二十卷，80 页第 5—6 行）。——海德格尔重新采用黑格尔的死亡主题；但他忽略了斗争和劳动的互补主题；他的哲学也不能分析历史。——马克思坚持斗争和劳动的主题，因此，他的哲学本质上是"历史主义的"；但他忽略了死亡的主题（尽管承认人是终有一死的）；这就是为什么他没有看到（有些"马克思主义者"也没有看到）大革命不仅实际上是流血的，而且在本质上和必然也是流血的（黑格尔的恐怖主题）。①

在对黑格尔的阐释当中，科耶夫常常在注解当中将其所讨论的问题放入西方思想史当中进行对比性的讨论，柏拉图、亚里士多德、斯宾诺莎与康德都曾经在这一讨论序列当中，但科耶夫总是试图将不同思想家纳入对同一问题的讨论当中，例如对时间性、有神论等问题的讨论都曾是一个问题的连接点，科耶夫将黑格尔之前的思想家与黑格尔进行对接，并在其中发现黑格尔哲学的独特性，但唯独在这一段注解当中，黑格尔与马克思和海德格尔处于一种互补的状态当中。黑格尔、马克思与海德格尔的核心概念被分别概括为三个不同的面向：黑格尔对虚无性（否定性）一元论的敞开，马克思对斗争和劳动的强调，而海德格尔则"继承"黑格尔完成了对死亡的分析。但似乎三者都未能将三个不同面向进行系统的整合，这种整合只有在科耶夫自身的哲学人类学当中才能真正实现。

———————————

① ［法］科耶夫：《黑格尔导读》，姜志辉译，685 页，南京，译林出版社，2005。

　　但科耶夫在何种意义上系统阐释过他的哲学人类学呢？纵观科耶夫的哲学探索之路，却又很难找到他对这一问题的系统展开。科耶夫总是不断地绕道而行，佛陀、柏拉图、亚里士多德、康德与黑格尔都是他阐发自身思想的助产士，或许也正是这一点打动了 20 世纪初期的那批出色的年轻思想者们，科耶夫的研讨班的形式，以及他借助"他者"来生出自身思想的研究路径都成为后继者展开自身思想的基本方式。因此，对于科耶夫的哲学人类学的研究，我们也不得不借助其对这些思想家的阐发来绕道完成。但在绕道而行之前，我们或许需要沿着早年科耶夫的思想路径走下来，以便彰显贯穿于科耶夫哲学人类学之内的一条理论红线。对于这一理论红线，科耶夫在对自己的《哲学笔记》的描述当中有过直接的指认："这册笔记，我从 1917 年起就开始记它。日期是从我开始发现我对于哲学的偏好时起。关于非实存（In-Existant）的主要原则。这些原则像一条红线贯穿起了我的全部思想，人们可以发现在每一个问题中都有这些原则的回音。"①在此，我们可以通过科耶夫《哲学笔记》当中记录的两次事件性反思来展现科耶夫彰显的思想主线。

　　我们借用的文本是完成于 1917—1920 年的一次有关"阿基努斯岛战役"的讨论，这是仅有 14 岁的科耶夫对于发生在古希腊伯罗奔尼撒战争中的斯巴达与雅典的第三次冲突的一次"伦理式"的反思。在这次战争中，本已战胜的雅典舰队遭遇了暴风雨，因此十将军不得不把所有能抛出船舱的东西抛出去以挽救整个局面，在被抛弃的东西当中就包括本次

---

　　①　转引自［法］多米尼克·奥弗莱：《亚历山大·科耶夫——哲学、国家与历史的终结》，张尧均译，84 页，北京，商务印书馆，2013。

战役中阵亡士兵的尸体。而带回阵亡士兵的尸体是雅典律法的规定，因此得胜回来的十将军因为这一行为而遭到了指控，并因亵渎罪名成立而被判处死刑。面对这一充满悖论的判决，只有苏格拉底表示了反对。年轻的科耶夫虽然站在了苏格拉底立场上，反对死刑的判定，但反对的理由却与苏格拉底并不一致。相反，他谴责苏格拉底的理由并不成立。

他将苏格拉底的理由概括为两个并且分别予以批判："首先，十将军在这次行动中看到了为拯救舰队而能采取的唯一手段，而且在当前这个案子中，这个目的就可以为手段辩护"；"其次，如果他们不这样做，舰队将无可避免地覆灭，死者的遗体也就无论如何都不可能得到安葬"。① 科耶夫的反驳因此也集中在两点之上。第一，任何目的都不能为手段作辩护。对目的的纯粹性诉求让科耶夫的伦理反驳带有强烈的康德色彩。第二，苏格拉底的第二个理由让其似乎跳出了善恶之外，以纯粹的、近乎冷漠的客观性来辩护一个原本带有人道主义色彩的命题。从这一意义上说，苏格拉底的反驳理由并没有说服科耶夫。科耶夫从另外的角度来谈论十将军的无罪证明。年轻的科耶夫的理由是简单的，在他看来，在十将军的行为中，只要我们没有看出他们是以个人利益为目的的，那么他们就应是无罪的。科耶夫在《哲学笔记》中这样说：

> 在这里，要么只可能是为犯罪而犯罪，要么是为所有人的利益而犯罪。在这两种情形中，他们对自身来说都不是有罪的。在这

---

① 转引自[法]多米尼克·奥弗莱：《亚历山大·科耶夫——哲学、国家与历史的终结》，张尧均译，44页，北京，商务印书馆，2013。

里，我们发现自己必须重新面对一种个体道德与社会道德之间的冲突。对他自身而言是纯粹的人，面对社会时却是有罪的；对社会而言是纯粹的人，在他自己看来却是有罪的。换言之，从观念上来说是纯粹的人，在事实上却是有罪的。这一点再次证明了在宇宙体系中形而上的平行性（parallélisme métaphysique）的存在。观念和现实是彼此毫无影响地平行存在的。①

科耶夫的辩护是简单而直接的，在这个同样带有浓重的康德色彩的论证当中，科耶夫的哲学视角却被彰显出来，在他对这一伦理困境的讨论中，个体与社会、观念与现实之间构成了一种二元张力，而这一张力所显现出的是一种所谓"存在"（l'être）得以显现的悖论性境遇。换言之，存在之为存在的特殊性就显现在这种所谓"形而上的平行性"中。存在因此就是那个不可还原的对立本身。这个存在，对于青年科耶夫来说，就是人的现实性的一种体现，它与观念对立，构筑了现实与观念之间不可调和的空场。人因此可能成为矛盾自身的显现。对应于成熟时期的科耶夫的哲学人类学中对人之为人的否定性的强调，此处所彰显的对立显然成为哲学人类学的理论前件，因为这种平行论所敞开的是人展现其否定性的可能性空间。换言之，无论是观念抑或现实性，一旦成为人的一种规定方式，人即获得一种确定性的规定，人随即也被困守于这一规定当中，毫无其他可能性可言。例如当我们说人是理性的动物的时候，即将

---

① 转引自［法］多米尼克·奥弗莱：《亚历山大·科耶夫——哲学、国家与历史的终结》，张尧均译，45 页，北京，商务印书馆，2013。

人的非理性的可能性排除，失去了其他可能性的人将不是自由之人。

严格说来，我们这种推导已经将青年科耶夫引入他实际还未触及的领域，即有关自由之人的规定问题。对于科耶夫的传记作家多米尼克·奥弗莱来说，此时的科耶夫的思想只不过是 19 世纪遍布俄国知识界的无神论的一种体现，其中唯一直接提及的是科耶夫已经显露出"悲剧二元论"。对于奥弗莱而言，这近乎构成了科耶夫研究黑格尔的一种隐性动力："在黑格尔那里，他将看到，由于哲学辩证法的作用（这种辩证法也使苏格拉底和黑格尔区分开来），苏格拉底的理性完全战胜了表面上不可还原的二元性。"①换言之，黑格尔的辩证法将成为克服悲剧二元论的一种方式。这一点指认是准确的，在晚期科耶夫有关辩证法的讨论文章中，我们看到了超越这种悲剧二元论的理论尝试。

科耶夫首先将悲剧二元性的产生视为人之死亡，即人之有限性的一种理论后果："如果人永恒地活着（＝只要时间在延续），人显然就能如同动物和植物那样'经历一种变化'，但在时间中'变化'时，人只能'发展'一种预先给定的或强加于他的永远确定的'本性'；他的变化仍然是一种人们不知道其终结的历史悲剧。"②悲剧带有命定的色彩，它是预成性的。人的角色总是只有延续而无终结的上帝一般的存在所预先规定的。在此，悲剧之所以带有悲剧性，正是因为它的被规定性，它的无历史性，并因此而是不自由的。那么与之相对应：

---

① ［法］多米尼克·奥弗莱：《亚历山大·科耶夫——哲学、国家与历史的终结》，张尧均译，46 页，北京，商务印书馆，2013。

② ［法］亚历山大·科耶夫：《黑格尔导读》，姜志辉译，544 页，南京，译林出版社，2021。

只有当作为历史创造者的人是终有一死的，这才是可能的。仅仅因为人和历史的本质有限性，历史才不是悲剧，而是人的演员为诸神的娱乐而演出的喜剧，他们是喜剧的作者，因而知道喜剧的结局，所以不像所有的演员那样认真地看待喜剧的结局，也不真正地把喜剧的结局看成悲剧，好像他们知道他们所扮演的角色是预先给定的。一切历史行动的有限性，即绝对失败的可能性，产生了一个人实际参与历史的严肃剧。①

也即是说，有限之人如同介入二元性中的那种非确定性，或者用青年科耶夫的一种观点，即是那个彰显这种二元性的"存在"（l'être），其所构筑的将是一出喜剧，因为它的非确定性在确定性的悲剧命运面前似乎变成了一种玩笑，一种"为诸神的娱乐"，它"绝对失败的可能性"使得人仅仅作为历史悲剧的参与者，它的行动（对于科耶夫而言，即是人的否定性的属性）在悲剧性的二元对立（观念与现实之间的二元对立）之中成为对宿命的否定。这种否定即人之自由的体现。

如果我们以从后思索的方式来追溯青年科耶夫在对"阿基努斯岛之战"的讨论中所蕴含的伦理问题的反思，我们或可这样概括这一事件性反思的意义：在此，科耶夫展现了个体性在观念与现实之间存在的悲剧性命运，从而确定了自身哲学对于人之存在的独特性的关注，但在这一阶段中，科耶夫并未找到解脱这一悲剧性命运的道路，因为他并未明确

---

① ［法］亚历山大·科耶夫：《黑格尔导读》，姜志辉译，544 页，南京，译林出版社，2021。

人之否定性规定，而正是这种否定性才是非实存的哲学主线。

对"非实存"的直接呈现出现在 18 岁的科耶夫在波兰华沙的图书馆里所做的一个梦中。这个梦境被如实地记录在他的《哲学笔记》当中。在这个梦境当中，科耶夫让东方的佛陀与近代法国哲学家笛卡尔遭遇。两者争论的焦点的本质在于"我思故我在"的命题。其中，提出这一命题的笛卡尔想当然地将思想与实存等同起来，在佛陀看来，这种毫无质疑的等同性实际上为"我思故我在"之命题构筑了一个前提。但在这种思想与存在的等同中，"非实存"变成了一个无法理解的"存在"，因为它被笛卡尔简单地等同于"存在"的反题，因此被等同于不存在。但正是这个可以被思想构筑出的不存在（非实存），却可能从根本上推翻思想与实存之间那"思想与存在"之间的毫无疑问的等同性。

佛陀这样推论这一悖论：

　　——您很快就会明白。……在思考存在时，如果思想使存在具体化和现实化了，甚至因此而把自己揭示为真正的实存者，那么，这同一种思想，在把非存在设想为存在的非实在的反题时，就使自己对于思想来说变得不可理解了，因为它既是思想、然而又不实存。……因此，只能两者择一。要么思想把非存在的概念设想为非实存，如此，则非存在自它的概念产生时起就实存着了；要么，思想把一切都看作是实在的，以这种方式它把自己创造为实存者。在这种情况下，从这个事实，即：存在经由思想之路实现自己，真实的存在只能是真实的思想的产物，非存在是思想的产物，真实的思想不能设想非实在……可以得出，真实的思想不能设想存在。因此，如果思想是真实的……它就不能规定思想者及被人看作是非思者的现实。然而，如果思想不是真实的，那么他的结果也不可能是存在。这样一来，对事实的另一种理解就显现了：思想的自我理解，对思想进行思考的可能性表明，必须把思想理解为非存在。①

在此所呈现出的悖论可被概括如下：如果我思，即思想，也就是存在，并且就是真实的存在者，如果非存在是存在的反题；那么思想就不能思考非存在，即非实存"就使自己对于思想来说变得不可理解了，因为它既是思想、然而又不实存"。为了克服这一悖论，佛陀提出了两种假设。

第一种假设，即假设"思想把非存在的概念设想为非实存，如此，则非存在自它的概念产生时起就实存着了"。我思用"非存在"这一概念来把握非实存，按照"我思故我在"的推理，非实存就成为一种真实的存在。

第二种假设，即假设"思想把一切都看作是实在的，以这种方式它把自己创造为实存者"。在这个"一切"当中，非实存如果作为存在的反题，将再一次证伪思想与存在毫无疑问的同一性。因为非实存作为可被思想所思考的对象，如果它与存在处于对立的关系中，它就是一种非存在，这样将再一次出现一种"能被思想，却不存在"的存在的悖论。

换言之，非实存成为思想不能推到"存在"的关节点。如果思想即存

---

① 转引自[法]多米尼克·奥弗莱：《亚历山大·科耶夫——哲学、国家与历史的终结》，张尧均译，88页，北京，商务印书馆，2013。

在，那么非实存或者因为它的不存在而不能被思想所理解，或者不能被思想纳入理解的范围内，因自身的"非实存"性而证伪了思想即存在的推理。所以佛陀说："如果思想是真实的……它就不能规定思想者及被人看作是非思者的现实。然而，如果思想不是真实的，那么他的结果也不可能是存在。"非实存由此敞开的是思想的非真实性，即思想并不能直接推出存在本身。在此，顺理成章的推论仅仅是思维与存在之间的非同一性，正如科耶夫借助笛卡尔之口所得到的推论一样：

　　——恕我冒昧，我完全不能理解您。您的全部思考都是彻头彻尾的诡辩。您真的想说，当我思考时，我不实存吗？或当我实存时，我不思考吗？[①]

但科耶夫却借助佛陀之口实现了一种思维的跳跃。思维与存在的断裂所彰显的思维不是存在，或者说思维就是非存在。当思维被理解为非存在的时候，对于佛陀而言，思考与实存的全部可能性才呈现出来。

　　我只想告诉您，思考和实存的全部可能性之所以是可能的，只是因为人们把思想理解为非存在和存在的反题。就思想的现实或存在的现实这个问题来说，我的意见是……[②]

---

　　①　转引自[法]多米尼克·奥弗莱：《亚历山大·科耶夫——哲学、国家与历史的终结》，张尧均译，88页，北京，商务印书馆，2013。
　　②　同上。

这种未完待续的真实记录，或许是年轻的科耶夫思想之未成熟的直接显现。对于青年科耶夫来说，这一笛卡尔与佛陀的对话只是呈现了思维与存在的断裂所呈现出全部可能性，至于在这种可能性空间中，思想的现实性或存在的现实性究竟该如何，或者是一个还说不清的问题，或者正如成熟时期的科耶夫一样，本就是一个虚空，无须说明，可能性就是其全部的现实性。换言之，此时的科耶夫体会到非实存对思想的冲击力，却还未能找到一个可能的载体去承载这一非实存的本质性规定。因此此时的非实存带有更多玄想色彩。

但不管怎样，这一次笛卡尔与佛陀之间的对话将贯穿于科耶夫思想中的那条红线直接呈现出来："非实存"，也即"无"，或者"虚空"，成为科耶夫形而上学的拱顶石。在某种意义上说，当科耶夫接替他的俄国同乡开始为法国人解读黑格尔的《精神现象学》的时候，他所看到的正是一个被规定为非实存的现实的个体所敞开的全部可能性。

（二）人类学转向与欲望理论的构筑：非实存的理论载体

1933 年到 1939 年，科耶夫在巴黎高等研究实践学院讲述黑格尔的《精神现象学》。在此之前，这个研讨班的主题是"黑格尔的宗教哲学"，主讲人是科耶夫的俄国同乡——亚历山大·科热雷。后者的整个研讨班只不过是当时诸多——研究黑格尔思想的小组之一，在黑格尔与马克思都未完全被法国人接纳的时代，这样的讲述只是作为一个知识背景，并没有给法国思想界带来任何的震动。直到科热雷被调离，将这个讲座的席位让给当时游荡在法国左岸的亚历山大·科耶夫。

科耶夫从登上讲台的第一天开始，黑格尔的《精神现象学》的文本就是他言说自身思想的遮羞布。黑格尔的"现象学"的展开过程被他任意塑造成自青年时代直至去世的科耶夫所热爱的一种哲学形态。这种哲学形态，他没有赋予它独特的名称，而是借来了当时学界对于海德格尔早期哲学的一种概括——哲学人类学。科耶夫将自己的哲学称为"现象学人类学"或"哲学人类学"。

对于科耶夫来说，这种哲学人类学就是黑格尔精神现象学所要表达的一切。一方面，"精神现象学是一种现象学的描述（在胡塞尔的意义上）；其对象是作为'存在现象'的人；人在自己的存在中和通过存在向自己显现。精神现象学本身是其最后的'显现'"[1]。另一方面，"在黑格尔看来，本质不独立于存在。人也不存在于历史之外。因此，黑格尔的精神现象学是'存在的'，如同海德格尔的现象学。它必然被当作一种本体论的基础"[2]。最终，"精神现象学是一种哲学人类学。它的主题是作为人的人，在历史中的实在存在。在现代的意义上，它的方法是现象学的。因此，这种人类学既不是一种心理学，也不是一种本体论。它试图描述人的整个'本质'，即人的所有'可能性'（认知的，情感的和活动的可能性）。一个时代，一种给定的文化（实际上）只能实现一种唯一的可能性"[3]。

在这段话的三层意思当中，前两层都涉及了对"现象学"的解读。但很显然，科耶夫在这种解读中通过黑格尔现象学将胡塞尔与海德格尔完全混为一谈：一方面，黑格尔精神现象学是胡塞尔意义上的；另一方

---

①　[法]科耶夫：《黑格尔导读》，姜志辉译，37 页，南京，译林出版社，2005。

②　同上书，37～38 页。

③　同上书，38 页。

面，黑格尔精神现象学是"存在的"，如同海德格尔现象学。科耶夫在给出这个等式的同时几乎没有进行任何论证，致使该论断带有明显的武断色彩。而这种武断即便出于科耶夫的"故意"也是不能被容忍的。特别是将胡塞尔现象学与黑格尔的精神现象学相等同，在哲学上是常识性错误。

黑格尔与胡塞尔都谈论现象学，但黑格尔的现象学还为现实事物（经验性的，或带有感性原则的事物）留下了存在的空间（作为精神呈现自身的低级现象），而胡塞尔则从根本上消除了现实性、客观的事物在其哲学中的地位，从而构建了一个真正纯粹的先验现象学。海德格尔曾经对黑格尔的经验概念给出了说明，① 凸显了其现象学的感性维度，指明了经验事实之于精神哲学并非可有可无的存在，它是精神呈现自身、确证自身的条件。海德格尔正是因为强调了这一点才最终与胡塞尔的现象学决裂，因为海德格尔在胡塞尔的纯粹意识哲学中看到了旧有形而上学的主体性原则。就此而言，胡塞尔从未从根本上背离笛卡尔以来的哲学传统。因此，胡塞尔在 1929 年应邀在索邦大学作演讲的时候将"现象学称为一种新笛卡尔主义"②也并非简单的"恭敬之词"，这是胡塞尔对自身与笛卡尔关系的一种较为清醒的认知。而笛卡尔所设定的"我思"却正是海德格尔所批判的传统形而上学的始基。海德格尔正是因为洞察到了这一点而最终判定胡塞尔哲学尽管在意向性活动的理论中已经接近对

---

① M. Heidegger, *Hegel's Phenomenology of Sprite*, Indiana University Press, 1988, pp. 19-20.

② ［德］胡塞尔：《笛卡尔式的沉思》，张廷国译，3 页，北京，中国城市出版社，2002。

这一传统的突破，但终究因为无法摆脱先验主体性原则而没有脱离传统形而上学的藩篱。

黑格尔、胡塞尔与海德格尔都曾经试图以自己的哲学来终结或者超越固有的传统形而上学，不过最终他们所走的路径还是存在着根本性的差异。科耶夫将三者混淆起来得出的哲学人类学，作为一种探讨人及其存在方式的哲学，带有主体性哲学的全部特质，却近乎构成了一种对传统形而上学的回归。其所构建的哲学形态或许是一种倒退，但从整个当代法国哲学的发展来看，我们却不得不这样看待这种"倒退"。

如果没有这种倒退，法国人仍无法从根本上接纳黑格尔与胡塞尔的思想，马克思思想的真正进入也就完全失去了可能性。科耶夫的这个倒退有效地切中了以笛卡尔哲学为骄傲的法国思想界。不管出于有意还是无意，科耶夫的哲学人类学十分出色地完成了这种转变：黑格尔对"自我意识"的解读被直接等同于现实的"人"，而自我意识所具有的反思性恰恰与笛卡尔以经验主体推演出的"我思"具有逻辑上的相似性。由此黑格尔对自我意识的所有讨论都被科耶夫直接还原为对"我思"如何能说出一个"我"的追问。[①] 在此基础上，科耶夫将对"我"的描述表达为对现实的人的本质的表达。哲学人类学是一种彻底的人本主义，但这种人本主义是 20 世纪 30 年代的法国哲学所需要的一种理论形态。通过这种人本主义，科耶夫将黑格尔、胡塞尔与海德格尔带入了法国，形成了独特的

---

① 参见［法］科耶夫：《黑格尔导读》，姜志辉译，代序 3 页，南京，译林出版社，2005。

法国现象学运动以及法国黑格尔主义，严格说来，没有这两者的双重洗礼，马克思是无法被法国思想界所接纳的。从这一意义上说，科耶夫的误读成为当代法国马克思主义得以产生的契机。

如果没有这种倒退，科耶夫的思想也不会引发如此众多的法国青年思想家的追捧。让·瓦勒虽然为法国青年思想家呈现出一个感性的、情绪化的黑格尔，却似乎还未能给出一个系统的对个体遭遇社会历史变革过程的理论反思。他虽然将现实的人之历险作为一种研究路径指给了当时仍纠缠于概念体系的法国思想界，但如何以哲学的方式来呈现这一历险，瓦勒的方案显然没有完全征服青年一代。科耶夫，操持着熟练的德语，一段段为法国年轻学者讲解着黑格尔的《精神现象学》，不仅系统而清晰地阐发了黑格尔的哲学，同时更为重要的是，他将自己从青年时代就已形成的"非实存"性的观念带入到对人之形而上学的思考当中，由此为法国思想界带入了一个本质上虽然是虚空的，却充满着无数可能性的行动之人。这种行动性恰好又在黑格尔辩证法的否定性当中找到了自己理论的言说方式。法国思想界被科耶夫彻底征服了，因为他终于找到了一个用理论来谈论人之历险的方式。同时，马克思，披着黑格尔的外衣，借助一个有关能动性之人的讨论，被法国思想界真实地接纳了。在此，能动之人与社会历史的必然性，这个在饶勒斯与拉法格的争论当中就已经呈现出的问题域获得了黑格尔辩证法的讨论方式。

因此，对于科耶夫来说，他对黑格尔《精神现象学》的解读不仅为法国学界带来一个法国人津津乐道的黑格尔思想肖像，同时他更是在无意间将作为哲学家的马克思带入法国的始作俑者。这位暗中将自己与黑格尔进行类比的思想家具有与黑格尔同样的特质：强烈的自我意识，能够对思想进行彻底的反思。反思的结果就是他清楚地意识到自己所讨论的并非黑格尔的原意。1948 年 10 月 7 日，科耶夫在回应越南哲学家陈德草的一封信中清晰地指认了这一点："我的著作并不是一种历史性的研究；黑格尔在他的著作中究竟试图说些什么，对我来说根本不重要。我只是借助于黑格尔的文本来展开我的现象学人类学。"①这虽然是一个简单的断定，却是科耶夫对自身黑格尔研究的一个准确定性。这种"坦白"的态度在某种意义上会消解掉人们对科耶夫"不严谨"的指责。为了进一步确认这种断定，在同一封信中，科耶夫看似随意地举出了几个他有意误读的例子，更进一步说明了他并非"不懂"黑格尔，而是"有意"曲解。仔细读来，这几个事例非常到位，恰恰是科耶夫哲学思想中最具代表性的几个概念，在其思想的形成中起到了举足轻重的作用：对黑格尔一元论的有意忽略，结果是科耶夫推出了以人为中心的独特二元论，而这种二元论恰好契合了整个法国思想界自 20 世纪以来柏格森哲学的发展趋向；对精神问题的打击，则意味着科耶夫始终坚持的无神论的态度，而这一态度一般也被学界视为受到了马克思思想的直接影响。至于他所提到的所谓"为名誉而战"和"为承认而斗争"则是黑格尔并没有直接使用过的术语，却在科耶夫思想中大行其道。② 当然，虽然黑格尔没有明确给予说明，但科耶夫的这些提法或可视为从其思想当中被推论出来的结

---

① ［法］亚历山大·科耶夫：《科耶夫致唐·迪克淘的信》，夏莹译，载《学海》，2010(6)。

② 参见 G. Jaarczyk et P-J. Labarrière, *De Kojève à Hegel*, *150 ans de pensée hégélienne en France*, Albin Michel, 1996, pp. 64-65.

论。这一点主要集中在其所讨论的主奴辩证法中。至少在黑格尔那里，主人与奴隶之间存在着一种承认机制，以说明自我意识的存在方式，即自我意识的存在必须要以另一个自我意识为中介。因此对于科耶夫来说，以上所提及的这些概念都并非真正意义上的哲学创造，只有"对于欲望的欲望"的讨论才算是"唯一的哲学贡献，至于其他的贡献就不能算是哲学的，而更多是对文本的一种阐释"①。因为科耶夫特有的欲望理论无法从黑格尔哲学中推论出来。黑格尔仅仅提到了"自我意识"与"欲望"的关系。黑格尔对于这种关系的论断是清楚的，即"自我意识就是欲望"②，但显然缺乏对这一论断较为清晰的论证，而科耶夫在对这一部分文本进行"导读"之时，又将自己对欲望的理解塞进了黑格尔之中，并系统分析了欲望的内在机制，从而以科耶夫特有的方式回答了欲望缘何能够成为自我意识的说明：概言之，作为意识的较高发展阶段的自我意识，其根本特征就在于意识的确认来自他者。自我意识的本质只有在他者那里才能得到说明。这是黑格尔所谓"自我意识双重化"的基本内涵：

> 意识，作为自我意识，在这里就拥有双重的对象：一个是直接的感觉和知觉的对象，这对象从自我意识看来，带有否定的特性的标志，另一个就是意识自身，它之所以是一个真实的本质，首先就

---

① G. Jaarczyk et P-J. Labarrière, *De Kojève à Hegel*, *150 ans de pensée hégélienne en France*, Albin Michel, 1996, p. 65.

② [德]黑格尔：《精神现象学》上卷，贺麟、王玖兴译，136页，北京，商务印书馆，1979。

只在于有一个对象和它相对立。自我意识在这里被表明为一种运动，在这个运动中它和它的对象的对立被扬弃了，而它和它自身的等同性或统一性建立起来了。①

于是，这种"自我意识必须以这种统一为本质，这就是说，自我意识就是欲望一般"②。黑格尔在此作出了一个看似有些突兀的判定：自我意识等同于欲望一般。我们也正是在此处找到了科耶夫以欲望阐发人之存在论结构的理论根据。如果说人是自我意识，那么人也就是"欲望一般"。然而黑格尔何以能够作出这样一种转换？这是因为主动性的欲望是意识运动的根源所在。而在黑格尔看来，自我意识在本质上就是一种运动，这样欲望与自我意识的等同性就绝不是突兀的，而是顺理成章的了。然而，黑格尔为什么又强调与自我意识所等同的是"欲望一般"呢？这同样是因为自我意识本身仅仅是一种运动，它不能被它意识的对象所确认，也不能由单纯的某个意识所确认，而只能在意识的否定性行动中才能被确认（这里的意识是与某一现实对象相对立的意识，这里的否定性行动则是意识对现实对象的否定性行动），而欲望就是这种否定性行动，因此自我意识也只能是"欲望一般"，换句话说，就是欲望本身。这就是黑格尔自我意识内涵的核心所在。

科耶夫在其《黑格尔导读》中对黑格尔的思想做了一个推进。黑格尔仅仅指出自我意识就是一种欲望的一般，即欲望本身。这种设定的意义

---

① ［德］黑格尔：《精神现象学》上卷，贺麟、王玖兴译，117 页，北京，商务印书馆，1979。

② 同上书，116～117 页。

在于用一种否定性的运动来界定自我意识，由此指出自我意识的欲望所欲求的不是实在的物，而是欲望本身。因为只有以欲望本身为欲求对象，才能保证自我意识始终处于一种趋向于对立的统一性的运动之中。这是黑格尔为自我意识提供的基本界定。科耶夫对此给予了阐释："欲望是空虚的一种揭示，是一种现实的不存在的显现，因而本质上不同于所欲求的物体，不同于一种物体，不同于静态的和给定的实在存在，始终在与本身的同一中维持下去。"①可见，欲望之所以为欲望就在于它永远要处于一种未被满足的状态。欲望所指向的是一种匮乏，所以它是"空虚的一种揭示"，于是，以一种永久匮乏为欲求对象的欲望也就成为一种持续欲求的运动，它保持了动态的特质，同时又始终处于与自身的统一性之中。

欲望的内涵，在我看来，是青年科耶夫的"非实存"的本质性规定。因为对于科耶夫来说，非实存是一个存在着的"非存在"，是一个"无"或者"空"的样态。它的存在是真实的，但其存在的内涵却并非指向一个具体的物，它所指向的是一种匮乏的状态。从这一意义上说，欲望与非实存具有本质的一致性。在黑格尔研讨班时期的科耶夫，终于找到了支撑非实存的载体，这就是欲望之人。有关人之欲望的阐释，或可在两个方面上加以概括。

其一，以欲望本身作为对象的自我意识即人本身成为一种"活动"。其二，他者的欲望。在黑格尔那里，自我意识是欲望一般，即属人的欲望所欲求的就是欲望本身。科耶夫则进一步追问：人所欲求的这个欲望

———————

① ［法］科耶夫：《黑格尔导读》，姜志辉译，5 页，南京，译林出版社，2005。

是谁的欲望？在他看来只能是另一个人的欲望。

> 人类发生的欲望不同于动物的欲望（动物的欲望构成一个自然的、仅仅活着的、只有其生命感觉的存在），因为人的欲望不针对一个实在的、"肯定的"、给定的客体，而是针对另一个欲望。①

科耶夫由此创造了他对法国哲学最具影响力的命题——"欲望是欲望着他者的欲望"。在这个欲望的能指链的滑动当中，欲望的所指物消失殆尽，从而形成了一个非实存的匮乏，它是空无的，却是人之欲望真实欲求的一种存在样态（非实存性地存在着）。

(三)二元论的黑格尔：非实存之存在的可能空间

在科耶夫给陈德草的书信末尾，科耶夫对于自身理论构建中的一个基础性的论点给予了进一步说明：这就是他的二元论思想。

对于科耶夫的二元论思想以及其对法国思想的影响力，学界目前并未给予其应有的关注，但实际上这一思想不仅对于科耶夫的思想在法国传播具有重要的意义，同时更为重要的是，它实际上完成了其非实存哲学的建构。如果说，欲望之人只是承载非实存之规定的载体，那么二元论则是非实存之人得以存在的全部可能性。正是通过这种二元论，青年科耶夫隐约触及到的"反"笛卡尔的一维被彰显了出来，其中思想与存在

---

① Alexandre Kojève, *Introduction to the Reading of Hegel*, Cornell University Press, 1980, p. 6.

之间的断裂被二元张力所诠释。而这一断裂曾经是阐释非实存之存在的理论前件。如果说欲望之人规定了一种空无的本质，那么二元论则是这种空无本质得以现实化的一种思想场域。换言之，正是因为思维无法把握全部存在，一种逃逸在思想之外的非实存的存在才被真实地证实。

由此我们可以理解，为什么在科耶夫与陈德草的这封并不长的信中，科耶夫用了相当大的篇幅来谈论他的二元论思想，而在这种探讨中，我们隐约可以感觉到科耶夫本人在这一问题上与陈德草的分歧。

从书信的行文当中，我们首先看到的是陈德草对于科耶夫二元论的批判，这种批判其实直到今天仍然是科耶夫研究界的一个基本基调。[①]这一批评主要在于科耶夫的二元论的抽象性和非辩证性。这种抽象性和非辩证性相对于黑格尔哲学来说，甚至应该说是一种倒退。毕竟，对于黑格尔来说，他所意图消解的就是那种思维与存在、主观与客观，甚至自然与人之间的尖锐对立。用以消解这一对立的方法得益于辩证法。如今科耶夫在对黑格尔的解读中再一次凸显人之为人的特性，并从根本上否定自然界存在辩证法，这种主观与客观的截然对立，让黑格尔曲折完成的绝对精神的统一变成徒劳。哲学的历史在科耶夫这里似乎又退回到了前黑格尔的时代。

这就是陈德草对科耶夫的批判。科耶夫本人显然不同意这种论断。在科耶夫看来，二元论具有抽象性和非辩证性的特质，但他的二元论除外。那么他的二元论有着怎样的特殊性呢？

---

① 参见[加]莎蒂亚·德鲁里：《亚历山大·科耶夫：后现代政治的根源》，赵琦译，北京，新星出版社，2007。在该书当中，作者仍然讨论了科耶夫二元论思想所存在的种种问题。并且其所指出的问题并没有超越迪克陶。

在科耶夫的二元论中，人与自然并非互不相容。在康德的二元论中，物自体是不能被认知的，被排除在了纯粹理性之外，由此构成了思维与存在之间的尖锐对立。但对于科耶夫来说，作为思维之主体的人，与作为客观之存在的自然，却并非无法兼容。在他给陈德草的信中，他用了一个"金戒指"的比喻来说明了这种不可分性。"金子就是自然，洞就是人，指环就是精神。"①这个比喻无疑颇具匠心，特别是自然、人与精神在"金戒指"比喻中的相互依赖更让这个比喻十分贴切与形象，科耶夫眼中人与自然的关系就此呈现为以下三个方面。

第一，金子可以在没有洞的情况下存在，洞却不能脱离被穿凿的金子。这是科耶夫所要论证的人与自然的首要关系，即自然可以脱离人而存在，人却不能脱离自然而存在。

第二，人对自然的依附关系决定了人的存在不可能是无条件的。他需要假定自然的存在，然后才有这个可以被否定的对象。"洞"总是要在既有的金属上被穿凿。对这样一种关系的强调使得科耶夫自己的哲学获得了一个无神论的基础。上帝创造了人与自然，而它本身的存在是无条件的，在科耶夫看来，对于人与自然来说，这是不可能的。

第三，人作为一种试图在金子上"打洞"的存在，是能动的，人是什么，或许不能从金子的既成形态上获得说明，也就是说，人缺乏现成的本质的规定，但在对金子的塑造当中，在将金子做成"金戒指"的过程

---

① G. Jaarczyk et P-J. Labarrière, *De Kojève à Hegel，150 ans de pensée hégélienne en France*，Albin Michel，1996，p. 65.

中，人通过"否定"既有的金子的行动，证明了自身的存在。在这一意义上，人是非实存的存在，他虽没有本质的规定，却在否定性的行动中获得了关于自身的全部说明。

人与自然的这种密不可分的依赖性说明了科耶夫的二元论并非空间意义上的，而是时间意义上的。换言之，科耶夫的二元论并非并存意义上的，而是在历史性的视角下所形成的一种派生关系。对于科耶夫来说，人的诞生必须在自然之后，并且人一旦产生，自然也就消失了，真实世界只能由此转变为精神（金指环），而这个金指环却是最真实的存在。科耶夫在此给出了一个关于精神的定义："精神只不过是隐含着人的存在的自然。"[1]"在此存在着二元论，只是因为精神抑或人都不能从自然当中被推演出来，创造性的自由行为构筑了两者之间的断裂，也就是对自然的否定性。"[2]

科耶夫的这种解读在多大程度上与黑格尔的精神概念有关，已经不是问题的关键。问题的关键在于精神所构筑的这个金指环因为这种独特的二元论的阐释方式而凸显了人的自由与否定性所具有的决定性意义。科耶夫以自然、人与精神之间的辩证的交互关系，阐发了一种基于无神论，带有强烈的唯物论（客观性优先）色彩的主观能动性。这种阐释路径值得关注。因为它实际上不仅开启了当代法国马克思主义理论的核心问题域之一，同时更为重要的是他揭示了这一核心问题的展开基础——一种二元论式的黑格尔，这或可担当其背后的哲学基

---

[1] G. Jaarczyk et P-J. Labarrière, *De Kojève à Hegel*, *150 ans de pensée hégélienne en France*, Albin Michel, 1996, p. 66.

[2] Ibid..

础。对于黑格尔的这种二元论取向，我们已经给予了详尽的讨论，在此不再赘述。科耶夫的解读只是将黑格尔原本拥有的二元属性彰显出来，并使得当代法国哲学能够在新康德主义与唯灵论仍然盛行之时开启对黑格尔哲学的真实关切。科耶夫所实现的这种连接（用二元论将黑格尔与柏格森的唯灵论以及布伦茨威格的新康德主义连接起来）是尤为重要的。

在我看来，科耶夫的二元论有着与康德的二元论同样的功能，两者都具有一种"纯粹化"的功能，即意图将那些主题之外的内容划出界限之外。在科耶夫这里，将自然划出人与精神之外，其目的是凸显人的主观能动性。这正如在康德那里，物自体被划出认知之外，以保证理性的纯粹性，或者说认识的确定性。只是对于科耶夫来说，他因为拥有了康德所没有的历史性视角（这是科耶夫作为后黑格尔思想家必然具有的一个视角），其二元论具有了辩证性，二元要素之间具有了一定的依附性。于是共时性（空间性）的二元论被转变为历时性（时间性）的二元论。但这样的二元论是否还是真正意义上的二元论呢？在自然中孕育出精神或者人之后，所有一切都只是精神。难道在这里没有实现一种辩证的统一吗？科耶夫所举出的那个金指环的例子，同样能够说明这一点。金指环一旦形成，它就既不是单纯的金子（自然），也不仅仅是一个洞（人），而是一个中间有洞的金指环。面对这个金指环，我们显然完全无法将其视为由两个部分组成——金子和洞，我们所看到的只能是一个金指环的存在本身。如果金指环在科耶夫看来就是精神，那么科耶夫如何在精神之外再分裂出一个自然的存在？在此，科耶夫对于自己二元论的辩驳显然有自相矛盾的地方。毕竟经过黑格尔哲学的洗礼，科耶夫从根本上无法忽视这种统一性。因为在他的视野中，时间与辩证法是其理论构建的核心环节。

四、披着黑格尔外衣的马克思哲学进入法国

马克思在法国的存在样态是多重的，正如我们已经指出的那样，它包括作为一种社会群体性行动的指导性原则，同时还作为一种可能的理论形态，将行动的个人与自然的必然性以及历史的必然性之间的矛盾凸显出来。这两种倾向构成马克思在 20 世纪 30 年代之前的法国存在的两种样态。但正如我们已经指出的，这样的马克思并没有引发法国思想界在哲学层面对于其思想的真实关切，从而让马克思在当时众多的思想流派中变成了毫无辨识度的一种思潮。甚至已经注意到马克思自身思想魅力的饶勒斯也从不称自己为马克思主义者。对于马克思主义所包含的社会主义，饶勒斯作了这样特别的强调：“我们的社会主义起源于法兰西，受法兰西精神的鼓舞，是法兰西性质的。”[1]换言之，即便是马克思的社会主义，对于法国学界而言仍然不具有独创性。

但科耶夫的黑格尔研讨班使新一代法国知识分子再也无法忽视作为哲学家的马克思。他们随后或者批判马克思（如雷蒙·阿隆），或者迎合马克思的某些观点（如巴塔耶与拉康，以及梅洛-庞蒂），或者直接变成

---

[1] 转引自马胜利：《饶勒斯主义与马克思主义》，载《当代世界与社会主义》，1988(3)。

马克思主义者（如萨特与阿尔都塞）。几乎没有人可以完全无视马克思哲学的独特魅力。

科耶夫究竟是如何将马克思带入法国的？我们需要回到我们已经引用过的一段话来加以说明：

受到一元论的本体论传统误导，黑格尔有时把他关于人的或历史的存在的分析延伸到自然。他说，一切存在的东西是虚无的虚无化（这显然没有任何意义，导致一种站不住脚的自然世界）。例如，他在1805—1806年的《耶拿讲演》中阐述其（受到谢林启发的）自然哲学时说："黑暗是虚无；正如空间和时间不存在；——正如一般地说，一切都是虚无。"（第二十卷，80页第5—6行）。——海德格尔重新采用黑格尔的死亡主题；但他忽略了斗争和劳动的互补主题；他的哲学也不能分析历史。——马克思坚持斗争和劳动的主题，因此，他的哲学本质上是"历史主义的"；但他忽略了死亡的主题（尽管承认人是终有一死的）；这就是为什么他没有看到（有些"马克思主义者"也没有看到）大革命不仅实际上是流血的，而且在本质上和必然也是流血的（黑格尔的恐怖主题）。①

在这段话中，科耶夫自觉到自身理论的一种杂糅方式，其中，马克思作为提出斗争和劳动的思想家而获得了与黑格尔、海德格尔同样重要和独特的位置。尽管在科耶夫这里，马克思所指出的斗争与劳动，都已

---

① ［法］科耶夫：《黑格尔导读》，姜志辉译，685页，南京，译林出版社，2005。

经被黑格尔哲学所涵盖，但马克思却似乎是系统地阐发了这两者的思想家。尽管在科耶夫的阐发当中，斗争与劳动仍然囿于黑格尔的主奴辩证法的讨论当中，但科耶夫似乎认定这是马克思主义特有的主题。正是依赖于这样一种指认，科耶夫将一个哲学的马克思呈现在新一代法国思想家面前。在科耶夫的阐发当中，这个马克思，与黑格尔一样，以人的存在为其关注的要点，并且这个人作为现实的个人，同样具有非实存的特质。其中，人的现实展开就是人的行动，也即人的自由的一种显现，而这种行动的本质，却也只能在黑格尔的否定性当中获得理论上的说明。而这一解读路径再一次与法国思想界中有关人之历险的理论诉求相契合，并以理论的方式保留了那个富有现实行动力的马克思主义。换言之，马克思主义作为一种哲学上的行动者理论获得了法国知识界的全面关注。

但不可否认的是，在科耶夫有关黑格尔的解读当中，被标注为马克思思想主题的斗争与劳动却总是披着黑格尔的外衣，我们完全看不到科耶夫对马克思思想的直接参照。但一个有趣的契合点却似乎暴露了马克思与科耶夫在面对黑格尔的时候所拥有的共同起点：在《1844 年经济学哲学手稿》中，马克思也曾经对黑格尔哲学作为一般哲学的典型形态给予了批判。其批判所指的核心文本也是黑格尔的《精神现象学》。这是青年马克思为数不多的一次对黑格尔的直面，其中，他以政治经济学的研究视角审视黑格尔的《精神现象学》，同样得出了与科耶夫十分类似的结论。这种相同性体现在三个方面。

其一，马克思将黑格尔的自我意识哲学直接转变为有关人的哲学："人的本质，人，在黑格尔看来＝自我意识。因此，人的本质的全部异化不过是自我意识的异化。"①同样在科耶夫的《黑格尔导读》中，科耶夫对《精神现象学》第四章 A 节的注释因其内容的重要性而被提前到了代序的位置上，致使我们打开此书看到的第一句话就是："人是自我意识。"②正是基于这种直接的转换，整部黑格尔的精神演化史（"精神现象学"）也就变成了现实的人的存在如何展开自身的哲学人类学。

其二，马克思在对黑格尔的《精神现象学》的研究中，同样凸显了辩证法的意义，并且将辩证法仅仅归结为"作为推动原则和创造原则的否定性"③，并借助这种否定性将黑格尔有关精神的展开过程直接转换为"黑格尔把人的自我产生看做一个过程"④。科耶夫在对黑格尔的解读中，同样将辩证法视为一种存在论，而非方法论。它是"存在的实现和显现的一致性描述"⑤，"把人描述为一个辩证的实体，就是把人描述为一种否定行动，否定行动在它从中得以产生的内部否定给定物"⑥。两者都在否定性所敞开的存在过程中来把握辩证法，并将其视为对人的自我展开的一种理论描述。

其三，马克思在黑格尔的现象学的显现当中，同样把握住了其中有关劳动的分析。即黑格尔在人的自我展开过程中，在对象化的讨论中，"他抓住了劳动的本质，把对象性的人、现实的因而是真正的人理解为

---

① 《马克思恩格斯文集》第 1 卷，207 页，北京，人民出版社，2009。
② ［法］科耶夫：《黑格尔导读》，姜志辉译，3 页，南京，译林出版社，2005。
③ 《马克思恩格斯文集》第 1 卷，205 页，北京，人民出版社，2009。
④ 同上。
⑤ ［法］亚历山大·科耶夫：《黑格尔导读》，姜志辉译，550 页，南京，译林出版社，2021。
⑥ 同上书，526 页。

人自己的劳动的结果"①。对于科耶夫来说，他同样指认了劳动作为体现辩证法之否定性的一种存在样态，对于诠释作为非实存的欲望之人所具有的重要意义。只是对于马克思而言，黑格尔的劳动，只是"抽象的精神的劳动"，因此是"劳动的积极的方面，没有看到它的消极的方面"②。然而正是对于后一方面的凸显，使得马克思发现了劳动在私有制下现实的存在样态。马克思没有抽象地谈论劳动作为人的本质，而是更多地关注这种人的本质如何被资本主义特定的社会形态所扭曲变形，由此，马克思对于人的劳动的分析从来不是一种抽象的哲学人类学，他注定要将这种有关人的关注推向社会历史运动，在改变世界的意义上完成行动之人对社会现实的改造。

相比于马克思的这种理论指向，科耶夫似乎更贴近黑格尔的原意，而没有将这种有关人的非实存的存在方式引入社会现实的革命当中，因此从根本上说，科耶夫所输入的马克思是一种理论上的行动者哲学，而非导向现实的社会运动。

但从以上的对比当中，我们其实已经看到了科耶夫与马克思在面对相同文本（黑格尔的《精神现象学》）的时候所进行的相似推论。作为一个俄裔法国思想家，科耶夫与马克思思想具有无法割舍的原初关联。这种关联性，对于科耶夫而言，并不在于马克思所期许的一种社会运动的可能性，而在于他为人类未来所设想的共产主义，青年科耶夫作为俄国贵族最终逃离了那个当时有可能实现它的祖国，只是因为认定共产主义在

①《马克思恩格斯文集》第1卷，205页，北京，人民出版社，2009。
② 同上。

当时还未到来。但对于未来共同体的设想似乎成为埋在科耶夫心里的梦想，以至于当科耶夫从学者转变为一个地道的法国政治家之后，他甚至为建立一个理论上普遍而同质的国家而付出努力。在其著名的政论性文章《法国国是纲要》当中，科耶夫展现了一个所谓"拉丁帝国"的设想。科耶夫曾将这样一个普遍共同体的合法性设定在人们的民族性和社会性的冲突总会解决的确信之上，并在这一信念的基础上承认"将来的人类所致力要做的事情一定会是闲暇时间如何组织和如何'人性化'问题"①。在随后的括号当中，科耶夫将这种对闲暇的追求所构筑的美好未来的想象归因于马克思："马克思本人虽然没有认识到这样一点，但他不也是一再地重复亚里士多德的一句话么：人类进步的基本动机，从而也是社会主义的基本动机，就是要最大限度地保证人类的闲暇。"②

科耶夫对于共产主义的设想或许过于具体，反而与马克思的共产主义之间产生了巨大差异。但仅就这一理想的诉求而言，科耶夫可被归入法国马克思主义的阵营当中，并带有法国马克思主义一贯具有的典型特征：一方面，将马克思所勾勒的政治诉求具体化，甚至试图通过某种可能的途径加以现实化；另一方面，在哲学上，将马克思的思想构筑为一种行动者的形而上学。

科耶夫以其对黑格尔的阐释开启了对马克思思想的改造性传播。如果说科耶夫所构筑的这种行动者的形而上学的拱顶石是非实存，那么其行动者的主体，体现这一非实存的存在者，即是现实的个人，而被马克

---

　　① ［法］科耶夫等：《科耶夫的新拉丁帝国》，邱立波编译，22页，北京，华夏出版社，2008。

　　② 同上。

思所凸显的斗争和劳动则成为现实的个人的两种存在论的规定。

(一)两个人的历史：生死斗争

非实存形成的空无，在科耶夫的解读当中被转变为辩证法的否定性。在欲望着他者的欲望的本质性规定中，人成为一种否定性的规定，并以这种否定性来说明自身作为自由存在的本质规定。因为对于科耶夫而言，自由不在于两个材料之间的选择，"自由是对给定物，属于他自己的给定物(作为动物或作为'具体化的传统')和不是属于他自己的给定物(自然的和社会的世界)的否定"①。科耶夫借助对黑格尔的主奴辩证法的讨论，将这种抽象的否定性规定现实化。

黑格尔的主奴辩证法在黑格尔的《精神现象学》中原本只是作为自我意识双重化的一种类比性说明，以说明意识向自我意识过渡时所产生的变化，换言之，对于意识哲学来说，其所指向的只是外在于意识的一个对象，它所完成的只能是人对外在世界的一种知性认知，但自我意识则不同，它是对自我的一种反思，是人对自身的认识。如果说意识哲学意味着人的理性可以深入到自然的维度，那么自我意识哲学则意味着人的理性可以深入到人类历史的维度。黑格尔的主奴辩证法虽然是为了阐发自我意识得以可能的类比性说明，但对于科耶夫而言，它同时就是人类历史的开端，在其中人的独特的生命体验被彰显出来。

因为在黑格尔那里，自我意识确立自身的真理只有通过对方对它的存在的承认才是可能的，这种承认使自我意识摆脱了纯粹的抽象性，成

---

① [法]科耶夫：《黑格尔导读》，姜志辉译，514页，南京，译林出版社，2021。

为了通过否定性的行动来确认对方存在，同时也确认自身存在的存在方式。这里的否定性是自由的否定，意味着对给定物的否定。科耶夫曾经指出，黑格尔虽然与亚里士多德一样承认人类历史在其开端处即是由一个主人与一个奴隶构筑的，但两者面对的主奴关系却存在着根本的差异。在亚里士多德那里，主人与奴隶构成了不可消除的对立，他们各自拥有自己不可改变的"自然位置"；而"在黑格尔看来，主人和奴隶之间的根本区别仅仅在最初存在，能在时间的过程中被取消"①。这是一个自由人的历史开端，它总是无法接受给定的存在状态。而其结果就是人通过自身的行动来否定既定的存在。斗争于是开始了："主人是在斗争中坚持到底的人，如果得不到承认，他准备付出生命的代价，而奴隶怕死，自愿地服从主人，承认主人，但却没有得到主人的承认。"②

正是在这种斗争当中，人的自由本性被塑造出来，不管他的结果是主人胜利抑或奴隶胜利，它都包含着人在斗争中所体现的自否定性。当主人能转变为奴隶，奴隶也可以转变为主人的斗争开始之后，人类的历史也就开始了。在其中"每一方都想要消灭对方，致对方于死命。但这里面又包含第二种行动，即通过自身的行动；因为前一种行动即包含着自己冒生命的危险"③。

人类的历史开始于两个人的斗争，并建基于对既定状态永恒的否定当

---

① ［法］亚历山大·科耶夫：《黑格尔导读》，姜志辉译，516 页，南京，译林出版社，2021。

② 同上。

③ ［德］黑格尔：《精神现象学》上卷，贺麟、王玖兴译，142 页，北京，商务印书馆，1979。

中，正如科耶夫指出的那样："就是奴隶对奴隶身份的不断否定，一系列连续的从奴役到自由(这种自由不是仅仅自在地自由的主人的'同一的'或'正题的'自由，而是普遍的和同质的国家的公民的'完全的'或'综合的'，也是自为存在的自由)的'转变'。"[①]从这一意义上说，所谓相互承认就是：

> 人必须把他对自己的看法强加于有别于他自己的其他人：他必须要求其他人承认他(在理想的极端情况下：要求所有的其他人承认他)。或者：他必须把他没有在其中得到承认的(自然和人类)世界改造成一个他能在其中得到承认的世界。把违背人的计划的世界改造成一个与这个计划一致的世界，叫作"行动""活动"。这种行动——本质上是人的行动，因为它是人性化，具有人类发生学意义的——始于把自己的看法强加于自己所遇到的"第一个"他人的活动。[②]

因此，所谓承认，自身也就包含着否定性的行动。只是在这种承认的斗争当中，人不仅表现出对于既定存在的否定，同时还包括一种独特的欲望形式。在人日常化的欲求当中，欲望对象总是可以有其实体化的存在样态，如口渴了要喝水，饿了要吃饭，都可以被阶段性地满足；而在人类历史开端的这一次主奴身份的相互承认当中，欲望表现为一种生死斗争式的否定。在此，由于欲求所指的是对其自身身份的承认，也即

---

① ［法］亚历山大·科耶夫：《黑格尔导读》，姜志辉译，517 页，南京，译林出版社，2021。

② Alexandre Kojève, *Introduction to the Reading of Hegel*, Cornell University Press，1980，p. 11.

是他者的承认，这种欲求的对象是非物质性的。因此在这场生死斗争中，纯粹的荣誉成为斗争试图完成的欲求对象。在这一过程中，独属于人之自由的否定性被凸显出来。

对此，科耶夫颇为自豪地指出：

> 没有一个动物会为了夺取或重新夺取一面旗帜，为了得到晋升和获得荣誉而冒生命危险；动物不会为了纯粹的荣誉进行流血斗争，这种斗争的唯一回报是由此产生的荣誉，这种斗争不能用保存本能(保护生命或寻找食物)和繁衍本能来解释……①

如果生死斗争的结果是坚持到底的主人将他的对手杀死，那么属于人的承认也将不复存在，"因为在死亡后，人只不过是一具尸体。如果其中的一个对手杀死另一个对手而幸存下来，那么他也不能得到对手的承认；死去的战败者不可能承认胜者的胜利"②。因此这种逼迫对手保存生命，也即黑格尔自我意识哲学当中意识的双重化表现，使得意识成为自我意识，并使得斗争也不再是抽象的动物式的否定，因为对黑格尔来说"意识的扬弃是这样的：它保存并且保持住那被扬弃者，因为它自己也可以经得住它的被扬弃而仍能活下去"③。于是，对于将意识直接置换为人的科耶

---

　　①　[法]亚历山大·科耶夫：《黑格尔导读》，姜志辉译，518 页，南京，译林出版社，2021。

　　②　Alexandre Kojève, *Introduction to the Reading of Hegel*, Cornell University Press，1980，p. 14.

　　③　[德]黑格尔：《精神现象学》上卷，贺麟、王玖兴译，143～144 页，北京，商务印书馆，1979。

夫来说，这意味着人与人的斗争不能仅仅导致一方的死亡，一个人如果要获得对手的承认，那么他就不能杀死对手，因为一旦杀死对手，也就失去了确认自身的可能性，这样，剩下来唯一可行的方式就是"奴役对手"。

主人与奴隶的对峙一旦成立，科耶夫的历史也就真正地敞开了：

> 如果人只是生成性的，如果人在空间的生存是人在时间中或者作为时间的生存，如果被揭示的人的现实性不是别的，就是普遍的历史，那么这种历史必定是主人和奴隶之间相互关系的历史：历史的"辩证法"是主人和奴隶的"辩证法"。①

(二)斗争的日常化：劳动的辩证法

紧扣辩证法的否定性原则，科耶夫不仅展开了有关历史开端的问题，同时还找到了言说历史演进的理论话语。对于斗争来说，它是进入主奴对峙之前的人的否定性活动，并可能成为历史转折性演进过程中不可或缺的一个环节，但一旦进入主奴对峙之后，在日常化的历史展开过程中，劳动则不得不担当历史推动力的重任。在科耶夫看来，正是"劳动最终导致了法国大革命和拿破仑"②。

劳动，对于科耶夫而言，是人与动物的根本差异，其内涵的基本逻辑与斗争完全一致。如果说斗争是人让主奴的自然位置发生改变的方式，那么劳动则是人试图改变其所生活的自然环境的方式。同样，正如

---

① Alexandre Kojève，*Introduction to the Reading of Hegel*，Cornell University Press，1980，p. 9.

② Ibid.，p. 53.

动物不会为荣誉而战一样，"动物不劳动，因为动物不改造它生活在其中的世界"①。而人则通过对工具的制造，改变环境，改造自身，这种改变是一种否定性，劳动是这种否定性的日常化样态。在这一日常化的生存状态中，劳动不仅塑造了一个我们生活的环境，塑造了我们自身，更为重要的是，正是通过劳动，我们形成了对于这个世界的理解。由此，我们不仅是这个世界的产物，我们还可以通过逻辑的推演来理解和把握这个世界。这是科耶夫从黑格尔的绝对知识当中读出的哲学人类学。拿破仑只能作为马背上的绝对精神，处于自在的状态当中，黑格尔却可以以自在自为的方式发现并理解拿破仑的意义。而在科耶夫这里，他将成为另一个掌握绝对知识的黑格尔，因为他提出了一个更为根本的问题：为何只有黑格尔能够成为掌握绝对知识的智者？黑格尔似乎又陷入不自知的状态，但科耶夫对此却很明确，因为黑格尔不仅仅是一个思维的存在，黑格尔以及黑格尔所生活的世界更是劳动的产物：

> 他是一个有血有肉的人，他知道自己就是这样的。不过，这个人不会在空中飞翔。他坐在一把椅子上，在一张书桌前，用羽毛笔在纸上写字……他知道这些物品是人们叫作人的劳动的某种活动的产物。他也知道这种劳动是在他所从属的人的世界中，在自然中进行的。当他在写书，以回答他的问题"我是什么？"的时候，这个世界就呈现在他的头脑中。再比如，他听到远处传来的炮声。但是，

---

① ［法］亚历山大·科耶夫：《黑格尔导读》，姜志辉译，519页，南京，译林出版社，2021。

他不仅仅听到炮声，他还知道大炮也是一种劳动的产物，这一次，用于人与人之间的生死斗争。但是，事情不止于此。他知道他听到的炮声是在耶拿战役中拿破仑的大炮的轰鸣。他因而知道他生活在拿破仑在那里行动的一个世界中。①

黑格尔将对自在世界的自为理解的基础放置在一个客观的绝对精神的基石之上，而科耶夫则似乎带有更为强烈的马克思式的唯物主义色彩，将否定性（非实存的）的行动（它在日常状态下表现为"劳动"）视为绝对精神得以形成的前提，从而将黑格尔的客观观念论体系彻底改造为一个以非实存为本质的人为其形而上学基础的哲学人类学。

在这种哲学人类学当中，历史的展开从两个方面得以说明：

> 一方面，劳动改变和改造世界，使之人性化，使之适合于人；另一方面，劳动改造、培养和教育人，使之人性化，使之符合人对自己形成的观念，——最初只是一种抽象的观念，一种理想。②

在这个双向过程中，劳动对自然的改造与对人自身的塑造是一个过程的两个面向。它们共同构筑了一个可被人全面理解（对自然世界和人自身）的整体。历史的日常化演进也就此展开。在这一演进过程中，主奴关系将处于稳定状态，主奴关系近乎呈现为一种不可改变的自然状

---

① ［法］科耶夫：《黑格尔导读》，姜志辉译，192 页，南京，译林出版社，2005。

② Alexandre Kojève, *Introduction to the Reading of Hegel*, Cornell University Press，1980，p. 52।

态，但正是由于劳动的存在，对于科耶夫而言，历史变动的动力在日常化的状态之下暗流涌动。

在黑格尔看来，正是劳动"使服役的意识通过这种过程成为事实上存在着的纯粹的自为存在"①。这样一段囿于意识哲学的表述，在科耶夫哲学人类学的语言中被转变为这样一种表达：正是劳动，使奴隶获得了同主人一样的自我意识。主人在生死斗争中因不畏惧死亡，克服了动物性欲望而实现了属人的价值，成为自为的存在；而奴隶则因为惧怕死亡，束缚在动物性的欲望之内从而成为"物性"的存在。但是在劳动中，奴隶再次实现了一种否定性的行动。"通过他的劳动，奴隶达到了主人通过在斗争中冒生命危险所达到的同样结果：他不再依赖给定的、自然的生存条件：他按照他对自己形成的观念改造这些条件。当他意识到这个事实的时候，他也意识到他的自由。"②

为什么奴隶的劳动在日常化的历史展开过程中可以产生主人在生死斗争中所产生的同等效果。因为黑格尔这样来界定劳动："劳动是受到限制或节制的欲望，亦即延迟了的满足的消逝，换句话说，劳动陶冶事物。"③在这个黑格尔有关劳动的经典定义当中，我们可以读出这样两个内涵。第一，劳动陶冶事物，即意味着劳动是一种让事物按照人的意志被改造的行为。在其中人获得对自己本质的认知，即形成一种有关自我

---

① ［德］黑格尔：《精神现象学》上卷，贺麟、王玖兴译，131 页，北京，商务印书馆，1979。

② Alexandre Kojève, *Introduction to the Reading of Hegel*, Cornell University Press，1980，p. 49.

③ ［德］黑格尔：《精神现象学》上卷，贺麟、王玖兴译，147 页，北京，商务印书馆，1979。

的认识，即从客观事物当中看到了自身的意识，这是意识哲学形成阶段。第二，同时劳动也是一种欲望的形式，欲望作为一种非实存的欲求，因其欲求对象的匮乏性需要一种特有的行动方式才能被诠释。劳动，因此是被限制和节制的欲望，奴隶为主人劳动所创造的反映了奴隶之意志的产物却没有直接满足奴隶对它的诉求，而是转而被主人占有，但奴隶也在这种被延迟的满足当中获得人之欲望的本质性规定，即它所欲求的不是一个直接的对象，而是被主人肯定和承认的事实，由此，在生死斗争中，由于畏惧死亡而丢失了的承认，在日常化的劳动中被奴隶重新获得。

对科耶夫而言，他将黑格尔的主奴辩证法中的主人的生存状态视为本质上的一条绝路。因为主人的自由是现实的，是已经实现了的自由，于是缺乏了对"既定存在"的超越而产生的人的自由。而这种所谓已经实现了的自由，在本质上看又是不完全的。如果人的自由来自一种承认，那么这种承认必须是一个有着同样资格的人的承认才是有效的。而对于主人来说，他通过生死斗争产生的奴隶，在本质上却不过是一种具有物性的存在，并不具有真正属人的价值。因此奴隶并不具有与主人一样的资质，被奴隶承认也并不能使主人真正实现自由。换言之，无论主人被物还是被具有物性的奴隶所承认，其本质上都不是自由的。由此可见，主人的自由本身是非完全的，并且这种自由因为已经拥有的现实性，而不再具有超越既定存在的可能性，也就不再具有实现自由的可能性。

相应地，奴隶则似乎在这两个方面都保证了自由的真正实现。奴隶不仅被主人确认为奴隶，并且在劳动中，依赖于被延迟的满足充分诠释了作为非实存的欲望的本质，完成了一种有关人的自由的界定。但劳动所实现的显然只是帮助奴隶获得自我意识的前提条件，但在科耶夫看来："只有当奴隶有一种自由观念，但还没有实现、然而同时能通过有意识和有意志地改造既定存在条件和通过主动地废除奴隶制而实现的观念时，他才真正是自由的。"①换言之，仅仅在劳动中获得主人的承认，还不足以促使奴隶完成自我意识的形成，只有当奴隶自觉到这种自由意识，奴隶的自由才算真正地被完成了。而这种自觉将让奴隶奋起而展开与主人之间新的生死斗争，主人与奴隶的地位将再一次被挑战。奴隶要将在日常化的劳动中已经完成了的主人的承认转变为一种真正的承认，在这一场新的斗争中，奴隶的胜利将从根本上消灭主人与奴隶的对立。对于科耶夫来说，这是历史的终结，同时也是普遍而同质的国家得以产生的契机。在某种意义上，它也可以说是马克思的共产主义实现的另一种表达方式。从这一意义上说，科耶夫的判定是对的："一般说来，是奴隶，也只有奴隶能够实现进步。"②从根本上说，奴隶用以推动历史进步的方式正是劳动。因此，从这一意义上说，是劳动创造了历史。

被科耶夫所阐发的劳动和斗争是否就是马克思哲学中所谈论的劳动与斗争，这似乎对于当时的法国学界来说并不重要，重要的是通过法国思想容易理解的方式，马克思的思想作为一种哲学形态终于被法国思想界认真对待了。马克思，不再是一个仅仅构筑了社会革命原则的社会活

---

①　Alexandre Kojève，*Introduction to the Reading of Hegel*，Cornell University Press，1980，p. 49.

②　Ibid.，p. 50.

动家，同时他还可能是一个关注人之形而上学的批判的哲学家。至此，那被饶勒斯所提出的历史必然性与主体性原则之间的内在冲突的问题也就逐渐成为法国思想家眼中马克思哲学所特有的问题意识。延续这一问题意识，法国马克思主义发展出一条独特的思想路线：一种关注主体性原则的激进哲学，借助黑格尔的思想资源，一点点形成。

第四章 ┃ 伊波利特的转变：从哲学人类学
到意义本体论

一、法国知识界的一位明星

出生于 1907 年的让·伊波利特与科耶夫不仅是同代中人，同时也应算是"同道中人"，他们共同经历了法国唯灵论与新康德主义的对峙阶段，并共同体会到了 20 世纪思想资源中对于人本身的漠视。不同于科耶夫的是，伊波利特进入哲学是通过阅读柏格森的作品，并在其求学的过程中受到了严格的法国学院派哲学教育。科耶夫是从俄国革命的现实中，即在面对亲人与朋友的死亡时发现了对人的本质的关注，并借助马克思主义思想的诉求来展开对现实的个人的观照；伊波利特则是因为与他的同代法国人一起遭受到来自旧有思想体系的压抑而产生了一种逆反心态。伊波利特于 1925 年进入巴黎高等师范学院（以下简称"巴黎高师"），邂逅了那一时期近乎所有的法国思想界的未来之星，其中包括乔治·弗里德曼（Georges Friedmann）、让-保罗·萨特、保罗·尼赞（Paul Nizan）、雷蒙·阿隆（Raymond Aron）、乔治·康吉莱姆（Georges Canguilhem），莫里斯·德·刚迪亚克（Maurice de Gandillac）以及梅洛-庞蒂等，梅洛-庞蒂成为他的终生好友。在巴黎高师，伊波利特还受教育于让·卡瓦耶斯（Jean Cavaillès），他当时是这群年轻学子申请教师资格考试（Agrégation）的指导老师。而卡瓦耶斯，作为法国著名的数学家与哲学家，其主要贡献恰在于对数学基础的直觉主义与形式主义展开的批判，他认为数学所构筑的实在性具有一定的自主性，数学要素之间的自主演进虽具有一定的必然性，却也同时包含着不可预期的特质，卡瓦耶斯由此构筑了一个必然性与不可预见性、连续性与断裂性并存的"数学的基本辩证法"。卡瓦耶斯在黑格尔哲学还未全面占领法国思想界之前已经开启了这种反意识哲学的先河。这意味着在其思想可能的批判对象——意识哲学所构筑的主体性哲学还未成形之际，卡瓦耶斯已经为法国新一代的思想家们准备好了反叛主体性哲学的思想资源。伊波利特在卡瓦耶斯的指导之下通过了法国教师资格考试，这一师承关系值得我们关注。因为法国的黑格尔主义正是在伊波利特的阐释中出现了一个明显的转折：由科耶夫所开拓的人本主义走向了终结，一种类似于结构主义的意义本体论被建构了起来，而后者直接引发了青年阿尔都塞、福柯与德勒兹等人走向反黑格尔的道路，以反主体性以及反意识哲学的方式重新开启了对法国哲学的推进，其中法国马克思主义也随之发生了根本的转变。

1929 年，伊波利特与萨特和波伏娃一起通过了教师资格考试，名次紧随萨特与波伏娃，位列第三。在巴黎高师就读的时候，伊波利特就常参加阿兰（Alian）在著名的亨利四世高中开设的课程，并因为受到了卡瓦耶斯及其论文指导老师——对古典哲学和哲学史都颇有建树的哲学家埃米尔·布雷伊耶（Émile Bréhier）的影响，伊波利特对黑格尔产生了浓厚的兴趣。但不知为什么，伊波利特并没有如同他的同代人，如雷蒙·阿隆、梅洛-庞蒂那样参加科耶夫的黑格尔研讨班，而是独自在高中教学之余开始着手翻译科耶夫用以讨论的文本——黑格尔的《精神现象学》。整个 20 世纪 30 年代，伊波利特都在忙碌着做这件事情，最终于 1939 年和 1941 年，分别出版了两卷本的法文版《精神现象学》。这对于当时正在痴迷于黑格尔的法国思想界来说是一件重要的思想事件。自此，当时年轻一代的法国知识分子终于可以不用借助科耶夫的讲解，直接阅读黑格尔的《精神现象学》。但正如路德发明了德语来翻译《圣经》一样，伊波利特对于《精神现象学》的翻译也并不仅仅充当着思想的传声筒，他的翻译以及其中的注解，都包含着伊波利特对于青年黑格尔的一种理解方式。例如，有学者指出由于伊波利特将德语中的 Entfremdung 与 Entäusserung 不加区分地翻译为法语的 aliénation，由此使得伊波利特基于《精神现象学》的解读将全部黑格尔哲学判定为一种异化的哲学："在语言中，正如在著作中，金钱、人到处都是被异化了的状态；正是异化，构筑了黑格尔的问题。"①因为伊波利特将精神的外化、异化与对象化都在"异化"的意义上加以说明，文化（Die

---

① Jean Hypplite, *Figures de la pensée philosophique*, tome. I, PUF, 1971, p. 135.

Bildung)的世界，在黑格尔看来，是精神的外化，并在肯定的意义上是对精神世界的确证，却在伊波利特的翻译当中，变成了一种对精神的否定。换言之，原本用来确证精神之存在的现象学，在伊波利特的解读当中却变成了一种对"精神"的对抗，由此，产生了一种"一"与"多"、"逻辑"与"存在"之间的断裂，这个问题成为伊波利特后期所要处理的一个核心话题。有学者认为这样一个话题实际上被他的学生们以不同的方式加以继承，如德勒兹的差异性的重复（la répétition）、福柯的断裂（la discontinuité）及德勒兹的延异（la différance）。① 盖隆曾与福柯一起这样谈论伊波利特："我们这个时代所有的问题……都是他（伊波利特——引者注）为我们建立起来的。"②不管这一评价是否准确，它的确为我们探寻多样化的法国后现代思想提供了一条理论的主线。

严格说来，伊波利特所开拓的这条法国黑格尔主义的研究路线与科耶夫略有不同。在科耶夫那里，尽管人作为非实存的本质规定，构筑了一种欲望性的匮乏，但科耶夫仍通过黑格尔的现象学展开过程不断尝试填补这一匮乏，在其中建构一种可以综合普遍性与特殊性的个体性，即一种包含匮乏内涵的主体性原则。而在伊波利特的解读中，由于其围绕异化的展开，这种匮乏的主体性面临着被彻底瓦解的可能性，但正是在对这一异化思想的凸显当中，伊波利特让法国的黑格尔主义与法国的马克思主义具有了更为紧密的关联性。

---

① 参见 Jean Hyppolite, *Entre structure et existence*, Press de L'École normale supérieure, 2013, p. 80。

② Jean Hypplite, *Figures de la pensée philosophique*, tome. II, PUF, 1971, p. 813.

1939—1945 年，伊波利特辗转于各个高中从事教学，也正是在此期间，他拥有了诸如德勒兹和福柯这样的学生。同时，伊波利特参加了一系列学术沙龙。在某种意义上，他在这些沙龙中间接地学习和吸收了科耶夫的黑格尔主义，同时也将他所理解的黑格尔传播开来，因为参加这些沙龙的学者很大一部分是曾经参加过科耶夫研讨班的一群新兴学者，以及另一些虽然如他一般没有参加研讨班，却对黑格尔保持着持续兴趣的学术精英，由此构筑了一个群星璀璨的沙龙群体，近乎囊括了当时以及随后十年间最出色的一群法国思想家：让-保罗·萨特、乔治·巴塔耶、莫里斯·布朗肖、西蒙娜·波伏娃、阿尔伯特·加缪、雅克·古德耶（Jacques Couturier）、让·丹尼埃（Jean Daniélou）、多梅尼克·杜巴勒（Dominique Dubarle）、皮埃尔·克罗索斯基（Pierre Klossovski）、雅克·马迪勒（Jacques Madeule）、让·皮沃克（Jean Prévost）、雅克·拉康以及作为年轻学生的吉尔·德勒兹。在此期间，伊波利特曾在杂志上组织了这群学者之间的讨论，黑格尔当时是必不可少的话题。

1945 年，伊波利特成为斯特拉斯堡大学的教授，并在其著作《黑格尔精神现象学的起源与结构》出版之后，于 1948 年成为索邦大学的教授。而这一时期，法国思想界的思想主流被存在主义和马克思主义占据着。这是科耶夫对黑格尔思想解读持续发酵所形成的暗流第一次汹涌而出的征兆。当时的法国思想家经历了科耶夫和伊波利特所构筑的黑格尔主义思潮的洗礼，最终却都将理论的兴趣转向了马克思。当然，科耶夫对黑格尔独特的解读要为此负责，但现实的历史事实也的确是另一个重要的原因。苏联的崛起，以及其与美国的分庭抗礼，似乎让法国思想界看到了一种不同于美国的社会类型的真实显现。对马克思思想的热情与对这个庞大的社会主义国家的关注有着密不可分的关联。由此，法国思想界对《1844年经济学哲学手稿》的研究以及对于西方马克思主义者卢卡奇的著作的理论兴趣与日俱增。伊波利特作为一位典型的法国黑格尔主义者，习惯性地将马克思视为黑格尔哲学的一种延续，并反对当时普遍兴起的一种趋向，即将青年马克思从老年马克思思想当中剥离出来，将马克思人为分割为两个。伊波利特对待马克思的这种态度引发了青年一代的法国马克思主义者的反感。例如，在20世纪50年代，当时担任巴黎高师哲学系秘书的路易·阿尔都塞就曾在《新批评》(*La Nouvelle Critique*)上匿名发表了一篇文章《回到黑格尔，普遍的修正主义最后的词语》(*Le retour à Hegel，dernier mot du révisionnisme universitaire*)，他将批评的矛头直指伊波利特，认为正是伊波利特将原本具有革命观念的辩证唯物主义神秘化，阿尔都塞这篇文章的目的就是要回到哲学史上真正的黑格尔。[①]

尽管他们两人之间存在如此巨大的分歧，但伊波利特的影响力仍然是不可忽视的。特别在1950到1960年，他成为一批学生的论文指导教师，他的学生就包括米歇尔·福柯、吉尔·德勒兹、路易·阿尔都塞、雅克·德里达。这一事实不得不让人倍感惊讶：当代法国最著名的思想家竟然拥有着共同的老师，而这位老师又以黑格尔研究而著称。

1954年，伊波利特成为巴黎高师哲学系主任，期间他对于哲学系做了诸多改革，包括课程的设计与合作，他的工作不仅将巴黎高师与索邦大

[①] 参见 Louis Althusser，«le retour à Hegel，dernier mot du révisionnisme universitaire»，In *Écrits philosophiques et politiques*，tome I，Stock，IMEC，1997，pp. 258-268。

学连接起来，同时还拓展了法国思想界的研究视域，他的学生们被要求同时去听索邦大学哲学系的课程，特别是保罗·利科、康吉莱姆以及雷蒙·阿隆等人的课程。同时他还倡导成立了胡塞尔档案研究中心，并聘请了他的好朋友梅洛-庞蒂为第一任主任。正是在这样一种氛围中，阿兰·巴迪欧，这位目前法国哲学界炙手可热的学术大师才得以成长起来。①

晚年的伊波利特，以他的《逻辑与实存》为标志，完成了他的"认识论断裂"式的思考。他在试图勾连黑格尔的现象学与逻辑学的过程当中，实际上反而凸显了两者之间的张力，尽管这一张力从未出现在黑格尔的讨论当中。基于这一张力，在伊波利特的思想中，结构与经验、意义与时间、形式与生成等一对对概念都以相互对峙的状态被言说和表现。伊波利特将这种张力的凸显揉入了广阔的视域，并以此来对其展开讨论，康吉莱姆曾经这样描述他的课程：

> 以黑格尔为例，伊波利特总是将其融入其对技术、经济、生物、信息科学以及语言学和诗学等学科的讨论中。他特别好地把握住他的课程，对从马拉美到保罗·克洛岱尔（Paul Claudel）的讨论，就如同其对从弗洛伊德到马克思的讨论；对施特劳斯的讨论就如同对沃森（Watson）与克里克（Crick）的讨论。他的课程从来不是一些有关于哲学的课程。②

① 以上相关内容的详细记述可参见 Jean Hyppolite, *Entre structure et existence*, Press de L'École normale supérieure, 2013, pp. 9-20。

② Georges Canguihem, «Hommage à Jean Hyppolite(1907-1968)», *Revue internationale de philosophie*, 1969(4), p. 550.

伊波利特广博的知识正是当代法国思想家群像中的一个典型形象。20 世纪伊始，能够在当代法国思想界崭露头角的哲学家总是可以将诸如数学、哲学、艺术游刃有余地加以综合和运用，哲学在当代法国并没有纯粹的表现形态。早期的柏格森哲学总是带有有机生物学和电影勃兴的影子，加斯东·巴什拉更是试图让诗学渗透进物理学当中，甚至为想象力找到它的物质载体。当代的德勒兹，伊波利特的学生，则运用所有可能的资源，例如黎曼数学、普鲁斯特与卡夫卡来阐发他的灵动的解构哲学。时至今日，阿兰·巴迪欧同样在用康托尔的集合论来完成他对革命与共产主义的理论推理。这样的组合，或许对于德国哲学来说是不可想象的，却似乎是法国思想界的一种常态。而伊波利特则实际上用他对黑格尔的系统阐释构成了当代法国思想界承上启下的重要一环。

吉尔·德勒兹，作为伊波利特的得意门生，将伊波利特称为"群体中一颗星星"①，而这个群体，在 20 世纪 30—60 年代原本就是灿烂的群星，而伊波利特在如此璀璨的群星当中仍然能显现其固有的光芒。伊波利特于 1968 年去世，这一年，另一位法国黑格尔主义的重要传播者科耶夫也过世了。这是一个历史的巧合，却富有极强的象征意义。在这一年里，轰轰烈烈的学生运动将马克思主义推上了法国思想界的巅峰，从而让曾经辉煌的法国黑格尔主义全面衰落下去。之后，从"五月风暴"中崛起的法国新一代思想家们在全面批判马克思思想的时候，重新复苏了黑格尔的话题，只是此刻的黑格尔已经近乎成为一个法国思想界的"落

---

① Gilles Deleuze，«Ii était une étoile de groupe»，In *Deux régimes de fous*，*Textes et entretiens 1975-1995*，Minuit，2003，pp. 247-250.

水狗"，人人喊打。然而，正如康德哲学对整个西方哲学史的意义一样，黑格尔对整个当代法国哲学也具有相同的内涵。当代法国思想家或者曾经痴迷于黑格尔，或者强烈地反对黑格尔，却不得不经过黑格尔才最终走出属于自己的道路。其中法国的那些或隐性或显性的马克思主义者们，更是只有经过黑格尔的洗礼才可能接近马克思。

伊波利特，作为科耶夫黑格尔主义的一个有效的补充，完善了法国人头脑中有关黑格尔的全部理解，相较于科耶夫短暂的教学生涯，他的整个一生都奉献给了法国的哲学教育，因此他的思想对于当代法国思想界的形成具有更为直接的影响力。在这一意义上，他的确是当代法国思想群体中一颗最亮的星星。

二、从历史的和解到异化的劳动：哲学人类学的解构

法国哲学的固有传统是二元论的哲学，我们只有充分地理解这一点，才能真正理解当代法国哲学变幻莫测的思想转变。这种二元论的哲学为法国思想构筑了一个以自我为绝对原则的理论空间，它在近代表现为以笛卡尔为代表的法国思想向内的诉求，即以自我的确定性设定外在世界，甚至是超验世界（上帝）的确定性原则，而在当代则转化为柏格森的唯灵论与布伦茨威格的观念论，不管是侧重于意识的内在时间性还是概念的优先性，本质上都在以不同的方式构筑主体性原则。两次世界大战对于法国思想界的冲击产生了两个后果：其一，战争创伤让青年一代学人关注肉体之人的现实生存境遇，而非单纯的主观意识，由此产生了对

于人的生存的切身观照，科耶夫的哲学人类学恰恰迎合了这一点；其二，战争所带来的诸多非确定性的因素让一贯封闭在自我意识之内来思考世界的法国思想家发现了客观世界对主观意志的反作用，现实的历史进展成为这一客观世界的另一种表现形式。由此，个体与社会历史之间的对抗性关系被深切地体会到。让·瓦勒对黑格尔的苦恼意识的研究正因深切地反映了主体对这种对抗性关系的体悟才获得了当时法国知识分子的普遍认可。

在某种意义上说，科耶夫与伊波利特的黑格尔研究都试图以不同的方式解决瓦勒有关苦恼意识的讨论。科耶夫的研讨班讲述的黑格尔为法国思想界更多地呈现出个体与历史可能的和解之路，伊波利特谈论的诸如欲望和劳动的话题，却更多地延续了个体在遭遇历史客观性之余所体验到的苦恼意识。

(一)现象学与历史的关系

与科耶夫相比，伊波利特的《黑格尔〈精神现象学〉的起源与结构》一书"似乎"更为客观地讲述了黑格尔《精神现象学》一书的基本架构。即便如此，伊波利特仍然在引论中将他对黑格尔的《精神现象学》的全部理解与当时法国思想界急需解决的问题融合起来。在伊波利特讨论《精神现象学》的结构之前，他认为不可避免地要去追问的问题是"现象学是否是人性的历史，抑或它宣称为一部有关这一历史的哲学"①。这种追问方式在某种意义上可以视为对科耶夫式的黑格尔解读路径的一种回应。科

---

① Jean Hyppolite, *Genesis and Structure of Hegel's Phenomenology of Spirite*, translated by Samuel Cherniak and John Heckman, Northwstern University Press Evanston, 1974, p. 27.

耶夫在其展开有关"现象学"的讨论之前，毫无前提和推论过程，直接将自我意识等同于人，由此，整个现象学的展开过程也就成为有关人的生存发展的哲学，即有关人性之历史的哲学。

相比于科耶夫而言，伊波利特更有耐心地将这一问题视为一个有待讨论的"问题"，并从谢林开始入手，探寻人性的历史得以成立的前提条件，也的确在谢林那里找到了讨论这一问题的切入点。因为谢林在他的先验观念论中试图探寻作为理论哲学的自然与作为实践哲学的历史之间的绝对同一。伊波利特从谢林的讨论中发现：

> 这种人性的历史只有在以下条件下才是可能的：历史必然与自由和解，客观性与主观性、无意识与意识和解……无意识的行动必须与个体有意识的行为相结合。自由意志与必然性的同一使得谢林认识到他在历史中的绝对，并在历史中不仅看到人毫无持续效果的工作，而且还看到了绝对自身的显现。①

在此伊波利特强调了费希特与谢林之间的区别，前者仅仅驻足道德的应当，而不关注这种应当在历史中具有的必然性，黑格尔追随谢林，同样关注个体的行为如何在历史的狡计中被实现出来。当然在这种继承性关系当中，谢林的局限性同样是显而易见的，谢林仅仅关注绝对的同一性的设定，而并不关心这种绝对的同一性是如何在现实的历史形式中

---

① 　Jean Hyppolite，*Genesis and Structure of Hegel's Phenomenology of Spirite*，translated by Samuel Cherniak and John Heckman，Northwstern University Press Evanston，1974，pp. 27-28.

展现自身的。而这却是黑格尔在其《精神现象学》当中试图完成的一项工作。伊波利特对于这一历史的梳理是相对客观而准确的，但随后当触及到黑格尔如何来完成这一工作的时候，伊波利特独特的解读路径随之展开。

首先，伊波利特认为，"精神对于黑格尔来说就是历史——这是一个基础性的命题，其等同于绝对即主体"①。在此，伊波利特将精神等同于历史，并让其与绝对即主体等同起来，这实际上遵循了科耶夫对黑格尔的理解，也即遵循了当代法国哲学的基本路径，将主体"意识"的问题放置在黑格尔现象学的核心位置。自康德以来的德国古典哲学，正如我们在此前有关启蒙的讨论中已经指出的那样，其基本问题或可被概括为自由意志与客观必然性之间的关系问题。费希特与谢林分别从强调主观道德与客观自然的绝对统一性这两个不同的角度来解决问题，黑格尔则试图将主体性融入客观历史性的展开过程中，从而以整全性的具体来解决这一问题。严格说来，黑格尔的这种解决方案无法被定性为主观的抑或客观的，其重心在于主观或客观的"和解"。但伊波利特的推理却并非如此，他强调了历史作为调节自由意志与必然性之间的基础的意义，并将其视为黑格尔的现象学与谢林的绝对哲学的最大区别所在。这一点在某种意义上还较为符合黑格尔的整体思路。但伊波利特随即将现象学的全部特质都放到"意识"的层面，并围绕意识来展开对黑格尔核心概念的阐释，这就开始了对黑格尔的法式改造。

---

① Jean Hyppolite, *Genesis and Structure of Hegel's Phenomenology of Spirite*, translated by Samuel Cherniak and John Heckman, Northwstern University Press Evanston，1974，p. 31.

伊波利特指出：

> 它（现象学——引者注）以意识为特质，但意识并不是因此与绝
> 对疏离，相反，意识的历史性展开就是绝对——精神的自身的反
> 应。在自我追问意识的反应以何种方式就是历史，以及这究竟是什
> 么样的历史之前，我们应更为切近地去界定黑格尔有关精神与历史
> 的界定：精神对于黑格尔来说就是历史——这是一个基础性的命
> 题，其等同于绝对即主体。①

在此，伊波利特的讨论看似诠释了黑格尔式的和解，但伊波利特用
以讨论和解的方式，却是以"意识"为轴心的一次和解，他在此展开的等
同逻辑如下：现象学＝意识的展开，意识的展开＝绝对，绝对＝精神，
由此，精神＝绝对，同时绝对也就等同于主体。绝对、精神，这些原本
对于黑格尔来说具有"客观性"，在伊波利特这里变成了一种意识哲学的
反映，从而被"主观主义化"，同时，当伊波利特强调"绝对即主体"的时
候，"意识"与"主体"再一次被直接等同起来。而对于黑格尔来说，他
毕生试图对抗的正是以康德为代表的主观主义思潮，因此在黑格尔的
《精神现象学》中，无论是其所谈论的"意识"还是"自我意识"都无法完
全等同于主体或是人。但在伊波利特这里，同时在科耶夫那里，这种
等同都是无须论证的，借助"精神"和"绝对"，主体、意识即人与历史

---

① Jean Hyppolite, *Genesis and Structure of Hegel's Phenomenology of Spirite*, translated by Samuel Cherniak and John Heckman, Northwstern University Press Evanston, 1974, p. 31.

被关联了起来。

在此，伊波利特同时强调了黑格尔有关"有机自然无历史"的观念，这一观念原本是针对谢林的侧重于有机自然所实现的绝对而提出的。伊波利特用他已经改造过的黑格尔的"精神"哲学完成了一次对谢林的批评，在其中，精神的否定与肯定被等同于有机生命的死亡与再生，于是谢林对绝对精神的理智直观（intellectual intuition）只是一种抽象的普遍性。伊波利特指出谢林"对作为普遍性的生命的直观或者在分割的个体的偶然性中丧失或是取消了这些个体，或是在使个体得以存活的力量当中显现出来……（这里的二，其实是一，因为两个过程不过就是一个过程：再生产与死亡）"①。从根本上说，这是一个没有历史演进的抽象同一，而非真正的精神。伊波利特这样区分黑格尔与谢林：

> 让黑格尔感兴趣的既不是有机生命，也不是一般的自然的生命，而是精神的生命，这种精神意味着生命是历史。由此从其最初的建构当中，黑格尔的思想就是一种关于人的历史的思想，而谢林的思想就是自然的抑或一般的生命的思想。②

伊波利特区分黑格尔与谢林的目的显然不仅仅是凸显黑格尔的现象

---

① Jean Hyppolite, *Genesis and Structure of Hegel's Phenomenology of Spirite*, translated by Samuel Cherniak and John Heckman, Northwstern University Press Evanston, 1974, p. 31.

② Ibid., p. 30.

学在德国古典哲学中的理论意义，其不可避免地产生了两个理论后果：其一，现象学成为主体意识的自我和修养；其二，现象学仅在具有历史性维度的意义上才是现象学，现象学的理论重心不仅仅是主体本质的外化、对象化，更是在富有时间性的历史展开过程中与主体意识的和解。

在此，伊波利特将黑格尔的"精神"概念解读为"历史"，这种做法并不如他所期望的那么"客观"，这种置换与科耶夫将"自我意识"等同于"人"如出一辙。最终都试图借用黑格尔的哲学来言说法国现实问题。虽然伊波利特与科耶夫似乎在两个不同的路向上展开讨论，一个是从历史，一个是从自我意识，但其在本质上都是围绕现实的人的生存境遇展开论述的。科耶夫围绕黑格尔的自我意识所构筑的是对人自身生存境遇的直接观照，伊波利特则从黑格尔的精神概念出发构筑了一个人与客观历史现实遭遇后可能的命运及其融合方式。相比于前者，它给予法国学人的影响缓慢而深远，因为正是借助伊波利特的这种解读，占据法国思想界统治地位的"我思"之形而上学的设定隐性地遭受了根本性的挑战，在以"精神"所界定的"历史"维度上，我思无法完全在一个自我封闭的状态下完成有关外部世界的确定性规定。外在的客观历史虽然在其展开过程中最终完成了与自我意识（主体之人）的和解，但实际上已将客观历史现实看作一个与我思相对立的存在，有待被我思和解和消融。因此，对于过多纠缠于主奴辩证法的科耶夫来说，历史不过是两个人相互承认的历史，而对于伊波利特来说，历史却成为束缚人、限制人的一种客观现实，在这一客观现实的展开过程中，一个人将遭遇另一个人，而且将遭遇自己无法改变的客观命运。而这种个人无法根本改变的命运正是第二次世界大战后法国知识界的年轻思想者们深切感受到的一种自我挫败。

(二)泛悲剧主义的苦恼意识：真理与实存之间的非统一性

对于伊波利特来说，黑格尔虽然强调了历史是人的历史，却又为这种历史涂抹上了一层悲剧的底色。这一视角的形成显而易见是让·瓦勒所阐发的黑格尔的苦恼意识给予伊波利特这一代黑格尔主义者的无法逃避的理论宿命。但当伊波利特在科耶夫研讨班的影响已深入整个法国思想界，进一步强化了这一维度之后，又进一步明晰了苦恼意识的来源，它并非仅仅是人特有的情绪表达，因此也绝非带有强烈宗教色彩的克尔凯郭尔式的存在主义哲学所能平复的，相反，其所彰显的是一个人与客观命运之间的冲突，对此，伊波利特指出：

> 理性的狡计在历史当中呈现自身，并不仅仅作为一种无意识与意识的连接，同时也作为人与其命运之间悲剧性的冲突而存在，这一冲突总是不断地被克服同时又被永远地重新恢复。黑格尔试图去思考，并通过绝对的观念去思考的正是这一冲突……历史的泛悲剧主义与逻辑的泛逻辑主义是同一个东西，正如黑格尔在同一个句子当中去言说痛苦以及否定的劳作所表明的那样。[1]

苦恼意识是这种悲剧意识的一种表现方式，但不同于瓦勒将黑格尔就

---

[1] Jean Hyppolite, *Genesis and Structure of Hegel's Phenomenology of Spirite*, translated by Samuel Cherniak and John Heckman, Northwstern University Press Evanston, 1974, pp. 30-31.

此打扮成一个基督教意义上的神学家，伊波利特则立足人类学的视角，将苦恼意识视为人的生命自身的自我分裂。正如我们已经指出的那样，当伊波利特将黑格尔《精神现象学》中的 Entfremdung 翻译为 extranéation（外化）或者 alienation（异化）之后，他实际上将黑格尔哲学当中原本并不包含批判性的 Entfremdung 阐发为人必然向对象的陌生化的转变。在这一转变当中，人在与自身疏离的对象当中才能确证自身，对于黑格尔来说，这是自我意识的确定性，是积极的和肯定的。但对于伊波利特来说，这种对象化的过程却注定将人的自我确证付诸对他者的依赖。

这是伊波利特结合科耶夫的黑格尔主义，试图用其所强调的精神即历史的维度整合被欲望所界定的人之本质，从而建构一个完整的哲学人类学的尝试。在其中，伊波利特也将自身的讨论限定在"自我意识"的分析当中，并同样着重于有关自我意识与欲望的等同。在伊波利特看来，正是通过自我意识，欲望和被欲望的对象连接了起来。在欲望的诠释下，自我意识具有一种生命的内涵。但富有生命的自我却只能在外部世界当中获得生命的确证："自我的生命成为其自身的一个客体，在外部世界当中，在自我之前蔓延。欲望抑或是我们在个体的生命当中被确认的绝对冲力（absolute impulse）只能在外部世界当中被其自身所发现才成为自为的。"[1]这是黑格尔转向"自然"的原因所在。通过外部世界，黑格尔发现了欲望，但自我意识的欲望却不仅仅在于自我将自身外化到外部世界之中，更意味着自我意识将自我外化到另一个自我意识之上，这是

---

[1]　Jean Hyppolite, *Studies on Marx and Hegel*, translated by J. O'Neil, Heinenann Educational Books, 1969, p. 161.

一个属人的欲望的形成。

> 正如一个个体的生命只有通过在另一个个体中发现自己才能实现，用以建构自我的欲望只有在其自身成为另一个欲望的对象的情况下才能存在。因此生命的欲望成为另一个欲望的欲望，更确切地说，鉴于诸现象的必要的相互性，人的欲望始终是他者欲望的欲望……自我需要被他者所注视。①

因此以欲望为本质的人的存在，需要以他者为基础："他者的实存是我自身实存的本体论条件。"②

如果伊波利特依据黑格尔的《精神现象学》只是提出了以上这些观念，那么伊波利特不过是科耶夫思想的传声筒。但实际上，伊波利特却在此基础上做了一种可能的推进。这个推进表现在以下三个方面。

其一，伊波利特通过欲望的本质性规定凸显了他者的介入，这个他者与自我的关系不仅局限于两个人（主人与奴隶）之间的对抗性关系，而且表现为富有普遍的生命与自我意识的生命之间的对抗，即黑格尔的"精神"对自我意识的限定。在科耶夫的主奴辩证法中，无论是主人还是奴隶，都并不具有普遍性，他们虽然作为彼此的"他者"而存在，却也都是一个特殊的被限定者，因此两者的对抗性关系可以在斗争和劳动的存在论形态上得以解决。所谓历史的终结，意味着主奴的对抗性关系的终结，从而进入尼采

---

① Jean Hyppolite, *Studies on Marx and Hegel*, translated by J. O'Neil, Heinemann Educational Books，1969，p. 162.

② Ibid. .

式的普遍平等的末人时代，在这一时代中，对抗性的冲突不复存在。

但对于伊波利特来说，他者（自然抑或另一个自我）的对抗性关系所构筑的欲望机制构筑的主体间性（intersubjectivity）构成了人的存在，也即富有生命的自我意识的存在的前提，"正是通过必然的主体间性以及与自然抑或普遍生命的关系，大写的人性（Humanity）与大写的历史（History），用黑格尔的术语来说，即精神，才能被发现"①。换言之，对于伊波利特来说，他者作为一种普遍的必然性，作为大写的历史、人性与单个个体的生命之间存在着永恒的对抗性关系。这种对抗性关系，严格说来，是无法真正和解的。伊波利特由此指出"黑格尔的问题，同时也是我们的问题，即是关注真理与实存的关系"②，这一指认在某种意义上与他在《黑格尔〈精神现象学〉的起源与结构》中指出的"苦恼意识是现象学的基本主题"③并不相互悖谬。因为在伊波利特看来："意识，在原则上总是苦恼意识，因为它始终未能触及确定性与真理的具体同一性，所以它总是指向于超越自身的某种东西。"④换言之，意识，作为具体的自我意识的生命的实存样态，与真理、大写的历史以及精神，即普遍的生命之间总是存在着一种非同一性。

其二，这种真理与实存之间的非统一性，对于伊波利特来说，一方

---

① Jean Hyppolite, *Studies on Marx and Hegel*, translated by J. O'Neil, Heinemann Educational Books, 1969, pp. 163-164.

② Ibid., p. 167.

③ Jean Hyppolite, *Genesis and Structure of Hegel's Phenomenology of Spirite*, translated by Samuel Cherniak and John Heckman, Northwstern University Press Evanston, 1974, p. 190.

④ Ibid..

面诠释了黑格尔现象学的本质，另一方面诠释了欲望之人作为行动之主体的本质规定。

黑格尔现象学的本质究竟是什么，伊波利特与科耶夫在这一点上看起来没有本质差异，两者都将其视为人的存在论的敞开方式。只是对于科耶夫来说，这种敞开方式为其呈现的是以欲望为核心，以斗争和劳动为表现形式的人的存在论结构，科耶夫试图将这一存在论结构融入黑格尔的现象学结构中加以讨论，以相对静态的方式来讨论一种哲学人类学，由此使科耶夫的哲学对于后世的影响表现为之后的解读多以自我意识为核心，作为欲望的自我意识成为其最为重要的理论贡献。但伊波利特却与此不同，他不仅谈论两个自我意识的生成，同时更为重要的是谈论"精神即历史"与"绝对即主体"之间的同构性。伊波利特凸显了他者介入的欲望所构筑的主体间性，让科耶夫有关自我意识双重化的讨论进入了一个普遍的历史维度，而当伊波利特将现象学界定为个体意识的历史的时候，他实际上又凸显了"绝对即主体"的另一维度。

在《黑格尔的〈精神现象学〉的起源与结构》当中，伊波利特特别强调了"现象学并不是世界历史"，换言之，这部著作并不遵循时间的顺序去讲述人类文化与精神的演进。例如，在"意识"与"理性"的讨论中，几乎没有任何历史的维度介入其中，即便进入"精神"章的演进当中，黑格尔在从古希腊城邦到启蒙运动和法国大革命的讨论当中，也遗漏了文艺复兴，并毫无节制地放任对启蒙和法国大革命的讨论篇幅。[1]"由此，现

---

① 参见 Jean Hyppolite, *Genesis and Structure of Hegel's Phenomenology of Spirite*, translated by Samuel Cherniak and John Heckman, Northwstern University Press Evanston, 1974, pp. 37-38。

象学所提出的问题不是世界历史的问题，而是一个特殊个体的教育必须、必然拥有的过程，其在逐渐了解到黑格尔的实体的过程中被构筑为一种知识。"①换言之，现象学是自我意识在现实历史的外化过程中学会理解自身的一个过程。在此，伊波利特虽然也将现象学视为人本学，但伊波利特的这个"人"并非一出生就处于非实存的匮乏当中，而是拥有一个一步步成长起来，由懵懂少年到成熟智者的发展历程。外在自然与人类社会自身的历史则是一座训练营，在其中自我意识接受他作为完整的人应有的教育。为了说明这一点，伊波利特甚至将黑格尔的《精神现象学》类比于卢梭的《爱弥儿》，两者都试图将个体的成长融入作为普遍的类的生成过程中。"但对于卢梭而言，他是从一个感性先于反思的年代出发得出这一结论的，而黑格尔则将一般的、内在的（immanence）人类历史认真地放入个体意识当中。"②伊波利特同样认为历史终结了："世界历史是结束了；个体所需要的是重新在他自身当中发现这个历史。"③

在此，我们不得不进一步强调，在这个看似与科耶夫思想类似的表述当中，却表达了一个与其根本不同的阐释路径：在这种动态的生成中，普遍的历史与个体的自我意识之间并不具有先天的同一性，它的同一性的形成需要个体的自我训练。现象学表达了个体生成为绝对自我的过程，但在整个生成过程中，萦绕在个体之上的是总无法与作为精神的历史完全同一

---

① Jean Hyppolite, *Genesis and Structure of Hegel's Phenomenology of Spirite*, translated by Samuel Cherniak and John Heckman, Northwstern University Press Evanston, 1974, p. 39.

② Ibid..

③ Ibid. , p. 40.

的命运。因此个体也总是陷入苦恼意识所构筑的悲剧中不能自拔。

当然这还只是问题的一个方面，另一方面，或者说更为重要的一个方面，则是在黑格尔这里的真理与实存的张力、作为一个人的实存的前提究竟意味着什么。或者我们可以更进一步地追问，人的苦恼意识的悲剧给予人的实存拥有怎样的存在样态。基于对这些问题的深入探寻，伊波利特进一步给出他所理解的黑格尔哲学的基本主题："概而言之，黑格尔试图分析历史行动的基础。他追问人的实存的一般条件，而正是这一条件构筑了人的行动的可能性。"①面对主奴辩证法所呈现出的斗争哲学，伊波利特指出，作为斗争的人的实存样态最终表明的其实是自我意识的行动本身，并将自我意识在外化的历史过程中理解自身的过程视为行动的理性化。换言之，行动总是需要行动的条件。黑格尔所构筑的真理与实存在每一个阶段上的非统一性，所彰显的正是自我意识的行动之可能的条件。行动不是盲动，行动的有效性恰恰在于自我意识的行动自身与历史理性(精神)的契合。

由此，伊波利特对于黑格尔的人本化改造是彻底的，黑格尔的现象学由此成为人的本质的动态生成过程的一种表达，他对于这种动态生成性的强调注定会让他的自我意识在本质上成为一个行动的载体(agent)。科耶夫在其非实存的思想当中已经蕴含了这个思想，但他对于人的本质的规定缺乏一种历史生成性的维度，从而使得他对人的非实存(否定性)的规定反而失去了动态的属性。人的非实存的本质虽然包含着一种行动

---

① Jean Hyppolite, *Studies on Marx and Hegel*, translated by J. O'Neil, Heinemann Educational Books, 1969, p. 154.

的预设，科耶夫却并没有着力去探寻人的行动的可能性条件究竟是什么，这与其对客观历史维度的忽略有关。在某种意义上说，伊波利特的这种解读的确补充了科耶夫思想中这一缺失的维度。自此，法国的黑格尔解读框架相对完整了。黑格尔的现象学，被彻底改造为富有行动力的人在特定的历史条件下不断认识自身、诠释自身然后再造自身的过程。在这一解读中，主体（自我意识）毫无疑问处于理论的中心。但这种主体在欲望的规定之下，已经转变为一种有待生成的主体性。黑格尔的哲学至此被改造为一种行动哲学。

三、黑格尔与马克思：一对思想的双胞胎

作为科耶夫黑格尔主义的后继者，伊波利特对马克思的研究更为直接而详尽。原因或许应归结为一个重要的理论契机，即在第二次世界大战以后，法国思想界开始了对马克思的《1844 年经济学哲学手稿》的关注。之所以对这一文本格外钟情，与这一文本中所透露出的存在主义倾向不无关系。被《1844 年经济学哲学手稿》所激发出的西方马克思主义流派，从卢卡奇到马尔库塞，从布洛赫到柯尔施，都以某种方式对"异化"这一概念投入了很多的关注。而这一异化逻辑，在其展开过程中，必然同时包含着对人之自由样态的预设。异化被视为对人之自由存在的疏离。这些早期的西方马克思主义者都以某种方式与海德格尔在《存在与时间》当中透露出的哲学人类学有着千丝万缕的联系。因此，第二次世界大战后，当新一代法国思想家们沉迷于海德格尔式

的存在论的话语方式之际，《1844年经济学哲学手稿》当中的存在主义色彩就显得格外引人注目，由此一度引发了法国学界对于这一手稿的热烈讨论。由此形成了对"经济决定论""历史终结说"以及诸如"两个马克思还是一个马克思"等多种论题的讨论。[①] 这些讨论似乎为法国带来一个"新的"马克思，马克思用生产力和生产关系的辩证关系书写了一段人类的戏剧化变迁，在这一变迁当中，马克思所关注的是现实的人的生存异化，但这种异化存在却是为更高层次上的人的解放做了充分的准备。

黑格尔专家伊波利特开始关注马克思及其哲学，正是在这样一个背景之下开始的。或者说正是由于科耶夫与伊波利特所共同构筑的这个黑格尔、马克思与海德格尔水乳交融的思考方式，才塑造了这样一种接受马克思的思想环境。这几者之间的相互作用已经无法在时间上确定谁为优先，但不管怎样，用"异化"概念在马克思与黑格尔之间搭建起一个思想的桥梁，成为伊波利特这一代法国黑格尔主义者所完成的一项主要工作。

一个显而易见的事实是，在伊波利特所讨论的马克思哲学中，我们总是可以清晰地辨认出黑格尔的影子。甚至在某种意义上说，黑格尔与马克思，在伊波利特的叙述中，如同一对思想的双胞胎。在此，需要特别提起的是在20世纪40—50年代，法国思想界同时接纳了卢卡奇的黑格尔化的马克思主义，特别是他的《青年黑格尔》的传入，一

----

① 相关讨论可参见［美］马克·波斯特：《战后法国的存在主义马克思主义：从萨特到阿尔都塞》，张金鹏、陈硕译，46～66页，南京，南京大学出版社，2015。

定对伊波利特这样的思想家产生了巨大的冲击。伊波利特还曾专门为卢卡奇的《青年黑格尔》写过书评。在这一书评当中，伊波利特准确地指认了卢卡奇在这部著作中试图表达的基本观念与试图完成的理论目标："卢卡奇的主题是研究政治经济学与哲学之间的关系"，同时，"其目的是表明，尽管在某种意义上黑格尔的哲学是对生命和人的条件的一般性阐释，但其总是会在较为宽泛的思考视域当中转向一种特殊的经济视角"。[①]卢卡奇在这部著作中同样关注了当时法国思想界特别关注的黑格尔耶拿时期的手稿，以及早期宗教类著作，并将黑格尔阐释为一个发现了资本主义社会，并体会到其中人的致命异化，甚至试图解决这一生存困境的思想家。当然对于最后一个问题卢卡奇以资本主义在黑格尔时期还未成熟为由，解释了为何黑格尔未能完成其自身提出的理论任务。

长期以来，卢卡奇的《青年黑格尔》在其他国家都得不到其在法国思想界被给予的关注，其原因正是这本书带有显而易见的过度阐释的风格，将青年黑格尔打扮成了另一个版本的马克思。这种做法的合法性基础，对于任何一个严谨的黑格尔研究者来说都是无法接受的。但伊波利特却对卢卡奇的这种阐释路径津津乐道，并在其对这部著作的评论中，沿着这一思路展开自己的讨论，以至于在这一评论当中，卢卡奇近乎处于一种"失语"状态，卢卡奇在书中所做的分析，总是作为伊波利特敞开自身有关马克思与黑格尔关系之思考的契机。例如，伊波利特指出，卢

---

① Jean Hyppolite, *Studies on Marx and Hegel*, translated by J. O'Neil, Heinemann Educational Books, 1969，p. 73.

卡奇的这部著作中，最为有趣的是他对于马克思早期对黑格尔的批判作出的细致分析。[①] 但伊波利特随即展开的，可以说是卢卡奇的观念，或者根本就是伊波利特自己有关这一问题的讨论。在其中，马克思对异化、对象化和外化之间的区分被凸显了出来，被视为马克思与黑格尔在这一问题上的根本差异。而正是这一差异的存在使得马克思似乎看到了被黑格尔所揭示出的苦恼意识的现实根源：被对象化的人，虽然并不是一个快乐的意识，但"这个苦恼意识，并不是如在黑格尔那里一般，因为意识并没有在真正的哲学当中被思考，意识在资本主义的体系当中，是从劳动中被异化的，而这个资本主义体系不过是一个历史的阶段"[②]。在这一论证过程中，伊波利特并没有运用卢卡奇的《青年黑格尔》的相关资源对其加以论证，他运用青年马克思的文献展开了与卢卡奇十分相近的讨论路径，并得出了极为类似的结论。

尽管在伊波利特这里，他总是在比较的意义上来谈论马克思与黑格尔，并总试图指认马克思比黑格尔更富有现实性的理论取向。但就伊波利特的整体论调来说，我们看到的更多的是马克思与黑格尔在全部哲学主题上的相似性，而不是差异性。

在伊波利特眼中，如果说马克思拥有一种哲学的话，那也只能是黑格尔哲学的一种延续。只是马克思"似乎"是在一个颠倒的意义上来完成这种延续的。对于这种颠倒，伊波利特用其特有的法式思维加以说明：

---

① 参见 Jean Hyppolite, *Studies on Marx and Hegel*, translated by J. O'Neil, Heinemann Educational Books, 1969, p. 81。

② Jean Hyppolite, *Studies on Marx and Hegel*, translated by J. O'Neil, Heinemann Educational Books, 1969, p. 83.

"马克思部分地设想了随后一年中他的任务：将黑格尔的观念翻转到事物的层面，换言之，用行动的哲学来替代思辨观念论，而正是这个行动的哲学让生命与哲学以真正的方式加以融合。"①

在此，伊波利特不仅把马克思的哲学理解为从观念颠倒到现实，同时更坚持着法国人接受马克思哲学的基本路向，即将一种理论哲学颠倒为一种实践(行动)哲学。只是对于伊波利特来说，马克思用以完成这一任务所需要的工具以及其所涉及的话题，其实在黑格尔的文献当中几乎全部涵盖了。

其一，马克思运用了黑格尔哲学展开自身的核心方法——辩证法。马克思虽然一方面凸显了观念与现实之间的对立，但同时运用了黑格尔的辩证法思想，用"历史"的辩证展开来阐发两者之间的关系，以便构建起马克思的历史唯物主义。对于伊波利特来说，黑格尔与马克思，在辩证法问题上并没有根本的区别。他们所表达的都不是如数学方法一般关于外在客观世界的知识，而是有关内在的，有关主体自我发展的过程的思考。

其二，马克思全盘接受了黑格尔展开论证所运用的基本术语。当伊波利特以人的存在的敞开来解读黑格尔的时候，马克思从黑格尔那里能够继承的基本术语只能是"异化"。在此，伊波利特强行让马克思与黑格尔的异化在形式和内容两个方面等同起来。就形式而言，异化，在黑格尔那里的确意味着一种意识抑或自我意识对象化在"事物"之上，它作为

---

① Jean Hyppolite, *Studies on Marx and Hegel*, translated by J. O'Neil, Heinemann Educational Books, 1969, p. 93.

一个中介，显现为对自我意识的疏离和陌生化，却也是自我意识完成自身的必要环节。其形式化的表达如下：A 创造了 B，并通过 B，最终完成了对 A 的确证。因此，对于黑格尔来说，物化、对象化、外化与异化并没有本质区别，异化带来的陌生化和物化都是自我意识实现自身的必经之路，并不包含否定性和批判性。马克思在其政治经济学的研究中，虽然也关注到这种异化，却实际上着力于挖掘黑格尔思想中意识之对象化的"异化"维度。其形式化的表达是：A 创造了 B，B 却构成了 A 的一个对抗性存在。这表现在马克思在《1844 年经济学哲学手稿》中批评黑格尔的劳动仅仅是肯定性劳动。但伊波利特却有意无意地对此不予区分，在将黑格尔与马克思放置到同一个问题域的基础之上，在表述黑格尔"现象学"中的异化问题的时候（再一次有意无意地）忽视异化的复归，而仅仅强调了自我意识对象化为"物"的阶段：

> 他（马克思——引者注）将自身的基础性工作直接建筑于现象学之上，在其中，黑格尔显现出的是人的自我意识的哲学，只是人仍然仅仅有关于自身的抽象思考，它将自身异化在事物之中，尽管初看起来很奇怪，但这一文本却表明了自我意识如何根据客观知识发现自身仅仅是一个物，正如在最抽象的唯物主义之中所表明的那样。①

———————————

① Jean Hyppolite, *Studies on Marx and Hegel*, translated by J. O'Neil, Heinemann Educational Books, 1969, p. 97.

显而易见，伊波利特截断了黑格尔哲学中对象化的复归之路，让对象化成为对象化之过程的终点，从而使得对象化成为一种"异化"。

不仅如此，从内容上说，伊波利特还强行将黑格尔哲学中对象化之物直接转变为马克思直至政治经济学批判才可能涉及的货币对人的异化：

> 由此，在其（黑格尔——引者注）对物理世界的观察中，人能够从物质的一部分中看到人自身，例如从一块头盖骨之中，或在社会化的世界中，在货币——这一抽象的普遍性——中看到自身，货币并不是一种富有人性化形式的自我意识，而是在对象化形式中的自我意识的异化。①

对于伊波利特来说，"黑格尔在现象学中通过货币的中介发展了人的异化概念，马克思则从恩格斯那里接受了经济学，并在其对经济学的引介当中，接过了黑格尔的整个分析方式，甚至他的术语。"②

在此，伊波利特显然并不是在用黑格尔去言说马克思，而是在用他所理解的马克思来重新讨论黑格尔。因此，在 20 世纪 40 年代到 20 世纪 50 年代，伊波利特对于黑格尔相关主题的讨论所显现的更多的是当时法国马克思主义者们热衷讨论的话题，在这种语境下，黑格尔不仅是关注资本主义社会（市民社会）的理论家，甚至对

---

① Jean Hyppolite, *Studies on Marx and Hegel*, translated by J. O'Neil, Heinemann Educational Books, 1969, pp. 97-98.

② Ibid., p. 98.

资本主义社会中关于人之生存的异化劳动都已经进行了系统的研究，青年黑格尔近乎拥有了与青年马克思一样的对社会现实的观照和批判：

> 个体"能够更多地劳动"，但正如黑格尔所言，"他的劳动开始贬值"，无论他被迫延长劳动时间，或者提高他的劳动强度，都是为了更多地生产，以便能够生产出生存手段。随着时间的流逝，这一进步被抵消了，而个体又被抛回他早先的生活水平。"劳动因此是一件不值钱的商品。"在这里人们看到黑格尔是如何超越亚当·斯密的，他宣告了铁的工资规律并在一定程度上预示了马克思的分析。他认识到劳动分工的所有结果。由于劳动的抽象本质，它变得越来越机械，越来越荒谬……我们可以说，早在1805年，黑格尔就预示了李嘉图所论及、马克思所描述的为生产而生产的过程。[1]

在此，伊波利特作出如下论断所依据的是黑格尔耶拿时期的相关手稿，尽管我们无法否认这个时期黑格尔曾阅读斯图亚特的政治经济学，但其思想是否就如同马克思一般如此切入现实，如此富有激进性的维度，都不可以随意得出结论。但这样类似的判定构成了伊波利特面向马克思的所有研究的基调。这个曾经为法国思想界系统引介黑格尔《精神

---

① Jean Hyppolite，*Studies on Marx and Hegel*，translated by J. O'Neil，Heinemann Educational Books，1969，p. 79-80.

现象学》的严谨学者，对黑格尔所进行的有意无意的误读，多少让人有些无法理解。伊波利特之所以能做出这样一种解读路径，只能说明这样一个事实：一个关注人之现实的马克思已经占据了法国思想界的半壁江山。

四、意义本体论的建构及其理论后果

(一)反人本主义思潮的崛起

与其他的法国哲学家相比，伊波利特的研究对象是相对单一的。从其开始教学与研究以来，黑格尔及其相关主题始终是其试图从方方面面给予关注的话题。正是这种坚持，使得伊波利特对于黑格尔的研究，与其同时代人相比，更为全面。对于大多数法国思想家来说，对黑格尔的理论兴趣基本以《精神现象学》为节点，对这部著作之前的著作津津乐道，对其后的著作则几乎不闻不问。这一情景造成了一种割裂，即黑格尔的现象学与其逻辑学的割裂。换言之，对于法国黑格尔主义者来说，黑格尔仿佛仅仅是一个人类学家，而非以概念表述世界及其历史性范畴的哲学家。因为后者的存在样态，对于法国思想界而言，的确与曾经占据主导的新康德主义有相通之处。

但从1952年开始，我们在伊波利特的著作中逐渐看到了两种力量的并存：一方面是对阐发黑格尔思想的坚持，另一方面则是对"人本主义"人类学的拒斥。后者构成了对以科耶夫为代表的法国黑格尔主义传统的反叛，这种反叛让伊波利特不得不将法国思想界不愿承认的科耶夫式的误读和盘托出：

> 在现象学中，黑格尔并没有说人，他说的是自我意识。当代某些阐释者将这一术语直接转译成人，这是对黑格尔的误读。对我们来说，黑格尔太过斯宾诺莎了，他不能谈论纯粹的人本主义。纯粹的人本主义仅仅在怀疑主义的讽刺中达到顶峰。毫无疑问，逻各斯在人类知识的阐释和自我言说当中显现出来。在此，人只是这个知识，这种感知的节点。人是意识和自我意识，同样还是自然的命运，但意识和自我意识并不是人。它们在人当中言说着作为感知的存在。它们是这样一些存在，它们知道自己和言说自己。[1]

伊波利特在此实现了一种转变，即从人本主义转向了语言学。后者作为活跃于 20 世纪 50 年代以后的法国的哲学方法论，帮助法国思想界一点点清除当时活跃在各个领域当中的人本主义倾向。人本主义为何在法国一夜之间就遭到了如此彻底的反叛？对此，我们不得不让思想史转换频道，插入一段法国马克思主义历史当中极为重要的转折。

在伊波利特沿着黑格尔之路一路走下来的同时，法国思想界却开启

---

[1] Jean Hyppolite, *Logic and Existence*, State University of New York, 1997, p. 20.

了轰轰烈烈的"萨特的世纪"。萨特，这位伊波利特的同班同学，虽然与伊波利特一样，逃避了科耶夫的研讨班，却同样以某种方式接受了科耶夫的黑格尔主义教育，只是对于萨特而言，从其思想的起步阶段，相比于伊波利特，他更偏向思想家的走向。黑格尔只是不同时期给予他不同的问题意识的一个思想佐证，而非研究对象，因为萨特的研究对象永远是活生生的社会现实。因此，对于萨特而言，如何将一杯鸡尾酒直接变成哲学，或者说，如何将哲学直接变成一杯鸡尾酒，与对黑格尔的文本该作怎样的阐释相比显然更为重要。于是，科耶夫的黑格尔主义引发萨特关注的不是黑格尔，而是科耶夫的哲学人类学。在这种人本主义的建构过程中，萨特借助了胡塞尔与海德格尔的现象学。虽然萨特声称去德国追随胡塞尔的现象学，但在其一年的学习当中，萨特却仍然我行我素，从未上过一次胡塞尔的课程，他沉迷在自己最爱的咖啡屋里完成了个人的写作。萨特对于胡塞尔的理论兴趣，就如同他对黑格尔一样，他们在萨特看来都不过是他展开自身哲学的辅助材料。因此，在其师从现象学之时，萨特与科耶夫一样混淆了胡塞尔与海德格尔，胡塞尔与海德格尔都不过是为了深入诠释哲学人类学所需要的理论资源。但由此形成的法国现象学传统却一度成为整个现象学传统中的重要流派之一。对此我在其后还有详尽的观照，在此不再赘言。萨特的影响之巨大，以至于远在德国的海德格尔也不得不对此给予关注。其间，借助一些不那么富有创造力的学者，如让·波夫雷和弗雷德里希·德·托瓦尼基（Frédéric de Towarnicki）等人的推动，海德格尔与萨特的思想神会才得以形成。在 20 世纪 40 年代，虽然几经周折，但是海德格尔与萨特的历史性会面并没有真正地发生，不过正是借助中介人，海德格尔阅读了萨特的《存在与虚无》，并对其产生了浓厚的兴趣。萨特这种带有强烈的人本主义倾向的哲学人类学，在某种意义上，构成了海德格尔反思自身早期思想的一个契机。借助萨特这个自身思想"对象化的他者"，海德格尔反而觉察到了自身早期思想中所隐含的问题。对于海德格尔来说，萨特与他关注的并不是一个问题，他只关注"存在"问题，而这个问题"不是对人类经验的一种人类学考察，也不是作为一种伦理学的基础，而是对存在自身的真理的探问"①。海德格尔在与托瓦尼基的访谈中这样概括萨特所引发的法国存在主义的取向：

> 海德格尔困惑地微笑了一下，然后他开始大笑：你们就像希腊人一样是站在大地上做着哲学思考（philosophize）的。不，此在不是我思，世界也不是在意识之内。此在并不是"我在"；它更像是"那里"（"there"）。海德格尔指着公园边的一丛木兰花向我解释道，此在存在于（存在）世界之中。②

海德格尔的这段话在某种意义上准确地概括了法国的存在论路径与海德格尔存在论的区别。作为笛卡尔思想传统的产物，科耶夫和萨特对于现实鸡尾酒的关注起点仍然是"我思"，尽管这个我思包含着向世界开放与挣脱，这表现在对存在之自否定（科耶夫的非实存与萨特

---

① ［美］伊森·克莱因伯格：《存在的一代：海德格尔哲学在法国 1927—1961》，陈颖译，222～223 页，北京，新星出版社，2010。

② 转引自［美］伊森·克莱因伯格：《存在的一代：海德格尔哲学在法国 1927—1961》，陈颖译，223 页，北京，新星出版社，2010。

的虚无)的关注。但不管怎样，两者在本质上都围绕着"我思"而展开，并最终将理论立脚点也放置到关于人之存在状态的讨论当中。但 20世纪 40 年代的海德格尔，在某种意义上说，转变了他在《存在与时间》当中对此在之畏与烦这两种主观情绪的讨论，转而让此在成为那公园中的"木兰花"，它在人之外，却在世界之中。这是对传统哲学的一次颠覆性的革命，也是晚期海德格尔的一次自我革命。在此，遭到批判的不仅是以笛卡尔为代表的"我思"传统，同时还包括法国黑格尔主义所引发的法国人本主义思潮。而伊波利特，在这一次思想大潮中再一次担当着弄潮儿的角色。只是对于伊波利特而言，这一次思考路径的转变，并没有从根本上改变他对黑格尔的关注，这一点难能可贵，因为伊波利特是在反黑格尔大潮甚嚣尘上之际，坚持着对黑格尔思想的言说。对某位思想家有如此执着的忠诚，这在法国思想家中并不多见。但伊波利特讨论黑格尔的方式，最终影响了其同时代人讨论马克思的方式。

1947 年，海德格尔特别针对萨特的《存在主义是一种人道主义》写作了著名的《人道主义书信》。在其中，海德格尔将人本主义(人道主义)与他一贯批判的形而上学看作共谋关系。正是这封公开信，吹响了法国思想界变革的号角。

为什么对于海德格尔而言，人本主义(人道主义)与形而上学存在这种共谋关系？在海德格尔看来：

> 人道主义的这些种类有多么不同，它们在下面这一点上却是一致的，即：homo humanus[人道的人]的 humanitas[人性、人道]都

是从一种已经固定了的对自然、历史、世界、世界根据的解释的角度被规定的，也就是说，是从一种已经固定了的对存在者整体的解释的角度被规定的。①

换言之，所有的人道主义在回到"人是什么"的追问之时，都将人界定为某类存在的一分子，诸如"人是理性的动物""人是会说话的动物"等。于是人成为某个种类中的一种，所以对这一种类所具有的种种描述同样适用于人，因此海德格尔认为这种人道主义就是一种形而上学。因为它的规定方式，即它的所谓本质存在是固定不变的，并没有就此揭示出人与动物、植物等各种自然存在的区别所在。甚至萨特对人的界定也同样被海德格尔视为形而上学。当萨特将存在主义界定为"存在"先于"本质"的时候，所完成的不过是对柏拉图以来"本质先于存在"的形而上学命题的颠倒，"这种对一个形而上学命题的颠倒依然是一个形而上学命题。作为这个形而上学的命题，它就与形而上学一起固执于存在之真理的被遗忘状态中"②。

海德格尔对人道主义的批判惊醒了许多沉迷于哲学人类学的法国学人的迷梦。不仅如此，海德格尔还用"思"点出了如何让那被遗忘的真理显现出来，就是不要行动（这一点与法国思想界对于人之本质的规定完全相反），而是要让它自己平静下来，保持某种事物的本质，保持它的基本要素。由是，人仅仅充当存在的守护者，而绝非存在的主体。这一

---

① ［德］海德格尔：《路标》，孙周兴译，379 页，北京，商务印书馆，2017。
② 同上书，389 页。

点从根本上改变了法国哲学理论的发展方向。这种对主体的消融，较早地反映在伊波利特对黑格尔的研究路径的改变上，最为显著的是，自20世纪50年代以后，伊波利特开始逐渐从对黑格尔"现象学"的研究转向了对黑格尔"逻辑学"的关注，这对于法国黑格尔主义的研究来说，是一个突破性的进展。

（二）从现象学到逻辑学：黑格尔的原创性与意义本体论的建构

对于"现象学"与"逻辑学"之间的区别，伊波利特曾有较为自觉的意识：

在现象学之中，我们研究着本质，探寻着哲学家和艺术家的目的，但我们却将本质与存在本身区分开来。它们仍是一种属人的阐发，或多或少地带有主体性的色彩，或多或少地被认知，但我们没有给它们以本体论的基础，我们没有显现他们的本质必然性。拒绝成为绝对知识的现象学，它的最终结果是黑格尔的逻辑学，它是一种关于文化的哲学。这种哲学列举了所有经验的丰富性，以及表达这种经验的丰富性，但它却没有能够克服人本主义——通过人来阐发存在。由此，物自体的幽灵就总是不断重生，并让人本主义再次成为超越所有知识的信仰。①

---

①　Jean Hyppolite, «Essai sur la Logique de Hegel», *Revue Internationale de Philosophie*, 1952, 6(19), pp. 35-49.

在此，伊波利特一方面呈现出了一个严谨学者对于"现象学"与"逻辑学"的基本看法，即逻辑学是作为现象学的本质性规定——绝对知识的存在形式而存在的，因此，逻辑学在这一意义上说，开始于现象学的终结之处；但另一方面，伊波利特无法放弃其作为法国黑格尔主义主将对黑格尔的解读路径，仍无法摆脱以人为轴心的阐发方式。只是对于伊波利特来说，此刻不再是人阐发存在，而是阐发存在之"言语"（逻辑）保障了存在与人。伊波利特这样说："存在在人之中言说，这个被展开的存在，这个绝对的逻辑，代替了一种形而上学……穿越了人本身。"①这时的伊波利特显然将海德格尔对人本主义的批判运用到了他的理论当中。1953 年，伊波利特还曾为海德格尔的《什么叫思想?》的法文译本写了一个简短的介绍，并在同年撰写了他晚期最为重要的一部黑格尔研究著作《逻辑与实存》(Logique et Existence)。在其中，伊波利特在语言学的话语背景之下展开了对黑格尔《逻辑学》的研究，以"意义本体论"去替代统治法国思想界多时的哲学人类学。

伊波利特的这种转变或可被概括为从对黑格尔的人本主义的阐释（存在）转向了逻各斯主义的阐释（逻辑）。但伊波利特并不满足于这样一种简单的过渡，在《逻辑与实存》当中，他为自己设定的任务并不是将法国黑格尔主义从对人的存在的关注简单地转换为对逻辑的关注，而是在于找到一个能够让存在与逻辑和解的契合点。从而弥合黑格尔的《精神现象学》与《逻辑学》之间似乎存在着的鸿沟。

———————————

① Jean Hyppolite, «Ruse de la raison et histoire chez Hegel», *Figures*, 1952, I, p. 157.

在此我们不得不再一次引用伊波利特在《逻辑与实存》中的一段话以说明伊波利特在本书中试图完成的工作：

> 在现象学中，黑格尔并没有说人，他说的是自我意识。当代某些阐释者将这一术语直接转译成人，这是对黑格尔的误读。对我们来说，黑格尔太过斯宾诺莎了，他不能谈论一个纯粹的人本主义。一个纯粹的人本主义仅仅在怀疑主义的讽刺中达到顶峰。毫无疑问，逻各斯在人类知识的阐释和自我言说当中显现出来，在此，人只是这个知识，这种感知的节点。人是意识和自我意识，同样还是自然的命运，但意识和自我意识并不是人。它们在人当中言说着作为感知的存在。它们是这样一些存在，它们知道自己和言说自己。①

由是，一方面，伊波利特强调了黑格尔思想中斯宾诺莎的维度，即将某种外在于人的，作为自然命运的逻各斯凸显出来，人不过是这种逻各斯自我阐释的言说者。换言之，逻各斯通过它自身的发展历程言说了自身，人及其存在不过是这种言说的感性存在形式，逻辑与实存在这个意义上是可以和解为一的。这种和解的结果，按照黑格尔的说法，就是哲学的对象，就是现实（Wirklichkeit）。②

但另一方面，我们不得不注意到，伊波利特用以实现逻辑与实存之和解的中介是言说或者是语言。伊波利特在不同的文献中，反复强调着

---

① Jean Hyppolite，*Logic and Existence*，State University of New York，1997，p. 20.

② 参见 Jean Hyppolite，*Logic and Existence*，State University of New York，1997，p. 4。

语言与言说对于思辨哲学之和解所具有的重要意义。伊波利特的论证包含着以下两个层次，第一，伊波利特从康德的物自体问题入手来思考黑格尔的问题，[①] 这意味着伊波利特的出发点恰恰是断裂的。物自体的存在，意味着逻各斯在把握存在的过程中有某些无法触及的盲点。换言之，本体界与现象界之间存在着认识论的鸿沟。第二，黑格尔的思辨逻辑不同于康德的先验逻辑，黑格尔用言说的方式来填平这一鸿沟，说了不可言说之物(the ineffable)。

> 语言言说事物，但同时它也言说"我"(le moi)，言说者，它由此在多个"我"之间构建可沟通性……黑格尔承认，在语言中，我不仅是独特的我，同时还是一个普遍的我。为了构建绝对知识，现象学的任务是双重的，如果它试图同时表明存在、生活是知识，并且关于自我的知识是普遍的知识……它必须要表明，自我意识不是被封闭在直觉中的不可言说的个体，人类的话语(discourse)必须同时是存在的话语与普遍的自我意识的话语。由此隐含着一种普遍的承认的可能性，一种认知的话语的可能性，在这一话语中，我与我们共在。[②]

换言之，语言在此有了双重功能：其一，它需要将存在表达为一种

---

① "黑格尔的逻辑学开始于思维与对事物之思维之间的同一化(identification)。事物、存在，无法超越思维，而思维也不是异在于事物的主观反映。这种思辨逻辑拓展了康德的先验逻辑，祛除了物自体的幽灵。"(Jean Hyppolite, *Logic and Existence*, State University of New York, 1997, p. 3.)

② Jean Hyppolite, *Logic and Existence*, State University of New York, 1997, pp. 10-11.

逻辑。因此它言说事物，并表明存在、生活获得了知识的存在样态，从而能够被认识所理解和把握；其二，语言是从特殊性向普遍性过渡的有效中介。在语言中，内在的"我"是一个可被沟通和交流的普遍之"我"，它在被言说的瞬间，完成了对自我的认识，同时还使得这种自我认识成为自我知识（self-knowledge），即成为普遍的、可被理解的知识。因此，当黑格尔说"我即我们，我们即我"的时候，自我意识的哲学完成了个体向社会、特殊性向普遍性的转变，而我与我们的共在所需要的中介，在伊波利特看来，正是语言。

从以语言学为中介的自我意识入手，伊波利特试图实现逻辑与存在之间的勾连。同时，在伊波利特看来，语言包含三个要素——存在、反思与意义。意义作为语言的重要构成要素，这意味着在反思中对语言实体性要素（substantial element）的否弃。[1] 由此，自我意识的存在方式被视为意义（sense）本身。黑格尔的逻辑学就被伊波利特转而称为"意义的逻辑"。[2] 意义的逻辑，在伊波利特这里指向的是一种和解与共在，即特殊与普遍获得思辨整合的个体性。

当和解被归结为意义层面的时候，这种和解就彻底变成了一个语言学的问题。然而，意义的语言学回归隐含着一个危险，即从和解之终点向断裂之起点的回归，这里存在着语言无法回避的一个核心问题：语言，作为概念的集合、意义的逻辑能否完全地表达其所要表达

----

[1] Jean Hyppolite, *Logic and Existence*, State University of New York, 1997, p. 46.

[2] 参见 Jean Hyppolite, *Logic and Existence*, State University of New York, 1997, pp. 170, 175。

的对象？其所表达的对象作为外在的客观存在，与语言存在着质的差异，除非我们如青年黑格尔一般，将概念作为客观现实的本质，从而从根本上否定这种差异，否则这一差异会让意义直接成为对抗性存在的一种表现。当伊波利特努力通过思辨逻辑来整合经验主义与先验主义的时候，这种分裂的幽灵却总是挥之不去地萦绕在和解的思辨逻辑当中。意义的逻辑，对于伊波利特来说就是思辨的逻辑，但其中思维与存在的断裂与异质性在语言的和解中被悄然保留了下来。

伊波利特是否真正清楚地意识到了自身对后续法国哲学所产生的影响，或许在当时他还并未能真正获得自觉。因为此时的伊波利特显然将自己对于人本主义的批判以及由此带来的对哲学形而上学的拆解归功于黑格尔哲学自身的原创性。仿佛在这里，伊波利特并没有赋予黑格尔更多东西，只是"发现了"黑格尔哲学中被掩盖的某些东西而已：

> 某些人责备黑格尔谈论着"某种自然的弱点"，责备他表明了残酷的实存之物对于逻辑的拒斥。但对我们而言则相反，这一指责却彰显了黑格尔思想的原创性。黑格尔没有用学术的虚假概念构筑一个世界，他严肃地对待着"痛苦、劳作，以及否定所需的耐心"。他的概念并不是在术语的一般意义上具有合理性，而是一种思想的拓展，它是这样一种理性，能够将自身扬弃为一种单纯的思想、单纯的理解，同时还能持续在单纯的抽象思想之外思考自身，跨越精

神、逻各斯思考着自身及他者。①

由此，伊波利特认为黑格尔所构筑的辩证演进实际上是一种柏格森式的二元论：

> 只是这个二元论并不是斯宾诺莎意义上的，而是从未彼此相遇的逻辑与自然的相似性。这是一种中介的二元论。自然与逻辑彼此对立的同时又是同一的。这就是为什么逻各斯能同时思考自身与他者，让自身与自身处于矛盾当中。自然，与逻格斯对立，却显现为一种逻各斯。②

显而易见，伊波利特对黑格尔的阐释所展现的是经过法国哲学洗礼的黑格尔。在此，黑格尔的逻辑学实际上被按照现象学的展开方式加以说明。由此，黑格尔"逻辑学"中构筑的概念体系不再仅仅是一个与现象无关的真理体系。相反，对于伊波利特而言，它与"现象学"一样，在概念当中同样体验着一种自我与他者所构筑的对立矛盾之间的分离之苦。黑格尔哲学作为整全性思想中所具有的和解之美，被伊波利特全面置换为一种痛苦的感受。伊波利特将黑格尔在其"现象学"中所阐释的"苦恼意识"延伸到了逻各斯内在的自我张力之间。而关于逻各斯的这一张力得以存在的方式，伊波利特再一次借助影响当代法国哲学的结构主义语

---

① Jean Hyppolite，*Logic and Existence*，State University of New York，1997，p. 103.

② Ibid.，p. 163.

言学的分析框架，将语言与逻各斯直接勾连起来，因而语言所表达出的能指与所指之间的断裂，自然也成为逻格斯自身所隐含的苦恼意识的一种表达方式。当然，对于当时的伊波利特来说，他并没有想到这样一种解读可能为后来的法国哲学带来巨大的影响，但这一影响却真实地产生了，特别是对于福柯和德勒兹这一代而言，伊波利特实际上成为继科耶夫之后对法国哲学家影响最为深远的思想导师，他不仅经历了对黑格尔狂热追捧的阶段，同时还经历了对黑格尔狂热反叛的阶段。不管在哪个阶段，伊波利特都以他对黑格尔持续不断的解读向法国思想界揭示出这样一个事实：法国知识界，特别是那些在这一阶段中并存的法国马克思主义者们，无论是接受黑格尔还是逃离黑格尔，黑格尔都是无法回避的中介。福柯，作为伊波利特的得意门生之一，较早地意识到了他的老师为他们所做的究竟是什么："我们中的绝大多数都得益于伊波利特，因为正是他不知疲倦地在我们之前，为我们探索逃离黑格尔的道路。"①只是对于伊波利特而言，他用以开辟这条逃离之路的方式却似乎仍然在黑格尔的阐释之内。

(三) 从意义生成性内涵到事件哲学的诞生

1969 年，当吉尔·德勒兹，伊波利特的另一位得意门生，将被伊波利特所阐发的"意义的逻辑"抽取出来，作为书名来阐发一种他所理解的新的哲学的时候，意义本体论所构筑的那种内在张力才得以真正复活。在

---

① M. Foucault, "The Discourse on Language", In M. Foucault, *The Archeology of Knowledge and the Discourse on Language*, Pantheon, 1972, pp. 215-237.

此，我们可以将两者作一个直接的对比，以彰显其内在的相似性。

伊波利特将意义视为思辨逻辑的关节点，它是不可言说之物的表达方式，因此，"对于黑格尔来说，并不存在不可言说者，或者超越的存在，也没有直接的个体性或者超验性；并不存在本体论的沉默，相反，辩证的话语是一个渐进的对意义（sense）的征服过程。这并不意味着意义在原则上先于发现它并创造它的话语……意义在话语自身中展开自身。我们不能从一个沉默的直觉走向一种表达，从不可表达走向被表达，也不能从无意义走向意义。思想的过程，它的发展，就是一个表达展开的进程"[①]。这是对黑格尔式辩证过程的又一种表达，却显然已经完成了用语言的意义逻辑对黑格尔辩证逻辑的全面置换。

在此，我们需要清楚地意识到伊波利特的这一置换所内含的理论转折。语言学中的意义自身成为"生成"本身，意义所指的不可表达之物在这一生成过程中被消解了。严格说来，这并非用语言学来阐释黑格尔的辩证法，而是用黑格尔的辩证法来解读语言学，并在让辩证法趋向语言学的阐释方式的过程中凸显黑格尔逻辑学与存在论之间的内在关联。伊波利特的这一努力试图告诉我们黑格尔的"逻辑学"缘何与他的"精神现象学"是同一问题的两个方面，因为黑格尔正是用思辨概念的演进过程来消解存在论上的不可言说之物，在此，康德的物自体问题被意义的逻辑解决了。

德勒兹就是在这一意义上继承了意义的逻辑，并且也只有在这一意

---

① Jean Hyppolite，*Logic and Existence*，State University of New York，1997，pp. 20-21.

义上，德勒兹才是伊波利特的后继者，因为对于德勒兹而言，黑格尔的辩证法似乎已成为明日黄花，但德勒兹与黑格尔的关系又是极其复杂的，正如他与康德的关系一样，都包含着一种模棱两可的批判与继承。有关这一点我们将在随后的讨论中作更为详尽的阐发，在这里，我们仅以意义的逻辑为例来略作说明。

对于德勒兹而言，所谓"意义"之本质，即"意义从来不是事物与命题、实体与动词、所指涉物与其表达等二元论中的一方。因为它同时也是两者之间差异的边界、鲜明的对比或者阐释……它的自我发展，在一种内在的悖论系列当中"①。德勒兹在此将伊波利特未曾言明的观点说了出来，即意义不是拥有所指的一个能指系统，它正如黑格尔逻辑学中所表达的那样，是一个从"有"向"无"的变易（Das Werden）②，因此，意义的逻辑就是"生成"的逻辑。德勒兹所指的"意义的逻辑"驻足在二元论的语境当中，在诸多"之间"探寻自己的基本内涵。换言之，意义总是产生于两者无法和解的对抗当中，因此，对于德勒兹来说，意义自身就是一个悖论性存在。

从这两段文字中，我们可以显而易见地看到那个被德勒兹隐藏起来的伊波利特式的黑格尔。只是，我们需要进一步追问：德勒兹在此将伊波利特关于意义内涵的过程性转变为单纯的生成性，目的何在？这是我们在进行晦涩的理论推导时常常遗忘的问题。

德勒兹的生成性哲学在某种意义上撼动了传统哲学的哲学基础，后

---

① Gilles Deleuze，*Logique du Sens*，Minuit，1969，p41.

② 参见[德]黑格尔：《小逻辑》，贺麟译，195 页，北京，商务印书馆，1980。

者在黑格尔那里达到完成形态：这是一个可以自我理解的和解哲学，客观世界的外在性被内化为精神的内在演进。这样的哲学基础在政治上必然趋于保守主义，因为精神的自我演进会以观念论的方式规定历史的演进过程，革命以及革命之主体的存在不过是精神推进自身的外化与体现。在现实的政治实践中，这样的哲学基础会让革命者永远处于等待革命的状态，最终让马克思富有激情的革命哲学渐变为一种改良主义，这是修正主义的马克思主义曾经走过的道路。

从这一意义上说，卢卡奇之所以被称为西方马克思主义的鼻祖，在于他以理论的方式复兴了马克思思想中固有的革命主体性原则，用对阶级意识的唤醒与培育来最大限度地释放革命的能动性原则。西方马克思主义理论的演进，直到今天仍然在这一路径上前行。德勒兹与福柯，这两位后现代思想大师，都提出了他们所处时代特有的主体性理论。这一理论服务于其理论中或隐或现的激进性维度。然而，卢卡奇式的复兴已经无法在今天获得理论支撑。这不仅因为无产阶级作为一个现实的阶级在当代西方社会趋于消亡，同时更因为卢卡奇所赖以支撑的黑格尔哲学传统在今天必须被颠覆与批判。

时至今日，人对于外在世界的认知的确定性遭到了前所未有的挑战。自然科学中的量子力学与哲学中对历史决定论的强烈批判，都是这一挑战的表现，由此培育了多元主义滋生的土壤。德勒兹与福柯的哲学建基于这样一个时代，不可避免地要回应这个时代的基本问题。他们一方面要探寻一种理论来言说这个时代，另一方面也为这样一个时代探寻理想化跃进的出路。因此，在德勒兹表达他的学术思想的开端处，他就以"经验主义与主体性"为主题来进行写作。主体性哲学的重新构建是其理论目标，经验主义自始至终是他的话语语境。经验主义的复兴是对黑格尔传统的强烈拒斥。同时也是对传统的以思维与存在的同一性为哲学讨论基础的思想的拒斥。经验主义附带的非确定性和多样性是德勒兹对这个时代的哲学预设。因此，德勒兹总是以逻辑在先的思考方式，用不同的言说方式来展开这种哲学预设。例如，我们在此所讨论的"意义的逻辑"。

在我看来，意义问题的阐发是德勒兹对法国黑格尔主义传统的第二次内部反叛。作为伊波利特的得意门生，德勒兹需要突破黑格尔以否定性为特质的辩证逻辑，因为后者包含的观念预设的确定性在今天早已不复存在。而辩证法中包含的生成性借此被凸显出来，作为意义的内涵。并且，我们需要再一次强调，意义的生成性同时意味着，只有生成双方保持着彼此的对抗，生成性本身才能被保留下来。因此，当一方与另一方趋于和解的时候，生成性也就随之消失了。于是，当我们强化了意义的生成性维度的时候，我们也将哲学的基础再一次从和解推向了对抗。

但在这种对抗中，德勒兹并不是要恢复一般意义上的二元论结构，而是福柯式的二元论①。德勒兹在对福柯的知识考古学之诞生的考察中为我们展现了这种二元论。对于德勒兹来说，知识考古学正是产生于可视与可述（意义的表达）的对抗之间："所有知识都由可视迈向可述，反

---

① "必须留意二元论一般来说至少有三种含义：有时它涉及一种真正的二元论，它标志着两种物质间（如在笛卡尔的作品中）或两种能力间（如在康德的作品中）不可化约的差异；有时它涉及一种超一元论过渡的临时阶段，如在斯宾诺莎或柏格森作品中；有时它涉及一种在多元论深处进行的、蓄势待发的分派，这正是福柯的情况。"（[法]吉尔·德勒兹：《德勒兹论福柯》，杨凯麟译，86 页，南京，江苏教育出版社，2006。）

之亦然；然而，并不存在整体化的共同形式，也不具有一对一式（bi-univoque）的雷同或对立，仅有以贯穿作用并在形式的二元性中找到它自身行动及实现条件的力量关系。如果在这两种形式间能相互调适，则是由于它们（在强迫状态下）的'相遇'（rencontre）。"① 同时，"因为如果可视与可述进入一种二元状态，正是基于他们以各自的形式（作为外在、散射或散布形式）形成两种'多样性'，且无一能被导向某种统一性中：陈述只在言说的多样性中才存在，而可视性则只在非言说的多样性中存在，而且这两种多样性开启于第三种多样性上，即力量关系的多样性，一种漫射的多样性，它不再由前两者通过，而是自所有二元论形式中解放出来"②。

在此，德勒兹为我们展现了福柯之二元结构的三个特性。其一，强调了知识考古学得以产生的在可视与可述之间存在的缝隙，从而凸显了某种二元性的不可消除。其二，强调了由可视与可述之间被迫相遇而产生的调适，从而凸显断裂中意义的生成性。第一个特性强调了某种行动可以产生的空间，第二个特性则强调了这种行动得以被激发的某个契机。其三，断裂的两端各自包含着生发多样性的可能性，从而保障了断裂与生成性的不可消除。辩证法只能通过否定性来内化对立的两者，但辩证法无法内化发散的多样性，而这正是德勒兹试图完成的对黑格尔的超越。

意义的逻辑，在某种意义上是对福柯式二元论最完美的诠释。它的

----

① ［法］吉尔·德勒兹：《德勒兹论福柯》，杨凯麟译，40～41 页，南京，江苏教育出版社，2006。

② 同上书，86 页。

悖论性的内涵同时包含了断裂性与生成性。同时，作为一种表达（l' exprimé），它的自身的多样性维度也被德勒兹充分地阐发出来。在《意义的逻辑》中，德勒兹借助"爱丽丝漫游仙境"的命名与所指之间的歧义性说出了意义对多样性的生发。[1] 由此，意义不是对立两端的和解，如同绝对之于黑格尔。相反，意义的生成性与多样性恰好表明了思维与存在之间的鸿沟。在此，我们可以理解德勒兹对于意义的诸多充满矛盾的言说方式："我们从来不能说出我们所说的意义"；"意义……是无法用经验方式被说出，但能在超验方式中被说出之物"。[2]

对意义的理论界定让意义成为"不知所云"的所指，但当德勒兹直截了当地说"我们不能诉求什么是事件的意义：事件（l' événement），就是意义自身"[3]时，一切又突然变得很明朗。换言之，如果意义表达的是思与在之间的鸿沟，那么事件就是这个断裂和碰撞中的产物。事件，对于德勒兹来说不再是一个纯粹理论的问题，它从诞生之日起就是一个指向现实政治实践的问题。虽然就事件概念本身而言，其思想资源源于海德格尔（海德格尔在对永恒轮回的论述中谈到过事件），但这一思想一旦进入 20 世纪 50 年代的法国，必然与法国当时躁动的社会境遇相结合。事件成为激进左翼思潮论证革命可能性与现实性的有效武器。现实中政

---

① 在爱丽丝与刘易斯·卡罗尔（Lewis Carroll）的对话中出现了所指与所述之间的混乱，一首歌曲的名称与歌曲的意指之间形成的不同对应关系会形成意义的多个层面，德勒兹指出其中的四个层面：其一，作为歌曲之现实存在（réalité）之名；其二，对歌曲之现实的意指（désigne）；其三，对歌曲本身的意指；其四，对歌曲之名的再现（représente）。（参见 Gilles Deleuze, *Logique du Sens*, Minuit, 1969, p. 42-43.）

② Gilles Deleuze, *Différence et repetition*, PUF, 1968, p. 201.

③ Gilles Deleuze, *Logique du Sens*, Minuit, 1969, p. 34.

治事件的爆发使"多元"的意义显露出"唯一"的存在模式，这就如同福柯逼迫可视与可述的相遇，但这一唯一的存在样态总是无法真正诠释与彰显断裂的意义内涵。因为后者包含的多样性与生成性是不能拘泥于任何唯一的表达方式的。由此，意义所包含的那个命名（现实政治事件），与所指（意义）始终处于断裂当中，于是，作为意义的事件不是真实爆发的政治事件，它是政治事件持续爆发的内在驱动，因为它与真实的政治事件相比总有多余的意义空间。而这个多余的部分恰恰构成了社会革命持续存在的内在原因。当代激进左翼对于事件哲学津津乐道，原因正在于此。

借助意义的本体论，伊波利特，这位看似极为纯正的法国黑格尔主义研究型学者成为法国马克思主义激进化发展的思想鼻祖。这是他从未想过的一个理论后果。但是，一个不争的事实是，法国黑格尔主义作为法国马克思主义的思想先导，几乎包含了马克思主义在法国思想展开自身的过程中所包含的所有主题及演进路径。从某种意义上说，活跃于20世纪30年代至今的法国马克思主义者都以某种方式与黑格尔的思想照面，他们或者直接表现为马克思主义者，或者直接表现为黑格尔主义者，或者似乎与两者都无关，但在其研究对象当中隐含着两位思想家全部的理论主题。

第五章 | 黑格尔哲学中的生死爱欲与法国马克思主义的形成

经过了科耶夫与伊波利特的洗礼，黑格尔在法国思想中扎下了根。但法国黑格尔主义，作为一种独特的思想类型，其在国际学界所产生的影响却远远不如其中延伸出的法国现象学运动那么蜚声海外。这是一个奇特的现象。正如一个个被母亲孕育出的孩子纷纷离开母亲为其构筑的家园，各自独立之后，他们竟然一度忘记了回家的路。

在本章当中，我们将选取两位这样的代表人物，他们都曾经是科耶夫与伊波利特思想的追随者，却最终在其自身思想的独立表达中抹去了这一来源，从而让人们忘记了他们原本也是法国黑格尔主义的受惠者。科耶夫式的黑格尔主义在这两位思想家那里得到充分的发酵。这两位思想家，一位是创造了一般经济学(又称太阳经济学)的乔治·巴塔耶，他对诸如耗费、迷狂与色情的关注显然受益于黑格尔主奴辩证法当中有关死亡问题的探讨。而另一位则是将法国马克思主义推向思想巅峰的让-保罗·萨特。无论是他的现象学研究还是他的马克思主义转向，不变的始终是他对人本主义的强化。这种人本主义当然首先是科耶夫的哲学人类学的产物，同时还是黑格尔主奴辩证法当中人所面临的斗争困境。由此构筑了一个极为奇特的现象：无论是巴塔耶还是萨特，在很多情景下都表达出了对黑格尔哲学的批判，但在其思想的阐发当中，却又不时地、有意无意地向黑格尔思想回归。他们对待黑格尔的态度是暧昧的。正如他们与马克思的关系一样，也充满着模棱两可。作为政治活动家的萨特，因为与法国共产党之间保持着较为密切的关联，因而显现出了更为直接而明晰的马克思主义色彩，但作为自由撰稿人的巴塔耶，他与马克思思想却处于一种暧昧不明的关系当中：一方面，他如马克思一样凸显着诸如"阶级斗争""革命"与"劳动"等概念在人类文明的演进过程中所发挥的重要作用；另一方面，他却似乎总是在谈论逃离这一劳动所主导的文明主线的维度。在这一维度上，人所特有的鲜活的生命被特别地凸显出来，对抗由劳动与生产所构筑的历史。从前一方面而言，巴塔耶是黑格尔与马克思的信徒；从后一方面而言，他又是一个黑格尔与马克思思想的颠覆者。这种模棱两可性集中表现为对这样一个问题的质疑：就其所构筑的一般经济学而言，这究竟是马克思思想的延续，还是根本性的批判？在此，我们将尝试给出可能的回答。

从某种意义上说，萨特与巴塔耶是当代法国思想界中第一代拥有独立思想建构的马克思主义者。此前的科耶夫与伊波利特，尽管已经迸发出了很多精彩的理论创建，却总因过多依赖对黑格尔或马克思思想的解读，而缺少了相对独立的思想表述方式。他们所形成的独属于他们的核心概念，如科耶夫的"欲望"、伊波利特的"意义"都还不能脱离其所依赖的文本阐释。但独特的法国黑格尔主义直接孕育的巴塔耶与萨特，却已经很少直接去讨论他们所依赖的思想渊源，即便谈论也是充满了误读，但正是这种误读，构筑了独属于他们自身的哲学创造。因此萨特与巴塔耶所带有的思想特质直接影响了他们的后继者，以至于在今天的法国，那些自称为马克思主义者的思想家们是一些最少谈论马克思思想，很少直接运用马克思思想概念的一群人，他们都如同当年的萨特与巴塔耶一样，秉持着对黑格尔与马克思思想之本质性规定的理解，借助一系列误读，构筑了独特的法国马克思主义。

因此，巴塔耶与萨特，不仅是时间上的同代人，同时也还是思想上的同代人。在我看来，两者分别从非理性的黑格尔（巴塔耶）与理性的黑格尔（萨特）入手，完成了当代法国马克思主义的两个向度上的发展，当然黑格尔的思想成为这两个向度上的拱顶石。

从这一意义上说，巴塔耶与萨特在本质上是相似的。他们归根到底是那一代关注"人之历险"的思想者中的两位代表人物。无论是对"生"，还是对"死"，本质上都是对人的存在本身的关注。1952 年 12 月，巴塔耶在法国的奥尔良做了一次有关拉斯科洞穴艺术的演讲，开始切入正题的时候，巴塔耶特别强调自己作为哲学家的角色属性。这是巴塔耶为数不多的一次学术的自我定位。

一方面，巴塔耶实质上认同自己作为存在主义哲学家的基本定位。尽管他并不喜欢这个标签。

　　我的确是一个哲学家，然而却是一个不同寻常的哲学家，因为我所研究的哲学与理论哲学大相径庭……在某种意义上，我的哲学与萨特的哲学是相似的。当然，我并不能算是一个存在主义哲学家——问我为何不是，肯定是因为我拒绝了这个标签。然而，这并不能使得人们不再将我认作一个存在主义者。①

　　另一方面，如果说巴塔耶不再认同存在主义哲学，那仅仅是因为后者正在变成一种与他的哲学完全不同的理论哲学。

　　我已经将我的研究与存在主义分割开来了。这主要是因为存在主义在我看来已经变成了理论哲学。除此之外，从个人层面来说，我与萨特的关系并不和睦；如果说我们之间还没到剑拔弩张的地步，那是因为哲学家们从来不携带匕首。在近十年里，萨特在他的作品中从来没有放过任何一个能以刻薄的方式谈论我的机会，我早已习惯于此。②

　　萨特的确在他的论文集《情景种种》（Situations）中多次将矛头指向巴塔耶，对他的《内在体验》一书给出了极为激烈的批评。但这种批评，在我看来，恰恰说明了两者有可对话的共同视域。或者说，正是出于对人之生命的特别关注，让两位思想家分别以不同的方式触及了相似的话

---

　　①　［法］乔治·巴塔耶：《艺术的诞生：拉斯科奇迹》，蔡舒晓译，241～242 页，重庆，西南师范大学出版社，2019。

　　②　同上书，242 页。

题。因此他们之间理论的争论与分歧，恰恰形成了我们理解法国马克思主义之形成的完整构图。

一、越界黑格尔，以及耗费经济学的诞生

（一）巴塔耶对黑格尔思想的"内在体验"

乔治·巴塔耶，曾经用极为生动的笔触描写了他在 20 世纪 30 年代科耶夫的黑格尔的研讨班上所经历的思想体验：这是对《精神现象学》的天才解释，不知有多少次，克诺和我从小课堂里出来时透不过气来，是的，透不过气，说不出话；科耶夫的课程将我折断、压碎、杀死了不知多少次。[①]

巴塔耶的这段表述随后也成为人们谈论科耶夫研讨班时最常引用的一段话。在我看来，这构成了巴塔耶最初接受黑格尔时所产生的一种特有的"内在体验"（expérience intéreure），它成为法国人切入黑格尔的一种典型方式。

严格说来，这是一种颇为奇特的体验，充满了悖论色彩，因为这一科耶夫黑格尔研讨班上所产生的震撼从根本上是反黑格尔的。黑格尔原本以完整的概念体系构筑了一个大全式的真理，他雄心勃勃地想要完成的正是用概念对世界的统治。因此在这个概念体系面前，所有人应感到

---

① 参见[法]多米尼克·奥弗莱：《亚历山大·科耶夫——哲学、国家与历史的终结》，张尧均译，4~5 页，北京，商务印书馆，2013。

一种确定性的保障，在黑格尔这里，哲学甚至都不再是一种对智慧的追求，而变成了智慧本身。但巴塔耶在研讨班的学习中却没有看到真理之光，反而如同遭受着死亡的威胁。这种悖论式的体验，一方面让我们不得不再一次回忆起科耶夫对黑格尔解读的"非正统性"，另一方面更让我们惊异于巴塔耶自身思想的内在走向，因为一个思想家怀揣着怎样的思想，他就会被怎样一种思想所吸引。科耶夫对黑格尔固然有他独特的阐释路径，但在巴塔耶的心里却产生了如此强烈的震撼，这只能说明在20 世纪 30 年代的巴塔耶的思想深处，一场暴风雨的洗礼正在发生。

　　20 世纪 30 年代，完成了《松果眼》《太阳肛门》等的写作之后，巴塔耶以近乎病态的生活方式构筑了一种看似病态的思考方式。所有细腻的、充满矛盾冲突的思考方式正在缓慢的形成过程中，加之艺术史和民族志的研究，拓展了巴塔耶的视野。那原始的艺术与当代艺术之间的对比与呼应，让他似乎洞察到了一种与传统哲学相异质的思考路径。精神分析、莫斯以及超现实主义等各色理论的冲击，给了巴塔耶丰富的精神养料。在近乎同一时期，巴塔耶宣称他转向了马克思主义，开始谈论一种彻底的唯物主义、唯物史观与辩证法。[①] 而对黑格尔的系统研究，也在同一时期被系统敞开了。这种时间上的巧合，已经让我们无法探寻在当时的法国思想界中，究竟是马克思主义让这群如巴塔耶一般的知识精英发现了黑格尔，还是对黑格尔的研究引发了他们对马克思的观照，但不管怎样，黑格尔与马克思，莫斯与超现实主义，在巴塔耶这样睿智的

---

　　① 参见［美］斯图尔特·肯德尔：《巴塔耶》，姚峰译，58～59 页，北京，北京大学出版社，2018。

头脑中发生了奇妙的化学反应。而他在科耶夫研讨班中与黑格尔的遭遇方式，在某种意义上是所有这些思想前期发酵所产生的特定环境所要求的。

我将巴塔耶在科耶夫式的黑格尔主义中体会到的那种震撼，视为晚期巴塔耶热衷讨论的内在体验的一个典型范例。

巴塔耶曾经将"内在体验"作为他的哲学的核心概念加以论证，它所意指的是一种迷狂，却绝非一种神秘主义的精神状态。它实际上构成了巴塔耶抵抗知性认知的一种方式，尽管它在巴塔耶那里似乎获得了一种如同哲学之理性诘问一般的定义，即被定义为一种试图"永无休止地质疑（追问）一切的事物"①的生存状态，但这种诘问所试图得到的结果，却不是传统哲学中的理性认知所要求的确定性。相反，巴塔耶试图释放体验自身的自由："我要让体验随性而行，不要通向一个被提前给定的终点。"②而后一种方式，即试图找到一个终极的，因此带有预成性的状态不仅是传统形而上学的最高诉求，同时更是黑格尔的哲学体系试图给出的一种真理的完成状态。巴塔耶却试图用一种被称为"内在体验"的概念来对其加以整体性的超越：

> 体验就是在狂热和痛苦中追问（检验）一个人关于存在之事实所知道的东西。如果他应在这样的狂热中有任何的领悟，那么，他决不能说："我看到了这个，我看到的就是这个"；他绝不能说："我

---

① ［法］乔治·巴塔耶：《内在体验》，尉光吉译，8页，桂林，广西师范大学出版社，2016。

② 同上书，9页。

看到了上帝，绝对者，世界的根据"；他只能说："我看到的东西逃避了知性"，而上帝，绝对者，世界的根据，如果不是知性的范畴，就什么也不是了。①

换言之，如果说，体验是一种认知方式，那么它所能认识的是被知性逻辑遗漏的一切。而知性（entendement），在巴塔耶这里，不仅意指康德知识学意义上的主观认知能力，同时还泛指一切试图为事物探寻根据的理论诉求。两者构筑了近代形而上学的完整谱系，由对知识学的探寻入手，最终将自身推向了对认知之根据的形而上学诉求。因此，诉诸对经验的直观（我看到的这个），以及诉诸对绝对者的探寻（我看到了上帝，绝对者的根据），对巴塔耶来说并不是两类哲学，而是所有被他称为"知性"逻辑的诸面向。而内在体验，则建基于非知（non-savoir）原则的基础之上，正是由这一非知所构筑的思想空场，让体验成为巴塔耶所认为的"一场旅程，它走向了人之可能性的尽头"②。

巴塔耶构筑了"内在体验"这一概念，将其放置到了知性的对立面上，凸显了他所推崇的思考方式（我们很难将它称为哲学）与传统哲学之间的根本区别。这并非为创造而创造的一次思想历险，相反，巴塔耶的哲学根基是清晰的。他是被20世纪当代法国哲学中以柏格森为代表的生命哲学所影响的一代。因此对他而言，"理智的发展导致了生命的枯

---

① ［法］乔治·巴塔耶：《内在体验》，尉光吉译，9页，桂林，广西师范大学出版社，2016。

② 同上书，13页。

竭，而生命的枯竭反过来让理智萎缩"①。由此，生命与理智，体验与知性，非知与有知，迷狂与确定性，就成为一对对峙的概念，它们所构筑的二元架构成为巴塔耶将自身剥离出传统哲学的一种有效方式。在这一意义上说，耗费、色情与献祭成为内在体验的诸要素，而劳动、价值以及经济计算则成为构筑知性的基本要素。

严格说来，巴塔耶的思想是不可归类的。但如果我们将他放入这一二元架构当中来加以分析，他也不过是当代法国思想界中试图避免新康德主义的强大观念论传统的那群反叛者中的一个。他手中挥舞着的旗帜上仍然显现着对鲜活生命的关注以及对人之历险的探索。从这一意义上说，他与萨特的思想的确没有那么大的差异。

当然，内在体验，作为一个试图描述不能被知性所把握的生命本质的哲学概念，有其自身的悖论性本质。1941 年 12 月，巴塔耶与布朗肖组织了一个非正式的研讨小组，他们自称其为苏格拉底学院，他们的目的正是在阐发一些命题的时候，将思想导向"内在体验"。之所以称其为苏格拉底学院，根本原因在于小组之命题的思想缘起于苏格拉底的两大命题：命题 A，"认识你自己"；命题 B，"我唯一知道的，就是我一无所知"。这两句苏格拉底的名言，表征出一种悖论性逻辑，但在西方哲学的发展脉络当中逐渐被消解了。理性的膨胀让命题 A 成为近代形而上学的全部基础，而命题 B 则逐渐被人们淡化，有意或无意地被人们遗忘。康德曾经试图为知识自身划定一个界限，以物自体的设定来为"非

① ［法］乔治·巴塔耶：《内在体验》，尉光吉译，16 页，桂林，广西师范大学出版社，2016。

知"留下一个可能的空间，但最终这个空间却在费希特以自我为轴心的设定当中被吞噬。费希特用"非我"来消解那些"非知"，将人对自身的认识层层递进地推广到人对一切事物的认知。苏格拉底的悖论被消除了，但苏格拉底留给思想的想象性空场也随之消逝了。

因此，巴塔耶的折返有重要的意义，在这种折返当中，"内在体验"以及非知原则被特别强调。从这一意义上说，内在体验，不仅是对鲜活生命的哲学表达，更多的是一种思想之悖论的直接彰显。哲学对真理的诉求，哲学的分析所要求的确定性，在内在体验的概念面前都成为一种片面。

当巴塔耶在对黑格尔的学习当中体会到一种折断、压碎、杀死的感觉时，内在体验所包含的思想自我悖论被最大限度地彰显出来。在此，显然黑格尔并没有作为一个真理体系的建构者而被理解，同时巴塔耶甚至都没有按照科耶夫所理解的哲学人类学的意义来理解黑格尔。在巴塔耶的头脑中，黑格尔的绝对知识的体系所彰显的或许恰好是一个非知的框架。黑格尔的思想也因此而成为激发其"内在体验"思想的动力。巴塔耶在不同的时期，不断谈论着黑格尔，回到对黑格尔的研究和讨论。1932 年，他在参加科耶夫的黑格尔研讨班时，撰写了一篇短文——《对黑格尔辩证法基础的批判》(*La critique des fondements de la dialectique hégélienne*)。在 20 世纪 40 年代，他在断断续续撰写的《内在体验》当中，片段化地谈到黑格尔。而在 20 世纪 50 年代中后期，巴塔耶又一次开启了关于黑格尔以及哲学通史的研究，发表了一系列相关的论文，例如《黑格尔启示下的海明威》(*Hemingway à la lumière de Hegel*)、《黑格尔、死亡与牺牲》(*Hegel, la mort et la sacrifice*)、《黑格尔、人与历史》(Hegel, l'homme et l'histoire)。在这些文献当中，巴塔耶无疑将那个已经被科耶夫的黑格尔主义阐发，但还未能得到彻底凸显的主题，即对有限个体的生命自身的关注，推到了极致化的状态。

在科耶夫那里，人虽已被欲望之空泛所诠释，却仍在斗争与劳动的历史当中完成自身；而无论是斗争，还是劳动，其所构筑的历史仍是文明的一种肯定性方式，人在其中所体现的生命仍是富有理性的，或者可被理性化的。因此一部完整的精神现象学，成为人的自我意识在斗争和劳动当中完成自身的过程。但在巴塔耶这里，对于有限个体之生命的真正关注，需要直接面对那些不能被理性所规约的死亡、迷狂与耗费。正如我们在"内在体验"的思考方式当中所看到的那样，"内在体验"与斗争和劳动构成一种二元对立的结构。而这一结构归根到底是巴塔耶将科耶夫的分析逻辑推至极限而产生的一种阐释路径。在此，色情替换了欲望，死亡替换了斗争，耗费替换了劳动。同样是关注有限个体的哲学人类学，同样源于对黑格尔的解读，巴塔耶与科耶夫的思想却呈现出不同的面向。与之相关的，也是随后我们将特别予以关注的，两者由此对马克思思想的介入性思考，也注定是完全不同的两个路向。概言之，科耶夫的马克思主义是以劳动辩证法为核心的斗争哲学，而巴塔耶则以耗费为轴心，补充了被马克思政治经济学所忽略，甚至根本否弃的非生产性、非价值化的一般经济学的建构。

(二)黑格尔：非知的黑夜与可能性的敞开

1953 年，巴塔耶为《内在体验》的修订版作了后记。巴塔耶写作的目的大概是回应那些对该书的出版提出了各色批评意见的一些作者，诸如加布里埃尔·马赛尔及萨特。因此这篇后记中包含一种隐性的对话，而对话者却不仅包含这两位。在此，巴塔耶面对的是他试图批判的整个传统哲学的架构方式：

> 我明白，世界建立在一种划分、一种分离之上：从这样的划分出发，我们的思想再次误入迷途，对此，我想通过一种严格来加以避免，那样的严格迫切地要求非知的黑夜。我承认，这是一个赌注。但它的优点是无所排斥、无所谴责，正如那些想把世界还原为一种明确形式的人所做的。①

在此，一个非知的黑夜与对一种明确形式的诉求之间形成了鲜明的对峙。巴塔耶将自身的使命放置到对前者的还原当中。这是一种带有反理性色彩的描述。赌注，的确是一个描述这一思想的恰当词汇。只是巴塔耶之所以敞开这一赌注，原因在于他试图以"无所排斥、无所谴责"的态度来面对一个被划分了的世界。其最终的目的无疑是还原出一个未被概念所分割、规约的完整世界。

黑格尔在巴塔耶的这一哲学诉求当中具有一种模棱两可的意义。黑格尔的思想自身包含的内在体验式的悖论，对于巴塔耶晚期的哲学研究

---

① ［法］乔治·巴塔耶：《内在体验》，尉光吉译，368 页，桂林，广西师范大学出版社，2016。

来说是一个边界或极限。巴塔耶坦言："我让自己止步于黑格尔的思想。"①因为在他看来，黑格尔的思想正以某种方式填补哲学的某些缺陷，这一缺陷是被康德哲学留下来的，即知性在面对上帝和自由等问题时候所陷入的二律背反，而黑格尔则似乎找到了一种途径来超越这一知性的困境。就在《内在体验》中的黑格尔片段当中，巴塔耶准确地概括出黑格尔超越知性的方法，这种方法在黑格尔研究学界常常被称为"无基础性循环"②，巴塔耶对这一理论共识也近乎是全盘接受。所不同的是，他并不认为这一知识学的无基础循环最终会带来对真理的获取，相反，巴塔耶指出："这个环形的思想是辩证的。它导致了最后的矛盾（影响了整个的圆环）：环形的、绝对的知识是最终的非知。"③这里的非知并不是康德意义上的二律背反，而是一种巴塔耶意义上的迷狂式的内在体验。在此，巴塔耶将科耶夫式的黑格尔推至了极致。人对自身的意识，由此带来的对于绝对知识的把握，仍带有否定性的逻辑，即我通过我的否定性的行为来确证自身。这一否定性在科耶夫那里被外化为斗争和劳动，但在巴塔耶这里则仅仅驻足于自我意识的辩证逻辑：

　　我在我自身内部完成了黑格尔的环形运动，我在已经抵达的界

---

　　① ［法］乔治·巴塔耶：《内在体验》，尉光吉译，370 页，桂林，广西师范大学出版社，2016。

　　② 参见［美］汤姆·罗克摩尔：《黑格尔：之前和之后——黑格尔思想历史导论》，柯小刚译，53 页，北京，北京大学出版社，2005。在有关无基础性循环的相关论证中，罗克摩尔指出了笛卡尔与黑格尔之间的根本差别。

　　③ ［法］乔治·巴塔耶：《内在体验》，尉光吉译，146 页，桂林，广西师范大学出版社，2016。

限之彼岸，定义了一个不可知（inconnaissable），而不再是一个未知（inconnu）：不是因为理性的不充分性，而是因为它的本质（甚至对黑格尔来说，一个人只有缺乏对绝对知识的占有，才会关注这个彼岸……）。①

这是巴塔耶对于科耶夫式的欲望辩证法的重述。人对绝对知识的诉求变成了一种欲望式的诉求，以匮乏彰显了其所欲求的对象，以非知确证了自我对于绝对知识的占有方式。这是欲望机制的极限化演绎，它将被欲望，也即匮乏所诠释的自我推到临界点上：自我在非知的黑夜中占有了绝对知识。

这是一种近乎疯狂的状态，因此巴塔耶说："在这个问题中，隐藏着——最初并不显露——极端的撕裂：它是如此地深刻，以至于只有迷狂的沉默做出了回应。"②为此巴塔耶甚至提到了黑格尔在面对这样的体系的时候都陷入了一种疯狂。③ 当科耶夫将黑格尔的自我意识转变为欲望之人的时候，就已将黑格尔推入疯狂的轨道，而今，巴塔耶只是将这一疯狂的机制进一步清晰地揭示出来。

概言之，巴塔耶让非知为黑格尔的绝对知识奠基，让"极限"与"彼岸"为"此岸"奠基。巴塔耶认为这是黑格尔让他拥有的一种独特的内在

---

① ［法］乔治·巴塔耶：《内在体验》，尉光吉译，147 页，桂林，广西师范大学出版社，2016。

② 同上。

③ 参见［法］乔治·巴塔耶：《内在体验》，尉光吉译，148 页，桂林，广西师范大学出版社，2016。

体验。而巴塔耶认为自己超越黑格尔的地方则在于，黑格尔的思想仅仅让人们抵达极限，而"我（巴塔耶——引者注）个人之所做的不是要拓展一个极限的情境，而是要用一种从开始就被视为不可能的探寻一般地取代一种被视为既定之可能的探寻：这就是抵达极限的意思，因为不是说既定的东西从一开始就引起了差错，而是说它们会在别处的一个不确定的点上迷失，因为只有失去了确定它的权力，我们才能抵达这个点"①。

换言之，巴塔耶认为，黑格尔在抵达极限之时，驻足于极限之上，并用一个封闭的循环来将这种极限所包含的"不可能性"规约为一种"既定之可能性"，即用知性规约非知。而巴塔耶则在抵达极限之处敞开这种不可能性，并将那种迷失，以及确定性的丧失视为触及极限的根本方式。我们或可将之称为"不可能性的辩证法"。

在此，我们不得不注意到的一点是，巴塔耶对待黑格尔的态度显然是摇摆不定的。一方面，在早期的《内在体验》的黑格尔研究中，巴塔耶凸显了黑格尔所敞开的那个非知的黑夜，但他却在 1953 年所写的后记中，将对非知之不可能性的拓展看作他自身超越黑格尔之处。就巴塔耶对黑格尔的评价而言，巴塔耶在前后期的态度似乎略有差异，但就其思想的总体性而言，却是一贯的。不管巴塔耶借助黑格尔，还是超越黑格尔，其对知性所构筑的可能性世界的逃逸，以及由这种非知所构筑的不可能性之世界的敞开，都是他从未改变的理论旨归。

严格说来，不可能性不仅仅与可能性的知性世界对峙，它在很多场

---

① ［法］乔治·巴塔耶：《内在体验》，尉光吉译，369～370 页，桂林，广西师范大学出版社，2016。

合又成为巴塔耶超越这一对峙的第三条道路。1947 年，巴塔耶第一次将他的三篇无法清楚归类的文本——《老鼠的故事》《狄安努斯》《俄瑞斯忒斯纪》放到一起出版，取名为《诗之仇恨》，随后在 1962 年再版时修订为《不可能性》。在 1962 年的修订版序言当中，巴塔耶较为清晰地阐发了这种不可能性的越界性的意义：

> 在人类面前有一种双重的视角：一方面是强烈快感、恐怖和死亡的视角——恰好就是诗的视角，以及它的反面，科学或有关实用性的真实世界的视角。唯有有用的、真实的才是严肃的，我们永远无权放弃它而去选择诱惑，因为真理有权支配我们。它甚至可以任意支配我们。尽管如此，我们能够，甚至应该向某个东西做出回应，这东西不是上帝，但比一切权利都更为强大。它就是不可能性，为了触及它，我们唯有遗忘所有这些权利的真相，唯有接受消失。①

我将这段表述视为巴塔耶的"不可能性的辩证法"的一个经典表述。在此，巴塔耶终于以一种他所反对的确定性的方式表达了他与传统哲学的二元对峙。而不可能性，以否弃、背离现实主义的方式接近了他所推崇的那个迷狂、死亡与快感所要表达的视角。对于巴塔耶而言，在现实中人们根本触及不到真理。相反只有在不可能性当中，真理才有可能向

---

① ［法］乔治·巴塔耶：《不可能性》，曹丹红译，前言 2 页，南京，南京大学出版社，2017。

我们呈现出来。正如他的那些不可归类的文本，以一种对固有诗歌传统的背离作为诗歌的属性。因为在巴塔耶看来，诗歌的属性本就是表达一种不可能性。因此，诗歌并不是优美与至善的表达，反而应该是对现实主义经验的根本背离。恶与死亡以及它们的极端化表达，会揭示出现实主义的贫瘠，从而也真正地让诗歌完成它诠释不可能性的作用。于是在巴塔耶的文学作品当中，我们看到的是对糜烂的性生活、酗酒以及丑陋的赤裸裸的描写：

> 那些醉醺醺的时刻，我们无视一切，我们起锚，快乐地驶向深渊，既不顾忌不可避免的坠落，也不顾忌一开始就给定的界限，只有在那些时刻，我们才完全摆脱了大地（法则）……①

这是在《老鼠的故事》中，巴塔耶对"我"与朋友终日酒醉的一段描述，实际表达的是巴塔耶哲学思想中固有的"越界"概念，不可能性就在这种越界当中显现出来。那被摆脱的大地的法则，或许正是传统哲学中的知识论体系所给出的规约。

在这类看似小说的文本当中，人物永远是次要的，重要的总是作为第一人称的"我"内心极度扭曲与痛苦的表达。于是，一些极为重要的概念在对醉酒时刻的描述中被生动地表述出来。这些概念直接成为巴塔耶在社会学、民族志的研究方法当中的理论概念，如欲望、耗费等，而在

---

① ［法］乔治·巴塔耶：《不可能性》，曹丹红译，13 页，南京，南京大学出版社，2017。

《老鼠的故事》当中，它们被应用到了一个越界的"内在体验"当中：

> 那些时刻（指酒醉时刻——引者注），延续生命的欲望被耗费超越。耗费加速进行，任何东西都具备了这种无意义的意义——这意义为火焰、梦境、大笑所共有。即使是最极端的、最后的无意义也始终是那个否定其他一切意义的意义。①

耗费的无意义构成了全部意义的根据。这一辩证的翻转是不可能性的辩证法所特有的一种翻转方式，也是巴塔耶在黑格尔思想当中所学习到的那种从大全性的知识体系向非知的翻转，并使非知成为大全知识体系的基石。

我们需要再一次强调的是，巴塔耶在此并非仅仅沉迷于一种语言的游戏，或者近乎疯狂的思考方式，这并不是巴塔耶有意为之的标新立异，而是那个时代的法国哲学由新康德主义的概念论的统治向生命哲学转向的一种表现方式。萨特的存在主义也是这一转向的一种表达方式，但与巴塔耶相比，还不够彻底，正如我们已经反复指出的那样，萨特的有限之人还是富有理性色彩的，尽管这种理性已经不得不陷入一种辩证的讨论当中，而巴塔耶的人则以近乎反理性的姿态与整个概念论意义上的理性之人对峙。而黑格尔，这个构筑了理性体系的思想家原本应站在巴塔耶思想的对立面，却因为科耶夫的欲望化解读，让巴塔耶体验到了

---

① ［法］乔治·巴塔耶：《不可能性》，曹丹红译，13 页，南京，南京大学出版社，2017。

其思想内在的张力与悖论。正因为如此，巴塔耶才会在科耶夫的研讨班
中产生了被折断、碾压与杀死的震撼感受。由此成就了巴塔耶一生对黑
格尔模棱两可的爱与恨。在 1953 年《内在体验》的序言当中，巴塔耶将
黑格尔与萨特进行对比，甚至认为在对生命哲学的回归之路上，黑格尔
比萨特走得更远：

> 萨特和黑格尔的对立，前者把一种概念的形式赋予了生存，后
> 者在概念和生存的统一中还原了两者(?)
>
> 我所做的
>
> 描述一种转向安息的不可能性的状态。①

(三)从黑格尔到马克思：辩证法、牺牲与生命经济学

巴塔耶近乎病态的生活方式以及他并不那么健康的身体状况，让
他在思想的起点之处就对真实的经验（expérience vécue）有一种近乎执
着的迷恋。他的思想之所以带有不可归类的色彩，正在于他常以某种
独特的内在体验来替代知性逻辑的推演。这一思想取向实际上左右了
巴塔耶的各种研究。黑格尔、萨德、尼采等思想家在巴塔耶的笔下并
没有显现出根本差异。从这一意义上说，与其说黑格尔、萨德与尼采
是巴塔耶思想的来源，不如说，巴塔耶只是借尸还魂地在表达他自己
的思想。

---

① ［法］乔治·巴塔耶：《内在体验》，尉光吉译，369 页，桂林，广西师范大学出
版社，2016。

因此，巴塔耶 1932 年的《对黑格尔辩证法基础的批判》一文将黑格尔辩证法的基础放置在真实经验之上。在文中，巴塔耶认为马克思与黑格尔的辩证法并无二致："对于马克思与恩格斯而言，辩证法如同在黑格尔那里一样，是以现实为基础的一般法则。自然抑或质料都从属于逻辑，而宇宙在这一整体的对立化的演进中并没有被扬弃。"①因此辩证法的考察最终不过是再现了自然的某种复杂样态——一种绝对的异质性（hétérogène）的存在。这一试图脱离任何观念形态的异质性，让辩证法成为一种思考方法。因为辩证法的根本在于对异质性的承认。严格说来，被概念完全掌控的世界不需要辩证法，因此否认现实世界有其存在意义的前黑格尔哲学，的确不需要辩证法，但当黑格尔将真理视为一个需要不断外化自身，并在外化的世界中确证自身的过程之时，黑格尔需要辩证法。因为他需要用一种方式，让那个被外化出概念的世界重新回到概念的世界当中来，在这种整合当中，外化的世界与概念的世界的异质性必然是其整合自身的前提。因此辩证法的本质性规定，并不应落脚到最终的统一，而是在于其二元分立的前提。巴塔耶绝对地理解到了这一点，因此对于他而言，辩证法作为一种思想方法"并不直接建基于对自然的考察，也并不建基于一种纯粹逻辑的推演，而是如已经举出的例子一般，建基于一种真实的经验（expérience vécue）"②。在此，真实的经验并不直接就是客观现实本身，同时也不是一种纯粹概念，这两者相对于真实的经验而言，都不过是一种刻板的、僵死的状态。而这种真实

---

① Georges Bataille，Raymond Queneau，«La critique des fondements de la dialectique hégélienne»，In Denis Hollier，*Œuvres complètes*，*vol. I*，Gallimard，1970，p. 278.

② Ibid.，p. 289.

的经验，对于 1932 年的巴塔耶而言是一种历史中的真实的经验。在其中，黑格尔的主奴辩证法成为无产阶级的反抗斗争的一个隐喻性的表达。因此这种真实的经验意味着一种实践的介入。也正因如此，巴塔耶认为马克思似乎更为准确地表达了辩证法的特质，因为辩证法总是要求更富有行动性的历史的展开①，而这种行动就是真实的经验所包含的全部内容。

对于巴塔耶而言，马克思与黑格尔都只是他言说自己思想的一个工具。因此无论巴塔耶如何声称自己是马克思主义者或黑格尔主义者，都不能改变他哲学的基本问题。从某种意义上说，并不是马克思与黑格尔影响了他，而是他"逼迫"马克思与黑格尔生产出了另一种思想，而巴塔耶则充当着思想助产士的角色。

于是，问题似乎又一次回到了"巴塔耶独特的思想属性究竟是什么"。面对他诸多无法归类的思想文本，仅仅一个"内在体验"的概念，并不能指认他思想核心的全部。对知性主导的概念体系的反叛，以及最终将这种反叛转变为诉诸生命哲学的建构（在某种意义上说，这一生命哲学拥有内在体验之全部规定），这绝非巴塔耶的独创，这一思维方式近乎统治了整个当代法国哲学家的思维方式。因此，巴塔耶思想中最富有影响力的部分，并不在于此，而在于他通过横跨人类学、民族志、社会学的研究做出的耗费经济学研究，又被称为一般经济学的研究。在这一研究中，巴塔耶创造性地关注了原本并不能被经济掌

---

① 参见 Georges Bataille，Raymond Queneau，《La critique des fondements de la dialectique hégélienne》，In Denis Hollier，*Œuvres complètes*，vol. I，Gallimard，1970，p. 289。

控的所谓无意义的浪费对于人类文明发展的意义。这种无意义的浪费，构筑了巴塔耶影响深远的诸多概念，例如耗费、色情、牺牲，它们都成为诠释这种无意义之浪费的不同侧面。耗费与牺牲，是物质财富上的无意义的浪费；而色情则是相对有意义的生殖而产生的一种性的浪费。

巴塔耶在《色情》当中这样说："色情，可以说是对生的赞许，至死为止。"①而且，色情是独属于人的对待生的态度，它不以单纯的繁衍为目的，而与一种心理探索密切相关。它是人之个体存在的一种特别的说明方式，在巴塔耶看来，"色情研究尤其不能与劳动史割裂开来"②，这样的判断包含着将色情纳入其所推崇的一般经济学的范畴之内的取向。这种一般经济学并非可计算的经济学的拓展，相反，在我看来，两者之间似乎存在着根本的对立。

在此，我们或许应该明确的一点是，对于巴塔耶而言，可计算的经济学成为理解社会现实的一种知性方式，而他所列举的耗费、牺牲与色情则不过是他津津乐道地理解社会现实的另一条道路，即一条反知性的内在体验。巴塔耶在当代法国思想界，绝非一个典型的马克思主义者，但他的耗费经济学却为之后热衷于马克思主义思想研究的学者，如鲍德里亚，补充和拓展马克思理论提供了一条有效的道路。鲍德里亚曾以补充马克思经济学的姿态，一方面凸显了对消费的分析和批判，以对抗马克思的生产逻辑；另一方面则将象征性交换（échange symbolique）这个

---

① ［法］乔治·巴塔耶：《色情》，张璐译，7页，南京，南京大学出版社，2019。
② 同上书，2页。

以耗费和牺牲为基本内容的原始交换方式，视为逃离可计算的经济逻辑的一种有效方式。而后一概念虽然被认为取自莫斯的《礼物》，但这里的莫斯显然是巴塔耶中介过的莫斯。[①]

在我们展开巴塔耶的耗费经济学之前，我们应进一步追问其所构筑的概念体系的源泉。帮助巴塔耶构筑诸如耗费、牺牲、劳动、生产等概念的思想家，并不仅仅是显在的莫斯、马克思，还有隐蔽在其后的黑格尔。甚至说，黑格尔的思想，成为巴塔耶发现莫斯与马克思的思想路标。

德里达在《书写与差异》中对巴塔耶与黑格尔在思想上的关系作了如下判定：

> 如果我们将巴塔耶的概念与其上下文——隔开，那么它们全都像是黑格尔的概念。必须承认这一点但不必在此停留。因为如果没有从其严格的效果上去把握他的那些概念所服从的那种震动，即那些概念在其中转移但却几乎没有改动地被他加以重新铭写的那个新的构成的话，人们大概会根据具体情况作出（不同的）结论——要么巴塔耶是黑格尔式的，要么是反黑格尔的，要么说他糟蹋了黑格尔。而每种结论都有可能上当。有可能漏掉巴塔耶必须在某种非哲学模式上进行陈述的这种形式法则，而后者规定了他所有概念与黑格尔概念间的关系；而且它是通过黑格尔的概念、通过形而上学的

---

① 相关论述参见［法］鲍德里亚：《符号政治经济学批判》，夏莹译，157～167 页，南京，南京大学出版社，2015。同时，可参见［法］波德里亚：《象征交换与死亡》，车瑾山译，南京，译林出版社，2009。

全部历史来进行的。①

　　德里达通过他的哲学框架对巴塔耶的思想进行了重述，如同所有的法国思想家一样试图从巴塔耶的思想中生出属于他自己的思想，因此似乎并没有太大的客观性，但他关于巴塔耶与黑格尔之关系的指认却是准确的。他认识到巴塔耶正在用一种"非哲学"的方式遮蔽他与黑格尔之间真实的关系。

　　当然，巴塔耶和黑格尔之间存在着某种关联性，这一点从不会被否认。正如我们已经指出的那样，巴塔耶在晚年重新回到了对黑格尔的系统研究中。在那篇著名的《黑格尔、死亡与牺牲》当中，巴塔耶通过重新谈论黑格尔的死亡观来凸显他终其一生热爱的"牺牲"概念的价值。换言之，黑格尔的死亡概念成为"牺牲"概念得以成立的理论前提。

　　回顾这一写作于 20 世纪 50 年代的文献，其所涉及的基本内容可以被分割为两个部分。其一是巴塔耶对黑格尔的死亡观念的种种讨论，其基本观点竟然与 1933—1934 年科耶夫关于黑格尔死亡观念的两次讲课稿大同小异，以至于这一部分让人感觉似乎是学生巴塔耶在近乎 20 年后为自己的研讨班学习提交的一份课程作业，其中他热衷于引用黑格尔的两段文字，这两段文字全部来自科耶夫在其讨论黑格尔死亡观念中津津乐道的两段，并且他由死亡推及人性自身的逻辑与科耶夫如出一辙。对此，我们将在后文中给予详述。

---

　　①　[法]雅克·德里达：《书写与差异》下册，张宁译，456 页，北京，生活·读书·新知三联书店，2001。

其二则是巴塔耶由死亡拓展而来的，属于巴塔耶思想的核心部分。在其中，萦绕巴塔耶 20 余年的有关"牺牲"的研究以画龙点睛的方式被呈现出来。这属于巴塔耶的理论部分。牺牲，对于曾经一度沉迷于写作"一部政治经济学著作"的巴塔耶来说，[①] 是一个经济学的概念，它所意指的是一种非生产性的耗费，是原始财富的一种表征方式。20 世纪 50 年代的巴塔耶，在此突然剥离了牺牲所具有的一般经济学的内涵，其目的只有一个：将其与黑格尔的死亡观念之间的内在关联性直接呈现出来。因此，从某种意义上说，这是巴塔耶对自身思想的一次回溯。由此，自我指认出的最富有创见性的一般经济学的理论根源竟然在黑格尔那里。它如同草蛇灰线，被掩埋在巴塔耶思想的起点处，随后蔓延并显现为与生产性经济学对峙的一般经济学的核心概念。概言之，巴塔耶在黑格尔的死亡观念当中看到了牺牲的意义，并以非哲学式的思想框架，即在一种非知的内在体验中围绕这种"牺牲"概念构筑了非生产性耗费的经济学，后者与马克思以劳动为主导的生产性经济学对峙起来，形成一个完整的理论框架。从这一意义上说，正是借助死亡与牺牲的关节点，巴塔耶完成了一种整合，将其在 20 世纪 30 年代推崇的马克思与其热衷于学习的黑格尔进行了思想整合，最终形成了他富有原创性的一般经济学理论。

在此，让我们回到他这篇完成于 20 世纪 50 年代的文章，关注这一思想架构的形成过程。

---

① 参见［法］乔治·巴塔耶：《被诅咒的部分》，刘云虹、胡陈尧译，49 页，南京，南京大学出版社，2019。

巴塔耶用以讨论黑格尔的文本有两个，并在某种意义上都可被称为"美丽文本"（beautiful text），巴塔耶对它们的关注，显而易见的是在科耶夫思想的形式指引之下产生的结果。

其一，我将其称为"黑夜之人"的文本，取自 1805—1806 年黑格尔在撰写《精神现象学》时的《耶拿讲稿》中的"浪漫主义的"优美段落。对这一段的引用和分析最先出现在科耶夫 1933—1934 年最后两次课程的整理稿《黑格尔哲学中的死亡概念》中：

> 人是把一切包含在其单一性中的整个黑夜，这种空洞的虚无：无数的形象，意象，其中的每一个意象都是人所想到的，或者［还］没有呈现（gegenwartig）出来。黑夜，自然的内部（Innre），在这里存在纯粹的自我。在虚幻的形象中，周围一片漆黑：在这里，突然出现了一个血淋淋的头，在那里突然出现了一个白色的形象（Gestalt）；它们又突然消失。当人们注视一个人的眼睛时，看到的就是这个黑夜：［人们把目光投向］变得可怕的（furchtbar）黑夜；世界的黑夜呈现（hängt antgegen）在我们面前。[①]

巴塔耶在此准确地复述了科耶夫引用这段文字的理论意图：这段文字表达了黑格尔哲学中一个核心与终极的观念，即构筑人的客观现实性的经验基础，也就是一种以虚空为特质的经验性的存在，人就是

---

① 转引自［法］亚历山大·科耶夫：《黑格尔导读》，姜志辉译，601～602 页，南京，译林出版社，2021。

这个经验性的存在。这一虚空的特质，带来人之为人的规定性：行动、自由与自我意识。[①] 严格说来，巴塔耶的这种表述并没有严格按照科耶夫的理论推演展开，因为在科耶夫那里，自我意识并不是人的本质属性，自我意识须借助主奴辩证法才能形成，而正是在主奴辩证法当中，为承认而斗争的主人或者奴隶都不得不通过一种否定性的行动来彰显自身的自我意识（主人通过对他人的否定，奴隶通过对自然物的否定），并在这种否定性的行动当中诠释人的自由。因此，否定性驱动着人作为自我意识、自由与行动。它在科耶夫的这一文本中被界定为纯粹的虚无。尽管巴塔耶未能准确概括科耶夫对人之规定性的逻辑推论的方式，却也指明了虚无，即否定性，对诠释人的具体现实的全部意义。[②]

巴塔耶对科耶夫的解读总体说来是精准的。因为他清楚地看到了科耶夫对人之虚无的规定，最终不过是凸显了黑格尔哲学的无神论属性。其中，一方面，人似乎替代了上帝成为世界的造物主，它是黑格尔的"精神性"（spirituality）的一种表现形式；另一方面，这种精神性却"必然是时间性的和有限的"[③]。在此，我们无须纠缠于这一判定是否符合黑格尔的原意，而应着重关注巴塔耶强化这一理论的要旨："这意味着死亡自身保障了'精神性'或者'辩证性'之存在的实存。"[④]换言之，人是会

[①] Georges Bataille, Jonathan Strauss, "Hegel, Death and Sacrifice", *Yale French Studies*, 1990(78), p. 10.

[②] Ibid., p. 11.

[③] Ibid., p. 12.

[④] Ibid..

死的，因此是有限的上帝。

科耶夫凸显死亡的主题是为了通过凸显人之否定性的规定，为行动和自由敞开空间；而对于巴塔耶而言，死亡则以牺牲的方式界定着人之为人的特殊性。黑格尔并不那么强调牺牲，正如他对死亡也没有那么多的观照，作为一位试图建构绝对知识之大全的哲学家，无论是死亡还是牺牲，它们作为否定性的环节最终不过是思辨统一性之完成的中介环节，而非最终旨归。但巴塔耶这一代法国思想家却从根本上否定了黑格尔的这一思辨的封闭循环，在凸显辩证法的过程中将其否定性的一维推到了理论的制高点之上。于是，辩证法在此不仅是触及真实经验的理论方式（正如我们在本节反复强调的那样），同时还是在对否定性的固守中完成的对所谓"精神"（Spirite）的强调。当然这显然是巴塔耶又一次"油炸"黑格尔所得出的结论。

为了说明自己这个看似与黑格尔哲学并不一致的结论，巴塔耶再一次引用了科耶夫曾经热衷于引用的另一段黑格尔的"美丽文本"：

> 分解行为是知性的能力和工作，而知性是一种最值得惊叹的和最伟大的势力，或更确切地说，是一种绝对的势力。一个封闭的、静止的源泉，作为实体，掌握着它的各个环节，但源泉本身却是一种直接的，因此可以说是平淡无奇的关系。但是，那些从自己的环境那里分离出来的偶然事物，那些复合的，只有与他者结合起来才具有现实性的东西，本身都具有一种独特的实存和一种独特的自由。此乃否定性事物的巨大势力的表现，是思维或纯粹自我具有的一种能量。如果我们愿意把那种非现实性称作死亡，那么它是最可

怕的东西，只有一种无比强大的力量才能够控制死亡。有一种柔弱无力的美，它憎恨知性，因为知性要求它去做它无能为力的事情。但是精神的生命不是表现为害怕死亡，与荒芜保持绝对的距离，而是表现为承受死亡，并在死亡中保存自身。只有当精神在一种绝对的支离破碎状态下重新找到自己，它才赢得它的真理。精神作为这样一种力量，作为一种肯定的事物，并没有逃避否定的事物。与此相反的做法则是，把某些东西说成不存在或是错误的，然后转移到别的东西上面，就此完事。实际上，只有当精神直面它的否定事物，与之周旋，它才是这样一种势力，这种周旋是一种魔力，可以把否定事物转化为一个存在。①

科耶夫在《黑格尔哲学中的死亡概念》中整段地引用了黑格尔的这一表述②，并直接将其中原本用来隐喻否定性事物的死亡转变为一个替代否定性的概念。其结果是，原本黑格尔不过是要说明精神的完成需要从否定事物当中实现一种转化，精神在否定性当中看到了可能完成自身的全部力量。但科耶夫的替换，让其重心发生了根本转变，从对精神之完成的强调转变为对周旋或说延迟的否定性的强调，从着力于对否定性环节的讨论转变为对人之死亡的讨论。黑格尔哲学中那原本依赖于否定性环节而完成的绝对精神之体系，被转变为一种向死而生式的有限个体的存在哲学。

---

① ［德］黑格尔：《精神现象学》，先刚译，21 页，北京，商务印书馆，2013。

② 参见［法］科耶夫：《黑格尔导读》，姜志辉译，642～643 页，南京，译林出版社，2005。

巴塔耶在其有关牺牲的讨论中同样引用了这一段话中的一部分：

> 精神作为这样一种力量，作为一种肯定的事物，并没有逃避否定的事物。与此相反的做法则是，把某些东西说成不存在或是错误的，然后转移到别的东西上面，就此完事。实际上，只有当精神直面它的否定事物，与之周旋，它才是这样一种势力。①

巴塔耶将这一段论述视为论述牺牲具有普遍价值的关键论据。其中存在的理论跳跃是通过以下三个环节来依次完成的：首先，否定性肉身化在人之死亡当中；其次，精神也不过是有限之人的一种存在样态；最后，精神直面否定性，并与否定性周旋，如同向死而生之人的真实存在样态。而牺牲，恰是人揭示其向死而生之本质的最佳方式。

巴塔耶在死亡与牺牲之间建起了一个相通的管道：有限之人依赖否定性来确证人之为人的属性，而那个否定性在人的死亡中等同于一种"无"，由此，一个极为现实的问题摆在了面前：人在死亡当中显现出的否定性却不能被人自身所体验到，那么人的向死而生的感觉究竟该如何被建构起来？如果它无法被建构起来，那么人之为人，不同于动物的地方又该如何呈现出来？这个问题，严格说来，海德格尔与被法国思想家重构的黑格尔似乎都没有给出一个确切的回答，甚至科耶夫也对这一问题不置可否。

---

① Georges Bataille, Jonathan Strauss, "Hegel, Death and Sacrifice", *Yale French Studies*, 1990(78), p. 18.

巴塔耶推进的一步也正在于此。"在牺牲中，那些观摩牺牲的人们将自身与那些被处决的动物之死相等同。由此，他见证了自身的死亡……但这只是一出喜剧。"①"换言之，死亡自身在其对有意识之存在寂灭之时获得一种自我意识。"②这就是牺牲的意义所在，它从根本上是一种让人可以活着见证自身死亡的方式，由此人完成了自身向死而生的自我确证。由此，牺牲，成为巴塔耶眼中构筑人之本质规定的一种有效方式。

以上这一推理过程中，我们可见的事实是，仅就巴塔耶对黑格尔主义的研究而言，它与科耶夫的思想相比并没有根本的差异：他们都将黑格尔的精神哲学直接转变为人之存在的展开过程，并在其中将否定性转变为人之生存不可避免的死亡，以保证人的行动与自由的前提。巴塔耶只是用牺牲的概念指认了一种人之死亡的特殊形式，即一种真正能够"活着"见证自身"死亡"的形式。

《黑格尔、死亡与牺牲》完成于 20 世纪 50 年代，巴塔耶在当时已经完成了自己有关一般经济学的研究，在其中，牺牲与色情，作为耗费的两种典型形式被讨论与分析。因此，当我们在此遭遇他有关牺牲的讨论的时候，我们不能仅仅将其视为巴塔耶为了标榜自身的独特贡献而做出的一个小小的理论推进，而更应看到，巴塔耶从黑格尔哲学中吸收的有关死亡与牺牲的相关论证，其实从 20 世纪 30 年代就成为支撑巴塔耶研究的一条隐性线索，它帮助巴塔耶拓展了有关人之存在的观察角度，即

---

① Georges Bataille, Jonathan Strauss, "Hegel, Death and Sacrifice", *Yale French Studies*, 1990(78), p. 19.

② Ibid. .

从对富有生产性的人之行动与自由的关注，转变为对仅仅具有耗费意义的人之死亡与牺牲的关注。

当然，死亡和牺牲的意义显然不仅在于对人之本性的设定，更为重要的是在科耶夫讨论黑格尔的主奴辩证法的过程中，因畏惧死亡而带来的否定性在被德里达称为"生命的经济学"中显现出了它初步的轮廓，这对于巴塔耶来说显然具有更为重要的理论意义。在科耶夫那里，主奴辩证法只是一种人的生存论哲学的构筑前提，其中主人与奴隶之间的辩证关系、为承认而展开的斗争、对死亡的畏惧及最终带来的劳动辩证法也不过勾勒出一个一般意义上的人的生存论境遇；而在巴塔耶这里，他却似乎在主奴辩证法中看到了一种更为微妙的关系，单纯的死亡被视为一种抽象的否定性。而黑格尔希望的是那种有所保留的否定，畏惧死亡而放弃斗争的奴隶变成了一种有所保留的否定，他们由此延续了生命，并在劳动当中实现了一种新的承认方式，获得了属人的特性，这的确是一种"生命的诡计"，是用死亡的延迟换取的生命的延续。在此，存在着一种超越可计算的交换的一种隐性的交换，即生命的交换，它在主奴辩证法中表现为奴隶用对死亡的恐惧交换了生命，并用劳动交换了自我意识的确立。我因此赞同德里达的推论，巴塔耶在此一定看到了这种生命经济学，而且正是在黑格尔的主奴辩证法的勾勒当中看到了普遍交换的存在及其基本方式。这是一种跳跃，远远越出了科耶夫的黑格尔主义的基本内涵。因为就在同一时间，正如我们已经指出的那样，巴塔耶还是一个马克思主义者。

(四)"一般经济学"：巴塔耶的哲学人类学

在巴塔耶活跃的 20 世纪 30 年代，马克思的哲学总是作为思想的底色，以各种不同的方式影响着那一代思想家，除了萨特之外，似乎所有的思想家都不是明确的马克思主义者，却同时以不同的方式向马克思致敬。像巴塔耶这样无法归类的思想家，很难确定其究竟在何种意义上是马克思主义的。但当巴塔耶近乎毫不保留地接受了科耶夫式的黑格尔主义的全部内涵的时候，马克思的思想自然也就伴随着这种独特的黑格尔主义进入了巴塔耶思想的骨髓当中。因为在科耶夫式的黑格尔当中，黑格尔和马克思本身就是不可分离的。

巴塔耶从科耶夫式的黑格尔那里直接继承了死亡的观念，并将其拓展为对"牺牲"的观照；而从科耶夫式的马克思那里，他则着力吸收了"劳动"的观念。死亡与劳动，正如科耶夫所认为的那样，在巴塔耶这里同样是作为人之生存属性的两个规定。但巴塔耶在面对"劳动"的问题的时候，却似乎并不如其对待"死亡"那般充满着赞美与肯定。相反，劳动不过是完成了进化的人与动物之间的一个根本的区别。[1] 在考察拉斯科壁画艺术的专著《艺术的诞生》当中，巴塔耶曾将劳动与游戏对立起来，将工具制造与艺术对立起来："艺术本质上是一场游戏"[2]，劳动则被定义为"从容不迫的、深思熟虑的、带有目的性的运用"[3]；而两者的过渡，即从劳动世界向游戏世界的转变，在巴塔耶看来是"从能人到智人

---

① "我们无须再度强调这一事实：在驯鹿时代以前，劳动是将人类与其他动物从外部区分开来的唯一要素。"[法]乔治·巴塔耶：《艺术的诞生：拉斯科奇迹》，蔡舒晓译，50 页，重庆，西南师范大学出版社，2019。

② [法]乔治·巴塔耶：《艺术的诞生：拉斯科奇迹》，蔡舒晓译，47 页，重庆，西南师范大学出版社，2019。

③ 同上书，50 页。

的过渡，是从粗制的人到被完成的精巧个体的过程"。①

　　在此，巴塔耶将一个原本客观的人类学考察转变成了富有价值判断的哲学反思，在此，代表游戏的艺术成为一种更为精致的，因此更为高级的文明形态。而劳动，作为一种富有目的性的活动却似乎代表着人类未成熟的存在样态。严格说来，这个富有价值判断的序列，无论在黑格尔还是马克思，甚至在科耶夫那里都并不存在。这是巴塔耶所独有的一种对劳动的鄙视。

　　在这一意义上说，巴塔耶的劳动是马克思式的劳动。因为，尽管劳动获得其哲学的定义源于黑格尔，但对于黑格尔来说，劳动是奴隶获得自我意识的关键环节，这一思想在某种意义上也影响了科耶夫。科耶夫也是在肯定的意义上来看待劳动的。但马克思则不同，他在《1844 年经济学哲学手稿》当中以"扬弃"的方式谈论他对劳动的看法与黑格尔的根本不同："黑格尔是站在现代国民经济学家的立场上的。他把劳动看做人的本质，看做人的自我确证的本质；他只看到劳动的积极的方面，没有看到它的消极的方面。"②马克思看到了一个现实的具体人在私有制条件下所构筑的异化劳动，并一针见血地指出，这种异化劳动并没有塑造出人的完整的自我意识，恰恰相反，它所带来的是一种利己主义的生活，在其中，自然界变成了一种纯粹的有用性，人的自由自觉的活动变成了人们总是试图如逃避瘟疫一样逃避的劳动。③ 艺术自然不会诞生于

---

　　①　［法］乔治·巴塔耶：《艺术的诞生：拉斯科奇迹》，蔡舒晓译，47 页，重庆，西南师范大学出版社，2019。

　　②　《马克思恩格斯文集》第 1 卷，205 页，北京，人民出版社，2009。

　　③　参见上书，182～190 页。

(异化)劳动，两者的对立也是显而易见的。

巴塔耶在这一意义上是一个已经扬弃了黑格尔的马克思主义者。但他却并不满足于此。他希望走出更大的一步，以便以某种方式"扬弃"马克思。

巴塔耶对马克思的扬弃表现在他对"政治经济学"的一次考察，在20世纪40年代，这一工作就已经展开。巴塔耶的这一转向让大部分人都非常不解，却被巴塔耶视为自身研究工作中最为重要的一项。1949年这一研究的重要成果《被诅咒的部分：普遍经济学随笔》第一卷《消耗》完成，巴塔耶甚至认为自己有资格获得诺贝尔奖。[1] 这一愿望最终也不过是证明了巴塔耶的狂妄。巴塔耶的这部著作也近乎成为他的诸多作品中"被诅咒"的部分，这部书据说一年内只卖出了50本。当然任何一种真正富有影响力的理论总是会以不同的方式"不合时宜"，但随着时间的推移，它真正的魅力总会逐渐显现出来。在今天，这部著作被称为巴塔耶的《查拉图斯特拉如是说》[2]，同时还有学者将其视为巴塔耶所撰写的一部黑格尔的《历史哲学》，并将这种普遍的经济学视为巴塔耶对人类普遍历史的一次重述。[3] 而在我看来，我们仍应拘泥于巴塔耶自身对这一理论的界定，即这是一部普遍的经济学，这部经济学并非试图构筑普遍的历史阐释方式，而是基于现代人才有的经济学的视野去勾勒一段普遍

---

[1] 参见[法]乔治·巴塔耶：《被诅咒的部分》，刘云虹、胡陈尧译，247页，南京，南京大学出版社，2019。

[2] Stuart Kendall, *Georges Bataille*, Reaktion Books Ltd., 2007, p. 182.

[3] 参见[法]乔治·巴塔耶：《被诅咒的部分》，刘云虹、胡陈尧译，247页，南京，南京大学出版社，2019。

适用于整个人类的政治经济学。在这个意义上说，巴塔耶不是一个黑格尔主义者，他更接近马克思主义。

正如我们已经反复指出的，巴塔耶迷上科耶夫的黑格尔主义的时候，他已经成为一个马克思主义者了。他曾经热衷于对唯物主义的理解。20 世纪 30 年代，他在杂志上撰写的文章主要集中在对唯物主义的讨论，并由此提出了异质学（Heterology）的观念，这一观念在诸如《萨德侯爵的使用价值》《太阳肛门》《松果眼》等书中都有所体现，它体现了与唯心主义的坚决对立："虽然所有的唯物主义者都想去除精神实体，并最终提出某种有关事物的秩序，但这些事物的等级关系表明这个秩序显然是一个唯心主义。"①真正的唯物主义是将物质的形式和过程与人的认识的形式和过程分裂为二的基本状态。非知与已知的世界是两个完全异质的世界，马克思和尼采一起成为这些著作背后的思想引导。

然而巴塔耶的马克思主义色彩从来不能被局限于其对唯物主义的痴迷，因为唯物主义近乎是近代法国思想传统中的底色。巴塔耶自 1930 年以后参与左翼刊物《社会批判》的撰稿工作，同样不能说明他对马克思思想的热衷。只有当他以经济学的视野展开对社会历史和现实的分析的时候，他才可以被真正地视为一个马克思主义者。

在这一意义上说，巴塔耶于 1933 年 1 月发表于《社会批判》的名篇《耗费的概念》以及随后历经近 17 年才得以完成并且出版的《被诅咒的部分》才充分地体现出法国马克思主义特有的理论视野。

---

① 转引自[美]斯图尔特·肯德尔：《巴塔耶》，姚峰译，111 页，北京，北京大学出版社，2018。

对这一理论的关注将我们引向了以下三个问题：第一，什么是普遍的经济学，我们该从何角度来谈论一种特殊的经济学？第二，什么是被诅咒的部分，它在何种意义上是阐发人类社会不可或缺的一维？第三，巴塔耶的这部"政治经济学"著作，在何种意义上是对马克思理论的拓展，而非一种反叛？

首先，让我们集中关注普遍的经济学的基本规定。巴塔耶在谈到他的研究目的的时候，严格遵循政治经济学研究的基本诉求，即"增加人类的资源总量"，"但研究结果告诉我，积聚只是不可避免的终止之前的拖延和倒退，积聚的财富仅在其中具有即刻的价值"①。政治经济学自其诞生之日起，从重农主义到重商主义直至古典经济学，其研究的目的就在于讨论财富究竟是如何增加的。巴塔耶研究的出发点与他们并无二致，但最终的研究结论却是不同的。因为在巴塔耶的视野当中，"从地球物理学到政治经济学，包括社会学、历史学和生物学"都是研究地球能量的学科，"无论心理学还是普遍意义上的哲学，都不能被认为与这一经济学的首要问题无关。甚至那些可以被认为属于艺术、文学和诗歌的领域都首先与我所研究的运动相关联：表现在生活沸腾之中的剩余能量运动"。② 这是一个显而易见的极为普泛的视野。在其中，巴塔耶似乎在用经济学的视野来观看人类社会生活的方方面面。在当代学科体系日益壁垒森严的今天，巴塔耶的这种做法近乎是一种倒退，但也是一种可能的反抗。但不管怎样，仅就他的这一尝试而言，自身就包含着一种

---

① ［法］乔治·巴塔耶：《被诅咒的部分》，刘云虹、胡陈尧译，51 页，南京，南京大学出版社，2019。

② 同上书，50 页。

可能的矛盾。

　　这一矛盾表现在：巴塔耶一边试图从经济学的视角出发，以能量运动中的积累与耗费为其研究对象，另一方面，却又已经极为清醒地意识到经济学自身的非普遍性：

　　　　经济学满足于将孤立的情况加以推广，它将其对象局限于为了有限目标，即经济人的目标，而进行的操作；它不考虑那种没有被任何特定目的所限制的能量游戏，即普遍生命物质的游戏……在地球表面，对于普遍生命物质，能量总是过剩。①

　　换言之，巴塔耶一方面运用着只有在经济学理论当中才可能出现的诸如积累与消费的概念，另一方面却试图用这些概念来表达一些具有局限性的经济学无法描述的现象。那些贯穿在整个宇宙内部的能量运动方式，诸如只知道付出而无所回报的太阳的能量释放方式，以及那些还不懂得经济计算，只懂得如何进行祭祀、举行夸富宴的原始人，也似乎无法在经济学的话语当中获得阐释。马克思在《1857—1858 年经济学手稿》当中也曾经讽刺过那些国民经济学家（也就是经济学范式的最初创造者们）说他们如同鲁滨逊一般将人的生活抽象为一个孤岛，并指出被国民经济学家所构想的人类交换的最初状态，即猎人与渔夫之间的等价交换，不过是穿着猎人与渔夫服饰的两个资本家之间的交换罢了。② 巴塔

———————————

　　① ［法］乔治·巴塔耶：《被诅咒的部分》，刘云虹、胡陈尧译，64 页，南京，南京大学出版社，2019。

　　② 参见《马克思恩格斯全集》第 30 卷，22 页，北京，人民出版社，1995。

耶作为黑格尔与马克思思想的后继者，已经掌握了一种可能的历史分析方法。他对于经济学固有局限性的自觉是清晰而直接的，但巴塔耶却仍坚持着一种政治经济学式的言说方式，这显然构成了他特有的理论局限，也成为他所认为的这一伟大理论发现不能被世人所理解的根本原因。

因此，概言之，巴塔耶的普遍经济学之普遍性表现在他的一种类宇宙式的能量运动视野，其中，这一普遍经济学所考量的能量的聚集与耗费之间的关系一方面被拓展到了自然界中的万事万物，由此，那些类物理学的、生物学的讨论方式都将进入思考的视野；另一方面则被拓展为整个人类发展的历程，原始人独特的生存方式被纳入考量，并且凸显了这一生存方式与自经济人假设诞生以来的当代生存方式的根本区别。与之对应，仅仅拘泥于特定的历史阶段，拘泥于人类社会发展过程之中的政治经济学研究，则成为相对于普遍经济学而言的特殊经济学。尽管马克思已经意识到了原始生存方式与当代资本主义经济发展逻辑之间的区别，但由于他的理论重心大多集中于资本逻辑运行的自我运动，所以其理论在巴塔耶看来本质上也是一种特殊经济学。

视野的拓展，并不仅仅带来分析视域的扩大，而是从根本上改变了"经济学"的概念谱系。在古典政治经济学那里，生产、消费与交换构成了增加财富的各个环节，因此也成为古典政治经济学的基本概念；对于巴塔耶而言，耗费（consumation）与过剩则成为另外两个可能的核心概念。

这个被中国学界普遍翻译为"耗费"的法语词 consumation，在法语的语境当中并不常见。在经济学中与生产相对应的"消费""消耗"一般被表述为 consommation，与之对应的消费的动词为 consommer。而与 consumation 对应的 consumer 所趋向的却是"耗尽"与"衰竭"。巴塔耶用这一概念来替代曾经用来表示"花费"的 dèpense，显然能比对过剩能量的无意义的耗费更为切近，并展现出这一概念背后所包含的"无限的浪费"与"奢侈"。

基于对这一概念的关注，我们需要转向对另一个问题的讨论：什么是被诅咒的部分，它在何种意义上是阐发人类社会不可或缺的一维？被诅咒的部分（La part maudite），可以直译为"该死的部分"。这种带有诅咒式的表达，所意指的是那个与我们理性思维相对抗的部分。这一部分意指过剩能量总是需要毫不保留地被以浪费的形式耗费殆尽的必要性。这种必要性甚至成为普遍生命增长过程中所必然遵循的一个基本的原理，在这一原理中，增长被视为能量过剩的标志，因为正是在增长当中，生命体彰显出了"比维持其生命所需更多的能量。过剩的能量（财富）可以被用于系统（例如有机体）的增长；如果系统无法继续增长，或过剩的能量无法在其增长中被完全吸收，那么过剩部分就必须被毫无利益地损失、耗费，无论是否乐意，也无论以光荣还是灾难性的方式"①。

巴塔耶将这段表述视为对地球表面上能量运动情景之基本事实的描述。在我看来，这一所谓"事实的描述"已经将其普遍经济学中的基本理论表达得很清晰了，我们可以作如下更为理论化的概括。

---

① ［法］乔治·巴塔耶：《被诅咒的部分》，刘云虹、胡陈尧译，62 页，南京，南京大学出版社，2019。

第一，增长意味着过剩。人类作为自然界中的一个生命物种，在普遍的生命存在中，诸如死亡和性生殖，就成为能量过剩的表征方式,[①]它以显而易见的过剩与浪费为增长提供可能性。例如，自然界中动物的死亡，作为生命最为昂贵的浪费，最终却带来了新生命得以存在的必要空间。同样，性生殖也只有在维持一个生命体的基本生存的基础上有所过剩，才有生殖的可能，生殖所带来的另一个生命的增长本质上就是一种过剩能量的显现。

第二，过剩总是需要以耗费、浪费的形式被消耗掉，才能带来生命体的持续存在。如果说增长意味着过剩还是基本符合现代经济学对增长的诉求和理解的，那么巴塔耶将对过剩的耗费提到必要意义的高度上，似乎就已经突破了传统经济学的研究视野。或者说，这根本就不是一种经济学式的研究方式，因为对于一个将理论建基于"节约"（economics）的意义上的经济学而言，"浪费"与"耗费"的观念是对经济学领域自身的僭越。但对巴塔耶来说，这种耗费对于政治经济学来说却是更富有本源性的。

这种本源性表现在，一方面，这是自然界普遍的生命延续的基本法则，正如太阳照耀地球生物一般，是一个只求付出而不求回报的能量浪费。而正是因为有太阳的无限过剩的能量浪费，生命体才能获得根本性的发展。巴塔耶在他普遍经济学基本原理的构造中为我们描述了自然界生物生长的内在逻辑。在此，生命的自我繁殖被视为一种"压力"，这种

---

① 巴塔耶提到了自然界的三种奢侈，除了死亡和性生殖，还有吃。我对"吃"所蕴含的奢侈性存疑，因为"吃"作为人类维持自身生存的方式，包含着它的必要性，而对于奢侈形式而言，它首先需要超越的就是必要性。

压力所产生的效应包含两个：一为扩张，二为挥霍或奢侈。巴塔耶最大的贡献在于扭转了被现代经济学的思维方式所塑造的有关生命增殖的基本逻辑：这是一个被"必需"所主导的生命法则，所有的过剩都被规定为需要被有效利用的剩余。严格说来，对于巴塔耶的普遍经济学而言，剩余并不同于过剩。剩余在现代经济学的视域中孕育了有限度的增长的可能性。而巴塔耶的过剩，则意味着一种无限的耗费。因此，剩余在特殊的政治经济学当中总是一种剩余价值，它是再生产必需的环节。而过剩，则是普遍经济学中的一种无法计算的耗费，它自身的存在就意味着一种普遍生命的增长方式。

另一方面，在巴塔耶看来，耗费甚至对于已经被经济学所统治的人类社会而言，也是不可或缺的。不仅诸如吃、死亡与性生殖自身就是耗费的一种表现方式，更为重要的是，那些人类文明发展过程中无法理解的战争与革命，所符合的正是普遍经济学的这一耗费逻辑。不得不说，巴塔耶在此对于战争的分析是精彩而独到的。在 20 世纪 30 年代，巴塔耶面对第一次世界大战，这场突然发生而理性又无法阐释的文明毁灭，给出了一种带有历史唯物主义色彩的分析，他从社会现实的工业活动出发，直面过剩产能所产生的社会现实后果：

近期的发展是工业活动激增的后果。首先，这种增殖运动通过吸收主要的过剩部分而抑制了战争性活动：现代工业的进展促成了 1815 年至 1914 年间的相对和平……然而，从此以往，技术革新所引发的增长成为困扰。增长本身导致了过剩的增加。第一次世界大战爆发时，增长极限还没有被实际触及，哪怕在局部。第二次世界大战本身并不意味着系统此后无法进一步发展(延伸地，甚至是强化地)……这两次战争所渗出的正是这种过剩；也正是大量的过剩导致战争异乎寻常地激烈。①

巴塔耶的普遍经济学的基本旨归当然并不仅仅在于换一个角度来阐释人类文明发展的基本逻辑，还在于实现一种"哥白尼式的理论革命"——超越生产逻辑的狭隘视野来重新理解人类文明发展方式。对此，巴塔耶是拥有自觉意识的：

> 从有限经济学观转向普遍经济观，这事实上实现了一次哥白尼式的转变：对思想与道德的颠覆。从一开始，如果大体上可被估量的一部分财富注定要损失，或注定无任何可能收益地被用于非生产性用途，那么就有必要，甚至不可避免，将一些商品不计补偿地出让。②

这无疑是一套新的经济发展规则，它在本质上所实现的思想与道德的颠覆，实际上是对资本主义思想和道德的颠覆。在此之前，由于资本逻辑的统治以及现代政治经济学的基本假定，人变成了经济人，在计算的、追求剩余价值的冲动之下形成了有关社会发展的基本法则，以及人特有的存在方式，诸如积累的观念、葛朗台式的生存方式，这些成为现

---

① ［法］乔治·巴塔耶：《被诅咒的部分》，刘云虹、胡陈尧译，66～67页，南京，南京大学出版社，2019。

② 同上书，67～68页。

代人的思维方式和基本道德法则，积累观念的固化造成了对这一观念自身的质疑。巴塔耶用普遍生命的法则构筑的普遍经济学，所颠倒的也正是这固化思维。在这个已转变的思维方式之下，自原始社会以来那些不能被现代人所理解的宏大建筑的建造，以及被视为无用而奢侈的祭祀，都成为促进人类文明增长的有效方式。

概言之，在普遍经济学的理论基础之中，一整套在特殊经济学中占据中心地位的概念，如劳动、价值、生产、消费、交换失去了它们决定性的意义，它们只是在特定的时期（如近代的资本主义时期）、特定的情景（如相对和平的年代）才有讨论的意义。只有在这些特定的条件之下，经济学才是以如何增长和积累社会财富作为其讨论核心的学问。相反，在人类社会发展的整个历史当中，在动物、植物与人类社会共同增长的普泛语境之下，占据普遍经济学主导的概念则是非生产性的耗费、过剩。在对这些概念的讨论当中，普遍经济学所关注的将是死亡、祭祀、色情（相对于性繁殖的无用的性浪费）等主题。财富，在其中也得到了重新审视。通过对莫斯的《礼物》中所提到的有关夸富宴的讨论，巴塔耶将财富的功能视为"炫耀性的耗费"，巴塔耶再一次以历史性的眼光看待财富功能的演进过程，这一点颇有启发：

　　我们注意到，在原始社会，人对人的剥削还相当微弱，人类活动的产品涌向富人，这不仅由于他们被认为要发挥保护和引领社会的作用，同样因为他们必须为惊人的集体性耗费承担费用。在所谓的文明社会，财富的功能性义务只是在一个相对较近的时期才消失。异教的衰落导致了游戏和祭祀的衰落，而富有的罗马人有义务支付这些游戏和祭礼的费用。正因为如此，我们可以说，基督教使财富个人化，它赋予财富拥有者对其产品的完全支配权并废除财富的社会功能。①

换言之，财富是可积累的，这看似是无须证明的理论前提，在巴塔耶的普遍经济学中却变成了历史发展过程中的一个特殊阶段，财富拥有了自己的史前史，在其中，消耗财富成为拥有财富的全部意义。

为了证明普遍经济学的基本原理，巴塔耶拿出了他的文献学的研究工夫，颇有耐心地对从原始社会到资本主义社会的发展态势作了一系列新视角下的分析。这可以算作其基本原理的现象学演绎，同时也构成了一次巴塔耶式的历史哲学的研究尝试，它兼具黑格尔和马克思哲学的基本精神，以这一被诅咒的部分（非生产性耗费）为主线展开了有关整个社会历史演进的研究。

至此，我们面前还剩下最后一个问题：巴塔耶的普遍经济学究竟是对马克思思想的继承还是反叛？对这一问题的回应，将带领我们进入对巴塔耶的政治经济学思想的评价。

有学者认为，普遍经济学是巴塔耶继承黑格尔的《历史哲学》后产生的思想。② 我并不反对这一说法，但我觉得这一说法不够全面。相对于黑格尔，巴塔耶的这部有关政治经济学的研究显然与马克思的思想有更

---

① ［法］乔治·巴塔耶：《被诅咒的部分》，刘云虹、胡陈尧译，34页，南京，南京大学出版社，2019。

② 参见上书，262页。

为紧密的关联。

其一，就其研究的视角而言，巴塔耶的普遍经济学是马克思的政治经济学"批判"的产物。马克思对政治经济学的关注是"批判性"的，这一批判的视角决定了他尽管采取了古典政治经济学的全部概念体系，却从未真正延续古典政治经济学的研究视角。正如马克思在《1844 年经济学哲学手稿》当中所认为的，黑格尔与古典经济学家处于同一立场，[①] 他们都将一种本质性的规定作为前提不加分析地接受，并在此前提之下展开讨论。例如，黑格尔的富有肯定性的劳动和古典政治经济学家的没有论证的"经济人"假定，对马克思而言，需要从这些前提出发去揭示这些固化的前提所应有的史前史。严格说来，马克思这方面的工作并没有很充分地完成，他后半生主要的工作集中在对资本主义社会的个案性分析，在其中，马克思有效地示范了作为历史阶段的资本主义如何发生、发展和灭亡，并非资本主义社会作为一个永恒的历史状态如何合理运行，这是马克思的政治经济学批判与古典政治经济学家的最大差异所在。而巴塔耶的普遍经济学，在某种意义上是马克思的个案性研究方式的普遍性推广，这一推广不仅涉及前资本主义社会，甚至涉及了非人的自然世界。但不管怎样，其研究方法都未曾改变，这是一种富有历史性的批判方法，或者借用马克思主义理论的术语来说，这是一种历史唯物主义的研究路径。

其二，无论是马克思还是巴塔耶，当他们以历史性的视野展开对当代社会现实的分析时，他们实际上都以某种方式超越了政治经济学的研

---

① 参见《马克思恩格斯文集》第 1 卷，205 页，北京，人民出版社，2009。

究视域对他们理论的框定。当马克思的《资本论》研究本质上是以资本主义如何灭亡为其理论旨归之时，作为政治经济学批判的《资本论》已经不再是一部经济学著作，而成为一部哲学著作。因为它所关注的根本不是社会财富的积累，而是超越资本主义社会的未来社会得以成立的可能性条件。与之类似，巴塔耶的普遍经济学，以非生产性耗费为其基本内涵，这种立足反生产式的经济学范畴本质上已经是对经济学固有理论的一次僭越。在其中，巴塔耶同样不关注财富的积累，而关注那些原始社会中人所特有的耗费性的生活方式如何在现代资本主义社会中消逝以及被替代。巴塔耶的最终目的，正如活跃于 20 世纪 30 年代的法国左翼知识分子一样，是为已经将人物化的资本主义生活方式找寻一种可能的解脱路径，因此其理论的展开也就成为马克思主义思想在法国与莫斯社会学相结合的独特产物。

二、萨特的主体性原则与人本主义马克思主义的形成

在 20 世纪 30 年代到 20 世纪 60 年代的法国，或许并没有多少人认为巴塔耶属于马克思主义的思想阵营，尽管巴塔耶以其独特的方式将他所理解的黑格尔与马克思讲述了出来。巴塔耶的研究所影响的一些新时代的法国马克思主义者已经将他的哥白尼革命放到了一个无须讨论的前提之上。例如，在后马克思主义者鲍德里亚的研究当中，一般经济学以及象征性交换等观念已经成为他补充抑或直接超越马克思的理论路径。虽然巴塔耶较早地成为一个马克思主义者，其所提出的马克思的问题

域，以及他以僭越经济学来讨论经济学的方式，甚至他通过黑格尔进入马克思的思想理路，都对法国马克思主义的形成和发展产生了重要的影响，但他仍然不能成为法国马克思主义的代表人物，这一方面因为他较为散漫的文体让他的思想处于不断游弋当中，但更为重要的是他与萨特这位思想巨人处于同一时代，他所内在的光辉或多或少被萨特所遮蔽了，而正是在后者这里，马克思的思想似乎终于不仅展现出法国人所乐意接受的那个面向，更为重要的是，它获得了一个相对系统和完整的表述方式。在这一意义上说，马克思在经过了科耶夫与伊波利特的隐性输送，并以巴塔耶为中介之后，进一步被烙上了法国思想的固有烙印，到了萨特这里，他终于不再只是被拉法格和饶勒斯所津津乐道的那个仅仅关注实践和行动的马克思，马克思的思想在萨特这里拥有了自己的纯粹理论的基本形态。

（一）萨特的"食用哲学"批判：马克思的隐性存在

讨论萨特的哲学，我们总是要从他对于胡塞尔现象学的讨论开始。萨特的两部鸿篇巨著——《存在与虚无》与《辩证理性批判》，成为其思想前后期的两个里程碑，诠释着一个思想巨人的心路历程。其中，《存在与虚无》被人们视为萨特的现象学阶段，而《辩证理性批判》则成为萨特直面当时流行的马克思主义，构筑自身的马克思主义思想的拱顶石。似乎在萨特这里，存在着两个理论的阶段，在前一个阶段中胡塞尔占据主导，在后一个阶段中马克思占据主导。但正如我们在本书中已经反复指出的那样，对于任何一个法国思想家而言，无论将哪一位思想家作为自己的思想来源最终也不过是将其作为自身思想的中介。因此无论是胡塞尔还是马克思，他们在萨特那里的存在形态都已经发生了萨特式的转变。因此所谓现象学意义上的萨特抑或作为马克思主义者的萨特，在本质上从来都只是一个萨特的多个面向之一而已。

因此我不想纠结于萨特早期与晚期之间的差异与过渡是何以可能的，相反，基于对萨特所开拓的独特的马克思主义理论的理论旨趣，我在此将主要通过两篇萨特的小文——完成于 1934 年的《胡塞尔现象学的一个基本概念——意向性》以及 1961 年 12 月在葛兰西学院的演讲《马克思主义与主体性》，彰显萨特从未改变的理论旨归。选择这两篇文章的原因，在于它们在某种意义上构成了他的两部鸿篇巨著的浓缩版，前者是萨特在追随胡塞尔学习归国后所发表的第一篇直面胡塞尔思想的理论文章，后者则是他在刚刚完成《辩证理性批判》之后在罗马所作的报告。前者指引着我们发现萨特所理解的现象学的本质，后者成为萨特在系统完成了他的马克思式的辩证法研究之后做出的总结。从这两篇篇幅并不大的文献当中，我们可以清楚地看到萨特理论旨归在本质上与法国人所理解的马克思有着天然的契合性，也正因如此，萨特才能让法国的马克思主义获得一个真正系统的表达。

为了更为系统而充分地理解萨特的小文《胡塞尔现象学的一个基本概念——意向性》，我们或许可以暂时脱离晦涩的理论表述，转而回顾一段法国思想史上的逸闻趣事，以揭示萨特追随现象学的根本动机，正是这一动机作为从未改变的理论线索勾勒出萨特式的胡塞尔的基本轮廓。

这段趣事发生在巴黎的咖啡馆，对于当时法国年轻的新锐学者而言，咖啡馆就是他们思想的孕育之地。美国作家萨拉·贝克维尔在

《存在主义咖啡馆：自由、存在和杏子鸡尾酒》中曾这样描述咖啡馆的意义：

> 像花神这样的咖啡馆，仍然是巴黎人生活的中心。首先，它们是取暖的最好去处，显然好过很多人住的那些简陋、廉价的旅馆，没有暖气或像样的烹饪设备。不过，即使到了 20 世纪 50 年代，也就是战争结束后，美国作家詹姆斯·鲍德温仍然发现："我住进法国旅馆的时候，才明白法国咖啡馆的必要性。"①

当然，贝克维尔的这番议论只是停留在直观感受层面上的描述。在我看来，咖啡馆之于法国的萨特们而言更为重要的是咖啡馆中固有的"烟火气"。而萨特所开拓的存在主义哲学本身，在我看来，正是在整个西方哲学史中最具有烟火气的哲学。

从来没有一种哲学会如此关注肉体的、有限的人所包含的那些弱点，因为从康德以来，德国古典哲学为我们构筑的人性是完美的。也从来没有一种哲学会如此大张旗鼓地去谈论人的爱与恨、恐惧与战栗，甚至连法国人最爱的笛卡尔在他的哲学开端处也只是将人视为认识世界、获取知识的主体。而反抗所有概念的，因此也是抽象的和僵死的哲学，却成了萨特们津津乐道的东西。

1932 与 1933 年之交的某个晚上，三个好朋友——雷蒙·阿隆、萨

---

① ［英］莎拉·贝克韦尔：《存在主义咖啡馆：自由、存在和杏子鸡尾酒》，沈敏一译，207 页，北京，北京联合出版公司，2017。

特与波伏娃一起到蒙帕纳斯达岛上的"煤气灯"酒吧，一起谈天说地，一起喝着他们最爱的杏子鸡尾酒。其间，雷蒙·阿隆兴致勃勃地为他的两位好朋友讲述当时正在德国流行起来的一种哲学——"现象学"。为了能够向当时对于现象学仍一无所知的两位青年人讲述这门晦涩难懂的学问，雷蒙·阿隆天才般地用一个简单的道具瞬间让现象学的真谛突然地显现在了萨特和波伏娃的面前。

多年以后，这段故事被波伏娃反复讲述。阿隆对萨特说：

> 你看，mon petit camrade 我的小同志，如果你是一个现象学家，你就可以谈论这杯鸡尾酒，然后从中研究出哲学来。①

"我的小同志"，是阿隆自学生时代起对萨特的称呼。这样的昵称被波伏娃清晰地记住。在如此轻松的氛围当中，萨特与波伏娃却突然产生了与之完全不相称的严肃感，两者之间的反差，让萨特和波伏娃同时体会到了一种震惊的效果。波伏娃后来近乎夸张地回忆道："萨特听完这句话后，面色唰地白了。"②

这种夸张是真实的，因为四十年以后，萨特在一次采访中这样评论道："我可以告诉你，我好像当头挨了一棒。"萨特如同禅宗中的高僧，在瞬间的棒喝中看到了一个新世界。③

---

① 转引自［英］莎拉·贝克韦尔：《存在主义咖啡馆：自由、存在和杏子鸡尾酒》，沈敏一译，11 页，北京，北京联合出版公司，2017。

② 同上。

③ 同上书，12 页。

据说萨特当时马上冲到最近的书店中，对店员说："给我这里每一本论现象学的书，现在就要！"当时法国书店的店员似乎比萨特更了解现象学在法国的最新研究，因为萨特马上得到了一本后来成为法国现象学界的经典的文献——伊曼努尔·列维纳斯的《胡塞尔现象学中的直觉理论》。据说当时萨特还没等到回家，就翻开了书页，边走边读，而法国现象学的大幕也就在这一时刻缓缓拉开了。

因此，我们常常这样来描述法国现象学的缘起，这是一个从鸡尾酒中诞生的哲学。这一描述绝非仅仅意味着对这一哲学缘起的那个场所的复原，更为重要的还有对这种哲学本质的彰显。现象学在德国还残存着它作为内在意识哲学的尾巴，这表现在胡塞尔仍然会将我思的问题放在哲学的第一位来加以讨论，因此旧有形而上学的全部问题都还在我思的设定当中保持着它原有的位置。而在法国，现象学却从一开始就走到了光天化日之下，出现在街角的咖啡屋里，在萨特边走边读的大街之上。而法国现象学所强调的对意识之外的生活世界的观照和理解，似乎更贴近现象学创立的本意。

当然，萨特所遭受的当头一棒，不仅仅意味着他突然发现了一条通达新世界的道路，更是因为那个时刻的萨特自己也正在经历一种蜕变。他感到自己似乎正在找寻一种"破坏性的哲学"，但对于这种哲学究竟是什么样的，他或许并不是特别清楚，但它一定是能从鸡尾酒中直接变出哲学的哲学，并且它一定会与当时统治法国哲学教育界的新康德主义完全不同。

天才总难免有些自负，萨特认为这个新世界的大门首先应该由他来为全人类打开。但当阿隆告诉他德国的现象学已经先行完成了这个新哲学的架构，萨特的沮丧可想而知。

但缘起只能代表思想的一个面向，正如所有刚刚从母体中出生的婴儿，模样都差不太多，但随着他们慢慢长大，他们的样子才有了千差万别。所以，萨特的沮丧可能过早了。因为他所参与的法国现象学运动与德国现象学运动之间，并没有他最初所认为的那样接近。

但不管怎样，萨特仍是被胡塞尔的现象学彻底迷住了，否则他不会选择在 1933 年，这个危险的年代暂时中断自己在大学的教职，跑到德国追随胡塞尔去学习现象学。

1933 年，纳粹与反犹主义的阴云已经开始笼罩在德国的上空，紧张的局势似乎处于一触即发的关节点上。但作为异乡人的萨特，在德国的生活似乎波澜不惊。咖啡馆仍然是他研究和写作的主战场，作为一个从小就立志做独立思想家的人，萨特在法国都从未参加过被他的同辈精英推崇备至的科耶夫研讨班。因此，虽然萨特宣称自己是为了追随胡塞尔学习现象学而来，但在一年当中从未参加过胡塞尔的课程，也从未试图与胡塞尔见上一面。而是利用这难得的空闲时间，开始了他多个研究领域的探索——对哲学现象学的探索、小说《恶心》第二稿的完成，并种下了诸多思想的种子，在萨特的思想土壤中，它们正逐渐破土而出。

因此，当萨特在 1934 年回到法国之后，他如同一个完成学业的学生一般交出了一篇短小精悍的现象学小论文——《胡塞尔现象学的一个基本概念——意向性》，这篇论文近乎成为萨特在德国游学的一篇毕业论文。正是在这篇小论文当中，萨特第一次用他富有浓重文学色彩的写作方式描述了一种现象学的观念。这篇小文如同法国现象学的一次思想白描，在其中，"胡塞尔"的名字虽然被不断地提到，但我们已经可以清晰地感觉到，其实萨特的现象学不仅与胡塞尔的现象学有了根本不同，也与他的同辈所接受的科耶夫式的黑格尔现象学也不搭界，相反，我们看到，一个法国存在主义者与马克思思想天生具有相关性。

萨特首先是一个文学家，因此他的论述中总会拥有很多一般的哲学著作中罕见的例子和故事。它们有效地将晦涩的哲学概念阐释为现实的存在。在此，我们从这篇小文入手，展开两方面内容的讨论：第一，萨特所理解的现象学中的意向性概念究竟是什么意思？第二，萨特的现象学与胡塞尔的现象学的本质区别是什么？

"他以目光吞噬了她。"①这是这篇小文开篇的第一句话，具有典型的萨特式的表达方式。萨特用一种感性的直观方式表达了此前传统意识哲学的典型特质。其中，外在的客观世界严格说来是不存在的，一切都是意识自身的对象化的表现形式，比如一张桌子、一块岩石、一棵树，都不过是意识内容的"堆积"，世界是不可理解的，从而也就是一种非存在。事物与观念之间存在着一种必要的同一或者同化，同化的方式不过是将外部世界毫无保留地进行内在化："我们当中那些头脑最简单和最粗陋的人徒然地去寻找某种坚固的东西，总之，某种不是精神的东西；结果他们到处碰到的只是一层湿热迷蒙而又如此清晰可辨的薄雾：他们自己。"②

萨特将这样一种传统哲学视为"经验批判主义、新康德主义"，它们正是流行于 20 世纪 30 年代的法国哲学界，并被萨特等青年一代思想者

---

①　[法]萨特：《胡塞尔现象学的一个基本概念——意向性》，潘培庆译，载《法国哲学》，1985(2)。

②　同上。

所拒斥的思想类型。萨特在此将胡塞尔的现象学视为对抗这一传统哲学的新哲学形态。为了显示两者的对立关系，作为文学家的萨特再一次用极为生动的语言做了一个恰当的比喻：在传统哲学那里，"认识就是吞噬"。也就是说，意识和概念吞噬了真实的世界。萨特将传统观念论比喻为"精神蜘蛛"，这只蜘蛛"将事物诱至其网中，用白色的粘液将事物包裹起来，并慢慢地吞下"①。这就是在传统意识哲学中那个被对象化的世界，同时又可以复归于其自身的整个思辨过程的文学化表达。因为这一精神蜘蛛的存在，我们对客观世界的理解变得更真实。但萨特却不满意这种哲学的统治，带着强烈的讽刺意味作出这样一个感叹："好一个食用哲学！"

而胡塞尔的现象学就是专门来对付这种食用哲学的。他的"意向性"概念能够打破这种只关注消化系统的食用哲学。对于萨特而言，胡塞尔用以表达意向性的名言"一切意识都是对某物的意识"所表达出的是意识与客观世界之间的平行关系，在此，客观世界不能被意识吞噬，而是作为意识世界的一个平行世界与意识世界交融或者碰撞的。这里显然存在着一个根本性的误解，胡塞尔的"一切意识都是对某物的意识"所要表达的正是他的意向性哲学的纯粹内在性。在内在性原则中，那个在现实世界中存在着的对象，严格说来，并不是意向性理论的研究对象。因为对胡塞尔而言，意向性本质上是一种认识体验，"它们意指某物，它们以这种或者那种方式与对象发生关系。尽管对象不属于认识体验，但与对

———————————

① ［法］萨特：《胡塞尔现象学的一个基本概念——意向性》，潘培庆译，载《法国哲学》，1985(2)。

象发生的关系却属于认识体验。对象能显现出来，它能在显现中具有某种被给予性，但尽管如此它既不是实在地存在于认识现象之中，也不是作为思维而存在"①。换言之，意向性所表达的包含着某物的意识去除的恰恰是现实实在的对象，对象的存在意义不是现象学所关注的要点，对于认识之明晰性有着执着追求的胡塞尔而言，在意识中如何呈现对象的被给予性才是问题的关键所在。胡塞尔的意向性观念的确充当着一个中介，使得意向性的内在对象既不是客观的对象，也不是思维自身，萨特用食用哲学批判所指出的只是对作为思维的对象的否弃，而在萨特对意向性的理解当中，对那个被胡塞尔同时排除的客观的经验世界，则似乎置若罔闻。

萨特以这样一种方式来表达被他视为平行的两个世界："你看到这棵树了吧，很好。但你是在它所在的地方看到它：在公路旁，在尘埃中，孤孤单单、弯弯扭扭地竖立在烈日之下，在距地中海岸二十多公里的地方。"②萨特不惜笔墨地将一棵树的生长环境具体化的目的只有一个：表明这棵在真实情景下生长的树，"不可能进入你的意识，因为它的本性和意识是不同的"③。

这样一棵遭受着烈日暴晒的树，将意识排除在外，意识也无法消化它。"如果你居然进入某个意识'之中'，就会有一阵旋风把你抓住，将

---

① ［德］胡塞尔：《现象学的观念》，倪梁康译，48 页，上海，上海译文出版社，1986。

② ［法］萨特：《胡塞尔现象学的一个基本概念——意向性》，潘培庆译，载《法国哲学》，1985(2)。

③ 同上。

你抛到外面，贴在树上，抛到尘埃之中。"①萨特的这样一段描述仿佛让我们看到了一个叫作"意识"与一个叫作"你"的实体之间所进行的一次殊死搏斗。这一殊死搏斗产生的原因在于意识自身需要一种纯粹性：它应"干净得像一阵狂风，除了自己逃逝的运动和向自我之外的滑动之外，它之中就没有什么了"②。萨特对于胡塞尔特别强调的意识的纯粹性的把握是准确的。但对于胡塞尔而言，这种意识之纯粹性的保障是在意向性当中保持着认知主体与实在对象之间的关系的内在性，这种内在性保持着它不被诸如"一般性"等任何一种可能的超越性所捕获。换言之，在胡塞尔的意向性中，意识是包含着客观对象的意识，意识与外在客观事物具有一种原初的统一性。在这一意义上说，胡塞尔的意向性本质上也是一种意识哲学，因此本质上也是被萨特所批评的那种食用哲学。如果说胡塞尔的现象学与传统意识哲学有区别的话，其区别或许可以这样表述：面对意识与被意识之物，传统哲学将它们视为被摔成两半的镜子，总是想尽各种办法将它们重新粘贴起来，而胡塞尔则从根本上认为它们不过是同一面镜子的两面而已，所以那种"修补"的工作是多余的。

萨特对于胡塞尔的意向性概念的理解也仅停留在这种空洞的意识的纯粹性当中，意识的纯粹性在萨特这里之所以是空洞的，是因为他在讨论意识的意向性的时候，并不如胡塞尔那样，借助意向性将外在的世界包裹进意识之中，相反，他特别强调的是客观世界如何外在于意识。就这一点而言，萨特的现象学从一开始就更接近海德格尔，而非胡塞尔，

---

① ［法］萨特：《胡塞尔现象学的一个基本概念——意向性》，潘培庆译，载《法国哲学》，1985(2)。

② 同上。

而这一趋向不过是整个 20 世纪 30 年代的法国现象学的共同特质。因此，在对意向性的理解当中，萨特最终作出了一个与胡塞尔的意向性截然相反的判断：

> 存在，就是在世界上闪现，就是从世界的虚无和意识出发来使意识突然出现于世界。如果意识试图使自己复活，并最终与自身合一，关紧百叶窗保持温度，那它就化为乌有了。这种意识作为对与自我不同的东西的意识存在的必然性，胡塞尔称之为"意向性"。①

在此，萨特对于意向性的表达晦涩难懂，但结合上下文的表述，我们可以将其转述如下：所谓意向性，即承认意识与自我之间的外在性，两者是异质的，不能完全等同。自我意识的封闭性是问题的一个方面，在客观外在的世界当中仍然存在另一种活生生的意识，它就是客观世界中存活的那一棵树，那一片云，它们如果没有被意识到，当然是不存在的，但它们又的确并不是存在于自我封闭的幻觉当中，它们是有其现实的、活生生的、带着风尘与活力的现实性的存在。虽然这种存在也是一种意识，但它与自我绝非同一回事。

于是，由此产生了另一个问题，为何这种外在于自我的客观世界也是一种意识，而不是一种与意识无关的存在？此刻作为哲学家的萨特显现出了他的哲学家的本性，正如我们已经指出的那样，在萨特活跃的时

---

① ［法］萨特：《胡塞尔现象学的一个基本概念——意向性》，潘培庆译，载《法国哲学》，1985(2)。

代，整个法国青年一代的学者都在努力探求着所谓"人的历险"，对于新康德主义的观念论传统恨之入骨。两次世界大战的现实背景，让萨特们开始探寻一种仅与人有关的哲学关切。科耶夫与随后的伊波利特杂糅了胡塞尔、海德格尔与黑格尔现象学的研究固然从学理上为他们指出了一条可以走通的道路，却仍太多拘泥于文献学的研究，而真正原创性的思想，还是在萨特这里首先展现出的。阿隆用鸡尾酒的哲学来比喻胡塞尔的现象学，显然是一种严重的误导，这种鸡尾酒的哲学，严格说来，只是萨特自身哲学的最好表达，而非胡塞尔的现象学。因为鸡尾酒的存在，从来不是全然客观的、与人的意识毫无关联的存在，相反，它是一种绝对外在于自我意识，却又与意识对它的理解密切相关的存在。这是哲学审视世界的独特方式，这种哲学，后来就成为萨特的人本主义的存在主义。在其中，世界是外在的，但也仍是人的世界。

因此，这个外在的人的世界，在萨特看来，就是胡塞尔的意向性概念所试图表达的一切。不仅如此，他还更趋向于早期的海德格尔，将这个在意象当中被理解的世界变成了一个情感丰富的世界：

> 对胡塞尔和现象学家们来说，我们关于事物获得的意识并不限于对它们的认识。认识或纯粹的"表象"只是我"对"这棵树的意识的可能形式之一；我还可以喜欢它、怕它或恨它。而意识自身的这种超越，人们称之为"意向性"的这种超越，就又处在恐惧、憎恨、爱之中。①

---

① ［法］萨特：《胡塞尔现象学的一个基本概念——意向性》，潘培庆译，载《法国哲学》，1985(2)。

概言之,萨特对于胡塞尔的意向性概念的理解包含以下两个关键要点:其一,自我意识与被意识到的外在世界并非同一,相反两者具有本质性的差异;其二,这个被意识所包括的外在世界,是一个以人为轴心的情感世界。客观世界的一花一木原来都包含着人对它的全部理解。

萨特对意向性的这两个理解,对于任何一个严谨的胡塞尔研究专家来说,几乎是不可接受的。概言之,萨特与胡塞尔现象学之间的根本差异相应地也表现在两个方面。其一,胡塞尔的意向性试图构建的是意识与被意识之物之间的同一,而萨特非要剥离出一个自我与被意识之物的异质化存在;胡塞尔所强调的是典型的"意识内在性",而萨特在此实际上已经将自身引向了"意识外在性"的理路之上。其二,与萨特不同,胡塞尔的意向性哲学并不具有存在论的特质,它在本质上囿于"认识论"的视野之内。对于这一视域的突破,是胡塞尔后期的一个转向,且仅在其弟子海德格尔的引领之下才得以发生。

但这种误读,对于萨特而言并不是问题,因为他其实也并不想做一个严谨的胡塞尔专家,他所说的其实永远都是他自己想说的。只不过年轻的萨特似乎还需要一个巨人的肩膀,一架通往他独立的哲学思想之建构的阶梯。因此,我们不必在意萨特对胡塞尔的理解是否恰当,而需要从中发现萨特自身哲学的根本特质:一种凸显外在世界与自我之对抗性关系的属人的存在主义哲学。

这样一种哲学与其说是与胡塞尔抑或海德格尔接近,不如说天然就与马克思的思想有着内在的契合。马克思不仅在《神圣家族》中从根本上拒斥了思辨哲学与现实社会运动之间的统一性关系①，同时更为重要的是马克思在其更早的《1844 年经济学哲学手稿》当中通过对"对象性"活动的强调，凸显了只有通过人的感官才能被构筑起来的现实的、客观的、外在的世界，② 并在此基础上凸显了他与法国唯物主义之间的内在关联性。这一思想倾向，正如我们已经指出的那样，天然与当代的法国哲学有着内在契合。萨特通过一杯鸡尾酒的引导而构建起来的现象学，在我看来，本质上与马克思哲学更为切近。因此在如火如荼地谈论存在主义的时候，萨特或许只是一个左翼思想家，当他意识到自己是一个马克思主义者的时候，其实不过是其内在思想理论的一次显性表现而已。

(二)从我思的外在性到辩证主体性原则：萨特的思想蜕变

对于曾经迷恋胡塞尔现象学的萨特来说，真正发现其思想内所隐藏的马克思也需要完成理论上的跨越。对于萨特而言，黑格尔对于当时很多的思想家而言，具有同样重要的中介作用。当萨特在完成了《存在与虚无》这部实际上以胡塞尔现象学为理论支撑点的著作之后，他又在很短的时间内抛出了具有强烈马克思主义思想色彩的《辩证理性批判》，以至于引发了当时法国学界的普遍困惑，这两部著作之间是否存在着一种断裂？而萨特本人对这一质疑似乎又给予了积极的肯定，称其前后发生了"根本的改变"③。由此萨特有了两副面孔：存在主义与存在主义马克

---

① 参见《马克思恩格斯文集》第 1 卷，276～293 页，北京，人民出版社，2009。

② 参见上书，182～197 页。

③ 参见中国现代外国哲学学会主编：《现代外国哲学(7)：存在主义专辑》，232 页，北京，人民出版社，1985。

思主义①。但正如我已经指出的那样，就其理论的内在逻辑而言，这种断裂并不存在。

《存在与虚无》的理论起点，源于对"我思"的追问和批判。这种追问是胡塞尔思想的延伸。1929 年，胡塞尔应邀在索邦大学做演讲，表达了对笛卡尔的"我思"的肯定，这当然是胡塞尔思想进入法国学界的一个很好的入口。但仅从理论的意义上来说，这个入口也并非胡塞尔在法国学界演讲时的"恭敬之词"，胡塞尔的先验自我的确立，就其研究的初始状态来说，与笛卡尔是一致的。如果没有笛卡尔式的普遍怀疑所确认的"我思"的确定性，胡塞尔对先验自我的设定还没有良好的地基。但当胡塞尔发现了"凡是意识，都是对某物的意识"这一原则之后，仅仅用"我思"来设定"我在"就变得不够充分了，对于胡塞尔来说，在我思之前还需要一个先验自我来保障，于是笛卡尔式的我思—我思对象的二元结构，在胡塞尔这里就变成了自我—我思—我思对象的三元结构。萨特对于这种设定显然是赞同的，而他所不满的是这个先验的自我仍然没有获得其意识是如何构成的说明，由此导致"先验自我"仍囿于意识内在性当中。而萨特的工作似乎就是进一步说明这个先验自我究竟是如何被构造的。

萨特对胡塞尔现象学的这种改造在《存在与虚无》之前是非自觉的，正如萨特在阐发胡塞尔的"意向性"时所表现出的那种根本的差异，《存在与虚无》只是将这一隐性的，并实际上通过感性的方式被表达出来的

---

① 参见王时中：《实存与共在：萨特历史辩证法研究》，第二章，北京，中国社会科学出版社，2007。

差异，以更为系统的理论化的语言表述了出来。

在萨特看来，沿着胡塞尔的意识原则一路走下来，意识最终只能成为"一个超越的对象的位置"[①]。对这一命题理解的关键在于"应该把事物从意识中逐出"，由此才能最终保住"我思"的确定性。因为只有这样才能"恢复意识与世界的真实关系"。[②] 而萨特的这种真实的关系是由"反思前的我思"所引发的。在笛卡尔的我思中，包含着自我的反思与反思的对象，在萨特看来，这两者都不能说明意识的构成，而"在反思活动中，我对被反思的意识作出一些判断：我为它感到羞耻，我为它感到骄傲，我希望它、我否认它，等等"[③]才是更为根本的，因为"在我的现实意识中的所有意向都是指向外面，指向世界的。反过来，对我的感知的这种自发的意识是我的感知意识的构成成分"[④]。这种能够说明我思之构成的反思，就是萨特所谓"反思前的我思"，它是笛卡尔之我思的条件。由是，萨特并没有从根本上改变胡塞尔的意识构成，只是对先于我思的"先验自我"做了更为彻底的意向性分析。分析的结果使得这个先验自我最终变成了一个意识之外的世界，这个世界是一个现实的、感性的世界。概言之，这种改造表现在：我思所固守的意识的内在性，被这种试图去除任何"对象"的意向性结构突破了，换言之，我思的前提所指向的是现实世界，由是，萨特的改造最终注定要将现实世界本身看作我思的本源。

---

① ［法］萨特：《存在与虚无》，陈宣良等译，8 页，北京，生活·读书·新知三联书店，1997。

② 同上。

③ 同上书，10 页。

④ 同上。

尽管这一改造被胡塞尔式的语言所遮蔽，但显然无法终止这种逻辑力量的延伸。一旦这种内在的逻辑遇到另一种与之相似的学说，两种思潮的整合就是必然的。在此，我们不得不再一次强调，马克思的哲学具有以上我们已经提到的与萨特思想的契合，仅就此来说，马克思的哲学与这种"反思前的我思"也是极为契合的，即两者都指认了"社会现实"才是理论研究的前提性保障以及最终的研究对象，由此，我们才能从根本上揭示为何马克思的思想在很短的时间内征服了萨特。由此可见，萨特所谓早期的存在主义与晚期的马克思主义的两个形象归其根本是一致的。

换言之，作为现象学家的萨特将胡塞尔坚持的意识"内在性"转变为一种"超越性"，并实际上借助反思前的我思的说法，将对现实世界的反思和批判拉入其哲学当中。这是萨特已有的问题意识，无论他做什么研究，这一问题意识总是如影随形地追随着他。因此，当他开始阅读马克思的《资本论》与《德意志意识形态》的时候，触动他的也是其中所引发的社会现实本身：

> 阅读并没有改变我。与此相反，开始改变我的是马克思主义的现实，是在我眼前工人群众的沉重存在，这个巨大而又阴沉的队伍在体验和实行马克思主义，并在远处对小资产阶级知识分子产生一种不可抗拒的吸引力。[1]

---

[1]　［法］让-保罗·萨特：《辩证理性批判》(上)，林骧华、徐和瑾、陈伟丰译，18～19页，合肥，安徽文艺出版社，1998。

但直到 1925 年，马克思主义仍然从未在法国课堂上被讲述："当时学校里对辩证法十分恐惧，所以我们连黑格尔也不知道。"①但当 1960 年《辩证理性批判》出版的时候，萨特已经成为一个试图运用马克思、黑格尔、克尔凯郭尔的哲学来构筑人的实践哲学之可能性的哲学家。对于晚期萨特来说，对于人的存在境遇的关注已经远远不足以构筑哲学的拱顶石，因此混杂着胡塞尔与海德格尔的现象学背景就已经不再能够回答此刻萨特的哲学困境。黑格尔，这个被早期萨特所忽视的思想者的强大力量再一次显现出来。

对于萨特而言，黑格尔思想代表着哲学上的整体性。

> 哲学上规模最大的整体化是黑格尔的学说。知识在他的学说中上升到最显要的地位……知识通过我们，在使我们解体之前给我们定位，我们在活着时便同最后的整体化融为一体：这样，一种悲惨的经验、一种导致死亡的痛苦的纯粹体验被一种体系作为应该通过中项的非常抽象的规定性，作为通向唯一真正具体的、抽象的过渡来吸收。②

现象学为萨特提供了一个在社会情境当中的自我，黑格尔则提供了自我之行动的合法性所赖以成立的主客统一的整体观。在现象学阶段，萨特强调了自我所敞开的反思前的我思（社会现实），而在马克思主义阶

---

① ［法］让-保罗·萨特：《辩证理性批判》（上），林骧华、徐和瑾、陈伟丰译，18页，合肥，安徽文艺出版社，1998。

② 同上书，11～12 页。

段，萨特则看到了自我通过整体性所彰显的真正现实的主体性原则。因为黑格尔的辩证法会被认为使分裂的实践与理论重新整合起来。而主体的行动则强烈需要在这种融合中真正地实现出来。马克思主义在这时的萨特眼中也是注重整体性的。

> 马克思相信，事实从来不是孤立地出现的，如果它们是一起产生的，那么它们总是在一个整体的高级统一（l'unité supérieure）之中，通过一些内部关系联系在一起，一个事实的存在会改变另一个事实的深刻本质，所以他用综合的方法来研究 1848 年的 2 月革命或路易·拿破仑·波拿巴（Louis Napoléon Bonaparte）的政变；他在其中看到了一些同时由它们的内部矛盾撕裂和产生的整体。[①]

当然，马克思不可能就是黑格尔。对于萨特而言，黑格尔所实现的辩证统一是教条的，而马克思的辩证法却是批判的。这里的根本差异在于：

> 黑格尔认为辩证法认识具有必然真理性，指的是存在、行动与认识的同一。但是马克思一开始就指出，物质存在不从属于认识，实践超出认识的真正功效……在存在认识和认识的存在之间难道就没有一种无法避免的矛盾吗？作为存在的认识和认识的存在之间以同样的

---

① ［法］让-保罗·萨特：《辩证理性批判》（上），林骧华、徐和瑾、陈伟丰译，24页，合肥，安徽文艺出版社，1998。

运动进行，揭示了这一点并非是消解了一切矛盾。事实上正是在这个程度上，思想在它自身的辩证发展的必然性中却无法抓住自身。[1]

换言之，在黑格尔的辩证法中，思辨的辩证性中的人的现实行动变成了认知的过程；而在马克思那里，人的行动有自身的客观性和物质性，它具有与认知（意识）相对抗的关系，它的整体性当中包含着一种真正的矛盾的变动性，因为认知的必然性永远无法把捉到人的实践。

这种源于黑格尔，而又反叛了黑格尔的马克思形象，是晚期萨特在其独特问题意识之下所完成的思想勾勒。在这一形象当中，我们看到了法国马克思主义的基本问题域的彻底形成。萨特构建了宏大的"辩证理性"体系，试图说明富有行动性的主体性原则究竟该如何在现实实践当中展现自身，并如何将他所推崇的马克思哲学的核心放置到这一问题之上。在此，辩证理性所实现的是一个真正有限的个体在遭遇到社会现实对其的根本限定的基础上所完成的我的整体化。在某种意义上，萨特并没有改变法国马克思主义自其传入以来就设定的基本方向———一种行动者哲学的建构。他们将马克思思想理解为一种行动者的哲学形态。在拉法格与饶勒斯的年代，马克思的思想就是社会革命的直接指导思想；而到了萨特的时代，萨特对马克思的理论兴趣也不过是，这一思想形态缘何具有如此巨大的现实实践的指导力量。萨特实际上将马克思改变世界的行动者宣言进行了理论化的表达，在哲学层面系统思考了行动者哲学

---

[1]　[法]让-保罗·萨特：《辩证理性批判》（上），林骧华、徐和瑾、陈伟丰译，156页，合肥，安徽文艺出版社，1998。

的前提条件。马克思思想在萨特这里获得了一种理论的表达，但这一理论实质是对一个有限个体现实实践的可能性的讨论。由此，萨特设定了法国马克思主义理论的核心问题，并最早作出了系统的阐发，这一核心问题如果用一个词来加以概括，那就是"主体性"。1961 年 12 月，刚刚完成了《辩证理性批判》的萨特，在罗马所作的《马克思主义和主体性》的报告当中，终于将这一基本问题再一次剥去了它晦涩而烦琐的理论形态，使它获得了鲜活而直接的表达方式。

　　我将这篇报告视为萨特《辩证理性批判》的浓缩版，它以相对轻松的方式（其中绝大部分篇幅都在举各种日常生活的例子，从偏盲症患者到反犹主义等）说明了 20 世纪 60 年代的萨特对于马克思主义的基本理解方式。20 世纪 50—60 年代，卢卡奇与柯尔施的马克思主义传入了法国，得到了很多人的追捧。萨特的同代人诸如梅洛-庞蒂等人都对卢卡奇等人所构筑的这种新的马克思主义产生了浓厚的兴趣，而让他们最为感兴趣的是：卢卡奇的马克思主义是"一种把主体性融入历史，同时又不将它当作一种副现象（épiphénomène）的马克思主义"[1]。换言之，卢卡奇对无产阶级阶级意识的强调在某种意义上将当代法国哲学津津乐道的哲学主体性问题在马克思主义哲学中复活并获得纯粹哲学式的演绎。对于痴迷德国古典哲学传统的卢卡奇来说，他不仅揭示出商品所形成的物化世界与德国古典哲学之间的内在关联性，同时更借助对物化的批判系统批判了康德式的资产阶级哲学所内含的二律背反，在这一二律背反当

---

[1]　Maurice Merleau-Ponty, «Le marxisme' occidental», In *Les aventures de la dialectique*, Gallimard, 1955, p. 57.

中，一种试图建构理性之整全性的哲学诉求不得不预设一个无法被认知的物自体。卢卡奇应对这一二律背反的策略带有显著的黑格尔色彩，无产阶级自身已成为商品的本质属性，将这一特殊阶级作为中介，打通了主体对客观的商品世界的理解。作为商品的无产阶级代表着一种主体性，自然也可以理解同样作为商品世界的资本主义的客观现实。于是一种主客统一的辩证法被建立起来。

卢卡奇的这一阐释路径显然在多个方面与法国思想家们的理论旨趣相契合，例如对黑格尔辩证法的运用和讨论，哲学与时代之间无缝连接式的对应关系，以及最为重要的，一种被融入客观世界的主体性原则的设定。在此之前，萨特等人眼中的较为正统的马克思主义是以经济决定论为特征的教条化的历史唯物主义。在其中，不仅现实的人正在成为历史的螺丝钉，并不能太多地作为，同时历史也正在成为一个被拧上了发条的自发的经济运行体。卢卡奇的出现显然极大地提升了马克思思想对法国人的吸引力。

萨特独自拓展的马克思主义的实践哲学在卢卡奇那里得到了回应，因此也更加坚定了他以主体性原则来诠释马克思哲学基本属性的决心。在这份罗马报告当中，萨特第一次极为明晰地将主体性概括成了两条极为简约的基本原则（这种简约性，对于擅长撰写鸿篇巨著的萨特而言实属难得）："主体性之所以根据定义是非知（哪怕是在意识层面上），是因为个体或有机体'要成为'其存在。"[1]在此，"非知"与"要成为"构成了主

---

[1]　［法]让-保罗·萨特：《什么是主体性?》，吴子枫译，49 页，上海，上海人民出版社，2017。

体性的两个要点。萨特缘何将这两点作为主体性的基本原则？因为在萨特这里，主体性意味着富有实践力量的现实行动本身。在这一点上，他与卢卡奇分道扬镳。主体性，或者无产阶级意识并非先验地被赋予哪一类现实的主体，相反，主体性，仅仅是能够带来真实行动，因而改变世界之行为的主体属性。在萨特看来：

> 从主体性要成为主体性的时候开始，这个世界就会开始呈现为一个人们可以斗争的世界，一个人们可以相互反对、相互欺骗和相互统治的世界……人们要成为社会存在的方式，首先是主观的。这就意味着，阶级意识并不是原始给定的东西，远非如此。同时，这还意味着人们是在劳动条件本身中要成为社会存在的。[①]

换言之，主体性的本质在于改变，在于在行动中改变自己，并且使自身“要成为”主体，同时在改变自身的过程中改变外在于自身的世界。外在的客观世界与内在的主观性之间的辩证运动构成了主体性原则的基本规定，在这个辩证运动中，并不是什么既定的无产阶级是其中介，相反，是一种主体性所特有的“非知”（non-savior）成为中介。为什么“非知”能够担当这一中介？这在某种意义上构成了萨特罗马报告的核心问题域。

---

① ［法］让-保罗·萨特：《什么是主体性？》，吴子枫译，66 页，上海，上海人民出版社，2017。

　　为此，萨特举出了多个例子来加以说明，在此，我们将侧重其中的两个例子来对其加以说明。

　　首先，萨特描述了一个极为直观而日常的现象："我们下楼梯时，如果我们去认识自己正在做的事情，如果为了决定下一步要做什么而去认识，并根据这种认识去行动，那我们就会摔跤。"①身体姿态的自我协调和感知严格说来，从来不需要一种清楚的自我意识。相反，萨特清楚地意识到："存在这样一种客观性，它由某种我们不知道的东西支撑着，它不仅没有被认识，而且在某些情况下，对它的认识会妨害行动。"②这一近乎常识的现象成为萨特论证非知的一个有力证据。但正是在这种带有身体现象学般的还原过程中，萨特又一次对传统的意识哲学给予了重击。自笛卡尔以"我思"作为哲学推理不可怀疑之理论起点的时候，近代形而上学似乎找到了一个无坚不摧的理论基石。这种自我意识的哲学在康德、费希特与黑格尔这里都得到了充分的肯定。尽管黑格尔似乎用一种客观的绝对精神完成了对自我意识的主观主义的超越，但其精神的呈现方式，仍然需要在自我意识的双重化当中最先得以显现。换言之，黑格尔的客观精神，在本质上不过是通过两个自我意识相互承认所构筑的社会现实。因此，毫无疑问，在马克思之前，自我意识从未被真正地还原为现实的个人而得到真切的关注。这正是马克思哲学革命性的又一典型表现，在此，自我意识获得了一个切实的肉身，肉身性表现在它与其所构筑的社会现实之间存在着对抗性的关系，以及它借助自身的超越性

---

　　①　［法］让-保罗·萨特：《什么是主体性?》，吴子枫译，32 页，上海，上海人民出版社，2017。

　　②　同上。

对社会现实的改造。

在这一点上，萨特天然与马克思有着内在的契合。活生生地存在于社会现实当中的现实的个人，总是萨特的理论起点。无论是他纠缠在晦涩的现象学框架之内的时候，还是在随后对社会现实运动之可能性的辩证理性的讨论中，他都没有放弃这一起点。因此，日常生活中那些平凡人的平凡的感情，对于萨特来说，都可以直接成为证明其哲学的有效实例。非知，这个看似晦涩的哲学概念，在萨特这里近乎等于人们对自身肢体本能性的整体感知。所谓非知，显然意味着在自觉的认识论意义上的无知，我们无法将我们的每个行动，例如走路时先迈哪一条腿作为客观认识对象来加以反思。它本质上属于一种反知性的推断，其本质在这一例子当中最为直接地被表达了出来，即非知是人的行动得以产生的根本条件。

当然这种行动本身并不仅仅局限在人的本能行为之上，更为重要的是，这种行动应该成为人的一种改造世界的行动。因此，这一行动就不仅仅出于本能，同时还出于人的自我完善和自我创造。正是在改造世界的行动当中，彰显主体性的这个前提——"非知"才会最终促成"要成为"这一主体性的特质。在此，让我们回顾一下萨特举出的另一个例子——他的朋友保罗的故事。

萨特在罗马报告中提到了一个叫作保罗的亲密战友。在他们一起为《现代》杂志取名的时候，这位朋友就建议，为了彰显左翼思想的基本特质，刊物干脆叫"吵闹"。虽然这个名字并没有被采纳，但它让萨特发现了这位朋友的自我创造同时试图创造世界的发展历程。保罗为了显现自身对资本主义社会的反抗立场，裸体在香榭丽舍大街散步，在 1920 年爬到丁香园咖啡馆的高处去大喊："德国万岁，打倒法兰西!"这些行为总是招来一顿暴揍，但他似乎在这种"吵闹"中获得了对他的主体性的确证，当然他对自己的这种主体性处于并不自知的状态，比如萨特在描述他提出要用"吵闹"一词来作为刊名的时候，是这样说的："这样能吸引更多的公众"，而不是说"我喜欢这样，我就要这样"。① 在萨特看来，这是一种非知的状态，并且认定保罗正是在这种非知当中，才会有如此众多不自觉的带有吵闹性质的行为。当然，正是在同一类型事件的实践当中，保罗逐渐塑造了自身的主体性，并成为一种特定的社会存在，一个反抗资本主义社会的实践斗士。萨特将他在非自觉（非知）的情况下反复进行某种行为称为整体化过程，这是一种带有黑格尔色彩的辩证整合，在其中主体性通过以非知为前提的实践行动在人与现实世界的相互作用当中塑造自身、改造世界。

对此，萨特作了如下理论概括：

如果从一种以清醒意识为基础的纯粹实践（praxis）出发，就永远找不到，永远不能理解人的创造是什么。要提供创造的可能性，就必须在背后有一些无知（ignorance）的因素。我们也可以说，主体性有两种本质性的悖论性的特性：通过这两种特性，人不断地自我重复，同时人通过自我创造本身而不停地革新，因为他对在自己身上所创造的东西有反作用。保罗提出的"吵闹"这个名字，既是一种

① 参见［法］让-保罗·萨特：《什么是主体性?》，吴子枫译，53～59页，上海，上海人民出版社，2017。

重复，也是一种创造。①

在这种重复-创造当中，外部世界也得以被改造，萨特将这一主体对外在世界的创造称为"投射"（projection）。②

萨特用生动的例子表达了一种辩证理性的属性，在其中主体性构筑了一种主观与客观辩证统一的方式。

在此，我们有必要提及一个十分有趣的理论公案，这一公案发生于萨特与巴塔耶的一段争论当中。1943 年 10 到 12 月，著名的文学评论月刊《南方札记》(Les Cahiers du Sud）连续三期刊登了萨特对巴塔耶的《内在体验》的书评，其中《一个新的神秘主义者》一文，成为萨特与巴塔耶之间思想斗争的集结地。巴塔耶也自觉地在思想上与萨特划清界线，正如我们已经提到的那样，两人近乎成为思想仇敌。

但如果我们阅读过萨特 20 世纪 60 年代所作的罗马报告，我们会惊叹于萨特思想的转变。在 20 世纪 40 年代，萨特对巴塔耶的批评主要集中在巴塔耶当时所热衷讨论的"非知"。对于这一思想，我们在本书已作过相应的论述，在此，我们只强调这样一点：巴塔耶的非知所对应的是知性的思维。正如他运用内在体验，诸如迷狂、狂喜、出神与知性体验的对应，也正如其运用耗费与牺牲同精于计算的经济学相对立。巴塔耶在此正是借助对生命的非理性的面向勾勒了一条反抗现代知性的基本道路。同时更进一步说，非知所构筑的生命是现实的个体所具有的真实生

---

① ［法］让-保罗·萨特：《什么是主体性?》，吴子枫译，62 页，上海，上海人民出版社，2017。

② 同上。

命，它包含着喜怒哀乐，是有血有肉并有死的，它并没有整全性的视角，因此是非知的。巴塔耶正是在这一意义上说自己是一个无神论者。

但巴塔耶的思想表述的确会给他的理论带来一些理解的困境。他的类似尼采诗化哲学的文体，以及对内在体验的迷狂状态晦暗不明的表述方式，最终让他对非知的表述，反而带有诸多神秘主义色彩。尽管巴塔耶明确指出他对上帝的拒斥，但萨特仍坚持认为巴塔耶一方面"拒绝承认根本不存在超越性"，另一方面，又用"非知"来实体化一种"不存在"，让后者成为一种新的超越形式。① 在萨特眼中，非知实际上是巴塔耶表达"上帝"一般的那种超越性，萨特将巴塔耶通过"非知"所达到的"主体与对象之融合与共同"的出神状态，视为新的类似宗教一般的神秘体验。②

与之不同，1943 年的萨特试图强调的是一种彻底的内在性的人本主义哲学：

> 人内在于人；人的世界虽有限，却也并不被任何东西所限定。作为言说的上帝是按照人的形象所建立的……从这个角度看，神秘体验必须被看作一种人的体验，从而并不具有任何特权。③

这种类似于费尔巴哈式唯物主义的颠倒，相对于巴塔耶而言，显得更为彻底而直接。就巴塔耶那充满神秘主义的表达而言，这的确是一种

---

① Jean-Paul Sartre, «Un nouveau mystique», In *Situations*，*I*，Gallimard，1947，p. 166.

② Ibid.，p. 168.

③ Ibid.，p. 172.

"用诡异的方式来实现某种以非人视角审视自身的可能性"①。

但巴塔耶与萨特之间的差异是否如萨特所凸显的那样巨大呢？在我看来，萨特的这一枪似乎打得过早了。20世纪30—50年代，巴塔耶与萨特共同经历着法国思想的转折和变迁。黑格尔、马克思、尼采都以某种方式或多说少地对他们产生了共同的影响。巴塔耶提出的内在体验，在我看来，是以一种非理性的方式凸显有限个人的内在性。上帝，在西方思想当中，始终是一个非感性的理性存在。它自身的存在方式始终依赖于理性的自我推论。因此当巴塔耶将一个非知（性）的内在体验凸显出来的时候，他所凸显的恰恰是彻底摆脱了神性的个体，在此，萨特显然将神秘性（mysitque）偷换成了神性（divinité），将神秘主义等同于有神论（théisme）。但实质上，两者之间并不存在这种等同。相反，当现实的个人被知性思维禁锢为仅仅局限为可计算的、理性之人的时候，他实际上获得了一种类上帝般的超越性的规定。从根本上说，萨特对此也是不赞同的，他在对胡塞尔的意向性的分析当中，同样试图将一种情绪的引入强加到胡塞尔的哲学当中，换言之，他同样试图为那个内在之人赋予一种可能的喜怒哀乐。因此当萨特在20世纪60年代的罗马报告当中将"非知"同样作为人之实践行动的前提条件的时候，我认为其中包含了萨特思想的转变。

萨特在某种意义上重复了他曾经给予激烈批判的巴塔耶的思想。或者在某种意义上，他终于理解了巴塔耶提出非知的理论意义。尽管两者似乎在对非知的理论意义的认知上并不完全相同：巴塔耶用非知表达的

① Jean-Paul Sartre，«Un nouveau mystique»，In *Situations*，I，Gallimard，1947，p. 172.

是主观与客观通过迷狂状态而实现的神秘沟通；对于萨特而言，非知作为一种中介，帮助主体之人完成自我创造与对外在客观世界的改造。但一个显而易见的事实是，两者都借助非知表达了一种整体化的过程，其中理性的自我意识都失去了在这一整体化过程中的意义。正是在这种对知性的逃离当中，主客体实现了一种整体化。在这一意义上说，萨特的辩证理性何尝不是巴塔耶内在体验的另一种表达呢？

通过萨特对巴塔耶之批判的再批判，我们发现了萨特与巴塔耶之间的共同性。对于这种共同性，我们已经给出了很多讨论，但在此，我们再一次强调其思想来源的共同性：无论是萨特还是巴塔耶，都曾以黑格尔的思想为中介，完成了自身思想的内在性转变，并在这一转变过程中与马克思思想相契合，最终构筑了带有独特色彩的法国马克思主义。概言之，黑格尔为萨特提供了“辩证法”的整体观，为巴塔耶提供了“生命经济学”的基本框架。巴塔耶通过“政治经济学的研究”接近和继承了经典马克思思想的问题域；萨特则用马克思的唯物主义立场将黑格尔辩证法转变为自身富有能动性的行动，其结果虽然使其理论带有类黑格尔式的整体性原则（这一点对于晚期萨特而言，意味着他对于行动之条件的注重，换言之，无条件的行动只能是盲动，而只有富有计划性的行动才是真正现实的），但是这种整体性所造就的是一个不断被调整的整体，它不是预成性的，也不是最终被规定了的，而是在不断变动当中的，富有敞开性的。在此基础之上，萨特为法国马克思主义建构了一个基本的问题域。因此，从某种意义上说，法国马克思主义在萨特这里才获得了真正系统和相对完备的理论体系。

第六章 | 反黑格尔主义的马克思主义的
勃兴：原因及其理论后果

一、法国马克思主义者的两个选择？

20世纪30—60年代，对于法国马克思主义者来说，可以说存在着两种在表面上看似对立的思潮，一边是以萨特为代表的人本主义的马克思主义，另一边则是以阿尔都塞为代表的结构主义马克思主义（对于这一称谓是否成立，我们在此暂且存疑）。

前者以人为重心，构筑了一种关注个体生存的马克思主义哲学，后者则以客观的历史为重心，着重探讨在人之外客观的历史要素之间的自发性结构。萨特的思想影响了20世纪30—50年代的法国思想界，而阿尔都塞的影响力却集中爆发于20世纪60年代以后，两者在时间上看似并无交集，但实际上，在这个被萨特式的人道主义马克思主义长久以来占据的世界中，阿尔都塞的结构主义马克思主义却如草蛇灰线，伏行千里，隐蔽于主流线索之下，直至 20 世纪 50—60 年代，随着社会主义运动所发生的巨大变化，这条隐蔽的线索才突然地占据了法国思想界。

法国马克思主义者们在 20 世纪 30 年代之后所拥有的这两个选择，看似截然相反，实际上却有着根本的一致性。这个观点，或许并不能得到很多人的赞同，毕竟萨特与阿尔都塞在诸多观点上都相反。比如，萨特对于黑格尔还抱有比较友好的态度，在其晚期著作当中，甚至试图以辩证法为基本方法来重构个人与社会之间的整合关系，而阿尔都塞则直接将"回到黑格尔"的思想取向视为法西斯主义对抗马克思主义的一种可能方式。这种说法显得过于极端，却的确反映出当时的阿尔都塞试图以矫枉过正的态度来纠正以萨特为代表的人道主义马克思主义可能存在的问题。

但如果我们立足黑格尔对法国马克思主义形成所产生的影响，我们会得出这样一个或许并不能被很多人接纳的观点，即萨特与阿尔都塞所引领的这两股不同的法国马克思主义思潮实际上是一回事。对于这一观点，所能提供的直接论据是经验的，因为它们的思想源头都是科耶夫的黑格尔研讨班。

当然，一个显而易见的事实是，无论是萨特还是阿尔都塞都没有直接参加过科耶夫的研讨班，但两人都借助其他方式，在其思想内部埋下了科耶夫的种子，这一种子发芽生长的样态虽然在外在环境的影响下发生了变异（因而萨特与阿尔都塞的观点是相反的），但都无法摆脱最早孕育这一胚芽的那颗共同的种子。

　　对于科耶夫的基本思想，我们此前有过相关的阐释，在此，我们仅从其基本脉络与两位思想家的关系之角度来略加阐发。当科耶夫将黑格尔的《精神现象学》解读为一种哲学人类学的时候，他开启了当代法国人本主义的先河。在这种人本主义当中，人不是一个只有头脑、没有肉身的自我意识，而是一个有情有义、有痛苦、有欢乐的现实的个人。科耶夫为了表明自己在黑格尔那里读出的人是一个拥有现实生活的人，他不惜笔墨地、近乎烦琐地去描述一个正在写作《精神现象学》的黑格尔：黑格尔握着羽毛笔，趴在桌子上，那桌子与羽毛笔都是人的劳动的产物。文字上略显拖沓的科耶夫想要表达的正是活生生的人。在此，人的本质不是抽象的概念所能说明的。用以说明人的，是劳动、斗争、死亡与欲望，其本质的规定是一种没有肯定的否定性，在否定性当中，劳动、斗争、死亡与欲望获得了它们在哲学上的基本规定，并诠释了一个行动主体之存在的属性。其中欲望着他者的欲望，既成为人之欲望的独特本质，同时又彰显了人之本质的极度虚无性。由此，我们可以说，科耶夫为法国思想界所带来的整个哲学人类学，具有一种先天的自我矛盾：一方面，这个哲学人类学以讨论人的生成和本质为己任；另一方面，科耶夫实际上所给出的所有有关人的规定，又是一些不能被本质性规定所束缚的行动。从某种意义上说，科耶夫所给出的人的本质规定具有这样一种矛盾的属性，导致了从他的思想之内可以分裂出这样两条不同的马克思主义道路。

　　一方面，科耶夫为法国人塑造的马克思是这样一个思想家，他思考的起点是劳动者，因此是一个主张战争必然要流血的革命者，所以当萨特以存在主义的视角系统阐发了富有行动本质的主体性原则的时候，他是一个马克思主义者。但萨特所关注的行动者是没有本质性规定的，正是在这个意义上，萨特提出了著名的"存在先于本质"的命题。这一命题与其说是说明了人的本质的规定，不如说是掏空了人的本质的规定。

人的本质，在本质上说是"空"，正如人的欲望所欲求的其实是他者的欲望，而不是一个具体的对象。萨特的人本主义马克思主义由此拥有与科耶夫哲学人类学中的欲望之人完全一致的规定性。据说，萨特曾经从他的好友雷蒙·阿隆、梅洛-庞蒂那里拿来了他们参加研讨班的笔记来学习，从其后思想发展的脉络来看，这一说法应该是有依据的。

当然，我们还需要特别强调在科耶夫研讨班中的另一位后来对法国思想界影响深远的学生——雅克·拉康。这位后来极为自大的法国精神分析之父，在其思想深处只承认一位思想导师——科耶夫。他后来不仅直接沿用了科耶夫的研讨班形式来进行自己的思想表述，更为重要的是，他还直接将科耶夫的核心命题"人是欲望着他者的欲望"作为自己思想的拱顶石来加以分析，使得这一观点成为影响法国精神分析理论的重要命题。而 20 世纪 60 年代后产生的反人本主义的法国马克思主义的代表人物——路易·阿尔都塞则实质上是当代法国思想界第一个较为系统地运用拉康的思想来重构马克思主义理论的思想家。他的反人本主义的思考路径，根本上源于拉康的欲望理论，并应回溯到对科耶夫研讨班的隐性回归。

在这样一种意义上说，我们认定无论是人本主义的马克思主义还是反人本主义的马克思主义实质上都拥有科耶夫的黑格尔研讨班这个直接的、经验性的共同起源。基于这一共同起源，我们清晰地看到法国思想界当时流行的人本主义与反人本主义的共同性。其实两者在本质上都已经认识到人的本质为空的事实。只是对于阿尔都塞而言，他通过对客观历史现实的优先性的强化，凸显了人的本质的主体性的空泛。而对于萨特而言，他仍带有浓重的主体哲学的色彩，试图以现象学的方式不断地还原这个空无之人，他在一个个伦理困境中遭遇那个需要反复用行动来证明自己的人。这种对人的强烈观照，让他似乎显现出一种主体哲学的色彩。但在这种还原当中，在其所遭遇的种种伦理困境当中，作为行动者的人总是会切身地体验到客观的社会历史现实与人之间产生的矛盾。面对这样的矛盾，哪一个思想家会仅仅关注人的本质而无视客观的社会历史现实呢？

从这一意义上说，萨特与阿尔都塞之间的人本主义与反人本主义的对立是一个虚假的对峙。因此，那些随后或多或少地带有马克思主义色彩的法国思想家们看似争论不休、立场鲜明，但实际上不过是绕来绕去地讨论着同一个问题：在特定的社会历史现实的条件下构筑一种主体性的可能性是否存在？

二、阿尔都塞的黑格尔主义之一：空乏的主体性

1950 年，阿尔都塞针对 20 世纪 30 年代在法国涌现的黑格尔思想的回潮作出了这样的论断：

今天我们可以看到，对于资产阶级来说，黑格尔的问题只不过是一个如何用来攻击马克思的问题。这场盛大的"回到黑格尔"的运

动也仅仅是帝国主义在最后关头即将转向法西斯主义的特殊形式下抵抗马克思的一个绝望的企图罢了。①

这一富有战斗性的表述所针对的正是让·瓦勒、科耶夫和伊波利特所构筑的法国黑格尔主义。在阿尔都塞看来，他们忽略了黑格尔思想中理性的、革命的核心，转而将辩证法装扮成"原始的非理性主义"，并在其中发现黑格尔哲学的"泛逻辑主义"②，他们这么做，在阿尔都塞看来正是因为"这种'神秘化的'辩证法恰好为资产阶级提供了危机的'悲惨'概念——资产阶级可以在其中认出自己的世界——以及可以为资产阶级独裁的极端形式——暴力和战争——正名的惟一概念。尤其，新黑格尔主义者们的思想关注的是《鲁滨逊漂流记》中所反映的那种主人与奴隶的关系，或者如费赛德、里凯、伊波利特或者考杰夫（科耶夫——引者注）等人一般为这个神话而感到欣喜，这都不是偶然的。因为他们在其中发现了这样一种思想，即'人类处境'的基础就是痛苦和暴力，并把殊死的斗争、求得威信的斗争——趋向新的'权力意志'——作为解决构成人的条件的所有问题的普遍性手段。因此，他们认为黑格尔哲学的神话就是当代法西斯主义的主题，并因而将他们自己阶级的濒死状况当作了'普遍的人类状况'。"③

这段文字针锋相对地概括出法国黑格尔主义思想的基本路径以及它

① ［法］路易·阿尔都塞：《黑格尔的幽灵——政治哲学论文集［Ⅰ］》，唐正东、吴静译，245页，南京，南京大学出版社，2005。

② 同上书，240页。

③ 同上书，242～243页。

所试图面向的社会现实。思想虽然是时代的反映，但不同的思想对于时代的判定也存在差异。在法国黑格尔主义盛行的时代，即 20 世纪 30 年代到 50 年代，法国在战争当中的表现带来了法国人的只有没落贵族才有的失落与痛苦，因此泛悲剧主义是法国黑格尔主义对于当时社会现实所能给出的唯一理解。与此不同，阿尔都塞，一个深受拉康精神分析之影响的马克思主义者，一方面继承了拉康化主体观念的空无性，从而将人的存在视为一种空乏之无、一个黑夜；另一方面又带着一种乐观主义的基本立场，热衷于讨论掌握了理论武器的无产阶级对于资本主义可能实现的真实的胜利。马克思在这一意义上将实现对黑格尔辩证法的有效扬弃，同时发展出辩证法中的"理性"方面，以对抗那些被法国黑格尔主义歪曲了的非理性的黑格尔。换言之，马克思在法国黑格尔主义那里不过是其非理性的哲学人本论的思想帮凶——劳动与斗争被赋予人的存在论的维度；而在阿尔都塞这里，马克思则成为颠覆旧有解读的有效武器，其所彰显的是 20 世纪 50 年代到 60 年代法国社会现实的激进性维度。

不管阿尔都塞如何"仇视"这场轰轰烈烈的法国的黑格尔主义大潮，在 1948 年他师从巴什拉在巴黎高师就读哲学专业，并要完成一部高等研究资格论文的时候，他却仍然选择黑格尔作为其阐释的切入点。只是相对于萨特所承继的充满实践力量的哲学人类学，阿尔都塞则更看重黑格尔思想当中以肯定的对象化过程所彰显出的人以及现实存在的空无性；黑格尔以逻辑学为现实发展历程之真理的时候，他实际上已经否认了社会现实本身的"真理性"，并凸显了社会现实的变动性。科耶夫的黑格尔主义是静态的，因此其所引发的不过是萨特的关于人的生存本质的追问；而阿尔都塞的黑格尔却是动态的，他因为空乏的本性而需要通过一个个"过程"不断地为其注入内容。因此，我们不难理解为什么在这篇15万词的论文前，阿尔都塞会选择了黑格尔的这样一句话作为题记："内容总是年轻的。"①阿尔都塞对黑格尔的研究引发了其激进的马克思主义转向，并保持了下来，其背后的理论根源正在于此。

在阿尔都塞早期的长篇论文《论黑格尔思想中的内容概念》中，黑格尔关于形式与内容的辩证法得到了系统阐发。概念被视为这一内容与形式得以统一的地方。以概念的起源、认识和误读为主线，阿尔都塞展开了对黑格尔精神哲学的全面批判。

在阿尔都塞看来，通过概念与语言所构筑的第三个世界成为黑格尔超越逻辑主义与实证主义的途径。因此，语言是黑格尔用以调节哲学史中二元对立的方式之一。拉克劳称黑格尔的哲学仍是泛逻辑主义的，而阿尔都塞则早在其之前就指出了这一批判是一种误读。② 在阿尔都塞的视域中，语言与概念是同一的，而语言作为一种中介，已经超越了逻辑主义的基本界定。由于他眼中的黑格尔是亚历山大·科耶夫所讲述的黑格尔，因此黑格尔关于语言问题的表述与当代语言学的研究并无本质的差别。阿尔都塞指出，黑格尔的自我意识的理论前提就是：在黑格尔看来人"是惟一能说'我'的动物，也是惟一能在语词中反思其普遍性的动物"③。只是"通过语词，人便重新占有了自己；这就是说，他在一个语

---

① ［法］路易·阿尔都塞：《黑格尔的幽灵——政治哲学论文集［Ⅰ］》，唐正东、吴静译，22页，南京，南京大学出版社，2005。

② 参见上书，145页。

③ ［法］路易·阿尔都塞：《黑格尔的幽灵——政治哲学论文集［Ⅰ］》，唐正东、吴静译，144～145页，南京，南京大学出版社，2005。

词中重新占有了他过去的自己，而这一语词所表达的又并非是他现在的自己，所以，他就是虚无。"①也就是说，语言昭示出的是人本质的空无性。

正是依赖于对语言的凸显，以及将人与这种语言的显现对应起来，阿尔都塞眼中的黑格尔体会到了普遍的空洞性。因为如同科耶夫一样，阿尔都塞将自我意识与人本身等同起来。人作为唯一能够使用语言的动物，成为唯一能够反思，因而能够显现精神（普遍性）的存在。于是当黑格尔将精神描述为"'我'即'我们'，'我们'即'我'"的时候，阿尔都塞将其解读为普遍性与特殊性相结合的一种方式：个体作为特殊性可以直接体验、显现普遍性真理。例如，在黑格尔的国家理论中，"同质性国家的普遍性不在人类之外，而在于其自身的经验性存在本身之中：公民直接就是普遍的"②。思想家也成为获取时代精神的普遍性的那个人。在阿尔都塞看来，这里的人"并不像在所有的前黑格尔哲学中那样，只是抽象层面上的思想者，只是不属于任何特定历史时期的抽象的人，而勿宁说是一个具体的历史性的人"③。然而，被语言所界定的人及其历史活动在经过黑格尔辩证法的逻辑概括之后，变成了一个不断否定自身的虚无。阿尔都塞将人始终视为"那个夜晚"④，它源于语言对人的空无性的揭示，以及人作为活动的主体从其产生到发展都无法摆脱的不断被否

---

① ［法］路易·阿尔都塞：《黑格尔的幽灵——政治哲学论文集［Ⅰ］》，唐正东、吴静译，144页，南京，南京大学出版社，2005。

② 同上书，162页。

③ 同上书，137页。

④ 同上书，226页。

定的命运。这一伴随着否定性的命运，在黑格尔那里是真理得以产生和丰富的途径，而在阿尔都塞这里则如同诸多"后"学者所认为的那样，在被滞留与延迟的否定中，人成为一个空无。

于是，阿尔都塞对于黑格尔在《精神现象学》中将精神等同于一块头盖骨的做法提出了他的意见。这是一个有些荒谬，但又被黑格尔郑重其事地加以论述的命题，它困扰了许多研究者。黑格尔在《精神现象学》的"丙（甲）、理性"中谈到了精神与头盖骨之间的关系。在这一段中，黑格尔试图考察理性在现实中对自己的观察。通过对自然、精神以及自然与精神的关系等感性存在的"观察"，黑格尔所试图阐发的是思维与存在的统一性，即理性与感性事物的统一性："就观察的理性看来，所认识的仅仅是事物，但就我们看来，所认识的是意识自身。"①将精神与头盖骨联系起来被黑格尔视为观察理性所包含的各运动环节的最后一环，即对自我意识与其直接现实的关系的观察。

在此，我们发现，黑格尔在面向感性现实的时候，让精神这个纯粹意识的存在努力与客观存在相关联。精神被要求拥有一种现实的显现，对于这种显现，黑格尔依照他所特有的逻辑三段论将其同样划分为三个不同的阶段：其一，心理学的显现，精神依靠某种外在现实被理解，因为这种外在现实是精神有意识地显现；其二，面相学的显现，精神可以在它的外在现实中被认识，因为精神的外在如同一种语言那样存在着，如人的外表或者姿态本身可以成为一种被解读的语言一样，从这种语言

---

① ［德］黑格尔：《精神现象学》上卷，贺麟、王玖兴译，184 页，北京，商务印书馆，1979。

中，精神得以显现；其三，头盖骨相学的呈现，黑格尔将这种呈现视为："精神的外在方面终于是一种完全固定不变的现实了，它自身不是一种传情达意的符号，它与自觉的运动完全无关，而只自为地呈现为一种赤裸的纯粹的事物。"①按照黑格尔的逻辑，我们或许可以得出这样一个结论：这个处于逻辑最终环节的头盖骨的显现恰恰成为精神本质的显现，精神如果可以在现实中得到直接显现的话，那么精神就只能是在头盖骨相学中显现出来。在随后的论述中，黑格尔极为耐心地讨论着大脑、脊髓以及头盖骨等极为经验性的人体器官，指出精神在这些器官中充当着中介的作用，由此最终断言头盖骨是"精神的这种具体存在"②。

毫无疑问，黑格尔的这一段论述充斥着虚假的编造，与其哲学的深邃与富有洞察力的一贯风格相差甚远，但阿尔都塞却认为这是黑格尔对精神显现的一个最好说明：头盖骨是具体的单个人的象征，精神作为一种普遍性被这个具体的人显现出来，由此"普遍性的内容与普遍性是不相称的。或者，从相反的那个极端看这件事情，这内容不得不装作它不是的那个东西，它是一种无视其自身的普遍性。人的自我分裂的深刻理由就在于此"③。换句话说，普遍性必须被这个不具普遍性的存在所显现，它所昭示的是"一个空洞的普遍性"④。

可以说，对这一命题的阐释所秉承的是阿尔都塞对诸如人、语

---

① ［德］黑格尔：《精神现象学》上卷，贺麟、王玖兴译，215 页，北京，商务印书馆，1979。

② 同上书，217 页。

③ ［法］路易·阿尔都塞：《黑格尔的幽灵——政治哲学论文集［Ⅰ］》，唐正东、吴静译，170 页，南京，南京大学出版社，2005。

④ 同上。

言、历史等诸多问题所一贯持有的基本观点，他坚持的是对辩证法的否定性的凸显，以及由此对黑格尔的普遍性的改造。普遍性的空无无疑对其结构主义马克思主义的形成作了必要的理论铺垫。然而其对黑格尔哲学的这种解读以及与之相关的马克思思想的建构不能不对后马克思主义的形成产生巨大影响。其对"精神是块头盖骨"这一命题的解读，就引发了后马克思主义者齐泽克的强烈兴趣。所不同的是，这一次的阐发已经是在明确的后马克思主义的理论视域之中了。

三、阿尔都塞的黑格尔主义之二：历史性与辩证法的重构

(一)非历史的历史性重构

在反黑格尔主义思潮的影响下，阿尔都塞成为一个反人本主义者。为了与人本主义构成一种鲜明的对立，阿尔都塞强调了一个无人的历史架构自我演进的过程，他构筑这一历史观的方式是对马克思思想进行基本解读。但如果我们看到其解读马克思的核心文本，例如《保卫马克思》与《读〈资本论〉》，我们并不能直接发现反历史主义和结构主义的表述方式。结构主义马克思主义，这个曾被学界普遍认可的理论标签是否能够真正有效地概括阿尔都塞，并非一个无须论证的理论前提。学界在将阿尔都塞纳入"结构主义"马克思主义的藩篱之内的同时，附带着将其视为反历史主义者。阿尔都塞在其《读〈资本论〉》当中也的确曾经对历史主义给予了批判，但我们是否能就此对阿尔都塞作如此简单的判定？如果我

们从阿尔都塞早期对黑格尔的研究思路中一路走下来，或许未必能够轻易得出一个肯定性的答案。当阿尔都塞如此强烈地凸显黑格尔内容、概念所指对象之空时，他也就从另一个侧面凸显了概念的运动，即过程性与历史性的重要意义。因此，对于阿尔都塞反对否定历史性原则，可能还需要作进一步的辨析。

在《读〈资本论〉》中，阿尔都塞明确地指出了黑格尔的历史观念的特质：其一，"时代的同质的连续性"；其二，"时代的同时代性或者历史的现实存在范畴"。① 对于这两点所意指的历史观念可作如下阐释。其一，所谓同质性与连续性意味着黑格尔历史包含着内在的理性，它始终左右着历史发展的基本进程。这是一种带有历史决定论色彩的理性主义历史观。其二，所谓时代的同时代性意味着阿尔都塞所批判的是黑格尔的历史与逻辑的统一性原则。在此，"黑格尔的整体具有这样一种统一性，就是说，整体的每一个环节，不管是何种物质的或经济的规定、何种政治制度、何种宗教形式、何种意识形式或哲学形式，都不过是概念在一定的历史环节上、在自身中的现实存在"②。这一历史观的著名公式就是"任何事物都不能超越它的时代"③。这是理性主义历史观的又一典型特征：历史内在的逻辑规定才是历史的现实（wirklischkeit）。这样的现实不是偶然的、偏离理性轨迹的现存，它要获得其自身的现实性只能以各种方式趋向与历史逻辑内在同一的轨道。因此这样的历史现实是

---

① ［法］路易·阿尔都塞、艾蒂安·巴里巴尔：《读〈资本论〉》，李其庆、冯文光译，81页，北京，中央编译出版社，2008。

② 同上书，82页。

③ 同上书，83页。

预先被规定好了的，它的发展动力源于历史理性的自我演进，带有强烈的目的论色彩，它的历史演进严格说来是封闭的，而非开放的。这一点决定了黑格尔在政治倾向上是趋于保守主义的。

黑格尔的理性主义历史观是富有开创性的。正是他第一次为抽象的、无时间性的哲学体系引入了历史性的维度，这表现在他将原本认识论中以直接的范畴框架获得的认识放入过程性（中介性）的展开中来加以考察，认知带有了发生学的色彩，但由于他否弃了康德所强调的有限理性的观念，因此在其展开过程中使理性趋向自身的同一性，当"物自体"的不可知性被消融在理性的绝对化的历程中之时，历史性也趋于终结了。阿尔都塞对黑格尔的历史观的批判抓住了要害，在此，如果我们将他的同质性、连续性以及同时代性的说法推进一步来说，那么我们得出的结论是：黑格尔的历史观念的逻辑与历史的同一性所构筑的目的论体系严格说来最终走向了非历史的理论形态。他以发展的、过程性的现象学展开方式说明的是一个自我统一的绝对精神，由此形成了一个内容与形式之间的矛盾，这一矛盾在马克思那里已经被揭示出来。

对于马克思来说，黑格尔与国民经济学家站在同一立场之上。① 这一立场不仅将劳动只看作肯定性的，同时更是"将自然界和人类生活的各个环节看作自我意识的而且是抽象的自我意识的环节"②。也就是说，"思维过程，即甚至被他在观念这一名称之下转化为独立主体的思维过程，是现实事物的造物主，而现实事物只是思维过程的外部表现"③。

---

① 参见《马克思恩格斯文集》第 1 卷，205 页，北京，人民出版社，2009。
② 参见上书，206 页。
③ 参见《马克思恩格斯文集》第 5 卷，22 页，北京，人民出版社，2009。

这是黑格尔辩证法的神秘性外壳，它表明了观念（思维）对现存事物（存在）的创造和把握。黑格尔虽然承认了这种创造的过程性，却将观念的创造者自身视为永恒性的和非历史性的。国民经济学家与之相似，他们对于资本主义经济范畴也作出了非历史的、永恒的、固定不变的解读。阿尔都塞在谈论黑格尔的历史观念的时候，首先引入的就是马克思对国民经济学所用概念的永恒性的批判，而后提出黑格尔历史观念的基本特征，这是对马克思批判哲学的继承。这一继承不仅让阿尔都塞看到了黑格尔历史观中包含的内容与形式的矛盾，更是将对这一矛盾的解决引入了对唯物主义辩证法的讨论中。因为对于辩证法的重塑原本也是马克思批判黑格尔的历史理性及其思辨哲学的一种方式。只有通过不同于黑格尔的辩证法，思辨的神秘外壳才能被打破。但问题在于马克思没有能够为我们提供关于何为唯物主义辩证法这个问题的现成答案。马克思只是为这个辩证法设定了一个原则性的方向：

> 辩证法在对现存事物的肯定的理解中同时包含对现存事物的否定的理解，即对现存事物的必然灭亡的理解；辩证法对每一种既成的形式都是从不断的运动中，因而也是从它的暂时性方面去理解；辩证法不崇拜任何东西，按其本质来说，它是批判的和革命的。①

但对于这段仅有的关于辩证法的直接表述，我们所能获得的是辩证法的暂时性以及辩证法内含的能动性。至于如何达到这种暂时性与能动

---

① 《马克思恩格斯文集》第 5 卷，22 页，北京，人民出版社，2009。

性，它们与历史性原则之间的关系如何，对于这些问题，马克思没有给出明确的答案，但这构成了阿尔都塞研究的起点。

最初，如果我们沿着阿尔都塞《读〈资本论〉》的文本读下去，我们看到的将是一个操着浓重的结构主义口音的阿尔都塞对应于黑格尔历史观的两个特性给出的批判性路径，并借此提出了阿尔都塞所支持和肯定的历史性原则。这一批判在表面上似乎与唯物主义辩证法的重构相距甚远，但如果我们细读下来，却发现这一部分的批判所构筑的理论与《保卫马克思》中的唯物辩证法的相关论述构成了呼应关系。例如，阿尔都塞对马克思关于社会形态的分层次的有机整体的讨论凸显了社会发展的异质性结构，以此来批驳黑格尔的同质性的、连续的历史理性。同时也不能用同一历史时代来思考不同结构层次的发展过程，也就是说，不同的发展层次都应有其自身相对独立的特有的时代。历史与逻辑之间是非同一性的关系。① 在我看来，阿尔都塞绝非一个真正的结构主义者，因为他虽然强调了马克思关于社会发展的概念所作的结构性分析模式的重要性，但他并不试图在这种概念结构中直接读出这个时代（这一点正是结构主义者们试图做的事情）；相反，他强调概念"从来没有直接'存在'过，在其可见的现实中从来不能阅读出来。这个概念同一切概念一样，必须被生产出来，被建立起来"②。换言之，概念不是现实，或者对现实的表象（representation），它需要被某种富有能动性的行动建构出来。

---

① 相关论述参见[法]路易·阿尔都塞、艾蒂安·巴里巴尔：《读〈资本论〉》，李其庆、冯文光译，86～87页，北京，中央编译出版社，2008。

② [法]路易·阿尔都塞、艾蒂安·巴里巴尔：《读〈资本论〉》，李其庆、冯文光译，89页，北京，中央编译出版社，2008。

阿尔都塞随后以哲学史为例讲述了一个哲学概念的建构过程。在这一过程中，哲学概念不是表现为那些"看得见"的、在时间序列中依次出现的东西，而是需要一种特殊现实的出现，即阿尔都塞所谓"哲学事变"①的可能性的考察。这一事变所昭示的是历史的断裂，因此正如其症候阅读法中所表达的一样，阿尔都塞在此要说明的是那些真正的历史性的概念源于"历史实践"②。而历史实践的产生却又要依靠历史的断裂，这种断裂表现为社会发展的结构性关系的变动："我在这里只想指出，我们可以把历史上出现的一切现象中影响现存结构关系并使之发生变化的事实确立为一般意义上的历史事实。"③而这一变化着的历史事实是构筑历史性的关键要素。

　　由此，我们看到了阿尔都塞所肯定的历史性：它包括作为历史情境的非连续的断裂，以及在这一断裂中迸发出的历史实践的能动性。这种历史性是开放的、非终结性的，它是推动现实处于永久的历史性当中的一种不竭的动力。从这一意义上说，阿尔都塞并非反历史的，他反对黑格尔的历史理性主义，其目的恰恰是要释放出开放的，因而处于永久发展中的历史性，并以构筑行动哲学的努力试图在理论上保障这种历史性原则。

(二)唯物辩证法的重构

　　基于这样一种历史性原则，阿尔都塞论述了唯物辩证法。阿尔都塞对

---

　　①　[法]路易·阿尔都塞、艾蒂安·巴里巴尔：《读〈资本论〉》，李其庆、冯文光译，89 页，北京，中央编译出版社，2008。

　　②　同上。

　　③　同上书，89~90 页。

于黑格尔的历史主义批判如同唯物辩证法的一个引论。在我看来，没有能动的历史性原则的构筑，我们无法理解唯物辩证法的理论展开方式。

关于唯物辩证法的理论核心，一般仅仅被视为反目的论、反因果性的理论倾向。正如阿尔都塞在《保卫马史思》的"关于唯物辩证法"一章的标题下所注明的那样，它兼论"起源的不平衡"。换言之，社会发展的不平衡性意味着我们无法用一个普遍理性来描述和认知这个历史过程，也即是说，观念与现实之间处于非同一性的关系，这是阿尔都塞所主张的科学理论的基本特性，相对于意识形态以思辨的方式所实现的观念的同一性，科学的理论所凸显的是认识论的断裂，即一种"崭新的现实"。

> 关注这一现实，马克思在"德国的哲学"著作中找不到任何反映。就这样，马克思在法国发现了有组织的工人阶级，恩格斯在英国发现了发达的资本主义，以及不需要哲学和哲学家的干预而按照自己的规律进行的阶级斗争。①

由此，观念与现实之间的非同一性成为科学理论的起点。这种科学理论失去了历史演进的被规定性，没有了可预测的未来目的。

如果我们仅仅将唯物辩证法定位于此，那么我们所凸显的仅仅是唯物辩证法中的唯物主义的向度，即相对于以黑格尔为代表的思辨哲学，阿尔都塞的唯物辩证法在认识论断裂中凸显了现实的具体性与丰富性。

---

① ［法］路易·阿尔都塞：《保卫马克思》，顾良译，69～70 页，北京，商务印书馆，2010。

而其辩证法的向度该作何理解呢？仅仅驻足于认识论断裂，我们似乎无法获得关于这一问题的任何看法。

由此，我们需要回到阿尔都塞关于唯物辩证法的论述，沿着其论述的思路来剥离出这种辩证法的独特性。

阿尔都塞将大写的理论，也即一般的理论，或一般实践的理论，称为唯物辩证法，并且指出，唯物辩证法与辩证唯物主义是浑然一体的。[1] 这个一般实践的理论即意味它是关于实践的一般理论形态。辩证法缘何与实践相关联？这对阿尔都塞来说或许并不是一个问题，因为当他用结构主义话语表达结构变迁的内在动力（症候阅读法），以及将历史主义转变为历史性原则的时候，他的视角从未离开过"变动"这一关键词。因此，如果马克思将辩证法界定为一种暂时性原则，并在其中看到的是永恒的批判性和革命性，那么辩证法本身也只能在"变动"意义上获得说明。参照马克思关于辩证法的界定，我们发现，阿尔都塞不过是将马克思思想中未曾言明的思想说出来而已：概言之，唯物辩证法在本质上是实践的。在我看来，这是一个需要特别注意的转变。虽然马克思也凸显了实践的意义，但由于马克思在后期着力于政治经济学批判，他更多地将思想的实践性直接融入他对资本主义社会现实实践的分析和批判当中，反而缺乏了对实践本身的可能性与现实性的理论观照。阿尔都塞在实践的意义上来界定唯物辩证法的基本属性是对马克思实践哲学的一种有效补充。但紧接而来的问题是：这种在理论层面上的实践如何才能

---

① 参见［法］路易·阿尔都塞：《保卫马克思》，顾良译，159 页，北京，商务印书馆，2010。

保证其不会沦为另一种形式的思辨哲学？

对于这一问题的回答，我们首先需要理解何为阿尔都塞意义上的"实践"：

> 关于实践，我们一般指的是任何通过一定的人力劳动，使用一定的"生产"资料，把一定的原料加工为一定产品的过程。在任何这类实践中，过程的决定性时段（或要素）既不是原料，又不是产品，而是狭义的实践：是人、生产资料和使用资料的技术在一个特殊结构中发挥作用的加工阶段。①

换言之，实践的重心在于"加工阶段"，如果我们将这种生产语境下的表述方式转变为纯粹哲学的话语，那么可以这样说：阿尔都塞的实践内涵的要点在于行动本身。如果说阿尔都塞的唯物辩证法是一种关于实践的一般的大写理论，那么唯物辩证法在本质上是一种行动哲学。这种富有实践性的行动哲学只有在保持其固有的创造性的时候才会与意识形态的思辨哲学划清界线。在阿尔都塞对唯物辩证法的论证中，"关于唯物辩证法"这一章展开得细致而详尽，在此我们简略概括如下。

作为实践之一般理论的辩证法包含着两个方面：理论实践与政治实践。② 这两类实践具有相同的架构，只是一个面向着理论创造的可能

---

① ［法］路易·阿尔都塞：《保卫马克思》，顾良译，158～159 页，北京，商务印书馆，2010。

② 参见［法］路易·阿尔都塞：《保卫马克思》，顾良译，164 页，北京，商务印书馆，2010。

性，一个面向着现实历史创造的可能性。就理论实践的过程而言，阿尔都塞依据马克思关于"思维具体"的论述方式为我们区分了三类"一般"：其一，科学理论构造的最初原料，如"生产""劳动""交换"等一般概念，被称为"一般甲"；其二，经过科学理论加工而成的具体的"一般"，即认识，为"一般丙"；其三，从这些科学理论的生产资料中单独抽象出来的人，作为加工的主体，被称为"一般乙"。

在这三类一般的划分中，我们看到，阿尔都塞试图为我们阐发两个要点：其一，没有理论的创造是源于直接的感性和直观的，所有理论的实践都起源于一般，这一点保障了理论实践仅仅是在理论的认识层面上的行动；其二，一般乙的介入是理论的实践性和辩证性的保障。阿尔都塞在理论实践的过程中特别强调了一般甲与一般丙之间的非同一性（认识论断裂）①，也就是说，理论实践的最初概念与加工后的具体概念之间并不能被还原为抽象概念与具体实在之间的关系。这种还原会让理论要么只能诉诸意识形态的思辨哲学（我们不能认识具体实在，只能认识与具体实在对应的抽象概念），要么只能被划入费尔巴哈式的粗陋唯物主义，从而简单地强调感性的概念本身。阿尔都塞紧紧抓住马克思的辩证法的实践维度，通过一般乙的介入，使得一般甲在被加工的过程中出现了真正的变革，因为一般乙，即加工的主体"在形式上表现为能够引起真正质的中断的突变和改组"②。在此，中断，作为一种断裂，再次

———————

① 参见［法］路易·阿尔都塞：《保卫马克思》，顾良译，178 页，北京，商务印书馆，2010。

② ［法］路易·阿尔都塞：《保卫马克思》，顾良译，181 页，北京，商务印书馆，2010。

成为理论创造的可能性空间，这是阿尔都塞思想的核心要点所在。经过一般乙的断裂式的介入，一般甲尽管还保留着一般性的形式，但这种形式已经转变为另一种一般，一种焕然一新的具体的科学的一般（一般丙）。这个具体的科学既不是思辨哲学主观自发性的演进结果，也不是直接的感性直观，它在实践行动的介入中形成了非思辨的、面向现实的理论认知。依照这种理论实践的视角，阿尔都塞为我们揭示了思辨哲学的真正问题所在，即它不仅仅是驻足于思辨的幻想，这一点费尔巴哈已经揭示了出来，更为关键的是"思辨通过抽象颠倒了事物的顺序，把抽象概念的自生过程当成了具体实在的自生过程"①。而对于阿尔都塞来说，作为理论实践之原料的一般甲从来与加工主体一般乙有着质的不同。② 由此，在一般甲、一般乙与一般丙的相继发展中存在的只是永远的断裂，而不是一致与同一。这种断裂构成了马克思与黑格尔思辨哲学的根本差异。而正是在这个断裂当中，理论实践的空间才真正地敞开了。唯物辩证法在理论层面上才得以实现。

阿尔都塞的唯物辩证法显然是对马克思哲学的一种有效推进。其所面对的是 20 世纪 60 年代之后，知其不可而为之的革命形势。黑格尔在这一阐释中不是被忽略，而是以一种对立面的姿态构成了阿尔都塞构筑马克思哲学问题域的背景板。在此，黑格尔的历史性原则其实获得了一种新的阐发路径：彰显其中所包含的非目的性原则。而这近乎构成当时

---

① ［法］路易·阿尔都塞：《保卫马克思》，顾良译，180 页，北京，商务印书馆，2010。

② 参见［法］路易·阿尔都塞：《保卫马克思》，顾良译，185 页，北京，商务印书馆，2010。

法国思想界讨论人的实践与行动所必须承认的思维路径。萨特在对主体性原则的考察中强调了"非知"，意味着主体的主观概念无法完全理解现实，他就此展开了"要成为"的敞开性主体性，这在某种意义上同样可以被视为建基于思维与存在、概念与现实之间的断裂所形成的必然后果。因此，尽管萨特强调主体性，阿尔都塞强调无主体的历史性，两者似乎触及的是主观与客观两个维度，但从我们以上的分析可得出如下结论：由于他们本质上都源自科耶夫对黑格尔的阐释所开创的当代法国思想的问题域，因此，两者之间的差异其实远远少于他们的共同点。特别是当萨特与阿尔都塞共同经历 20 世纪 50—60 年代马克思思想在法国大起大落的理论命运的时候，作为马克思主义者的两位思想家，尽管思想阐释路径有差异，但主体或主体性与客观的、不以主观意志为转移的社会现实之间的矛盾关系，显然已经成为两人共同需要面对的理论问题。萨特解决这一问题的着力点在于构建一个不断自我生成的主体性原则，阿尔都塞的着力点则在于构建一个不断自我生成的历史性原则。而一旦这一问题成为他们讨论的核心，黑格尔的辩证法思想自然也就成为他们无法绕过的思想对手。因此，我们看到了晚期萨特有关辩证法的宏大著述《辩证理性批判》以及阿尔都塞在《保卫马克思》中的著名篇章"关于唯物辩证法"。

四、激进左翼思潮中的黑格尔与马克思：普遍性与唯物辩证法的再重构

20 世纪后半段的法国开始普遍质疑知识分子的思想创造力。2012 年

《文学杂志》甚至大胆地提出了一个根本性问题："法国仍然在思考吗?"①
质疑的原因在于 20 世纪 60 年代的兴盛于法国思潮中的"后"（post-）学消
解了众多宏大的叙述，古典的哲学、宗教与艺术无一例外受到了冲击。
从 1968 年"五月风暴"以后，马克思在法国就同尼采和弗洛伊德并列起
来，共同诠释了一段"怀疑大师的时代"。马克思的社会理论中的破坏性
被凸显出来，正如尼采对形而上学的否弃、对价值的重估，随之而来的
不是新价值的建立，而是价值的失范。相对主义思潮缺乏立场，而无立
场的思考，其思想之力度可想而知。

　　这一情景近来随着激进左翼思潮在法国的兴起得到了些许改善。其
思潮的理论问题域根本上源于对马克思思想（主要是法国马克思主义）的
继承与发展。在我们回顾马克思思想理论演进的过程中会发现，青年马
克思与晚年马克思之间存在着一个理论取向上的差异：青年马克思虽然
强烈地批判了青年黑格尔派的基本思想，但是坚持了青年黑格尔派的激
进性，即对于革命以及革命主体的探寻始终是其哲学构造的一个主题。
但随着马克思对政治经济学批判的不断深化，其理论取向发生的转变，
基于向黑格尔思想的回归，马克思开始将社会发展视为一个客观发展过
程。正如马克思在《资本论》第一版序言当中所指出的那样："问题本身
并不在于资本主义生产的自然规律所引起的社会对抗的发展程度的高
低。问题在于这些规律本身，在于这些以铁的必然性发生作用并且正在
实现的趋势。"②由此，马克思"把经济的社会形态的发展理解为一种自

---

　　① ［英］苏迪·哈扎里辛格：《法国人是如何思维的》，李虎、李宋乐颖、梅应钰译，
17 页，北京，新华出版社，2017。

　　② 《马克思恩格斯文集》第 5 卷，8 页，北京，人民出版社，2009。

然史的过程。不管个人在主观上怎样超脱各种关系，他在社会意义上总是这些关系的产物"①。至此，马克思对带有某种铁的必然性的社会发展规律的关注替代了对革命及革命主体的分析。这构成了马克思思想发展的一个内在矛盾。对此，詹姆逊在其《重读〈资本论〉》一书当中指出：

> 我的结论是《资本论》（第一卷）没有政治结论。但当我们讨论的是一本一个多世纪以来在全世界都被视为劳动阶级圣经的书，而书的作者又曾写过一本西方政治理论的基础和经典之作（《共产党宣言》），这就成了需要解释的悖论。②

在我看来，激进左翼的思想取向可被视为面对马克思思想中这一悖论而作出的阐释。他们坚持对当代资本主义社会持彻底批判的理论立场，并在此基础上构建可能的、富有现实性的革命主体。而这一点正是晚年马克思进行《资本论》研究时没有凸显的一个方面，从而造成了青年马克思与晚年马克思在理论旨归上的悖论。但我们不能就此认为激进左翼的思想较马克思的思想更为完善。相反，两者在其所处的不同的历史时代都具有其存在的合理性。马克思处于资本主义社会发展的早期阶段，面对着资本这个从头到脚每个毛孔都流着血与肮脏的东西，马克思摒弃了空想社会主义的简单拒斥的方式，而将对资本的批判孕育在对资本主义社会客观冷静的分析当中，在承认资本对历史的贡献的同时，揭

---

① 《马克思恩格斯文集》第 5 卷，10 页，北京，人民出版社，2009。

② ［美］弗雷德里克·詹姆逊：《重读〈资本论〉》，胡志国、陈清贵译，111 页，北京，中国人民大学出版社，2013。

示其体系内固有的矛盾，从而为革命提供可能性，为革命主体照亮前行的道路。这种对历史客观性的凸显让马克思的批判具有了某种现实的改变世界的力量。

但随着晚期资本主义经济的蓬勃发展，无产阶级作为一种显性的阶级正在消亡。强大的资本逻辑推动着社会如同一架自动运行的"机器"不断前行。资本固有的矛盾正在被体系内在消化，资本主义灭亡的时刻被无限期地延迟了。随之而来的问题是：革命是否可能？革命的条件何以可能？后一问题同时引发了关于革命主体是否存在，如何存在等相关问题。因此，重构历史发展的主体性维度成为迫切的时代问题。激进左翼的各位思想家，包括吉尔·德勒兹、拉克劳与墨菲、齐泽克、阿兰·巴迪欧以及阿甘本等，他们分别作为"后"学思潮当中的一支，虽然理论的表述语言各不相同，但对革命与主体性的探讨却是共同的理论主题。

鉴于主体性问题与哲学之间的密切关联，激进左翼再次恢复了马克思所批判和拒斥的哲学本身，这导致了激进左翼特有的理论倾向，即元哲学问题的讨论与政治旨归的融合统一。激进左翼的代表人物大多讨论过纯粹哲学的问题，但其讨论的最终目的却并非解决哲学的理论问题，而是指向某种富有实践性的政治问题：革命主体何以可能。然而对革命主体的讨论隐含着对主体哲学的复兴。但 20 世纪是反主体哲学高歌猛进的年代，如何将这一普遍的理论倾向与对马克思哲学主体性维度的讨论有机地整合，成为激进左翼的理论难题，同时也促使激进左翼对当代元哲学的发展作出了特有的理论贡献。阿兰·巴迪欧在《世纪》一书当中将主体作为七个关键词之一，认为今天对主体的讨论与之前对主体的理解完全不同，今天"所谓'你是其所是'，作为主体而言，仅仅是一个生成(devenir)的决定"①。由此可见，对于激进左翼而言，主体的问题并未退出历史舞台，但主体本身却失去其本质性的规定，它转变为某种生成性的观念。今天的革命主体以及由其所带来的革命也正是在富有生成性的、过程性的观念当中得以诠释的。而激进左翼也在保有了这样一个革命的主题的同时保有了自身的激进性维度。

在对这一问题进行讨论的过程中，黑格尔所充当的角色是关键的。几乎所有的激进左翼思想家都借助过黑格尔的理论资源，甚至在黑格尔已经在 20 世纪 70 年代至今退出其思想主导的历史舞台之后，他们对于黑格尔的兴趣仍未减弱。拉康化马克思主义者齐泽克多年来致力于对黑格尔的解读，他的解读被今天正统的黑格尔研究界所接纳，而不仅仅视其为思想的奇谈怪论。其中的原因，正在于黑格尔思想自身的复合性。黑格尔将统一与多样化整合为一，同时从未忽视最终统一之前所存在的差异性和多样性的人。而这种一和多在形而上学意义上的重新勾连正在成为激进左翼思想家们在理论上构筑革命的合法性以及革命主体的有效理论武器。对此我们将集中讨论当代激进左翼思想家的重要核心问题，因为他们总是作为一个学术共同体活跃于当代思想舞台之上。与此前经典的法国马克思主义者相比，这些激进左翼思想者，他们拥有更多的共同问题域，但其代表人物并不一定是法国本土的哲学家，诸如斯洛文尼亚的齐泽克与意大利的阿甘本，还有西班牙的拉克劳与墨菲，他们虽然在地缘上并非隶属于法国，但由于他们的思想都全部脱胎于当代法国思想，因此，他们的思想也成为重构黑格尔与马克思在法国的存在样态的

---

① Alain Badiou, *Le Siècle*, Seul, 2005, p. 144.

代表思想。

(一)断裂的辩证法

在黑格尔思想当中，最受激进左翼思潮青睐的仍然是辩证法。自卢卡奇以来，辩证法思想一直都得到西方马克思主义研究者的偏爱。辩证法作为一种以矛盾为其基本分析方法的理论，注定不能被归结为简单的、抽象的形式，因为形式本身是不包含矛盾的。辩证法在其分析过程中一定要携带内容。内容是辩证法自身的丰富性、具体性的保证，这是黑格尔辩证法的独特性所在。只有在黑格尔的辩证法中，矛盾才能始终作为矛盾而获得存在的合法性。

概言之，辩证法通过对矛盾的强调在必然性与普遍性的逻辑中为特殊性与偶然性找到了立足之地。黑格尔称之为规定了的否定：

> 这个否定是一个规定了的否定，它就有了一个内容。它是一个新的概念，但比先行的概念更高、更丰富；因为它由于成了先行概念的否定或对立面而变得更丰富了，所以它包含着先行的概念，但又比先行概念更多一些，并且是它和它的对立物的统一。[①]

在这个规定了的否定当中，特殊性是作为否定性而存在的。在黑格尔那里，它就成为内容本身，那个能为概念增添新东西的内容。并且，这种特殊性从来不应在所谓否定之否定的规律下被彻底地消解掉，这是

---

① ［德］黑格尔：《逻辑学》上卷，杨一之译，17页，北京，商务印书馆，1966。

黑格尔哲学中常常为人所忽视的一个方面。相反由此带来的差异性与特殊性作为对立面始终存在于其中。

看到了黑格尔的这一点，也就在普遍性中看到了不能被消解的差异性，在某种意义上，也就在古典哲学中找到了当代激进左翼思潮可能回溯到的理论根基。这一点最先被阿多诺在否定辩证法的建构中加以阐发。在辩证法问题上，阿多诺赞扬的是为辩证法的形式带来丰富内容的否定性，即黑格尔意义上的规定了的否定性，却从根本上拒斥由否定性向肯定性的转化，即否定之否定的肯定性，将这种转化视为一种意识形态的构建。这种意识形态在阿多诺那里是批判的对象，被其称为形而上学，或者同一性哲学。

针对这种同一性哲学，阿多诺提出了他的"非同一性"哲学，要理解非同一性，首先需要明确的是阿多诺意义上的同一性指的是什么。在阿多诺看来，概言之，同一性所代表的是一种逻辑上的排他性，它总是以一方来同一、概括另一方。不管是柏拉图的理念，还是康德的我思、黑格尔的绝对精神都充当着同一他者的主导者，而他者、客观性的现实世界，总是作为被同一者而存在着，从而构成了形而上学的基本特质。在阿多诺看来，这种同一是无法实现的。因为同一性所包含的逻辑的普遍性必然附带着单一性与特殊性的存在："如果没有同一性的意识，没有特殊之物的同一性，就没有普遍之物。反之亦然。这就是特殊与普遍的辩证法观念在认识论上的合法性。"①阿多诺所发现的这种同一性矛盾显

①　Theodow W. Adorno，"Negative Dialektik"，In *Gesammelte Schriften*，*Bd. 6*，Suhrkamp Verlag，S. 145-146.

然经过了黑格尔辩证法的洗礼，如果没有黑格尔对康德的形式主义作出的深刻批判，特殊性、个别性，或者说作为认识内容的现实事物，本身在认识（思维的同一性活动）中是不可能获得其自身的合法性的。

这样一种改造的结果，直接导致了他者存在的合法性。逻辑的普遍性被阿多诺从逻辑之内打破了。这种示范显然具有相当的说服力，它给了激进左翼思潮重构形而上学的理论支点，毕竟黑格尔作为形而上学的思想大师，在其思想之内所包含的多样性要素为在诸多"后"学理论丛生的情境中重构新的形而上学提供了可能性。

与阿多诺一样，齐泽克不是将黑格尔的辩证法看作包含否定性，但最终完成了的过程，而是看作停留在否定性之中的一种断裂。否定性不仅成为辩证法的核心，而且成为辩证法的全部。齐泽克称其为"延迟的否定"（tarrying with the negative）。

齐泽克的这种解读路径可以从其反复讨论的一个命题中获得更为深入的理解，这就是拉康的命题："真理来自误认。"这一命题的提出显然是以黑格尔的真理观为基础的，因为其本来意指真理是在否定性中的存在。从较为表层的意义上看，"真理来自误认"直接表达了否定性对于认知真理的有效推动。在此，齐泽克还保有将真理视为过程的辩证性思维，因此在其对拉康这一命题的阐释中，时间与历史成为例证的主要来源。历史中存在的革命（如伯恩斯坦与罗莎·卢森堡对于革命的不同态度）以及在一段时间中对某个问题的认知（如《傲慢与偏见》中的主人公）都拥有一条从失败中获取真理的基本路径。齐泽克强调，在失败的"重复"中真理最终显现出来。我们认为，不能忽视齐泽克的这一强调。在黑格尔那里，经由否定性所达到的真理是通过"扬弃"环节来完成的，它包含着一种有保留的放弃。而齐泽克在此却完全不采纳"扬弃"这一术语，转而强调真理的过程在于"重复"那些失败，"重复"那些偶然性、断裂性，这本身就已经彰显出齐泽克对黑格尔的根本性改造。真理来自误认，并非指真理是扬弃误认的结果，而是指重复误认是获得真理的唯一方式，或者更为明确地说，真理就其本身而言就是一种误认（否定）。辩证法的否定性显现了真理本身，而过程性成了一种无限的"延宕"。所谓延宕，"正是阐释这一行为构成的：阐释总是来得太晚，拖得太久，总是来在要被阐释的事件重复自己的时候"[①]。延宕显然取消了黑格尔的螺旋式上升的空间。

于是黑格尔的辩证法在齐泽克这里获得了新的阐发："运动的中止正是辩证过程的关键时刻：所谓的'辩证发展'，就存在于开头的频繁重复之中，存在于预先假定内容的灭绝和回溯性重构之中。"[②]这种重构的途径就是滞留于否定的环节之上。如同阿多诺一样，滞留于黑格尔的规定的否定之上，从根本上打破黑格尔依靠辩证法的同一性逻辑所构建的封闭体系，这是延迟的否定必然导致的后果。

凸显辩证法的否定性环节的积极意义，成为诠释革命之合法性的理论基础。换言之，虽然对于整个当代法国哲学而言，形而上学没落已成为不争的事实，但对于激进左翼思潮而言，否定性所敞开的是非确定性的空间，它反而成为撇开既有观念之束缚从而能够触及社会现实的有效路径。社会现实在与概念的非统一性中获得自身发展的真正可能性。而

---

① ［斯洛文尼亚］斯拉沃热·齐泽克：《意识形态的崇高客体》，季广茂译，86 页，北京，中央编译出版社，2002。

② 同上书，199 页。

以革命而非建构为主旨的激进左翼思潮恰恰就需要这种不断生成的社会现实。要释放出这种社会现实的合法性，需要否定性的辩证法，同时这种否定性还意味着人的能动性所具有的理论优先性。

(二)泛逻辑主义与辩证的"矛盾"

无论是齐泽克，还是阿多诺，对于黑格尔的态度都是模棱两可的。他们一方面阐发着黑格尔哲学，另一方面将自己的理论隐蔽地输入其中，最终呈现出一副不同于一般的黑格尔的面孔。与齐泽克和阿多诺相比，拉克劳与墨菲(这两位虽然不是法国人，却因其对拉康与阿尔都塞等思想资源的运用成为法国思想传统之下的重要代表)对黑格尔的背离较为有限。这种有限性体现在他们的霸权理论建构的基本方式中。拉克劳的霸权理论作为一种政治理论形态，其根基并不在当下现实存在的社会运动之中，而在于逻辑学的形式规定。就此而言，黑格尔一贯坚持的以概念、逻辑来把握现实的原则没有改变。不同的只是这种逻辑学的形式规定究竟是什么，拉克劳在此提出了与黑格尔不同的看法。

拉克劳批判了黑格尔的理性支配原则，称之为泛逻辑主义的理论建构。在黑格尔那里，理性显现为概念，并以概念来把握社会现实。因此在黑格尔看来，现实从来都不等同于现存，只有进入概念并被概念所把握的存在才是现实的存在。谢林、费尔巴哈以及当代的存在哲学都以现实为切入点，并提出"存在"优先于"理性"的原则。拉克劳则认为这是两个不同的理论传统，而他本人则以第三种方式——话语方法来触及社会现实问题。这就是拉克劳所认定的逻辑学的形式规定。在拉克劳看来，话语的逻辑构建了社会现实，并且只有话语所构建的现实才是真正的社会现实。

于是，接下来的问题就在于话语理论与黑格尔的逻辑主义之间究竟是一种怎样的关系。首先，借助话语理论，拉克劳拒斥了存在与意识的坚硬区分，也批判了谢林等人将前逻辑、前概念、前反思意义上的存在作为社会现实的显现的做法。但话语理论显然不能等同于理性的逻辑，因为语言是一种先于逻辑运动的存在。然而这种先于不是谢林意义上的那个"现实"，毋宁说，话语是现实的一种"表象"。话语赋予现实以意义，这种意义同样可以是概念，只是这个概念与现实之间的关系是"比喻"的关联。于是黑格尔的辩证逻辑在拉克劳那里相应地变成了一种"比喻的运动，通过它，一个名称作为一个隐喻而填满存在于推理之链上的鸿沟"①。于是"辩证逻辑是通用的修辞领域。黑格尔文本的丰富性并非在于它们从无条件的出发点严格地推导出概念的企图——这是它们在每一页上都违反的规则——而是在于精确的修辞，它控制着它们的转化"②。这是拉克劳与墨菲对黑格尔哲学的一种解读。

由此可见，对于拉克劳来说，所谓社会现实是一种话语体系，而话语体系本身与黑格尔的辩证逻辑并非异质，两者都是从观念的层面上"把捉"现实。只不过在黑格尔看来，概念本身就是现实，而在拉克劳看来，话语是对现实的一种隐喻。当拉克劳借此将黑格尔的辩证法解释为修辞的转化的时候，他也如齐泽克一样，隐蔽地将自身的理论输入黑格

---

① ［斯洛文尼亚］斯拉沃热·齐泽克：《意识形态的崇高客体》，季广茂译，59 页，北京，中央编译出版社，2002。

② 同上书，59～60 页。

尔哲学之中。其合理性与否并不是问题的关键，问题的关键在于这种输入一定要以黑格尔的辩证法为基础才是可能的。

黑格尔依靠辩证法，通过否定性实现了形式与内容、普遍性与特殊性的统一。这个统一的"一"使黑格尔在为同一性逻辑注入非同一性要素之后再次归顺于同一性，也使黑格尔最终建构了自己的理论。正是在这种建构的意义上，黑格尔的理论仍应被视为典型的现代性理论。而后现代理论则是只破不立的，激进左翼思潮正是在这一点上与后现代理论截然不同。后者是基于解构理论基础之上的一种建构，坚持这种理论建构才能使激进左翼思潮保留马克思的革命理论，并且仍能将自身归入马克思主义的理论范式之中。

显然，霸权理论作为一种理论建构模式与黑格尔的辩证法之间存在着诸多关联。其中最为关键的问题在于如何将霸权所实现的多样性的统一与黑格尔辩证法所实现的多样性的统一加以区别。这里的"统一"是怎样的"一"？在黑格尔那里，这个"一"在否定之否定的内涵中获得了确定无疑的肯定性。而在拉克劳这里，霸权所代表的"一"却是一个空洞的存在。也就是说，它存在，但它是一个不能有任何确定性的空洞的能指（空名）。它的所指（内容）从来不能被确定下来。诸多多样性共同指向这个空名，却没有任何一种多样性最终能够固定不变地填充这个空名，正是这种非确定性保证了霸权理论的建构没有最终回归到本质主义之中。在某种意义上，可以说这是对黑格尔哲学的一种背离，然而，如果我们进一步追问这种非本质主义的建构何以可能的话，那么我们又不得不再次发现霸权理论与黑格尔辩证法之间的内在同构性。

拉克劳认为，如果要使霸权没有确定性的内容，只有保持多样性的存在。特殊性并不能因为统一性的确定而去除自身的特殊性，而特殊性的无法消除只能通过预设"对抗"这一客观关系的无法消除而获得。拉克劳将"对抗"视为霸权理论的核心概念，其原因就在于此。那么，何为"对抗"？对抗是一种客观的关系，它意指："'他者'的存在使我无法完全成为我自己，我与'他者'的这种关系并不是从完全的总体中产生出来，而是从它们构成的不可能性中产生出来的。"①也就是说，在一种对抗的范围内，我不能成为我自己的完整存在，即对抗概念所表达的是一种非完整性。它使得"多样性的统一"中的"一"无法实现。他者的介入是这种非完整性的前提。这个"他者"与"我"之间的关系是对抗性的关系，因为他者的存在，我就是非完整的。然而这种使我非完整的他者却又不得不始终存在着，否则这个"我"也是不存在的。就这一点而言，拉克劳显然是在吸纳了拉康哲学中那个不可能的真实界之后得出了这个结果："社会象征的领域被构想为围绕着某种创伤性的不可能性而构成。"②霸权正是因为这种对抗的存在而始终无法实现向本质主义的回归。对抗保证了多元存在的必要性，并且正是这些多元存在的无法消除才最终保证了民主与激进双重维度的共存。

拉克劳在论述对抗概念的时候，极力将对抗与对立、矛盾区分开来，并特别强调对抗不是黑格尔意义上的"辩证矛盾"。然而，在我看来，拉克劳的这种区分是徒劳的，因为从对抗和矛盾作为社会发展的动

---

① E. Laclau, C. Mouffe, *Hegemony and Socialist Strategy: Towards a Radical Democratic Politics*, Verso, 1985, p. 125.

② Ernesto Laclau, *New Reflections on The Revolution of Our Time*, Verso, p. 249.

力来看，两者确实存在着本质上的差异。对抗不能被扬弃、消解，它保证了社会的非缝合性，而黑格尔的矛盾则作为被扬弃的必要环节保证了体系最终的完整性（拉克劳的说法是"体系的缝合性"）。然而，问题在于"对抗"与黑格尔的辩证矛盾本身的意义是否相同。如果我们仔细分析黑格尔对在矛盾中得以存在的"自我意识"以及"精神"的本质规定，就会发现蕴含于这些概念中的辩证矛盾与拉克劳的对抗并无二致。

黑格尔依靠"精神"的显现一步步触及真理。辩证矛盾存在于每一精神阶段的自我演进过程之中。精神最先在自我意识的双重化中被显现出来：

> 意识，作为自我意识，在这里就拥有双重的对象：一个是直接的感觉和知觉的对象，这对象从自我意识看来，带着否定的特性的标志，另一个就是意识自身，它之所以是一个真实的本质，首先就只在于有第一个对象和它相对立。①

作为自我意识否定性的感觉和知觉的对象成为与自我意识相矛盾的他者。自我意识的真实性也存在于这一矛盾当中，自我意识的形成本质上需要他者的承认和确证。黑格尔辩证矛盾的这种起源说明了矛盾双方的排他性，以及矛盾自身的不可消除性。自我意识所内含的这种矛盾在本质上是不能被扬弃的，尽管黑格尔用"精神"这一概念意指这种扬弃。

---

① ［德］黑格尔：《精神现象学》上卷，贺麟、王玖兴译，117 页，北京，商务印书馆，1979。

在对"精神"的界定中，黑格尔再次凸显了一种二元对立的存在样态，有关这一点，我们在对科耶夫二元论的讨论过程中已经给出了较为详尽的指认：精神在本质上是一种主体间性，精神的统一是一种不能消解的对立的统一，我就是我们，我们就是我，只有在不能消解对立的意义上去理解才是可能的。

精神作为真理得以显现的方式本身就是一种矛盾的对立，这是辩证矛盾赖以产生和发展的理论环境，在这一意义上，矛盾对立的相互依存性（同时也就意味着相互限制）以及矛盾对立的不可消解性都与对抗的概念异曲同工。因此拉克劳在反思自身理论的时候就曾清楚地指出，黑格尔哲学为建构霸权理论"提供了部分的本体论工具"[①]。

(三)空洞的普遍性

对抗的存在使得矛盾的扬弃成为不可能，这种不可能性在拉克劳与墨菲的理论中表现为霸权的空洞性。霸权作为统一特殊性的普遍性成为一种空洞的能指，这是理解拉克劳理论以及激进左翼思潮的哲学形态的一个关键点。普遍性作为一种思维的特质，在齐泽克眼中拥有三种理解方式：第一个普遍概念是笛卡尔的"我思"，它具有客观的和自然的内容；第二个普遍概念来源于马克思，普遍性成为特殊性的歪曲的表现；第三个则是拉克劳所提出的空洞的普遍性，它是霸权，是偶然性斗争的

---

① ［美］朱迪斯·巴特勒、［英］欧内斯特·拉克劳、［斯洛文尼亚］斯拉沃热·齐泽克：《偶然性、霸权和普遍性——关于左派的当代对话》，胡大平、高信奇、蒋桂琴等译，60 页，南京，江苏人民出版社，2004。

结果，同时也因为它彰显特殊性对抗的无法消除，而成为一种不可能性。[1]

齐泽克的这种划分是否合理并不是问题的关键，问题的关键在于黑格尔所宣称的富有辩证性的普遍性在齐泽克的视域中应放置于何处。在一般意义上说，黑格尔作为马克思思想的重要来源，马克思的辩证法在很大意义上就是黑格尔的辩证法，因此黑格尔的普遍性观念就应属于第二种理解方式。然而在激进左翼的研究中，对黑格尔的普遍性的言说却并非如此，黑格尔的普遍性总是作为一种空洞的普遍性为他们所津津乐道。对于黑格尔哲学的这种研究方式值得我们的关注。

此前，在有关阿尔都塞的讨论中，我们就其对黑格尔的命题"精神是块头盖骨"的讨论给予了说明。鉴于"精神"概念对于黑格尔哲学所具有的普遍性意义，我将其视为"空洞的普遍性"的典型案例。它成为激进左翼思想讨论黑格尔哲学的一个切入口。关于这一命题的进一步激进化解读，在齐泽克思想当中可见一斑。

在齐泽克看来，"精神是块头盖骨"的命题所具有的真理性恰恰就存在于其形式的荒谬。黑格尔的"精神"在齐泽克这里被解读为拉康意义上的"主体"，这种等同不仅在于精神与意识以及由此与主体的等同，关键在于精神具有拉康意义上的主体所具有的那种"不可能性"。

黑格尔的"精神现象学"所关注的是一般知识的形成过程，这一过程

_____

① 参见[美]朱迪斯·巴特勒、[英]欧内斯特·拉克劳、[斯洛文尼亚]斯拉沃热·齐泽克：《偶然性、霸权和普遍性——关于左派的当代对话》，胡大平、高信奇、蒋桂琴等译，54页，南京，江苏人民出版社，2004。

就是从最初没有精神的东西变成精神的东西的过程。^① 而激发黑格尔建构这一个认知体系的哲学动因就在于康德为哲学设定的不可知的"自在之物"。黑格尔试图通过精神的认知过程将"自在之物"纳入理性可以认知的范围之内，以最终确立理性的力量。然而极为注重否定性的齐泽克，显然不认为黑格尔的努力是成功的。相反，"黑格尔的批判比这要严厉得多：与康德相反，它从未断言在理念与现象之间存在着进行某种'和解'-'调停'的可能性，存在着跨越理念和现象之间的鸿沟的可能性，存在着消除极端的'他性'的可能性，消除理念—原质与现象之间的极端否定性关系的可能性"^②。将黑格尔的辩证法终止于否定性与差异性，齐泽克也自然将那个依赖辩证法所最终达到的"自在之物"，或者说精神的自我认知，推向了彼岸。因此齐泽克认为黑格尔比康德还康德，他以更为隐蔽的方式掩盖了自在之物，或者精神的不可能性。

在齐泽克看来，这种隐蔽的方式就体现在命名与被命名物之间的错位。就此而言，齐泽克与阿尔都塞在分析上是一致的。精神与头盖骨的等同以最为直接的方式揭示了这种错位，在此，主语"精神"与宾语"头盖骨"是绝对不和谐的。然而"我们借助于失败，通过严重的不足，通过谓语在它与主语关系问题上的绝对失调，成功地传送了主体性之维"^③。主体在拉康的哲学中就是那个只能通过"非我"（非主体）的存在加以填充的

---

① 参见［德］黑格尔：《精神现象学》上卷，贺麟、王玖兴译，17 页，北京，商务印书馆，1979。

② ［斯洛文尼亚］斯拉沃热·齐泽克：《意识形态的崇高客体》，季广茂译，280 页，北京，中央编译出版社，2002。

③ 同上书，284 页。

空洞命名。换句话说，主体通过一个完全与主体异质的存在来获得说明，就如同能动性的精神只能通过僵死的头盖骨来获得自身存在的显现，在黑格尔断言他找到了精神与具体现实的直接关联之时，齐泽克也认为黑格尔找到了说明精神的唯一方式，就是以"非精神"来说明它。由此精神与拉康的主体理论具有了共同的逻辑，即都通过短缺的能指（不和谐的言说方式）来符号化能指的短缺（那个不能说的原质，这一原质在康德那里是自在之物，在黑格尔那里是精神，而在拉康那里则是主体）。

齐泽克对于精神的这种拉康化的解读，虽然以主体为表述方式，但就其共同的言说对象——精神来说，与黑格尔并无二致。黑格尔的精神在其理论中就是普遍性的象征，它通过感性确定性、知性以及理性等诸环节诠释了特殊性与普遍性的辩证法。并且，正如我们已经指出的那样，精神的本质并不是一个独立的主体，如同笛卡尔的"我思"，它在黑格尔的视域中从来都是一个中介：

> 精神并不是自我意识中自我的主体性的基础，而是中介，在此中介中一个我与另一个我交往，作为一个绝对的中介，这两个我相互形成主体。意识作为中间地带存在，主体在那里彼此相遇，没有相遇它们彼此就不能作为主体存在。①

也就是说，精神从其诞生之日起就是主体间的，并总是以一个非我的存在来证实着自身的存在。因此这种普遍性必然包含了一种内在的张

---

① ［德］黑格尔：《小逻辑》，贺麟译，560 页，北京，商务印书馆，1980。

力，从而失去了普遍性在传统哲学中无差别的同一，走向了黑格尔所提出的"我即我们，我们即我"的多样性统一。而正是在这一点上，后现代主义的诸多解读直接将统一性的外衣剥离，呈现出多样性的存在方式，而后马克思主义则以最为接近黑格尔的方式完成了对黑格尔的解读：以空洞的普遍性为最终旨归，但仍保留着多元化的存在方式。阿尔都塞的多元决定论、齐泽克对精神本质的空洞化阐发都是对空洞普遍性的保留。上文中提出的拉克劳与墨菲的后马克思主义的霸权，就是在这样一种理论渊源与背景下提出的。正如我们已经指出的那样，霸权作为一种政治策略，不过就是这种空洞的普遍性在政治哲学中的变种罢了。

第七章

黑格尔的灵魂与马克思的肉身：以德勒兹为例

今天的法国马克思主义者们，不仅不再仅仅囿于国界的限定，例如那些激进左翼的思想家们都已不再是法国本土出生的思想家；更为重要的是，他们也不再表现为显性的马克思主义者。他们中的大部分都不经常应用马克思，甚至不断地批判马克思思想中的某些基本原则。但他们总是不时地宣称自己是一个坚定的马克思主义者，这给我们对法国马克思主义者的判定带来了一定的困难。在此，我将选择吉尔·德勒兹，这位试图以《马克思的伟大》为题撰写了一部著作的法国思想家，作为典型个案进一步深化我们在本书中已经展开的思想演进脉络，并以某种方式验证本书中已确定的某些论题，侧重点仍然集中于黑格尔与马克思在德勒兹成就自身独特思想的过程中所发挥的基本作用。

一、德勒兹的思想谱系

(一)德勒兹生活的年代

20 世纪是法国哲学的世纪。新的生活方式召唤更注重感性、更富有经验主义色彩的民族贡献它自身的思想。法兰西思想，曾经用笛卡尔的思想开启了近代形而上学的先河；用卢梭唤醒了康德对人的尊重；用空想社会主义实践让马克思看到了未来乌托邦可能的模样，却在整个 19 世纪略显沉寂。因为 19 世纪的思想被德国人的思辨理性所占据，这种思辨理性纠结在与神学若即若离的关系当中，它所表达的时代是一个工业革命刚刚结束，资本逻辑正在蔓延的现代社会。上帝的死讯还未能传遍世界。或许它虽死犹存，幽灵般存活在诸如绝对理念的理性逻辑当中。在我看来，20 世纪人类的两次世界大战摧毁的不仅是德国古典时期的建筑，更是这个民族奉献给世界的宏大理性。历史的非理性发展无法让我们看到绝对精神的昂首阔步，相反我们看到的是人的渺小与羸弱，并因为人的渺小与羸弱而产生了对人本身的强烈关怀。而这一点恰恰与近代以来法国思想的主调不谋而合。帕斯卡尔、蒙田等人都是这一主调的谱写者。进入 20 世纪，围绕着对人之历险的关注，法国思想界产生了一系列思想的冲突——新康德主义、黑格尔主义、实证主义、生命哲学、马克思主义、存在主义、结构主义与后结构主义。法国思想流派之繁杂达到了顶峰，思想流派之间的纷争带来了思想的繁荣，法国思想自此站在了当代思想舞台的中心。

　　面对这纷乱的思想潮流，身处其中的法国思想家米歇尔·福柯却似乎显得格外冷静，他指出：面对第二次世界大战后法国思想的种种，我们可以找到"一条贯穿所有这些对立的分界线"，"把一种关于经验、意义、主体的哲学和关于知识、合理性、概念的哲学分开的界线"。① 换言之，福柯将第二次世界大战后法国思想分为两类：一类侧重主体哲学；一类侧重概念哲学。前者的代表人物是科耶夫、萨特与梅洛-庞蒂；后者的代表人物是卡瓦耶斯(J. Cavaillès)、巴什拉、康吉莱姆(G. Canguilhem)、彭加勒(H. Poincaré)等。前者形成了以实存主义为核心的人道主义倾向，后者则形成了法国特有的知识论传统，它们带有科学主义的倾向。福柯的这种划分方式具有相当的合理性，的确有助于我们理解当代法国哲学的大方向。但这并不意味着其中不存在任何问题。例如，在这一框架中如何界定巴什拉这位法国科学哲学的代表人物，同时也是一位哲理诗人；再如，我们该如何面对彭加勒将科学的规律看作心智自由的我们的一种约定？② 如何理解他强调科学创造的契机在于那些诸多的"例外状

---

① M. Foucalut，*Dits et Écrites IV*(*1980-1988*)，Editions Garlimard，1994，p. 764.

② 彭加勒指出："这些约定是我们心智自由活动的产物，我们的心智在这个领域内自认是无障碍的。在这里，我们的心智能够确认，因为它能颁布法令；然而，我们要理解，尽管把这些法令强加给我们的科学——没有它们便不可能有科学，但并没有把它们强加于自然界。可是，它们是任意的吗？不，否则他们将毫无结果了。"([法]昂利·彭加勒：《科学与假设》，李醒民译，2页，北京，商务印书馆，2006。)

态"(如同阿甘本所强调的那样)①？更让人头疼的是柏格森的位置。他的《创生进化论》究竟是一部严格的生物进化科学著作，还是对生命之独特性的哲学反思？在法国思想的传统中，知识论的传统并不客观，他们同样看重个人的体验与感受，这种经验主义的底色是法国启蒙运动留给他们的精神遗产。这一启蒙与康德式的德国启蒙存在着巨大的差异。康德所主导的德国式启蒙强调是理性以及理性所要求的人的自律，而法国的启蒙运动却从帕斯卡尔那里借来了微妙精神(L'esprit de finesse)，用以消解那些冷冰冰的、坚硬的理性。在法国的启蒙中，人们看到的不是理性的强大，而是经验的、感性的、情感的以柔克刚。因此，即便在其面对科学这种类工具理性的学科的时候，法国人也仍然不愿放弃这种经验的、感性的处理方式。

但问题也随之而来。严格地考察法国思想界的诸多流派，福柯所清晰划出的这种分类在诸多法国思潮中并没有那么清晰的分野。推崇概念的，同样也可以赋予概念以不同的含义，从而让概念富有主体哲学的相同内涵。因此，在我看来，我更愿意将整个法国哲学的发展脉络视为一条线索之下的多个分支。在这里，贯穿始终的线索正是经验主义。

对于当代法国思想来说，无论是主张知识论的概念哲学还是主张意义、价值的主体哲学，两者都带有经验主义的底色。这种经验主义传承自法国启蒙哲学。对于近代法国来说，这种经验主义传统在法国大革命

---

① "规则的事实开始是合适的；但是，当规则牢固建立之后，与它完全一致的事实不久以后就没有意义了，由于它们不能再告诉我们任何新东西。于是，正是例外变得重要起来……法则一经确立，我们首先就要寻找这个法则具有最大失效机遇的情况。"(〔法〕昂利·彭加勒：《科学与假设》，李醒民译，10～11页，北京，商务印书馆，2006。)

那里表现为不妥协的彻底革命；在思想界则表现为实证主义倾向抑或对人的肉体感性的强烈关注。而在神学问题上则表现为拒斥对上帝进行推理性的论证。帕斯卡尔认认真真地告诉我们关于上帝存在与否的问题其实是一场赌注。[①]

这场经验主义运动左右着近代以来的法国现实，它也决定了当代法国思想的基本走向。至此，当我们再去反观当代法国思想中出现的种种纷乱的思潮，或许我们会从中看到它们之间存在着不变的主线。

一般说来，对于当代法国思想的流变，学界较为普遍的看法是，它经历了一个从 3H 到 3M，最终转变为三个怀疑大师的嬗变历程。其中 3H 指的是黑格尔(Hegel)，胡塞尔(Husserl)与海德格尔(Heidegger)。他们主宰了刚刚进入 20 世纪的法国思想界，帮助法国思想界从略显沉闷的新康德主义中解脱出来，以现象学的理论姿态开始一段关于"人的历险"[②]。这一阶段的思想与其说是一种独特的现象学研究，不如说是一段一般意义上的哲学人类学的研究。这种人本主义的高歌猛进必然隐含着某种激进传统的滋生。"五月风暴"的到来或许是这种人本主义发展的极致。在"五月风暴"爆发前后相当一段时间中，3H 逐渐被 3M 所替代。这里的 3M 指的是马克思(Marx)、马尔库塞(Marcuse)与毛泽东(Mao)。严格说来，他们是马克思思想的三个变种。而马克思主义与当

---

① 参见[法]帕斯卡尔：《思想录：论宗教和其他主题的思想》，何兆武译，108～110 页，北京，商务印书馆，1985。

② Sinmone de Beauvoir, *Memoires of a Dutiful Daughter*, translated by J. Kirkup, Harper & Row, 1959, p. 243；Jean-Paul Sartre, *Situations*, translated by Benita Eisler, Greenwich, Conn, 1965, p. 158.

代法国思想相契合的正是其对现实的人的生存的观照以及改变世界的激进走向。只是伴随着"五月风暴"的失败，法国共产党似乎在其中扮演着并不光彩的角色，加之同一时期从苏联波及而来的索尔仁尼琴效应，使得马克思思想在法国的地位一落千丈。法国思想界似乎又发生了一个根本的转变，在扬弃了人本主义的马克思主义之后，法国思想界进入三个怀疑大师的时代。其中马克思仍然占据着一席，只是此时的马克思更多地被视为一个批判大师。另外两位则分别是用无意识颠覆意识哲学的弗洛伊德、用重估一切价值的勇气改造人们思想方式的尼采。

显而易见的是，这三个阶段虽然看似有大的思潮转向，其实不过是在经验主义的道路上越走越彻底。这种经验主义以上帝之死为前提，以对经验的流变为关注要点。在我看来，从 3H 到 3M，意味着思辨之我的死亡（上帝在这一段其实已经死亡了）与肉体之我的重生，而批判性的马克思、弗洛伊德与尼采则将神学最后一点复活的希望浇灭，实际上宣称了那个肉体之我也已经死亡。就这一点而言，我赞同福柯的死亡三部曲：对于当代法国思想界而言，上帝死了，人死了，主体死了。

(二)德勒兹思想的嬗变历程

吉尔·德勒兹(1925—1995)作为一个出生于大萧条时代的法国学人，完整地经历了这部死亡三部曲。他的思想是这三部曲的终结篇。因此他的哲学不再遮遮掩掩，不再瞻前顾后，他直抒胸臆地道说着经验主义的回归、上帝的死亡，以及主体的消逝。这构成了德勒兹诸多著作的整体基调。因此定位德勒兹变得很困难，当代法国的各色思潮似乎与他都有点关系，但他似乎又不能完全归属其中任何一个。网络百科上总是将其称为后现代主义、后结构主义思想家等，这恰恰是我不太认同的。我认为如果将德勒兹简单归入任何一种以"后"学形态的思潮之中，对它的处理就过于简单了，因为他不是一个只破坏不建构的哲学家。相反，他是我们这个时代仅存的试图以某种方式重构哲学，甚至重构形而上学的思想家。我赞同他是一个尼采主义者，是法国新尼采主义的代表人物，因为他的思想在我们这个时代是"不合时宜"的。

德勒兹的不合时宜性不仅表现在他思想的成型期，从其学习和思考哲学开始，德勒兹似乎就总与他所处的主流思潮保持着一定距离。作为法国黑格尔主义代表人物让·伊波利特的学生，他在法国黑格尔主义与现象学甚为流行的时候却一直对黑格尔持有强烈的批判态度，更是在其著述中很少谈论胡塞尔与海德格尔。相反，他却一开始就对在法国已经沉寂许久的休谟、斯宾诺莎、莱布尼茨情有独钟。当代法国思想以对新康德主义的反叛为其开端，但德勒兹却在 1963 年完成了一部精彩的对康德的研究著作《康德的批判哲学》(*La Philosophie critique de Kant*)。对于康德的思想德勒兹没有像其对黑格尔那样强烈而清晰地批判和拒斥。相反，德勒兹在其思想的多个环节上不断运用着康德的术语，甚至康德的方法，但这种向康德的回归却绝非向 19 世纪末法国新康德主义的回归。当然这还不是其思想的全部。对于德勒兹来说更为不合时宜的思考发生在 1968 年以后。正如我们已经指出的那样，1968 年的"五月风暴"让马克思主义在法国的地位一落千丈，而德勒兹却在 1968 年这场"失败"的革命中看到了革命的希望，并因此彻底转变了其思考的论域：从之前充满学院气息的纯粹哲学的研究转向了充满火药味，并带有强烈激进性色彩的政治哲学的研究。围绕资本主义批判，他提出了欲望生产等一整套新的概念，将其哲学思想中的诸多观念运用到了对现实的政治领域的批判，并在整个法国思想界将马克思当"死狗"一般追打的时候，毫无顾忌地宣称："我认为菲利克斯·加塔里（加塔利——引者注）和我一直都是马克思主义者，也许方式不同，但是我们俩都是。"①这又是一次不合时宜的思考。但正是这一系列的不合时宜成就了德勒兹，使其成为当代法国思想界富有永恒魅力的思想者。

在梳理德勒兹这些不合时宜的思考过程中，我们的确已经触及到德勒兹思想的不同发展阶段。概括说来，德勒兹的思想大体经过了三个阶段：从 1953 到 1968 年，这可以看作德勒兹思想发展的第一个阶段。在这一阶段中，德勒兹对大卫·休谟〔《经验主义与主体性》(*Empirisme et subjectivité*)〕、尼采〔《尼采与哲学》(*Nietzsche et la philosophie*)〕、康德〔《康德的批判哲学》(*La Philosophie critique de Kant*)〕、柏格森〔《柏格森主义》(*Le Bergsonisme*)〕、斯宾诺莎〔《斯宾诺莎与表达问题》(*Spinoza et le problème de l'expression*)〕，以及文学家普鲁斯特〔《普鲁斯特与符号》(*Proust et les signes*)〕、萨克-马索克〔《萨克-马索克的呈现》(*Présentation de Sacher-Masoch*)〕等人的思想进行了逐一研究。这些研究根本上表达的是德勒兹自己对纯粹哲学的理解，其关涉的主题带有强烈的存在论色彩。即德勒兹试图以多样性的方式来重述作为存在之存在的"一"，并在协调"一"与"多"的关系里避免引入任何如上帝一般的超验性存在。巴迪欧将对德勒兹思想研究的小册子取名为《存在的喧嚣》

---

① ［法］吉尔·德勒兹：《哲学与权力的谈判——德勒兹访谈录》，刘汉全译，195页，北京，商务印书馆，2000。

（*Le clameur de l'Etre*），其所关注和喜爱的也就是这一时期的思想。德勒兹在 1968 年完成的鸿篇巨制《差异与重复》（*Différence et répétition*）应视为这一阶段思想的总结，也是德勒兹第一次不借助他人言说自身思想。

1968 年到 1981 年为第二阶段。在这一时期，德勒兹转向了政治哲学的研究。完成了一部两卷本的重要著作：《资本主义与精神分裂（卷 1）：反俄狄浦斯》（*L'Anti-Œdipe：Captialisme et schizophrénie 1*，1972)以及《资本主义与精神分裂（卷 2）：千高原》（*Mille Plateaux：Capitalisme et schizophrénie 2*，1980)。在此期间，德勒兹所完成的对卡夫卡的研究〔《卡夫卡，或为了一种少数文学》（*Kafka. Pour une littérature mineure*），1975〕以及对斯宾诺莎的再一次探讨〔《斯宾诺莎与实践哲学》（*Spinoza-Philosophie pratique*，1981〕，其所关注的都不再是哲学层面上关于存在之为存在的问题，更多的是政治革命的可能性以及革命由谁来完成的问题。而这些问题正是从《资本主义与精神分裂》的两卷本中生发出来的政治哲学的基本主题。从这一阶段开始，德勒兹与菲利克斯·加塔利开始了一种独特的共同写作模式。

从 20 世纪 80 年代到 1995 年德勒兹自杀身亡是第三阶段。这一阶段的德勒兹似乎不满足于其思想架构在政治领域内的运用，他要做的是将其延伸到其他各个领域之中，特别是艺术领域，其中包括对绘画的关注：《感觉的逻辑》（*Logique de la sensation*，1981)以及两部颇有创造性的电影理论著作——《电影 1：运动-影像》（*Cinéma 1：L'image-mouvement*，1983）、《电影 2：时间-影像》（*Cinéma 2：L'image-temps*，1985）。这些著述表达了晚年德勒兹对哲学的理解方式。正如在其人生最后一部学术著作《什么是哲学?》(*Qu'est-ce que la philosophie*，1991)中所谈到的那样，对于德勒兹来说，科学、哲学与艺术分别用自身独特的方式来完成创造哲学的任务。从这一意义上说，科学与艺术，特别是艺术与哲学完全是平行的、对等的。因此，其晚期关于现代艺术的讨论就如同一种示范，向人们展示了一个思想家究竟该如何在现实生活中实现创造哲学的理想。

(三)德勒兹思想究竟"做"了什么?

德勒兹用近 30 部作品究竟要告诉我们什么? 这个问题本不应该在这里就给出答案。但我认为对于崇尚思想的自我生发性和创造性的德勒兹而言，任何一个试图进入他的思想的人都会被其各色怪异的表达所迷惑，被其多样化的论题所困扰，常常会陷入一种不能自拔的状态之中。这样的恐惧会让一般的读者在刚刚进入之后马上就望而却步了。在此我希望通过一种极为简略的勾勒，为读者提供一个坐标、一张地图，它或许没有触及整个思想迷宫的每个角落，却已经将其出口的大体方向指示了出来。有了这样的地图，再去游走于德勒兹光怪陆离的思想迷宫，可能会更为容易一些。

作为时代精华的思想，一般说来应该是以言说的方式来表象或再现(réprésent)这个时代。但当我们概述德勒兹思想的时候，我们却应避免使用"表象"或"再现"这些概念。德勒兹一定不会认为自己的思想只是再现了这个时代。他所追求的是他的思想如何创造了新的存在方式，从而改变了这个时代。从这一意义上说，德勒兹在根本上的确是一个马克思主义者。他以其一生的哲学诉求践行了马克思《关于费尔巴哈的提纲》第 11

条："哲学家们只是用不同的方式解释世界，而问题在于改变世界。"①

德勒兹创造出诸多概念，如根茎、游牧民族、结域与解域、精神分裂，其所反对的却只有一种被其称为"表象哲学"的哲学形态。这是德勒兹要完成的首要工作。为什么反对表象哲学？因为这一哲学形态预设着未经检验的同一性、类比的可能性、谓词的对立以及被知觉者的类似性，这四个方面，在德勒兹看来是表象得以成立的前提。② 但它们都是超验的，即不能被经验主义所证实的。它同时意味着一种非平等性。如果世界在根本上可以视为上帝的一种表象，上帝按照它自己的模样创造了人类，并且人类至多只能是一种上帝的表象，那么上帝就必然要存在着，并且上帝与人之间也必然是非对等性的关系。如果我们如德勒兹一般持有彻底的经验主义的哲学观，那么这种表象哲学作为超验哲学的典型代表首先要接受批判。基于这种批判，我们所拒斥的将是整个西方形而上学。因为自柏拉图以来，不管哲学家采取了分有说、流溢说，还是现象学(黑格尔的现象学甚至海德格尔的现象学)，它们得以成立的前提都是基于这种本质与现象的非平等的表象论。因此德勒兹的这一批判带有根本的颠覆性，他对表象哲学的批判，不是一般地拒斥某一特定的形而上学，而是拒斥一般的形而上学本身。如果德勒兹仅仅将工作停留在这种纯粹的批判之上，那么他的确是诸多后现代思想家的代表人物之一，但德勒兹的魅力恰恰在于他在批判的基础上继续走出了一步：对非表象性形而上学的建构。建构这一形而上学的目的是探讨新的事物，而

---

① 《马克思恩格斯全集》第 3 卷，6 页，北京，人民出版社，1960。

② 参见 Delueze，*Différence et répétition*，PUF，1968，p. 49。

对新的事物的形而上学研究之所以是形而上学，是因为它以探讨新的事物得以产生的条件为其根本任务。

这就是德勒兹工作的第二步，即探讨哲学创生性得以可能的条件。对于德勒兹而言："创新和创造产生的条件问题是当代思想最根本的问题之一，而这个问题导致了一个深刻的转向，即从永恒到新，从普遍到特异性的演进。"①而德勒兹所要构建的形而上学就是要探寻"新以之不断开始之力量，保持着永远新"②的那种根据。表象哲学要被批判的根本原因在于它是缺乏创新能力的。因为是对超验性存在的预设，所以表象哲学一定是预成性的，它的存在方式，它的发展历程一定是在本质的层面上预先被规定了的。任何一种表象不过是这一预成性的展现。这种展现不具有真正的创生性。它只是一副原作的复制品，继承了柏格森的生命哲学，运用了康德的先验方法，并努力激发出康德批判哲学的内在张力。德勒兹给出了哲学创生性可能需要的条件：暴力地突破每一种认知能力的极限，达到那最不协调的极端之点上，在这一点上逼迫每一种认知能力出现强制性的重复，在这种重复中，永恒的剩余将保证重复永远不会走向完的同一性，而是走向无限的差异化。创造性就在这种差异化中被激发出来。

对于这样一些表述，在没有讲述其思想的具体展开之前的确是很难理解的。但因为这只是我们讨论的起点，不是终点，因此我仍然坚持将它们写下来。只是为了能够让本书后面的工作获得一个简要的概括。相

---

① Daniel W. Smith, *Essays on Deleuze*, Edinbrugh University Press, 2012, p. 235.

② Gilles Delueze, *Difference and Repetition*, translated by Paul Patton, Continuum Press, 2001, p. 136.

信经过对德勒兹思想的整体把握，以上这些似乎充满"暴力"的言语终将能够为读者所了解。

在我看来，德勒兹的思想是一场经验主义者的暴动。他挥舞着经验主义的大刀，试图砍掉任何可能的超验性维度，小心防范着任何可能复活上帝的星星之火，同时又试图用这把经验主义的大刀硬生生地开出一条哲学的新路。新路会是什么样的？德勒兹并不关心，他所关心的只是这条路一定是新的，差异化之路。德勒兹的思想本身就是游牧民族的游牧生活，正如他清楚区分的那样：游牧民不是移民，移民是从一个定点移动到另一个定点，因此移民会关心这个新的地方应该是什么样的。而游牧民则是四处游荡，游荡本身就是一切，任何一个定点都只是暂时的，一旦成为旧的，就需要被扬弃。因此，对于创生性本身而言，它一定是永无休止的，它永远在路上。

这就是德勒兹要做的两样工作。

二、在康德与黑格尔之间：德勒兹对哲学及其方法论的建构方式

早期德勒兹貌似在做一个学院派学者都在做的事情：做某位思想家的圣保罗。这就是我们所说的处于第一阶段的德勒兹。然而正如我们已经提到的那样，这个时期德勒兹所选取的研究对象却与整个当代法国思潮并不搭调。他没有选取黑格尔、海德格尔抑或胡塞尔等人的思想来研究，如同他的前辈列维纳斯、伊波利特，同辈人德里达曾经做的那样。

他选取的人物在那个时代似乎都不太主流——大卫·休谟、尼采、斯宾诺莎，柏格森与康德。从其思想的整体脉络看来，仅从这些研究人物的选择，我们已经可以断定德勒兹是在"借尸还魂"，用别人思想的外衣来包裹自己的思想，或者应该说，这些人的思想如同酿酒的窖泥，德勒兹将自己的思想埋在这一层层窖泥之中任其来发酵，一旦时机成熟，将它们整个地放入蒸馏器中蒸馏，纯度很高的美酒就会自然生成了。

基于这样一种认识，我们无法将任何一部德勒兹的研究著作完全当作一部客观的二手资料来研读。因此我们没办法批评他对于某些人物思想的处理失之偏颇，抑或不太全面，因为他从来不是在言说这些思想家说了什么，而是将他们作为根茎，任他们生发出他想要的那些新思想。

把握任何一种新的思想，我们都需要一种方法。面对德勒兹的思想，我们也希望能够找到这种方法。但思想家似乎总是很谨慎，很少直接亮出他们的方法，即便德勒兹也是如此，当他开始撰写自己的思想的时候，他同样将他的方法隐藏在其思想的展开过程中，这需要一种深度的挖掘。的确，作为工具的方法从根本上并不能与其思想本身完全割裂开来，但它会成为切入思想的一条很好的路径。

德勒兹似乎喜欢这种研究方式，即首先将方法论剥离出来讨论的方式。在其早期对康德和柏格森的研究中，他都是以其思想的方法论为开篇的。这一点值得我们注意。我们注意到这一点不仅是因为德勒兹似乎特别喜欢以方法论为切入点，而且还在于在其早期的诸多研究著作中，谈及方法论的也只有两部。这一点应该引发我们的思考，因为这一定不是偶然的。

基于这样一个现象，我们能否作这样一个判断：德勒兹思想的方法论正是柏格森与康德各自方法的有机整合。这一论断是否成立，需要我们对德勒兹眼中两者的方法论给出描述性的说明。

(一)经验主义与直觉

德勒兹的方法论被称为先验经验主义（L'empirisme transcendantal）。这是新的词语组合方式。它包含着两个方面的内容：其一，经验主义；其二，先验性。这两个概念都不是新词，这样反而为这个组合带来了麻烦。因为这两个词无论如何都不能在其旧的意义上被理解，否则它的真实内涵将是不可捉摸的。

现在，让我们来重新理解德勒兹意义上的经验主义。德勒兹的经验主义看似是从大卫·休谟入手的，这也成为德勒兹思想的起点。但在《经验主义与主体性》一书中，我们却总是隐隐地看到柏格森的影子。我们为什么会有这样的印象呢？

首先德勒兹赋予了经验主义更多的内涵。经验主义在德勒兹这里并不仅仅意味着对于认知的起源的讨论，知识究竟是源于经验，还是先天观念，这是旧有经验主义与唯理论所共有的理论问题。对于德勒兹而言，这也是康德视域中对于经验主义的基本规定："按照康德所提出的传统的经验主义，这一经验主义或可被界定为：经验主义是一种符合'知识不仅仅始于经验而且必须衍生自经验'的理论。"[1]换言之，作为认识论的经验主义所讨论的理论要点的根本在于它的被给予性，它避免了任何试图超越这种被给予性的企图，它虽然保持了内在性的原则，却从根本

---

[1] Gilles Deleuze, *Empiricism and Subjectivity*, Columbia University Press, p. 107.

上缺乏创造新事物的可能性。德勒兹因此并不满意传统经验主义的这种固守：

> 第一，知识对于经验主义来说并不是最重要的东西，而不过是实践性活动的手段。第二，对经验主义者，尤其是对休谟来说，经验并不具有我们所给它的那种单义性的（univocal）和构成性的（constitutive）特性。①

换言之，德勒兹试图在经验主义中不仅巩固内在性原则，同时还要拓展其构成性，也即创造性。后者曾是唯理论所特有的理论能力。而德勒兹通过对休谟思想的分析，发现这种构成性原则完全可能内在于经验之中。因为对于休谟而言，"经验是一种相互分离的观念的集合"②，并且"经验揭示了过去对象的种种结合"③。这即是休谟的人性原则，即经验的形成，作为前后相继的序列安排，出自人性中特有的联想原则，因此认为经验主义缘起于一种被给予性，显然存在问题，经验的被给予性本身已经有人性原则的介入，这一介入外在于直接的被给予性。因此，德勒兹特别强调了休谟经验主义思想中的二元论。

在《经验主义与主体性》中，德勒兹指出：

> 休谟从未停止确认精神、想象与观念的一致性。精神不是自然

---

① Gilles Deleuze, *Empiricism and Subjectivity*, Columbia University Press, p. 108.
② Ibid. .
③ Ibid. .

（nature），它本身也不源于自然（de nature）。精神在其自身之内与观念相一致。观念，是被给予的，它是由经验所给予的。精神是被给予的。它是观念的集合，并非同一个体系。①

因此，德勒兹意义上的经验主义意味着："存在于对象与关系之间，或者更确切地说观念的原因与关系的原因之间，隐藏的自然力和人性原则之间的一种经验的二元论。"②在此我们看到了德勒兹的经验主义第一个特质，即确证了一种二元对立：自然与精神，对象与关系之间的二元对立。这种二元论的设定是德勒兹转变思想路径的前提。旧有的经验主义与唯理论在讨论认识之来源的时候虽然给出了不同的答案，但一个不争的事实是二者都从根本上否认了认知的二元论前提。严格说来，不管是经验主义还是唯理论，其所处理的都已经是进入人的头脑中的观念，而非与观念存在质的差异的物质世界。因此两者都不过是对"如何认识"之问题的回答，而非"认识何以可能"的追问。康德的表象哲学的切入点在某种意义上正是为了直面"认识何以可能"，即面对物质世界与观念世界之间的二元对立，我们该如何保证认识的确定性。康德用物自体的设定正视了这一问题，却没有能够解决这一问题。尽管康德基于建构主义所讨论的认识论研究的重心开启了观念论的先河，但他个人是否隶属于观念论，这的确是一个需要考察的问题。③ 物自体的存在彰显了物质世

---

① Gilles Deleuze, *Empiricism and Subjectivity*, Columbia University Press，p. 22.

② Ibid. , p. 109.

③ 参见[美]汤姆·罗克莫尔：《康德与观念论》，徐向东译，上海，上海译文出版社，2011。

界与观念世界之间断裂的不可消除，让康德"陷入"了二元论的视域之中。但这种二元论对于德勒兹而言，却是一个没有创生性的二元论："这种二元论将我们带向一种外部的构造性准则并且留给我们：可规定的（给予）和规定（范畴对感性杂多的运用）之间是一种外部的关系。"①康德提出了图示说，试图弥合这种二元论，但在德勒兹看来并不成功："图示只是加强了那种悖论，即一种纯粹的外在和谐被引入了功能学说。"②那么，究竟在何种意义上才能真正富有创生性地克服二元论？德勒兹思想背后的支撑者显然是柏格森。

　　作为同样强调二元论的思想家，柏格森将这一僵硬的对立转变成动态演进的前提。在《物质与记忆》当中，柏格森凸显了物质与精神之间的对立，但这种对立却可能激发出一种感觉-运动机制。在这个机制当中，一个是位于底部的行动的平面，它构筑了一个现实的平面（物质的一维）；另一个是位于顶端的纯粹记忆的平面（精神的一维）。两者之间构筑了多个意识的层面，在这之间的运动，构成了感觉-运动机制，它使得对事物的认知从最顶端的纯粹记忆到最底端的知觉现实，构成了认知的内容。在其中，身体成为中介，它有实体性的存在形式，接受着感觉刺激，同时更是一个记忆的生成点，不断在纯粹记忆当中生发出新的知觉点。这是物质与记忆的交互创生的过程。二元论在这里不是对立的，而是运动着的过程。换言之，对于旧有经验主义，包括康德的认识论研究都无法解决的二元之间的坚硬的对立，自

---

　　①　Gilles Deleuze, *Difference and Repetiton*, translated by Paul Patton, Continuum Press, 2001, p. 220.

　　②　Ibid..

柏格森之后，却成为阐发运动，阐发作为运动过程之生命的缘起所必需的前提。

当德勒兹将主体性视为协调精神与自然的中介的时候，他实际上将主体等同于柏格森思想中的有机体。这一有机体，在形成的过程中充分地运用了联想，特别是那些与生命息息相关的实用性联想。因此主体在经验中被构造出来，它是人性原则的保证，人性原则则在某种意义上构成了对纯粹任意的经验的超越。联想，即是主体性所特有的超越性的显现。它的出现与休谟对因果性的讨论密切相关。休谟将因果关系解释为一种思维习惯，它近乎一种信念，即确信心灵对恒常会合的感觉印象有一种强烈和活泼的知觉。因果关系的产生就源于这种知觉本身。显然这种解释有两点最吸引德勒兹。第一，因果性作为超越经验给予性的综合，其根源却在经验之内，即人的"知觉"。这种彻底的"内在性"(immmance)原则是德勒兹所坚持的经验主义的基本原则。第二，知觉在柏格森那里是勾连精神与物质的一个关键环节，它是感觉-运动机制的产物。对于柏格森来说，它是外在的世界作用于我们的感官所形成的意象(image)。意象这一概念对于柏格森与德勒兹来说都十分重要。柏格森将物质界定为"'意象'的集合"，而意象则"多于观念论者所说的呈现(présentation)，又少于实在论者所说的事物之物(chose)"①，它本质上是一个富有广延性的观念，也就是柏格森所谓物质质料的世界。这一质料的外在性是不容忽视的，它不是观念的集合，但其作为意象，又确实是经过了主体的感官的作用，即知觉的作用而产生的，因此并不是所

---

① Henri Bergson，*Matière et Mémoire*，PUF，1997，p. 1.

有的物质质料都可以被知觉，从而形成意象，知觉以及知觉所形成的意象就成为潜在向现实转换的中介。这种知觉，在德勒兹的思想中成为主体性。

> 　　在信仰当中，或者通过因果性，主体超越了既定性。在一封信当中，休谟超越了精神所给予它的东西：我相信那些我既没有看到，也没有触摸到的东西。但如果主体能够超越既定的存在，这首先是因为在精神当中，主体是一些超越精神的原则的效果（l'effet），主体同样也在产生效用。①

如果说知觉是外在世界作用感官的意象，那么知觉与意象在本质上都包含着一种效用的意义，它们都是外在世界作用于感官产生的效应。当德勒兹将主体(更确切地说是主体性)界定为效用的时候，两者之间的同构性是不言而喻的。

对于柏格森来说，精神与物质的二元对立所实现的过渡意味着从精神到物质所经历的是"纯粹精神(纯粹记忆)—知觉(纯粹知觉-意象)—物质"；而对于德勒兹来说，这一过渡可以被改写为"精神—效用性的主体性—自然"。两者在本质上都是一个创生的过程，即一个生成性的(devenir)过程。效仿柏格森，德勒兹构建了一种经验主义取向：用主体性的效用性重述了精神与物质的二元对立之间的过渡过程。这种融合方式是独特的，它是一种被动性的动态方式。德勒兹借用休谟的思想来道

---

　　①　Gilles Deleuze, *Empirisme et subjectivité*，PUF，pp. 4-5.

说这种融合的矛盾性：

> 当休谟谈论精神的活动，谈论一种趋势的时候，他并不愿意说精神是能动的（actif），而是说精神是被激活的（activé），它成为主体。休谟哲学中一贯的矛盾在于它呈现了一种主体性，这一主体性自我超越，并且从来都没有一点被动性。主体性是被决定的，如同一个效果，它是一种反思的印象（impression de rélfexion）。[1]

在这里，我们看到了一对矛盾的诉说。一方面，成为主体性的精神从本质上是被动的。因为它是被决定的，它是被激活的。因为它是一种效用，它依赖于外在世界对感官的作用。但另一方面，这种主体性却又有着自我超越性，被德勒兹称为"从来都没有一点被动性"。这是何意？显然这里的能动性所意指的就是它的超越性。的确，主体性，或者纯粹知觉是一种被动的效用，但这种效用却可能产生新的东西，产生一种创造，可以推动精神的现实化，或者现实的精神化。例如，因果性是知觉的效用，是主体性的综合，但因果性的产生就是一种对既有存在的超越。它并不自在地存在于外在事物当中，它是外在事物之中没有的，却是外在事物作用于感官之后产生的新的东西。这就是作为中介的主体性与纯粹知觉在此所构筑的被动的动态生成过程。

德勒兹对被动性的强调，是其经验主义立场所要求的，并构成了德勒兹经验主义的第二个特质。为了避免任何可能复活上帝、超验性的观

---

① Gilles Deleuze, *Empirisme et subjectivité*, PUF, p. 8.

念，德勒兹必须小心地杜绝一切彻底的能动性。因为后者将必然要求一个超越既存物之上的高级的存在物来决定纯粹经验性的存在。经验主义的立场的根本就在于一切都应由经验来确定，甚至那些超越于经验的存在也是如此。

德勒兹经验主义的第三个特质是其对多元主义的强调。即便旧有的经验主义者也会将多元主义作为其理论的前提。德勒兹试图要恢复的这种多元主义是彻底的，在根本上它不能被还原为任何形式的同一或者统一。勾连精神与自然的主体性原则只是以生成的方式来推进精神与自然之间的转换，而不是要寻求两者的同一或者统一。就此而言，思维与存在的同一性问题，在德勒兹的经验主义当中成为彻底的伪命题。这本就不是哲学应该讨论的基本问题。相反，对于德勒兹来说：

> 实际上，多元主义（又被称为经验主义）与哲学本身几乎无法区分，它完全是哲学的思维方式，是由哲学创造的；它是在具体精神中体现的自由的唯一守护者，是激进的无神论所恪守的唯一原则。众神死了，但他们是在听到一位神宣称自己为唯一的神时大笑而死的。①

因此对于德勒兹来说，最重要的工作就是要以某种方式来保留这种多元主义，因为它已经成为今天我们抵抗旧的形而上学，创造新哲学的可能方式。

---

① ［法］吉尔·德勒兹：《尼采与哲学》，周颖、刘玉宇译，5 页，北京，社会科学文献出版社，2001。

　　我将这种经验主义的路径视为德勒兹的方法论根基。德勒兹却没有在他的著述中如此明确地做此表述。但他在讨论柏格森的时候谈到了作为方法论的直觉。他将其视为柏格森获得其哲学的精确性时所采取的深思熟虑的方法。这究竟是怎样的一种方法呢？

　　德勒兹有如下论述：

　　　　柏格森常常将直觉作为一种非常简单的行动来加以呈现。但依据柏格森，简单性并不排除质性的以及潜在的多样性，以及直觉的实现的多样性路径。在这一意义上，直觉包含着一种对多样性的接纳，以及无法化约的多样性的视角。柏格森区分三种本质上不同的行动，它们决定了方法论的规则：首先是问题的立场与创生；其次是对自然的多样化的发现；最后是对真正的时间的恐惧。①

　　　　作为方法的直觉就是一种分割的方法，它富有柏拉图的精神。②

　　这种直觉的方法，首先是一种运动，一种在混合物中看出区分的运动，并在运动当中实现存在的差异化，从而实现创生性的方法。因为在这种直觉当中，时间不再被空间化，性质的差异不再被数量化。直觉为什么能够完成这样的工作？因为在德勒兹看来，直觉虽然不是绵延本身，但"直觉毋宁是一种运动，通过它我们走出我们自己的绵延。通过它我们利用我们的绵延直接地确定和认识在我们之上或在我们之下的其

---

① Gilles Deleuze，*Bergonsime*，PUF，pp. 2-3.

② Ibid.，p. 11.

他绵延的存在……没有作为方法的直觉，绵延就仍将是一种简单的心理经验。相反，不与绵延相一致，直觉就不能实现与上述规则相应的计划：确定真正的问题或真正的性质差异"①。

这种直觉的方式，也即是德勒兹经验主义立场的另一种表述方式。在我看来，德勒兹直接将直觉提升到方法论的高度，是为了将其与唯理论的演绎法以及旧有经验论的归纳法区分开来。后两种方式在运演中似乎是完全相反的方向。演绎法从既定的前提出发推演出结论，归纳法则从经验的多样性中归纳出同一性概念，但两种方法的运用所呈现的结果是一样的，即都在结果中抹去差异化的存在。演绎法从一个既定的前提出发，从一开始就将所有一切差异化归入一个既定的轨道中来；归纳法则试图将差异化的存在样态归纳为"一"。因此两者都无法说明柏格森与德勒兹所要做的事情。对于后两者来说，理论的最终目的是推演出一个永恒的差异化本身。柏格森的绵延概念就是差异化的中心与持久的动力，德勒兹为这种绵延找到了直觉作为其运演的方法。而对于他个人来说，这种直觉的方法仍然有效，只是当他展开自己的理论体系的时候，他更喜欢用经验主义来说明直觉的方法所包含的一切：分割、多元主义以及内在性原则。

（二）先验经验主义与想象力

现在我们再来看先验经验主义。学界一般将其视为德勒兹的方法论之核心。为了讨论这一方法论的本质，我们已经确认了德勒兹的经验主义内涵：二元分割、被动性内在性原则与多元主义。作为方法论，先验

---

① Gilles Deleuze, *Bergonsime*, PUF, pp. 24-25.

经验主义是实现以上原则的基本方式。在我看来，从对休谟的主体性与柏格森的直觉方法论的讨论中，德勒兹似乎还没有清楚地说出先验经验主义具体展开的方式，如果我们沿着这一经验主义立场继续追问下去：勾连精神与自然的主体性是如何实现对既定存在的超越的？作为运动的直觉是被什么推动的？隐藏于它们背后的机制还没有被揭示出来。

我认为，这一理论任务左右了整个早期德勒兹的研究工作，并且这一工作从开始到结束都与德国哲学家康德有着密不可分的关系。正是康德为德勒兹的方法论提供了"先验"那一维。因此在对这一方法论展开讨论的过程中，我们无法回避的一个问题是：德勒兹究竟如何看待康德？

1. 作为论敌的康德

当德勒兹在歌颂尼采的时候，他曾一度将康德与其始终批判的黑格尔哲学放在一个阵营之中，认为他们都是表象(la représentation)思想的典型代表，而表象的前提正是思维与存在的同一，而非二元分裂。由此，康德与黑格尔必然成为德勒兹明确的思想敌人。对于德勒兹而言，黑格尔的辩证法是康德的批判哲学的直接后果：

> 经过著名的"批判性批判"，从黑格尔到费尔巴哈，康德以后的批判究竟变成了什么模样？——它变成了一种技艺，被思维、自我意识和批评家自身用来适应事物和观念，或者被人们用来重拾一度丧失的决心：简而言之，它就是辩证法。①

---

① [法]吉尔·德勒兹：《尼采与哲学》，周颖、刘玉宇译，129页，北京，社会科学文献出版社，2001。

所以，康德的批判哲学在这一时期意味着一种政治上的妥协：

> 在康德那里，批判未能发现使之得以实现的真正能动的例证。它在妥协中耗尽了精力：它从未令我们克服在人、自我意识、理性、道德和宗教那里表现出来的各种反动力。它甚至具有相反的效应——它使这些力变得更像"我们自己"的东西。①

显然，在这里，德勒兹将康德的批判哲学做了一种辩证法式的解读。将那些外在于我的世界，变成我们自己的东西，这在本质上意味着一种辩证法式的和解。在此，康德的二律背反被德勒兹排除在讨论的视野之外，这是一种有意的疏漏。因为它的存在本来完全可以用来反驳德勒兹对于康德的敌对态度。这一点遗漏在德勒兹后来的著作，如《差异与重复》中得到了修正。那个时候的德勒兹已经可以心平气和地评价康德哲学对于他的哲学的全部重要意义。

尽管这一时期康德是作为德勒兹的思想论敌进入他的视野的，但德勒兹对康德的理解和把握却仍然是十分准确的。他在《尼采与哲学》中将康德的哲学比喻为治安法官式的哲学：

> 我们所进行的批判只是一种"治安法官"式的批判。我们可以谴责觊觎王位的人，声讨越界者，然而我们却把界限本身视为神圣不

---

① ［法］吉尔·德勒兹：《尼采与哲学》，周颖、刘玉宇译，129～130页，北京，社会科学文献出版社，2001。

可侵犯的。对于知识而言同样如此：名副其实的批判不应审视不可知的伪知识，而应首先审视可知的真正知识。①

这一判断是精准的。在康德的"纯粹理性批判"中充满着法律的用语，他的确是以一种近乎法官的思路在对理性进行审判。这一点显现出德勒兹的独特洞察力。只是对于这一时期的德勒兹而言，这种法官式的讨论带来的是政治上的妥协：

> 全面批判就这样变成了妥协的政治学：战争还没有开始，势力范围就已经被瓜分得一干二净。以下三种理想被区分开来：我们能知道什么？我应该做什么？我可以期待什么？每一种理想各有限制，误用或越界是绝对不允许的。②

德勒兹在这一时期似乎过于着急为康德贴上标签，并将其与自己从尼采那里继承的理论脉络对立起来。概言之，这种对立，表现在以下两个方面。

第一，正如我们已经指出的那样，尼采与康德是激进哲学与妥协政治之间的对立。其次，这种妥协政治的哲学根基在于康德的先验哲学，它在本质上与尼采所提出的系谱学构成对立。对德勒兹而言，如同法官一般的先验哲学最终给出的是"事物的绝对条件"，而尼采的系谱学所着

---

① ［法］吉尔·德勒兹：《尼采与哲学》，周颖、刘玉宇译，132 页，北京，社会科学文献出版社，2001。

② 同上书，131 页。

力要做的是给出事物的起源性与可塑性原则。[①]　其所指向的是一种差异和距离感，而非康德的普遍性原则以及功利主义的相似性原则。[②]　因此，系谱学首先否弃的是传统哲学中思维与存在的绝对同一性，在强调他们之间的差异性关系的同时进一步探寻某种不同于相似性（表象性）原则的形而上学是否可能的问题。德勒兹看重尼采的"价值"重估及系谱学，正是因为尼采的这样一种哲学本身必然引发对"起源"问题的讨论。

严格来说，西方传统的形而上学长期以来都将目光过多地驻足在了"起源为何物"，而忽视"何为起源"，没有这种起源的原发性讨论，自然也就失去了创生性的动力。它的绝对化发展开启于康德的规范性观念，终结于黑格尔的体系性建构。由此事物不仅是"我的事物"，同时还是已经被规定的事物。这种僵死的逻辑体系的建构与现代的科学日趋处于共谋状态。要打破这一状态，需要新的哲学思维进路的介入。海德格尔的现象学是一种选择，其所敞开的，在我看来，是对这一起源问题的追问，即所谓对存在，而非存在者的重新探求。德勒兹是法国思想后海德格尔时代的弄潮儿。他需要在这条道路上走得更远，更彻底。于是关于何为起源的问题，他所需要的不是一个确定的答案，如究竟是源于感性，还是理性。他所探求的是作为起源的本性的生成性。起源意味着生成，因此在今天，我们需要某种着力于生成本身的哲学诉求。德勒兹哲学的诞生正是呼应了这样一种诉求的结果。

但康德哲学与这一哲学诉求真的完全相左吗？1962 年，着力研究

---

① 　[法]吉尔·德勒兹：《尼采与哲学》，周颖、刘玉宇译，137 页，北京，社会科学文献出版社，2001。

② 　同上书，3 页。

尼采哲学的德勒兹对这一问题的回答或许还是简单的肯定。但在随后一年，即 1963 年所开启的对康德哲学自身的系统研究中，对这一问题的回应却变得极为复杂了。

我们无法判定德勒兹选择作为思想敌手的康德进行研究的初衷，但随着研究的展开，一个显而易见的事实却是德勒兹对待康德的看法发生了转变，由思想敌手转变为思想的同盟军，并在其系统展开的对三大批判的解读中构建了德勒兹自身独特的方法论——先验经验主义。对于这一方法的讨论需要康德的先验方法的介入。

2. 德勒兹眼中的批判哲学说了什么？

德勒兹用短短 100 页的篇幅讲述康德三大批判，这似乎是一个不可完成的任务，但德勒兹却做得极为出色。在我看来，其中的原因在于德勒兹的康德研究从开始就包含着对一个问题的回答，这一问题在康德哲学的语境下大体可被表述如下：用以沟通纯粹理性批判与实践理性批判的目的论判断是如何可能的？对于德勒兹哲学而言，这一问题实质上被转变为：推动并保持着经验主义倾向的内在动力机制是什么？正是借助康德，德勒兹才得以清楚地说出究竟什么才是先验经验主义。

德勒兹在《康德的批判哲学》的开篇处就点出了对于目的论问题的关注："康德将哲学界定为'关于一切知识与人类理性的根本目的的关系的科学'。"①在此有两个关键词构成了整部解读的核心词：一个是"目的"，另一个是"关系"。在我看来，这两个词构成了德勒兹的康德阐释的两个

---

① Gilles Deleuze, *La phliosophie critique de Kant*, PUF, 1963, p. 5. 其中康德的引文参见《纯粹理性批判》A839/B867，中译本参见《康德著作全集》第 3 卷，李秋零主编，535 页，北京，中国人民大学出版社，2004。

重要维度：目的，引导出了康德哲学的先验性；关系，则诠释了康德批判哲学的经验主义倾向。两者相辅相成，走出了一条不同于经验主义与唯理论的道路。

康德对经验主义与唯理论的两面作战是众所周知的。在德勒兹的思想语境中，经验主义是没有"目的"的无限差异化。康德因此并不是一个纯粹的经验主义者，他认为知识、文化以及理性自身是有目的的。但这一目的却又并非唯理论者所主张的目的：对于唯理论者来说，"这个被理解为目的的理性仍然是某种外在的和超越的事物：大写的存在、善、价值，作为意志的法则被把握"①。这一目的为我们的知识与文化带来神学的论证。神的存在是所有知识与文化的根据，人于是臣服在神的规定之下。对于德勒兹而言，纯粹的经验主义与唯理论之间的差别并不是那么大。纯粹的经验主义在本质上也是需要目的的，自然或许可以成为它的一个目的，但不管怎样，经验论与唯理论在本质上都是在人的理性之外设定目的。康德要走出的第三条道路：问题并不在于去追问目的究竟是自然的目的（如果经验论有目的的话），还是理性的目的，而是要追问目的究竟是外在的目的，还是理性自身的内在目的？这是问题域转化的根本。无论是经验主义还是唯理论，两者的目的都是外在的，而只有康德，他所主张的理性的目的"正是理性以其自身为目的"②。因此，康德所提出的批判是"一个内在的批判"（Une Critique immanente），理性的目的是理性给自身设定的目的，这种设定无须求助于外。

---

① Gilles Deleuze, *La phliosophie critique de Kant*, PUF, 1963, p. 6.
② Ibid., p. 7.

德勒兹一贯盛赞康德哲学的内在性原则，甚至在他将康德视为思想的死敌的时候，也是如此，他在《尼采与哲学》中指出：“康德在《纯粹理性批判》中所展示的天赋是设想出一种内在的批判。”①这种内在性，正如我们已经指出的那样，对于德勒兹的经验主义路径极为重要。它是德勒兹的新尼采主义的思想拱顶石。德勒兹倡导的内在性原则同时为其带来一个理论难题：在没有了外在的超验存在的境遇下，我们如何还能继续进行创造？换言之，如果没有了上帝，谁来创世？这一问题，对于康德哲学来说，似乎并不是一个很纠结的话题。因为对于康德来说，哲学的根本不在于无中生有，而是一种表象（représent）哲学，它所关注的是事物之间的关系的构造，而非创造新的事物。因此推崇“理性以其自身为目的”的内在性原则，即理性自身为自己立法，它不会为其理论带来矛盾，而只会强化理性自身综合能力的合法性，从而为表象哲学奠定更为坚实的基础。

当我们将论题转向这一环节的时候，我们涉及康德批判哲学中另一个重要的概念——关系。德勒兹准确地抓住了这一点，在其对康德的解读中充斥着对各种关系的讨论。知识与欲求所对应着的理论理性与实践理性的不同维度，如何能在没有上帝的预先规定当中获得知识与欲求的普遍性，这是康德的问题。为了回应这一问题，德勒兹凸显了康德思想中一个重要的概念——“职能”（faculté）②。职能作为一种功

---

① ［法］吉尔·德勒兹：《尼采与哲学》，周颖、刘玉宇译，132～133 页，北京，社会科学文献出版社，2001。

② faculté，在法语中直译为“功能”。但鉴于康德以法律术语来讨论以知识学为内容的形而上学，并要求理论理性与实践理性在各自领域内各司其职，担当不同的职责，因此我采用了叶秀山先生在《说不尽的康德哲学》（《哲学研究》1995 年第 9 期）中的翻译，将其翻译为“职能”，这更能凸显其本质的内涵。

能，意味着某种效应（l'effet）。这种效应产生了"表象"，即再现（la représentation）。康德的哲学是一种讨论表象、再现的哲学，因此，按照德勒兹的阐释，他所关注的并不是主观的认知、感受的能力，也不是客观事物本身（作为不可知的物自体），而是两者之间的关系是什么，它们之间如何作用，并产生怎样的效应。职能正是在这一意义上获得了它的第一个定义："所有的表象都是在与他者的关系当中，即主体与客体的关系当中存在的。"①不同的关系带来不同的职能，也意味着理性在不同势力范围内发挥着不同的效用：例如，在认知领域中，存在的是知性职能，它所表征的是表象与客体是否一致的关系；在欲望的领域中，存在的是欲望的职能，它所表征的是表象与客体的因果关系；而在痛苦与快乐的感受中，它所表征的是表象与主体的关系。由此形成了所谓纯粹理性批判、实践理性批判与判断力批判的视域。于是这一职能的区分，对于德勒兹来说本身就意味着一种理性的多元主义（这是德勒兹经验主义的特性）。理性包含着对自身的目的的设定，这种理性的目的意味着一种统一性和共同趋向，但就实现这一统一性的方式而言，康德为我们提供了三个不同的领域——认知、欲望与情感。在其三大批判的研究中，所做的工作最终都要落实到为认知、欲望抑或情感找寻其内在的统一性。这种统一性，在康德的三大批判中表现为在不同领域中所构筑的"共同感"。

共同感的概念在德勒兹的康德诠释中也发挥着举足轻重的作用。如果说每一种职能都意味着表象与他者的关系，那么共同感则是保障这些

---

① Gilles Deleuze, *La phliosophie critique de Kant*，PUF，1963，p. 8.

职能能够发挥作用的内在机制。其中的原因并不复杂。表象是他者的再现，但这种再现在何种意义上是合法并有效的？这一追问会将我们重新带回传统哲学中思维与存在如何统一，何以统一的基本问题之上。正如我们已经指出的那样，作为一个试图恢复经验主义的思想家，德勒兹取消了在思维与存在之间的天然的、预定的和谐。这是一种最为彻底的经验主义态度。它意味着不承认任何超越于经验的给予物。经验作为外在于我们的存在，具有完全的自在性，我们的主观对它的认知必然包含着对它的理解，并以此超出其经验的给定性。这超出的部分如何能保证它与经验之间可以一致或者和谐？德勒兹的哲学正是以这种不和谐为起点的，而康德，在某种意义上也可以说是从这一点开始的。在康德之前，无论是经验论者还是唯理论者都不得不依赖于外在的，抑或神学的设定。即便对于休谟来说，他也仍需要预定和谐的存在。康德用自主理性的内在目的来取消外在的预定和谐。但这种自主理性的内在目的是如何运行的？康德在对这一问题的思考中提出了共同感的概念。

共同感实现了思维与存在、对经验的理解与经验，以及主观与客观之间的可交流性。德勒兹指出，在康德的理性的每一个领域当中，其实都同时包含三种不同的职能：想象力、知性和理性，它们在不同领域中共同发挥着作用，不同的只是依从于不同职能的立法，例如，在认知当中，知性为立法者，而想象力则通过综合与图示化发挥作用，理性则通过推理发挥作用。其中，三种职能之所以能够相互协调一致，形成共同的认知，依靠的是逻辑的共同感。[1] 同样，在欲望领域中，"道德共同

---

① 参见 Gilles Deleuze, *La phliosophie critique de Kant*, PUF, 1963, p. 32。

感是在理性为自身立法的意义之下知性与理性的一致性"①。以上两种
共同感虽然协调着不同职能之间的关系，但都不过是某种人为的"规定"
性。换言之，都是理性在"法权"的意义上规定"事实"为何。只有到了
《判断力批判》中的审美共同感，此前两种共同感的相关规定才获得了一
种自由的保障：

> 也许有人认为审美共同感是前两个共同感的完成：在逻辑共同
> 感与道德共同感之中，或是知性，或是理性，它们立法并决定了其
> 他职能所发挥的职能；现在轮到想象力了。其实并非如此。感性职
> 能不能为客体立法，因此它本身不是一个立法的职能（职能的第二
> 重内涵）。审美共同感并不表象为职能的客观一致性（例如客体服从
> 于某种主导性的职能，同时规定了其他职能与客体的关系），而是
> 表象为某种想象力和知觉自发地发挥作用的纯粹的主观和谐。由
> 此，审美共同感并不是完成了其他两种职能，而是为它们奠基或者
> 使其可能。如果所有的职能并不能首先是一个主观的自由的和谐，
> 那么所有这些职能都不能发挥立法者或者规定者的作用。②

德勒兹的这段表述澄清了这样一个误解：三个领域中的共同感并非
平行关系，正如康德的三大批判之间的关系一样，审美共同感以其非规
定性的自由一致性为前两个共同感奠定了基础，赋予它们以合法性，并

---

① Gilles Deleuze，*La phliosophie critique de Kant*，PUF，1963，p. 52.

② Ibid.，p. 72.

为判断力提供构建反思性判断的理论可能性。判断力发挥着职能作用的地方也就是感性的职能被把握的地方。① 更进一步说，对应于感性的领域，是反思性判断发挥用武之地的地方。与规定性判断以普遍性原则规定特殊性相反，反思性判断则是从特殊性中生成普遍性。这种"生成"原本是思维超越经验给予的"跳跃"，它是比既定存在多出的那一部分。但在康德这里，由于审美共同感的自由机制，这一"超越"不再是一个问题。对于这种自由机制的进一步推理，在康德那里是通过审美判断和目的论判断的区分来展开的。审美判断"关涉的是一种主观的、形式的、排除所有（主观的或者客观的）目的的目的性，这种审美的目的性是主观的，因此它存在于职能之间的自由的一致性当中"②；目的论判断关涉的则是"客观的、质料的目的性，其中包含着诸多目的。这是自然目的概念的存在领域，它经验地表达了多样性的事物的最终统一性"③。审美判断为目的论判断奠基，使得职能之间的自由一致与客观事物之间的多样性的统一之间的对应关系虽然是偶然的，却仍是合法的。为什么主观的目的论与自然目的论可以和谐一致？这是对思维与存在之关系的另一种表达方式。基于内在目的性的观念，德勒兹在此强调了目的论，作为一种"美学表象"④的本质。在我看来，这种强调包含着一个关键的要素：美学表象是对感性的、特殊性的反思。因此"判断力批判给予的是

---

① 参见 Gilles Deleuze, *La phliosophie critique de Kant*, PUF, 1963, p. 88。
② Gilles Deleuze, *La phliosophie critique de Kant*, PUF, 1963, p. 92.
③ Ibid., p. 93.
④ Ibid..

一个全新的目的论理念"①，这就是无目的的合目的性。这一目的论，在康德那里，主要意指的是一种自然目的论，它排除了外在设定目的的任何企图，同时又保障了主观与客观之间"偶然"一致性的必然性。因此，康德在此并不是引入了一个过时的目的论观念，而是重新提出了一种新的阐发主客统一性的研究路径。而这一路径不仅改变了传统目的论的内涵，即不再是外在设定的神学目的论，而且还表明了内在的主观与客观的非规定的自由一致性；更为关键的是它为重新界定传统哲学形而上学的根基提供了一个思路：在这一思路中，理性对于世界的规定性建基于感性、特殊性之上。

3. 想象力的创生性

在此，我们需要注意的一点是，德勒兹在对目的论和表象说（关系）的讨论中的确尊重了康德的基本问题，如对一致性和共同感的探寻。这两个问题并不是德勒兹思想中的关键问题，但德勒兹却认认真真地讲述这段他个人并不太喜欢的故事，其中的原因值得我们深思。在我看来，这里的关键在于，德勒兹在这段讨论中明显地发现了康德与自身思想的契合。如果说在这种契合中存在着切入点，那么这个切入点就是想象力的问题。

想象力，作为一种图式化的综合能力，对于康德哲学来说一直是非常重要的概念，在《纯粹理性批判》当中，在知性发挥功能的时候，想象力的独特魅力已经初露端倪；在《判断力批判》中，想象力的分量则变得更重了。判断力使得自然概念向自由概念的过渡成为可能，而这种过渡

---

① Gilles Deleuze, *La phliosophie critique de Kant*, PUF, 1963, p. 99.

也正是德勒兹在其生成哲学中有待解决的问题。德勒兹在这里终于找到了康德哲学与自身哲学的契合点。更进一步说，德勒兹还发现，他与康德不仅在问题意识上是一致的，关键在于两者用以解决这一问题的方式也具有一致性：德勒兹用永远的差异化来实现自然向自由（精神）的过渡，康德则用想象力来完成了类似的工作。因此，当我们意识到差异化实际上意味着主体性总是要比既予多一点，并由此产生一种创造，那么我们也会试图在想象力那里探寻一种非规定性、非同一性，因为其中必然蕴含着比既予多一点的东西，这一点正是创造得以可能的基础。

在德勒兹的康德解读中，我们也确实读到了这一点，例如在审美共同感的讨论中，想象力就已经成为这种独特的非规定性的自由一致性的保障：

实际上，想象力不仅仅是图式化：它在对客体形式的反思中呈现出了更为深刻的自由："它在对图形的沉思中发挥作用"，它成为富有自发性及生产性的想象力，它"作为可能直觉的任意形式的创造者"（《判断力批判》，第 16 节）。在此，作为图式化的，形式反思的想象力的非规定性与生产性被明确指认出来。但这只是在形式化反思中的创造，更为重要的创造性释放在另一处指认中，即在审美判断中康德用以将自然与道德关联起来的重要桥梁——关于崇高的论述中，我们更能清楚地看到想象力究竟如何实现这种自由的创造性：

在崇高中，想象力将自身交付给了除去形式反思的其他活动。在面对无形或者变形（广延与力量）的时候，崇高的感觉被体验到。

所有的一切都如同是想象力遭遇到它自身的界限，被迫触及它的最大值，遭受着将其力量带到极限的暴虐。毫无疑问，当想象力涉及理解的时候，它不会有界限（对于各个部分前后相继的理解）。然而，当它触及后面部分时，它却要再生产前面的部分，它的确有理解的限度。面对体积的巨大，想象力体验到了对这种最大值的无能为力。"它试图不断扩大，但最终跌回了自身"（《判断力批判》，第26节）。我们首先转向的是自然的客体，也就是感性自然，这种广袤让我们的想象力显现出无能。然而，事实上只有理性逼迫我们去整合整个感性世界的广袤。正是感性的观念为理智的事物或者超感性的事物奠定了基础。由此，想象力理解到，正是理性将其推到力量的极限，逼迫它去承认这样一个事实：在与理念的比较中，想象力的力量显得如此羸弱。

我们所邂逅的崇高由此呈现为在想象力与理性之间的一种主观关联。然而这种关联不是一致性，而是非一致性。在其中我们体验到了理性的要求与想象力能指之间存在的矛盾。这就是为什么想象力似乎失去了它的自由，崇高的情感不是愉悦，而是痛苦。但在不一致性的最后，一致性出现了；痛苦使得愉悦成为可能。当想象力超越所有其他的各个部分，达到它的极限的时候，它超越了自身的限度。这种方式是消极的：它所呈现出的是理性观念的不可接近，并通过这种不可接近，某种感性自然中的东西才得以呈现出来："无疑，因为虽然想象力发现在感性世界之外它什么也无法抓住，但是，这种推开感性栅栏的行为给了它一种无限制的感觉；因为这种排除是无限的一种显现。因此，它从来只是消极地显现——但它仍然拓展心灵。"(《判断力批判》第 29 节，"总注释"，274/127)这就是想象力与理性之间的和谐—非和谐……

由此可见，想象力-理性的一致性并不仅仅是被假定的：它是从非一致性中生发出来的。这就是为什么对应于崇高感的共同感不能与某种"文化"分割开来，就如它的创生运动。(《判断力批判》，第 29 节)正是在这个创生当中，我们把握了对我们命运的所有观照的本质性思考。①

在此，我被迫将这一部分所有的论述都引述下来，因为它太过完整，太过重要了。研读这一段，我们已经听到了德勒兹自己的言说。崇高，被德勒兹视为想象力遭遇极限后的一种体验。在此，想象力似乎败下阵来，失去效用，变得羸弱。但在想象力无能为力的地方恰恰是自由的创生得以产生的地方。换言之，崇高意味着一种彻底的断裂（差异化），它不能被想象力图式化，从而构筑了一种彻底的不一致性。但这种不一致性，这种推至极限的感受，带来的却是对极限的超越。创生运动其实就在这种极限超越当中。想象力在这一意义上成为真正的自由创造性的契机。

于是，当我们这样来看待想象力的问题时，德勒兹在康德的批判哲学中对共同感的讨论就会产生另外一种阐释方式：正如我们已经指出的那样，德勒兹特别强调审美共同感的重要性，它是前两个共同感得以成立的条件。因为它的一致性是一种非规定的、非一致性的共同感。它意

---

① Gilles Deleuze, *La phliosophie critique de Kant*, PUF，1963，pp. 73-75.

味着自由。那么由此，当德勒兹认为康德的哲学本质上最终以无目的的合目的性为其落脚点的时候，我们同样可以在其中看到这种目的论存在的内在张力。因为无目的的合目的性同样意味着"偶然"的一致性，而非必然的一致性；意味着特殊性，而非普遍性；意味着自由，而非必然。而所有这些特质与创生性的想象力都密不可分，同时自然也与生成性哲学本身密不可分。当德勒兹将问题落脚到这一点的时候，我们看到以康德哲学为母体，德勒兹哲学呱呱坠地的场景。

4. 作为同盟军的康德

德勒兹在完成《康德的批判哲学》的时候，他对于康德的态度发生了变化，康德从思想的论敌变成了思想的同盟军。在某种意义上说，康德的哲学为德勒兹展开其生成性的反表象哲学提供了重要的理论支点。

首先，德勒兹哲学反对表象哲学，根源在于他对思维与存在之间关系的断裂性思考。换言之，我们所理解的与经验给予我们的，两者之间存在着非一致性的关系。表象哲学，就其作为一种再现而言，预先包含着对经验的理解与经验给予之间的一致性。在康德之前，这种一致性既是传统形而上学关注的核心，同时又似乎是一个不言而喻的事实。由此导致了形而上学与神学之间的内在勾连，两者似乎是一回事。但从康德开始，这种不言自明的问题成为问题。

不言而喻，康德的三大批判都在围绕着一致性如何可能的问题展开，这包括着：理论理性（认识论）内在的主观与客观事物自身之间的一致性，表象与客观抑或主观的一致性。但正如我们此前已经指出的那样，当康德试图完成理论理性与实践理性、知识与道德、必然与自由之间的勾连的时候，他在判断力批判的思考中进行的关于崇高、无目的的目的论以及想象力等问题的论述构成了这些勾连的内在基石。而这些基石本身却鲜明地彰显了一种非一致性。并且，他们正是依赖这种非一致性来诠释真正的自由与创生的。我将其称为极限性思维，即将人的认知和想象力推至极限之后所逼迫出的自由和创生。后者被德勒兹越来越清晰地意识到。在《康德的批判哲学》中，德勒兹还将自己对这一点的洞察与赞赏掩埋在对康德哲学的评述当中；到了《差异与重复》，对康德思想中所蕴含的这种极限性思维的赞赏就变得异常清晰而明确了：

> 我们应当关注的不是在康德之前和康德之后发生了什么（它们本来是一回事），而是康德主义本身的一个确定环节，一个甚至没有被康德本人所继续的辉煌而又短暂的环节，这个环节就是当康德对理性神学提出质疑的时候，他同时将一种不平衡、一种裂缝或者龟裂，一种在权力上不可克服的正当的异化引入了我思的纯粹自我之中：主体表象自身的自发性的唯一方式便是将这种自发性表象为一个他异者的自发性，从而，最终，也就乞灵于一种排除了主体自身的一致性、排除了世界与上帝的一致性的神秘一致性……在一个极为短暂的时刻中，我们进入了这种彰显着思想之最高强力并使存在直接向差异敞开，且全然无视概念的一切中介和一切和解的正当的精神分裂之中。①

---

① Gilles Delueze, *Différence et répétition*, PUF, 1968, p. 82.

在此，康德，这位表象哲学家在一个短暂的时刻变身为一位如德勒兹一般的差异哲学家。差异化所要求的强力、极限以及对极限的超越所产生的"多出一点"的创造，似乎都已经存在于康德的那一个极为短暂的时刻。这究竟是怎样一个时刻？我认为这就是感受崇高的时刻，是想象力占据主导而又显乏力的时刻。

其次，德勒兹用康德思想中法权与事实的分析方式替换了柏格森的二元论模型，就此找到了自己诉说作为动态创生过程所必需的二元论模型。康德哲学在"事实"（quid facti）与法权（quid juris）之间进行了划界①。在其关于知识学的讨论中，事物之事实为何，不是其关注的领域，这是形而上学的问题，相反，批判哲学所能关涉的只是法权的范围。因此康德所强调的一致性的论证永远只是在法权范围内的一致性，至于"事实"本身，即康德的物自体，是不可知的。这种不可知，以另一种方式彰显了德勒兹所推崇的极限思想。因为极限的产生首先需要的是界限本身。当黑格尔突破了康德的界限，将所有一切纳入理性的历史性的过程当中，并将外在的对抗转变为内在的矛盾之时，黑格尔也取消了极限性的思维。极限性思维中对限度的跨越需要一种强力的阻碍，如同康德思想中存在着的这种法权与事实之间不可跨越的鸿沟，由此产生了一种暴力的反抗与突破，而富有差异化的思想创生却只能在这种暴力与反抗中诞生。

德勒兹在展开对康德思想的研究时特别强调了这一"事实"与"法权"

---

① 参见《康德著作全集》第 3 卷，李秋零主编，94 页，北京，中国人民大学出版社，2004。

的区分①，并在多处运用过这一区分模式。但在我看来，事实与法权之间的这种划分与崇高思想中所透露的非一致性对于德勒兹的意义似乎并不太相同。崇高的非一致性是德勒兹讨论哲学创生机制的理论基础，事实与法权之间的区分为德勒兹提供的却是类似于柏格森思想中的潜能与现实之间的二元对立及其融合。这是另外一种描述创生的视角，它不是在暴力的对抗与突破中谈论创生得以发生的一瞬间，而是在生生不息之流中去思考这种创造性的无限潜能。

最后，为了能够较为全面地展现德勒兹与康德的关联性，我们将以异常简略的方式触及德勒兹思想中的一个重要的概念——综合。例如在《差异与重复》中谈到的关于时间的两种综合，以及在《资本主义与精神分裂（卷1）：反俄狄浦斯》中提到的欲望生产所特有的三种综合方式——链接综合、析取综合与合取综合。对于它们，我们将在以后的章节进一步讨论。在此我们需要强调的是，这里的"综合"，作为生成性的重要方式究竟是源于康德还是源于胡塞尔。对于这一问题，学界尚有争议。特别是德勒兹强调其综合的被动性似乎与康德哲学中知性、想象力与理性的能动综合无关，而与胡塞尔思想中的"被动综合"直接相关。但就综合作为一种内在的、非超验的关系的链接方式而言，我们又似乎看到了康德思想中先天综合判断的影子。该作何判断，我们或可留待后续讨论中进一步展开。

5. 作为一种方法的先验经验主义

"思想应当思考差异，应当思考思想的绝对不同——后者强迫思

---

① 参见 Gilles Deleuze，*La phliosophie critique de Kant*，PUF，1963，p. 21。

考发生，并且给出了思想。"①正如我们指出的那样，德勒兹终其一生所考虑的问题始终是思想的创造如何可能的问题。无论是他的经验主义立场，还是他所提出的先验经验主义的方法论，都服务于这一点。

　　布莱恩特指出："先验的经验主义是一种规定真实的经验而不是可能的经验的哲学。"②这种界定只是将德勒兹的先验经验主义方法论作了一种静态的表述，它显然带有康德的底色，或者说，这一阐释路径正是以康德为对照才产生出来的：康德只是完成了对"可能经验"之成立的条件的考察，德勒兹的先验经验主义则完成了对"真实经验"之成立条件的考察。但如何为真实经验设定条件？为什么康德只能为可能经验设定条件？在这种静态界定中，我们似乎找不到答案。因此，我更愿意将先验经验主义视为一种动态方法。其中，不仅经验主义意味着一种永恒的差异化，更为重要的是，在德勒兹看来，"先验"也带有动态属性："什么是一个先验的领域？它必须要与经验区分开来，也就是它既不涉及一个客体也不属于一个主体（经验的表象）。因此，它是作为一个纯粹的非主体性的意识流，一个前反思的非人的意识，一种无我的意识的质的绵延而出现的。"③这里的先验，在我看来，正是柏格森思想中作为方法论的直觉。两者是同一内涵的不同表达方式。

---

　　①　Gilles Delueze，*Différence et répétition*，PUF，1968，p. 292.

　　②　Levi R. Bryant，*Different and Givenness：Deleuze's Transcendental Empiricism and the ontology of immanence*，Northwestern University Press，2008，p. 3.

　　③　Gilles Deleuze，*Pure immanence*，*Essays on Life*，translated by Anne Boyman，Zone Books Press，2001，p. 25.

先验在此是一种流动的绵延，它所敞开的不是对一个范畴框架的经验基础所给出的说明，如同康德的先验哲学所做的那样，德勒兹对此十分不满：

> 先验哲学发现的条件仍然外在于受条件制约者。先验原则是限定性原则，却不是内在的起源性原则。我们要求得知理性本身的起源，以及知性和知性范畴的起源：什么是理性之力？什么是知性之力？隐藏于理性之中并表现自己的是什么意志？是什么站在理性的背后，理性本身又是什么？①

显然，德勒兹试图让先验领域敞开的是创造性本身。在这种创造中，一切起源的问题都要获得真实的追问。而先验经验主义，作为一种方法，将意味着这种真实的追问过程。在这一追问中，真实的经验必然呈现出差异化的存在样态，而德勒兹的先验经验主义的方法则一方面逼迫这种真实经验喷薄而出，另一方面保证这一喷薄而出的真实经验不被任何统一性观念所统摄。这是思想创生的条件。

关于这一思想创生的条件，也即关于先验经验主义的动态说明，我们或可分如下三个方面来展开。一是思想悖论的形成，它呈现出了一种固有的力。二是这一固有之力与其自身的界限的遭遇。这种

---

① ［法］吉尔·德勒兹：《尼采与哲学》，周颖、刘玉宇译，133 页，北京，社会科学文献出版社，2001。

遭遇是被迫的，强制的，而非主动的，却也是无法回避的。三是在这种遭遇中，在这种激烈的碰撞中产生了某些多余的部分。德勒兹有时候将其称为"剩余"，有的时候将其称为"根本差异"，并借用尼采的永恒轮回所言说的特有重复性来言说这种差异和剩余得以产生的过程。

因此先验经验主义的方法本质上是一场暴力革命，它需要不断地颠覆既有的界限，跨越这一界限，在其中逼迫出新的东西的诞生。它的结果一定会带来德勒兹意义上的经验主义，即多元化的存在样态。因为不断的剩余与差异化产生的只能是多样化。同时它也是先验的，因为它是经验主义产生的前提条件。只是这个前提条件在本质上是一种暴力的突破。

基于对先验经验主义的这种理解，当我们面对德勒兹的以下论述，我们就不会感觉如此难以理解：

> 作为哲学体系的不可或缺的组成部分的能力学说在今天丧失了威信的原因就是人们对这种原本的先验的经验主义——人们徒劳地想以一种超验之物对经验之物的移印来取代它——一无所知。应当将每种能力都提升至自身那不协调的极端之点，在这一极端之点上，能力就像是一种三重暴力的猎物：强制它被运用的东西的暴力、它被迫去把握的东西的暴力，以及那只有它才能够把握的东西——尽管（从经验性运用的观点看来）亦是不可被把握的东西——的暴力。这是最终强力的三重界限。由此，每一种能力都发现了专属于自身的被动性，亦即它的根本差

异和永恒重复，它的差异的＝微分的和重复的要素，以及它的作用的瞬时性产生和他的对象的永恒性反复，它那通过"已然重复"而诞生的方式。①

三、德勒兹的形而上学奠基：概念与内在性平面

德勒兹是为数不多的在后现代思潮泛滥的 20 世纪却仍坚定不移地谈论哲学的思想家。在其晚年的一次访谈中，他明确了这一点："我从不曾关注形而上学的超越或哲学的死亡。哲学具有永远保持现实性、永远创造概念的功用。这一点是无可取代的。"②哲学之于德勒兹而言是其思想之根本任务（思想的创造如何可能）得以完成的手段之一。在其去世前 4 年，即 1991 年，德勒兹与他的合作伙伴菲利克斯·加塔利完成了最后一部系统的专著——《什么是哲学？》。这个问题的确是人在暮年才能提出并尝试给出答案的。③ 而德勒兹给出的答案，在表面上似乎波澜不惊，不出意料："哲学是一门形成、发明和制造概念的艺术。"④的确，在日常的观念中，人们对于哲学的印象似乎也是如此：概念的运演所形

---

① Gilles Delueze, *Différence et répétition*，PUF，p. 186.

② ［法］吉尔·德勒兹：《哲学与权力的谈判——德勒兹访谈录》，刘汉全译，155页，北京，商务印书馆，2000。

③ 参见［法］吉尔·德勒兹、菲力克斯·迦塔利：《什么是哲学？》，张祖建译，200页，长沙，湖南文艺出版社，2007。

④ ［法］吉尔·德勒兹、菲力克斯·迦塔利：《什么是哲学？》，张祖建译，201页，长沙，湖南文艺出版社，2007。

成的逻辑体系。如果我们没有阅读德勒兹思想的其他著作，我们难免惊叹于这一说法的平淡，同时更无法将其与德勒兹富有暴力色彩的先验经验主义方法关联起来。于是，当我们转向对德勒兹哲学思想的讨论之时，我们需要从这一界定出发来讨论，其中的关键问题显然在于如何理解这种对概念的发明和制造。众所周知，德勒兹是创造概念的高手，他提出的诸如根茎、欲望机器、游牧民、精神分裂症等概念都是他的哲学建构。但在对这些概念的创造中，我们发现一个显著的特点：德勒兹所谓发明和制造概念，并不是制造全新的概念，如同"先验"之于康德，"知识学"之于费希特；而是赋予原有概念以游离性的意涵。例如，根茎（rhizome）这一概念是植物学中原有的概念，因此它不是德勒兹发明的（invent），但其独有的特性却是被德勒兹发现（discover），并用来表达其独特的思想意象的。根茎，是植物当中的一个变态茎，它并不是植物的根，因此它的作用不是吸收土壤中的养分来以便促使植物生长。但对于德勒兹而言，其所批判的表象哲学，作为一种超验的形而上学在本质上都是一种以"根"为轴心的哲学形态。"根"构成整个思想体系得以生产的本质与源头。而根茎则不同，它不是根，是茎。但这个茎却也深埋在土地下面，虽然它不是养分的来源，却致力于植物体积的拓展。概言之，德勒兹看中"根茎"概念，包含着两个方面的内容。一方面，根茎的变异性与模糊性。它既非完全的"根"亦非完全的"茎"。这种界限的模糊是生成性哲学所特有的。另一方面，根茎的无"根"性使其成为对抗超验形而上学的有效意象。德勒兹在《资本主义与精神分裂（卷2）：千高原》中这样表达这种去除超验性的根茎体系："从有待构成的多元体中减去独一无二者；在 n-1 的维度上写作。这样的体系可以被称之为根茎。"①这里的"独一无二者"，这里的 1，都是"根"的意象所要表达的超验的形而上学的维度。根茎是减去"根"的同一性后剩下的多元样态。

从对"根茎"这一概念的理解中，我们或可这样理解德勒兹所谓发明概念的意涵，这是一种试图让概念生发出多元意义的尝试。概念在此并不具有实在性，相反，它具有某种功能性。它是一种"使动者"，即使得某物发生变化的力量。对这一富有特殊内涵的概念的理解是我们理解德勒兹哲学的重心所在。

(一)什么是概念?

当我们思考德勒兹的概念之时，我们首先需要摒弃的是我们对于概念的日常看法：概念在本质上是对事物之共相的表达。例如，桌子的概念是从各色具体的、形态各异的桌子中抽象出来的一个共同属性。在其中"具体"被"抽象"代替，"多元"被"同一"代替。显然，这一点与推崇经验主义(具体的、多元主义)的德勒兹毫无关系。他要发明和创造的概念绝非"共相"。相反，他的概念要指向那个富有单异性(heccéité)的存在："概念表达事件，但不表达本质或事物。它是纯粹的事件，一种单异性(heccéité)，一个实体。"②在这一描述性的界定中，我们看到了三个关键词："事件"、"单异性"(heccéité)、"实体"。它们构成了德勒兹所谓概

---

① ［法］德勒兹、加塔利：《资本主义与精神分裂(卷2)：千高原》，姜宇辉译，6页，上海，上海书店出版社，2010。

② ［法］吉尔·德勒兹、菲力克斯·迦塔利：《什么是哲学?》，张祖建译，228页，长沙，湖南文艺出版社，2007。

念的核心内涵。它们每个词的背后都包含着对一个思想流派的继承。首先，事件源于斯多葛主义[1]，并被德勒兹在当代哲学中凸显出来，构成了后来激进政治的一个核心概念，它与概念是互释关系，因此事件将成为我们随后要着力讨论的一个主题。其次，单异性则源于司各脱主义。Heccéité，这个词并不常见，源于拉丁语 haecceitas，其所意指的是某种使得某物成为其独特事物的那个性质，英语中将其翻译为 thisness。但这个概念一般不应与本质相混淆。它不是事物的本质，它所侧重表达的是一种完全的差异性、独特性。德勒兹用它来诠释"概念"的内涵，显然要凸显的是其与作为"共相"的概念完全不同的另一向度。最后，"实体"，这个词汇，德勒兹是从斯宾诺莎那里继承而来的。作为德勒兹思想的拱顶石，斯宾诺莎为德勒兹的彻底的经验主义提供了坚实的理论基石。斯宾诺莎的实体观所指向的从来不是一个共相的"一"，而是同时必须要在多样的属性与样式中显现出来的，从这一意义上说，实体自身是"一"，也是"多"。实体与属性、样式的关系不是一和多的关系，而是一种平行关系，它们之间的关系将通过"表现"逻辑（L'expression），而非"表象"逻辑（représentation）加以诠释。对这一逻辑的讨论也将成为我们随后涉及的重点。

　　由此可见，概念的本质属性不是"同"，而是"异"，不是"一"，而是"多"。因此发明和创造概念的过程，不是要从具体的经验世界中抽离出某种带有普适性的观念构筑逻辑体系的过程，相反，对于德勒兹而言，思想是一次次遭遇极限，暴力突破的结果。因此概念表达的正是这个极限，它无法在现实中找到任何实在的对应物。现在我们看一下德勒兹为

---

[1]　参见 François Zourabichvili, *Le vocabulaire de Deleuze*，Ellipses，2003，p. 37。

我们举出的例子——关于鸟的概念的形成：

> "鸟"的概念并不存在于鸟的属与种里，而是存在于鸟的姿态、颜色和鸣叫当中：这种难以辨析的东西与其说是一种联觉（synesthésie），不如说是一种联念（synéidésie）。①

这个难得的举例是否说明了德勒兹要说明的呢？还需要作进一步的解释。这里联觉（synesthésie）是心理学意义上的通感，但联念（synéidésie）这个词却似乎是德勒兹仿照通感创造出的概念。通感的构词告诉我们，其意在于一种"感觉的综合"（syn-esthé-sie），因此在联念中，相同的构词方式，让我们看出其意在表达一种观念（idée）的综合（syn-éidé-sie）。因此鸟的概念不是产生于抽象的种与属中，而是就存在于鸟的姿态、颜色和鸣叫等每一只鸟的经验性存在样态中。它们构筑的一个个特异性的观念，成为概念的组成成分。概念没有从这些经验性的存在中抽象出一个同一性，它只是将这些各富特质的组成成分综合起来。这种综合是一种联接，它的形式将是"……和……"，而不是有机地整合为"一"。因此德勒兹会说概念从来都不是简单的概念，它自身就是一种多重性，② 并同时认为概念是这些组成成分的交汇点和凝聚点。③

---

① [法]吉尔·德勒兹、菲力克斯·迦塔利：《什么是哲学?》，张祖建译，227 页，长沙，湖南文艺出版社，2007。

② 参见上书，219 页。

③ 参见上书，226 页。

　　但德勒兹是如何保障这种交汇点同时不是一个超越各个组成成分的抽象？他的解决方案在于提出"概念之内的关系既不是包蕴关系，也不是外延关系，而是赋序的关系（ordination）"①，也就是说，概念的综合只是意味着给予各个组成部分某种秩序，如同休谟思想当中，习惯性的联想对于因果性所做的那样，在这种赋序当中，并没有让各个组成部分的特性消失，因此"概念与其全部组成成分或变式是即时共存的，两者之间没有任何距离。概念不断地穿梭行于组成成分之间"②，德勒兹将其形象地表述为一种"飞掠而过的状态"（survol）。③ 这是斯宾诺莎的实体与样式之间的关系。他们之间是平行而平等的。这意味着概念与其以某种速度飞掠而过的组成成分之间并不存在高低之别，概念不是高于它们的存在，它们也不是从概念中推演出来的（如唯理论者认为的）；同样，各个组成成分也并不高于概念（如同旧的经验论者认为的），它们只是共在着；并且两者之间不存在相似性（共相），但两者却能够形成一种对应关系。

　　随之而来的问题：这样飞掠而过的概念究竟是怎样一种样态？德勒兹的确给出了一个描述，这个描述，德勒兹将其视为概念的定义："在某一点上以绝对的飞掠和无限的速度被巡视的一组数目有限的杂糅成分的不可分离性。"④这个界定的核心词在于"不可分离性"（inséparabilité），

---

　　① ［法］吉尔·德勒兹、菲力克斯·迦塔利：《什么是哲学?》，张祖建译，227 页，长沙，湖南文艺出版社，2007。
　　② 同上书，227～228 页。
　　③ 同上书，227 页。
　　④ 同上书，228 页。

它构成了概念以有限的速度在各个组成部分之上飞掠而过的时候所最终形成的一个状态，鸟的概念使得鸟的姿态、声音和颜色等各个组成成分成为不可分离的。但这并不意味着鸟的概念就是一个静止的、抽象的存在。它将随着其组成成分的变化而变化，因为其各个组成成分在经验中从来都是一个个变式（variations）。于是概念也必然不是一种静止的状态。它对于德勒兹而言是富有速度的一种综合，这种综合意味着一种"生成性"。概念是一个生成（un devenir）。不同的飞掠方式，不同的速度一定会产生不同样态的概念。概念的创造也要在这种飞掠和速度中获得说明。例如，德勒兹最为著名的黄蜂与兰花的生成关系就是如此。

在德勒兹的著名文章《根茎》当中，德勒兹为了描述他所创造的概念——根茎的异质性内涵，提出了著名的黄蜂与兰花的例子。从一种飞掠的角度来看，兰花与黄蜂具有完全不同的异质性；但从另一种飞掠的角度来看，这种异质性却有着被综合的可能。兰花被黄蜂当作雌蜂，而黄蜂被兰花当作生殖器，两者之间的关联构筑了一个兰花-黄蜂对各自原有界限的突破，当我们以这样的角度来飞掠过两者所包含的各个组成部分的时候，概念创造的需要就产生了。我们需要一个新的概念来表达这种对极限的突破，因为之前的综合无法表达现在的这种综合，我们发现了一个无可言说的状态，现实找不到与之对应的观念。这个裂口需要概念来对其加以表达。于是德勒兹会说："兰花和黄蜂——作为异质性的要素——形成了根茎。"①根茎既给兰花-黄蜂的生成状态一种说明，同

---

① ［法］德勒兹、加塔利：《资本主义与精神分裂（卷2）：千高原》，姜宇辉译，11页，上海，上海书店出版社，2010。

时也表达了兰花-黄蜂各自极限遭到暴力突破的感觉。

因此，如果说概念是一种思维富有速度的飞掠行为，那么概念的创造就是一种暴力的突破，它纵容概念以不同的飞掠角度、不同的速度去发现那些原有的综合的界限，并在对界限的突破中彰显了概念自身的生成性本质。

在概念的这种界定中，我们看到了德勒兹的先验经验主义的方法论的运用。但同时我们需要注意到，当德勒兹将概念与其组成部分之间视为平行、平等的关系，并将概念与其组成部分之间的关系视为非相似性的时候，我们同时也看到了先验经验主义方法与直觉主义方法的异曲同工。这种直觉主义的方法最终保证了概念的非超验性维度，同时其所构筑的二元断裂也为概念的综合效用提供了多重可能性。因此成为保障概念富有生成性和多样性的前提条件。

（二）概念与内在性平面

德勒兹在讨论概念的时候，总是将其与另一个概念——"内在性平面"(le plan d'immanence)放到一起来讨论。对于德勒兹来说，如果哲学是一种建构主义(un constructivisme)，那么这种建构主义就必然包含着两个互补的层面：创造概念与勾勒平面。① 因此对于概念内涵的进一步理解，需要我们直面德勒兹的另一个重要的观念——内在性平面。

这一被组合的观念包含着两个可以分割来看的概念：平面与内

---

① 参见[法]吉尔·德勒兹、菲力克斯·迦塔利：《什么是哲学?》，张祖建译，248页，长沙，湖南文艺出版社，2007。

在性。

其一，在法语中，plan 包含多个内涵，它既是平面、地图，又是规划、计划。"在德勒兹那里，它可以被理解为像背景一样的东西，一个远景，就像是在绘画中，一个鲜活的对象从中呈现出来，或者像是在故事讲述中，一幅幅画面在一个被给予的背景中呈现，剧情由此展开……"①如果概念本质上是一种飞掠而过的状态，那么平面则是使一运动得以展开自身的视域。它在本质上是哲学诞生的前传，如同世界未成形之前的混沌。相对于哲学的概念、反思与逻辑，平面是前概念、前反思与前逻辑。因此"平面是直观"②，"任何哲学都有赖于一种被其仅有强度差别的概念不断予以发展的直观"③。因此所有的哲学都应建基于平面之上。哲学开启的是概念式的思维，而"前哲学"则只能是作为直观的平面。自现象学以来，直观就成为对抗抽象的、思辨的概念哲学的主要路径。无论是胡塞尔的"理智直观"、萨特的"反思前的我思"，还是海德格尔充满玄妙的"存在"都充当着某种前哲学的观念。德勒兹的思想是这一传统的后裔。"平面"是德勒兹的前哲学的观念。但这种前哲学，在德勒兹看来，并不是外在于哲学，相反这些都是哲学的内部条件，甚至更为切近哲学本身。④ 因为这里的哲学，已经不再是抽象概念的推演，而是鲜活的

---

① Miguel de Beistegul, "The vertigo of immance：Deleuze's Spinoza", *Research in phenomenology*，2005，35，p. 83.

② ［法］吉尔·德勒兹、菲力克斯·迦塔利：《什么是哲学?》，张祖建译，254 页，长沙，湖南文艺出版社，2007。

③ 同上。

④ 参见［法］吉尔·德勒兹、菲力克斯·迦塔利：《什么是哲学?》，张祖建译，255～256 页，长沙，湖南文艺出版社，2007。

生命本身。这种生命哲学缘起处是尼采对传统形而上学的批判。后者将思想变成"概念木乃伊"[①]。而为了恢复木乃伊的生机，对直观的强调显然是一个恰当的进路。对于平面的描述，德勒兹同样总是采用各种比喻：

> 平面如同一片沙漠，概念虽到处繁衍却不割地而治。[②]
>
> 概念是一些事件，平面是事件的视域，或者把纯粹的概念性事件储存起来的水库或者仓房。[③]
>
> 概念是群岛或者骨架，不是头盖骨，而是脊梁骨，平面则是渗透所有那些隔室的呼吸运动。[④]

这些界定本身看似很不严谨，却是勾勒平面之内涵的最好方式。平面，是概念发生的背景。概念作为一个事件，赋予各种力的关系以秩序；而平面则包含着所有概念施展其飞掠的空间。它是一个生成性的场域，它因其还未具有的秩序性反而为生成概念提供了无限的可能性，它成为概念实现不同关系之新的组合所必需的前提。

概言之，平面观念的提出，建基于德勒兹对柏格森哲学的继承。直觉是平面概念的思想缘起，它保障了德勒兹的经验主义思想倾向。同时，平面，作为概念生成的背景成为拒斥作为"共相"之概念的有效保

[①]　[德]尼采：《偶像的黄昏》，杨丹、陈永红译，22页，南京，江苏凤凰文艺出版社，2015。

[②]　[法]吉尔·德勒兹、菲力克斯·迦塔利：《什么是哲学?》，张祖建译，249页，长沙，湖南文艺出版社，2007。

[③]　同上。

[④]　同上书，248页。

障。概念的背后总是存在着这个直觉所统治的生成性平面，这样，概念就永远不会被拘泥于某个抽象的同一性中，它总是不断构筑新秩序的可能性空间的敞开。

其二，内在性平面中的内在性，同样是德勒兹哲学中最为重要的思想特质。所谓内在性（immanence），作为一个形容词，是一个相对的概念，也就是说，它相对于超验性的预设（外在性）而言，成为一种内在。德勒兹极为强调这一概念。因为这一概念是尼采哲学中关于"上帝之死"的替代性表达。"上帝之死"不再是一个来得过早的预言，在现代性语境下，它早已成为无法逃避的真正的现实性。

宗教的式微需要一种新的唯物主义的复苏。法国哲学又恰是唯物主义思潮的大本营。因此法国人自然不会对"上帝之死"产生那么大的恐惧。内在性原则是德勒兹新唯物主义的核心概念。这是当代法国思想中生命哲学转向的哲学基石。对人的生命的关注，带来的不仅是对人的感性、肉体的热爱，同时更是对超验世界的彻底拒斥。柏格森的创生进化已经表明了一种生命的有机的自我生长的过程，在那里没有了上帝的位置。德勒兹，作为一位试图讨论哲学创生之源泉的思想家，他绝不会将哲学的创造力归之于任何超验性的可能。在这些可能性中，上帝只是其中之一，它还有诸多的变种，例如黑格尔的绝对精神，莱布尼茨的先定和谐，等等，这些都会在一瞬间转变为上帝的模样。因此德勒兹对于这些思想家持有比较明晰的批判性。但对于诸如笛卡尔和康德，问题似乎变得很复杂。

笛卡尔和康德显然都是近代形而上学的典范。他们的哲学在本性上都热衷于讨论同一性的原则。这一点，注定要与德勒兹相左，因为后者是差异哲学的创造大师，他所关注的永远是思维与存在之间的非同一性原则。但笛卡尔与康德却同时是内在性原则的先驱者：

> 从笛卡尔开始，中经康德和胡塞尔，"我思"使我们可把内在性当作一个意识的领域看待。[①]

> 康德摒弃任何超验的综合，却把内在性作为一个新的单位——新的主观性单位——跟综合的主体联系起来。他甚至让自己享受把超验的理念也一道摒弃的奢侈，以便把他们变成内在于主体的领域的"视域"。[②]

其实早在 1963 年德勒兹在其专门研究康德的小册子《康德的批判哲学》中就已经用更为清晰的表述谈到了康德较前人所实现的内在性转变。德勒兹这样谈论康德的哥白尼革命：

> 康德所谓哥白尼革命的基本观点在于：用客体必然服从于主体的原则来替代主客之间和谐一致的观念……从主观观念论的视角来看，客体的服从问题似乎很容易解决。但没有一种解决比康德主义走得更远。经验的实在论(le réalisme empirique)是批判哲学的恒久特性。现象不是一些外表(apparences)，也不是我们行为的产物。现象作用于我们，我们如同一些被动接受的主体。在康德这里主体

---

① ［法］吉尔·德勒兹、菲力克斯·迦塔利：《什么是哲学?》，张祖建译，262 页，长沙，湖南文艺出版社，2007。

② 同上书，263 页。

与客体的关系问题趋向于内在化（intérioriser）了：它变成了在本性上不同的主观功能之间的关系问题（受动的感性与能动的知性）。①

笛卡尔用"我思"对"我在"的奠基性意义实现了思想的内在化原则，而康德则用他的哥白尼革命完善了这种内在性原则。因为在德勒兹这里，哥白尼革命不仅意味着客体对主体的服从，同时更在于这种服从彻底地打碎了主客体之间的和谐一致。在进一步追问"究竟谁保证了这种和谐一致？"的过程中，一定会将答案引向超验性的存在，例如上帝。因此哥白尼革命从根本上说是一个从超验性思想向内在性思想的转变性革命，进一步说，当康德不再将现象视为相对于本质的现象，而视为相对于被动之我的显现（apparences），主客体的关系也就不再是外在事物与我的关系，而是现象作用于我的效果与被动之我的关系。在此，康德的表象哲学完全是内在性的。

其实就西方哲学的发展历程而言，对于内在性原则的强调绝不仅仅是笛卡尔、康德等人的专利，相反，它几乎左右了整个近代哲学思想的主流。黑格尔与胡塞尔等人都是内在性原则构筑的大师。我们无法回避黑格尔的辩证法思想作为一种内在的自我否定性所弘扬的内在性批判原则，也无法否认胡塞尔对意向性做了富有创见性的突破。这一切都表明，他们试图不断完善基于"我思"而构筑的内在性原则。但问题也随之而来，晚期海德格尔曾在普罗旺斯的研讨班当中这样说：

---

① Gilles Deleuze, *La phliosophie critique de Kant*, PUF, 1963, pp. 22-23.

只要人们从 Ego cogito（我思）出发，便根本无法再来贯穿对象领域；因为根据我思的基本建制（正如根据莱布尼兹的单子基本建制），它根本没有某物得以进出的窗户。就此而言，我思是一个封闭的区域。"从"该封闭的区域"出来"这一想法是自相矛盾的。因此，必须从某种与我思不同的东西出发。①

没有进出窗户的单子形象是我思之内在性原则的一个生动的表述。这种因被局限在思维内部的内在性而带来的结果因其无法触及真实的对象世界，因此极易重新回到超验性的维度。德勒兹对此看得很清楚："每当我们把内在解释为内在于某物的时候，这一某物就会重新引进超验性，对此不必怀疑。"②

因此，我们在这里需要特别追问的一个问题是：如何让内在性原则不会重新沦为超验性的另外一种实现方式？德勒兹的做法就是将内在性转换为一种对"平面"的修饰，借此走出对我思的固守，并同时逃避其不可避免的超验性宿命。这种两个概念的叠加方式，在我看来，或可被概括为一种内在性的彻底化。换言之，内在性成为一个平面即意味着"内在性不再内在于别的什么东西"③，也就是说，没有任何东西在内在性之外的时候，那么内在性就可能突破主体之流，避免超验性的再生。这

---

① ［法］F. 费迪耶等：《晚期海德格尔的三天讨论班纪要》，丁耘摘译，载《哲学译丛》，2001（3）。

② ［法］吉尔·德勒兹、菲力克斯·迦塔利：《什么是哲学?》，张祖建译，262 页，长沙，湖南文艺出版社，2007。

③ 同上书，263 页。

里因为没有内在性之外的存在，也就没有了超越其外的任何存在的可能性。自我，变成了一种无主体的内在的飞掠领域。如果我们无法理解什么是内在的飞掠领域，只要回想一下德勒兹对于概念的界定，自然就一目了然了。概念是一种飞掠，那个内在性平面就是概念飞掠而过的那个视域，因此概念与内在性平面都是富有事件性的存在。"内在性平面只呈现事件，即概念的可能世界，以及他者，即可能世界的表达方式或概念性人物。"①

因此，内在性只有在成为一个平面的时候才彻底摆脱了超验性的束缚。超验性是一种预成性的思维。它会以俯瞰的方式将任何事物纳入它的既有逻辑当中，从而构成一条解释世界的路径。而内在性平面，却敞开了概念的可能性空间，让飞掠而过的概念构筑了不同的思维意象。这些意象不具有预成性。它是事件的，因为它总是一种脱节，即脱离了某种既有的解释逻辑。创造性的生产正是在这种脱节中才是可能的。而辩证的否定则不过是这一既有逻辑的无差别性重复——一种因循守旧的存在。只有真正的断裂性的脱节，才是富有创造性的。概言之，德勒兹对于内在性的界定从来不能离开平面，同时也总是具有一种动态特性：

> 什么是内在性？一种生命……一个生命只包含着虚拟（virtual）东西。它是由虚拟性、事件和单义性构成的。我们所说的虚拟不是

---

① ［法］吉尔·德勒兹、菲力克斯·迦塔利：《什么是哲学?》，张祖建译，265 页，长沙，湖南文艺出版社，2007。

没有现实的东西，而是致力于按照其特殊现实性的平面进行现实化的过程。内在事件在事物状态或使其发生的经验状态下得以现实化。①

四、黑格尔与德勒兹的形而上学架构

我们接下来的讨论将触及德勒兹哲学思想中最富有形而上学色彩的一部分。这一部分主要涉及德勒兹最为著名的著作之一——《差异与重复》。这部著作写作于 1968 年，却丝毫没有受到书房外如火如荼的"五月风暴"的洗礼，它只能被视为对德勒兹早期的哲学史研究工作的总结，当然这种总结，正如同德勒兹所主张的"重复"概念一样，虽然是在"重复"中梳理了整个西方哲学史，却已经是以德勒兹独特的视角和方式展开了一种差异，其中包含着德勒兹所特有的一种哲学的创造。

(一)单义性本体论

德勒兹的哲学，试图在哲学终结的喧嚣中完成对"哲学创造如何可能"的形而上学探讨。因为其哲学的目的不是构筑一套新的理论，更多的是为这种创造性提供可能性的条件。此前，对于概念与事件的讨论或

---

①　[法]吉尔·德勒兹：《哲学的客体：德勒兹读本》，陈永国、尹晶主编，321～322 页，北京，北京大学出版社，2010。

许更侧重哲学创造的内容；我们即将讨论的德勒兹式的差异与重复，关涉的将是哲学创造的形式。

德勒兹或许并不反对在其时代中甚嚣尘上的关于哲学之终结的判定，因为在他的眼中，传统哲学作为一种表象（représentation）哲学，的确已经终结了。新的形而上学需要建筑在一种反表象的哲学基础之上，即他的"表现"（expression）哲学。表象哲学以同一性和类比为旨归，而表现哲学则以差异与重复为旨归，这将是一种新的哲学形而上学的存在样态。

自古希腊以来，作为哲学形态的本体论包含两个层面：第一，对作为"一"的本质的痴迷和执着；第二，对感性世界的排斥。黑格尔在谈到作为第一个哲学家的泰勒斯的时候这样说：

> 泰利士（泰勒斯——引者论）说水是"绝对"……是哲学命题，哲学是从这个命题开始的，因为接着这个命题，才意识到"一"是本质、真实、唯一自在自为的存在体。在这里发生了一种对我们感官知觉的离弃，一种对直接存在者的离弃，——一种从这种直接存在的退却。①

黑格尔在评价爱利亚学派的克塞诺芬尼的时候进一步指出，那种对于感觉世界的离弃，"达到了纯粹的思想。这是一个巨大的进步"②。在

---

① ［德］黑格尔：《哲学史讲演录》第一卷，贺麟、王太庆译，207页，北京，商务印书馆，2009。

② 同上书，284页。

黑格尔的赞扬中，我们看到了从传统形而上学直到黑格尔以来的基本倾向：背弃感性世界才能走向哲学形而上学。因此对于传统思想家来说，谈论形而上学，就是谈论超感性的、本质的、不变的"一"。然而经过了尼采的批判，这种形而上学变成了一种骗人的把戏，他们成为试图扼杀生命的刽子手。他们的手法是将感性的、真实的世界称为虚假的、不值得依赖的，却将自己编造的一个虚假的设定视为最真实的真理。这种方式构筑了哲学与道德的方方面面，最终让富有生命力的活生生的人变得死气沉沉，如同行尸走肉。尼采的颠覆性的批判触动着德勒兹的神经，德勒兹作为法国新尼采主义的代表人物，他沿着尼采思想的路标，踏上哲学重建的道路。

因此，德勒兹的形而上学本体论的核心在表面看来是一种对旧形而上学的颠倒，但这种颠倒并不是简单的头足倒置，换言之，德勒兹的工作并不是将对感性世界的强调另加于超感性世界，而是从根本上取消了超感性世界的存在，这一点在我们此前的讨论中被德勒兹称为"内在性原则"。这是一种没有"外在"的"内在"，它所面对的是上帝之死以后留下的世界。于是，人们终于逃离了所有预成性的、超感性的概念框架来自由地看待这个世界，人们被迫直面这个活生生的世界，这种直面包含着直面它的生灭变化，并随之起起伏伏。德勒兹将其称为感觉的本体论："哲学必须是本体论，它不能是别的什么，但是并没有一种本质的本体论，只有一种感觉的本体论。"[①]要说明以这种本体论为特性的哲

---

① Gilles Deleuze, *Desert Island and other texts*, *1953-1974*, Semiotexte Press, 2004, p. 15.

学，首先需要澄清"哲学不是人类学"①。这一批判直指当时对法国思想界影响极为深远的思想家亚历山大·科耶夫，他曾在 20 世纪 30 年代的黑格尔研讨班中将哲学界定为哲学人类学，从而将黑格尔的《精神现象学》解读为人的存在的展开过程。这一思想影响了一代法国思想家，包括萨特、雷蒙·阿隆、巴塔耶等。伊波利特作为有意回避这一研讨班的思想者，显然较其他人能更为清楚地意识到哲学人类学所带来的不过是对以主体为轴心的旧有形而上学的无差别的重复。因此他晚年致力于弥合黑格尔的《精神现象学》与《逻辑学》之间的鸿沟，其目的也是矫正法国的黑格尔主义阐释中过于偏重主体化倾向的阐释方式。正如我们在关于"事件"的讨论中已经看到的那样，后伊波利特的讨论，因为语言学的介入以及意义的逻辑的自主性的彰显，我们的本体论正在从对"自我""存在"的关注转向对"客体""逻辑"的关注："这个世界并不是就我们而言是充足的，而是就它自身而言是充足的，这个世界所指涉的存在不再是超越于表象的本质，也不再是作为理智世界的第二个世界，而就是作为这个世界的感觉。"②换言之，只存在着一个世界，其中，"不管是在经验之中还是在绝对之中，存在与思想都是同一个东西，但是思想与存在的外在的、经验的差异必须让位于差异与存在的等同，让位于存在以其内在的差异来思考自己"③。

在此，显然最大的问题并不是承认变化（差异）本身。在西方哲学史

---

① Gilles Deleuze, *Desert Island and other texts*, *1953-1974*, Semiotexte Press, 2004, p. 15.

② Ibid., p. 16.

③ Ibid., p. 17.

上从不缺乏对这种变化（差异）的直接探寻，这其中包括智者、怀疑论者、前康德时代的经验论者以及德勒兹同时代的后现代主义者都做到了这一点。然而，德勒兹不同于他们，在他的问题域中，他要做的是为这种变化（差异）探寻形而上学的根基，同时还要保证这一根基本身不再以"不变"的本质、僵死的"同一"为主旨。或者我们可以将这种形而上学称为繁复的形而上学，它是变动着的、生成性的形而上学，它是一种"存在的喧嚣"（clameur de l'être）①。在其中，单义性（univoque）替代了特殊性与个体性成为在这一形而上学中讨论具体存在的切入点。而源于斯宾诺莎的表现逻辑则成为诠释形而上学究竟如何向具体存在过渡的有效方式。在这种本体论中，"一"不再是"一"，而同时也是"多"；理念与现实之间的"分有"，也不再是表象对本质的显现，而变成了建基于本质与现象的平行之上的直接显现，理念与现实是一个世界，两者是一回事。

在此，为了理解这种独特的形而上学，我们需要从单义性与表现逻辑入手来分别予以讨论。

首先，单义性（univoque）源于邓·司各脱关于存在与存在者之关系的言说。当时的经院哲学家针对存在被言说的方式提出三个概念——多义性（Equivocity）、单义性（Univocity）、类比性（Analogy）。三种言说方式显然产生于两个不同视角：上帝与人、物可以在同一意义上被言说，如司各脱对单义性的推崇；上帝之是（存在）与人和物之是（存在）是完全不同的两种言说。我们不能用言说人之存在的方式来言说上帝之存在。在这一视角下，多义性与类比性才是必要的言说方

---

① Gilles Deleuze, *Différence et répétition*, PUF, 1968, p. 52.

式。对于司各脱来说，从句法学和逻辑学的角度来说，存在可以述谓包括实体和属性的一切范畴，并不互相矛盾；从认识论的角度来看，单义性观念强调了人类一切认知都源于感性的基本原则，上帝作为一个超验的存在，也只有在单义性的意义上才能够被有限的人所把握和认识。① 在这一单义性的观念中，司各脱同时提出了差异的观念，并对差异进行了分类：区分出了形式差异（formal difference）和模态差异（modal difference）。形式差异包含着种与属、有限与无限、潜能与现实之间的差异，我将其称为性质的差异；而模态差异则是不可分割的属性之间的差异，诸如不同程度的白色之间的差异，② 我将其称为等级的差异。由此可见，单义性观念与差异化有着天然的内在联系。对此，德勒兹给予了直接指认：

　　哲学与本体论融合，但本体论与存在的单义性融合，存在的单义性并不意味着只有同一个存在者；相反，存在者是众多的、不同的，它们都是由不连贯的综合生产的，它们本身也是脱离的、分歧的。存在的单义性意味着存在是声音，它言说自身，它以同一个意义言说它所说的一切。它所说的一切并不是相同的，但存在对于诉说的一切却是相同。因此，它是作为发生于最多样的一切事物中的独特事件发生的，是一切事件的终极事件，是它内部仍然相互脱离

---

　　① Peter King，"Scotus on Metaphysics"，In Thomas Williams，*The Cambridge Companion to Duns Scotus*，Cambridge University Press，2003.

　　② 参见 Duns Scotus，*Quodlibet*，edited by Hildesheim Wadding，George Olms Verlagsbuchhandlung，1968，p. 23。

的一切形式的终极形式，但却使这些形式产生共鸣和分歧。①

但随后经院哲学的发展过程中，托马斯·阿奎那用类比说战胜另外两种言说方式：上帝是至善、圆满的，只有在类比的意义上，人具有一定比例的上帝之善。这个说法逐渐占据了主导，淹没了司各脱的那种带有泛神论色彩的单义性观念。海德格尔在1915年撰写的教师资格论文《邓·司各脱范畴和意义学说》中重新发现了司各脱的单义性观念，多项研究表明海德格尔的存在的时间化思想趋向与司各脱的单义性有着密切的关联。例如，菲利普·托纳指出海德格尔所提出的此在的时间化存在，即其在世界中的存在，让此在作为有限的存在成为一个承载过去并指向未来的单义性统一体。② 德勒兹敏锐地体会到海德格尔思想背后司各脱的理论背景，并在此基础上将这一背景凸显出来，构筑了其富有差异性内涵的单义性本体论。

但对于德勒兹而言，"司各脱的单义性的存在依然只是一个抽象的概念"③，它还不足以表达德勒兹所试图表达的真正的经验主义意义上的差异化。在经验主义的视域中，彻底的差异化需要彻底的平等主义。而在司各脱那里，存在作为可以述谓所有存在者的范畴，带有超验性的色彩。坚持着内在性原则的德勒兹，显然无法满足于司各脱的单义性观

---

① ［法］吉尔·德勒兹：《哲学的客体：德勒兹读本》，陈永国、尹晶主编，353页，北京，北京大学出版社，2010。

② Philip Tonner, *Heidegger*, *Metaphysics and Univocity of Being*, Continuum International Publishing Group, 2010, pp. 46-48, 62-64.

③ Gilles Deleuze, *Difference and Repetition*, translated by Paul Patton, Continuum Press, 2001, p. 48.

念，但单义性本体论中对于"一"与"多"之关系的处理方式，即用一种声音言说所有一切，却是德勒兹所钟爱的。因此相对于司各脱，他更钟爱斯宾诺莎的单义性本体论：

> 斯宾诺莎标志着一种相当大的进步，他不再将单义性的存在理解为中立的，而是将其看作一个肯定的对象。（在斯宾诺莎那里）单义性的存在变成了单一的、普遍的、无限的实体……通过斯宾诺莎，单义性的存在不再是中立的而是成为表现的。①

德勒兹眼中的斯宾诺莎，虽然坚持着单义性的原则，却能在富有创生性的生命哲学的视域当中来谈论这一独特的本体论。换言之，单义性本体论中的一种声音将能够言说出各色新的事物。表象（représentation）严格意义上来说只能算是一种"再现"，因此，表象哲学所带来的只能是毫无创造性、差异化的"重复"。柏拉图、康德、黑格尔在某种意义上都是这类哲学的代表人物。但表现（expression）则不同，它意味着：

> 展开（expliquer）即为拓伸（développer），包含（Envelopper）即为意涵（implicquer），但这两个词并非对反的意思：它们标志了表现的两个方面。一方面表现是展开，即其表现自身之展开，一展现自身于多（实体以其包含之属性彰显自己，属性以其所包含的样态

---

① Gilles Deleuze, *Difference and Repetition*, translated by Paul Patton, Continuum Press, 2001, pp. 49-50.

彰显自身），另一方面，表现性的多元内涵指涉了统合（L'Un）。表现统一性（L'un）之个物涉入该统一性，统一性刻印于、内在于彰显其自身之诸个物：从这个角度来说，表现就是一种共同涉入。①

斯宾诺莎思想中实体、属性与样态之间的关系诠释了这种表现逻辑的运演过程。在其中，实体的存在离开了属性的表现可以被视为"无"，而属性的表现又需要样态作为其形式的规定性。三者无法分割地诠释了存在得以存在的方式。在此，当"一"与"多"的关系被转变为"实体"与"属性"（抑或样态）的关系时，一与多，就被水乳交融地融合为一个表现过程。在其中，差异化的存在，不是抽象的多，因此并不与"一"相对立、相矛盾。相反，没有这种差异化的存在，"一"反而不存在了。

> 表现的观念在《伦理学》中迈出第一步：实体之本质离开了表现它的属性无存在可言，以至于每个属性都表现了某种永恒无限的本质。在其诸多表现之外，被表现者无存在可言；每个表现，如其本性那样，都显示了被表现之物的存在。②

由此，差异化存在诠释了"一"，而非"一"诠释了差异化。差异化在本体论上获得了绝对的优先性。正是这种不能归结为"一"的差异化成为创"新"的保障。但因为这种差异化的诠释方式建基于单义性本体论之

---

① ［法］吉尔·德勒兹：《斯宾诺莎与表现问题》，龚重林译，4~5 页，北京，商务印书馆，2013。

② 同上书，29 页。

上，这种特有的多样性不会沦为解构本体论的相对主义、后现代思潮。这是德勒兹对于形而上学思想的卓越贡献。我们由此获得了一种新的形而上学，它不会因为对"本体"的强调而失去对诸多具体表象事物的观照，具体事物作为"差异化"存在反而更有效地诠释着"本体"；更进一步说，强调差异，而非同一的单义性本体论自身必然是开放的，而非封闭的。这意味着这一本体论自身是生成性的，非既成性的。在某种意义上，这是德勒兹仿造柏格森的生命的创生进化论所构筑的一整套本体论意义上的创生进化论。对于这一概念的进一步阐释，我们将在随后关于"重复"观念的讨论中进一步深化。

如何谈论这个生生不息的本体论，本身就是一个理论难题。德勒兹已经无法从任何一个其所关注的研究对象那里获得完整的说明，因此他开始发出自己的声音。《差异与重复》的诞生，在我看来，正是系统阐发德勒兹版的单义性本体论的思想文本。它写成于 1968 年，它的晦涩难懂在表面上似乎与巴黎街头的鲜活生动的"五月风暴"形成了鲜明的对比，但就这一文本对本体论的改造所释放出的创生性力量而言，两者却又有着如此切近的旨归。相似的理论总有一天会去找寻与之对应的现实。因此当德勒兹完成了这一本体论构筑之后，他才发现，他在本体论上所建筑的创生性已经在巴黎街头找到了释放的方式。现实的佐证让德勒兹再一次回到书斋，以一种差异化"重复"的方式再一次书写了其单义性本体论的内涵。只是这一次书写因为有了对"五月风暴"的现实体验，当然还有加塔利的加入，德勒兹的文风发生了大变。德勒兹在对精神分析的嬉笑怒骂之间完成了《资本主义与精神分裂（卷 1）：反俄狄浦斯》。在我看来，这两部大部头的著作虽然在表现手法上差别很大，但其基本的理论根基却没有变化，都在以单义性本体论为思想基础构建一整套创生进化论。只不过对于《差异与重复》而言，其重心在于讨论这一富有创造性的本体论如何以差异化的"重复"展开其创新过程；而《资本主义与精神分裂（卷 1）：反俄狄浦斯》则重在讨论资本主义社会所形成的基本法则：资本的拓展如何在差异化的历史情境中构筑了与精神分析共谋的俄狄浦斯情结？而革命的任务不过是坚持绝对的差异化的趋向（在其中被德勒兹称为精神分裂症的基本属性）以打碎被封闭了的、固定化的俄狄浦斯情结，从而释放出资本主义自身内在包含着的激进性：永恒的差异化（解域化）。关于《资本主义与精神分裂（卷 1）：反俄狄浦斯》的讨论，我们将在对德勒兹的"政治"思想的讨论中详加论述。在此，我们将集中对其哲学本体论进行讨论，反观其有关差异与重复的相关论述。在此，我们将抛开《差异与重复》中那些大段"重复性"的例证和说明，以便拨开这繁复存在论的层层包裹，希望在其中找到一些可捕捉到的概念来谈论这个近乎不可捕捉的理论脉络。

（二）灾难性的差异与反思性的差异

差异与重复，并不是单义性本体论的两种展开方式。就单义性本体论而言，它只有一种展开方式，那就是"重复"。"差异化"是这一独特"重复"的必然结果。因为"重复"并不是如人们惯常认为的那样，意味着两个事物的相等、类似。相反，"真正的重复乃是直接和一个与自身程度相当的差异对应的重复"①。换言之，在重复中，我们反而看到了被

---

① Gilles Deleuze, *Différence et répétition*, PUF, 1968, pp. 38-39.

重复事物间的差异。正如莱布尼茨让那些宫廷贵妇们在花园中找寻完全不同的两片树叶一样，其结果是在这种对重复性的探寻中，我们看到的只能是差异本身：没有完全相同的两片叶子。① 黑格尔曾对此作过这样的评论：

> 莱布尼茨当初在宫廷里提出他的差异律时，宫廷卫士和宫女们在御园里纷纷来回走动，竭力寻找两片完全没有差别的树叶，想当场出示这些树叶，推翻这位哲学家的思想规律。毫无疑问，这是对付形而上学的一个方便法门，它在今天还受人欢迎；然而，就莱布尼茨的差异律而论，则必须指出，差别不应单纯被视为外在的和漠不相关的差异性，而应被视为差别本身，因此事物在其自身就是有差别的。②

黑格尔的评价显然深化了莱布尼茨的差异理论。因为在其中他洞察到了差异在本质上是事物自身的存在样态，因此它是"自在的"，并且是"绝对的"，只是对于黑格尔来说，他通过辩证法的方式，将这种自在而绝对的差异纳入其同一性原则之下，从而使差异成为同一性的中介。但对于德勒兹而言，只有重复才是把握这种差异、生发新的差异的方式，因此它是"自为的"。在前者那里，差异被消除了，而在后者那里，差异的自在性与绝对性被保留了下来。如果说

---

① 参见[德]莱布尼茨：《人类理智新论》，陈修斋译，235页，北京，商务印书馆，1982。

② [德]黑格尔：《逻辑学》，梁志学译，225～226页，北京，人民出版社，2002。

差异拥有着一种坚硬的客观性，那么重复则总是带有一种强制化的主观性。

在此，让我们就从这个自在的差异入手来讨论德勒兹的本体论。什么是自在的差异？德勒兹将对这一差异的描述隐藏在了对诸多反差异哲学的批判中。他这样说：

> 差异就其自身意指着种种灾难——或者是类似性系列中的连续性之断裂，或者类比结构之间的无法跨越的断层而言才不再作为反思概念而存在，才重新发现了一个确实是实在的概念，它之所以不再作为反思概念而存在就是为了变为灾难性的概念。而且，它无疑要将两者同时包容。但是作为灾难的差异难道不是见证了一个继续在有机表象表面的安定下活动的不可划归的反叛的基底吗？①

这是德勒兹为数不多的一段对差异的正面描述，在其中显然存在着两种类型的差异：反思的差异与灾难性的差异。前者是德勒兹批判的那些反差异哲学面对差异并试图消除差异的伎俩，而后者则是试图保持差异而唯一可能采取的方式。灾难性，这个多少带有着暴力色彩的修饰词出现在差异之前或许是有些费解的。如果我们完全忘记德勒兹在《康德的批判哲学》中就已经一直在使用的先验经验主义的方法论内涵，那么这种暴力性将变得更加费解。因此在这里我们需要回忆一下先验经验主

---

① Gilles Deleuze, *Différence et répétition*，PUF，1968，p. 52.

义的方法论：

> 作为哲学体系的不可或缺的组成部分的能力学说在今天丧失了威信的原因就是人们对这种原本是先验的经验主义——人们徒劳地想以一种超验之物对经验之物的移印来取代它——一无所知。应当将每种能力都提升至自身那不协调的极端之点，在这一极端之点上，能力就像是一种三重暴力的猎物：强制它被运用的东西的暴力、它被迫去把握的东西的暴力以及那只有它才能够把握的东西——尽管（从经验性运用的观点看来）亦是不可被把握的东西——的暴力。这是最终强力的三重界限。由此，每一种能力都发现了专属于自身的被动性，亦即它的根本差异和永恒重复，它的差异的＝微分的和重复的要素，以及它的作用的瞬时性产生和它的对象的永恒性反复，它那通过"已然重复"而诞生的方式。①

这一段将成为灾难性差异的有效注脚。如果说先验经验主义是一种能力极限的突破，那么这种突破的结果就是打破表象的言说方式，逼迫差异的产生。差异，德勒兹将其视为思想唯一要表达的东西②，在本质上是无法被思想所把握的现实本身。换言之，这是一种彻底的反巴门尼德式的宣言：这一思想成立的前提在于"思想"与"存在"之间有着不可逾越的鸿沟与断裂。这一思想前提自 20 世纪语言学进入哲学分析之后日

①　Gilles Delueze，*Différence et répétition*，PUF，1968，p. 186.

②　Ibid.，p. 292.

益显现出内在的爆破力。因为真正的哲学思想开始于巴门尼德对于思想与存在的同一性的确证，[①] 但语言学的转向却对这一传统提出了严峻的挑战：思想，作为观念性的表达需要语言；而语言，在索绪尔关于能指与所指的区分当中，已经与它的现实指涉物永远隔开了。拉康进一步确证了能指对于所指的强大操控能力，并实际上验证了语言学中的经典判断：能指链的滑动带来了所指的消逝。因此，由能指链所构筑的观念本身距离现实也就自然越来越远。对这一点的洞察，我们可以在德勒兹对"自然阻断"的判定中找到。对于德勒兹来说，差异的自在性与绝对性实际上意味着我们重新看到了一种实存的辩证法（dialectique de l'existence）。这一说法如同当年芝诺所提出的"物质的辩证法"，都具有思想不可把捉的维度。芝诺证明，"如果'多'存在，则它会又是大，又是小：如果多是大的，那么它在体积上（在一般的量上）就会大到无限"，无限不再是大，也不再是多；而"如果多是小的，那么它就会小到没有体积"，从而成为一个非有。[②] 芝诺在此试图否证现实是多样性的，他追随其老师巴门尼德的基本教义，认为世界的本质是"一"，而"一"是唯一的、不可变化的绝对存在（这里的绝对包含着思想与存在之同一性的内涵）。但芝诺与巴门尼德最大的区别在于，芝诺在否弃多样与变化的时候实际上证明，如果不承认大、小、无限与非有之间的共存性，而用不动的、唯一的本质"一"来思考世界，恰恰会带来诸多的悖论。因此，芝

---

① 参见[德]黑格尔：《哲学史讲演录》第一卷，贺麟、王太庆译，296 页，北京，商务印书馆，2009。

② [德]黑格尔：《哲学史讲演录》第一卷，贺麟、王太庆译，310～311 页，北京，商务印书馆，2009。

诺虽然是巴门尼德的学生，并遵从了其师门固有的基本观念，却成为辩证法的创始人。时至今日，德勒兹身处这个相对主义的时代，已经完全没有了对固定本质的执着，因此，他已经可以不以否证的方式来表达概念与差异化现实之间的冲突，而是直接点破了这一点。德勒兹指出，概念在通常情况下被赋予了一个意义，因此，它的外延＝1。但是，"在这种强加于概念之上的外延＝1 和它那贫乏的内涵在原则上所要求的那种外延＝1 之间存在着分裂"[1]，由此这一分裂带来的是一些被称为"离散的外延"的存在，它所隐含的是强加于外延＝1 的概念无法表达的诸多内涵。这些可能带来的"剩余"构筑了差异的自在性和绝对性。这种绝对无法被思想所把握的差异，对于习惯了在同一性逻辑下讨论问题的传统哲学来说就是一种灾难，它从根本上打碎了哲学诞生以来想当然的思想与存在之间的同一性逻辑，因而随前提性预设而来的种种哲学研究方式自然也要遭到釜底抽薪式的打击。这一研究方式，被德勒兹概括为表象哲学的方式，主要是类比的方式。

类比的方式的前提是同一性逻辑，它所对应的是通常意义下的重复的内涵：重复，即意味着一个事物与另一事物的相似性。而这一重复的观念与自在的差异无关，因为它通过相似性的方式（类比的方式）会让所有的差异归入同一当中。德勒兹实际上将这种可被归入同一当中的类比视为反思性的差异。在这种差异中，"差异使邻近的相似的种过渡到一个归摄了它们的属的同一性那里，并因此使得在一个感觉的连续系列之流中提取出或是切割出种种属的同一性成为可能。在另一极上，它使各

---

① Gilles Delueze, *Différence et répétition*, PUF, 1968, p. 22.

自的同一的诸属过渡到它们——在理知物中——彼此之间所维持的种种类比关联成为可能。作为反思概念的差异表现了自身对表象——表象恰恰通过它而成为'有机的表象'——的所有要求的完全服从"①。

换言之，这种反思的差异不是真正的差异，它只是作为遵循同一性原则的表象哲学实现自身的中介。它的存在不是彰显了差异自身，而只是彰显了同一性自身的过程性与历史性，而后者正是黑格尔的辩证法可以表达的全部内容。

(三)批判辩证法：黑格尔对决尼采

黑格尔在哲学史上同样以谈论差异著称，他嘲弄不谈差异、不谈运动的所有哲学家。但德勒兹却看到了黑格尔哲学对于差异的否定，在德勒兹看来，其问题的症结在于其对差异的思考总是依赖于辩证法这一路径。于是，从《尼采与哲学》开始，德勒兹就不遗余力地开始了他对辩证法的批判，辩证法成为与德勒兹所主张的生命哲学相对的理论原罪，它不仅构筑了一个服从同一性的，因此本质上无差异的差异哲学，而且还从根本上否弃了生命哲学的内在冲动，并最终导致其在政治诉求上的保守性取向。因此，他对于辩证法的批判注定不是一种单纯的理论兴趣，它同时还包括着其关于激进政治理论的全部哲学根基。

在《尼采与哲学》当中，德勒兹将辩证法看作尼采哲学的批判对象。奴隶的道德正是借助辩证法才得以形成，尼采通过对康德哲学的批判阐发了其对辩证法的指责。在德勒兹看来，这种批判并非仅指向康德哲学

---

① Gilles Delueze, *Différence et répétition*, PUF, 1968, pp. 51-52.

本身，其最终的批判对象是整个康德的思想传统：

> 从黑格尔到费尔巴哈，康德以后的批判究竟变成了什么模样？——它变成了一种技艺，被思维、自我意识和批评家自身用来适应事物和观念，或者被人们用来重拾一度丧失的决心；简而言之，它就是辩证法。①

辩证法在这一意义上成为整个后康德哲学传统的核心内涵。但辩证法却并没有能够带哲学走向未来，而是走向了终结。这是什么原因造成的？德勒兹借用尼采的批判强化了辩证法的"原罪"。对于德勒兹来说，辩证法的关键并不在于其固有的规定的否定性，而在于辩证法的否定性已经沦为批判家与事物和观念相适应的一个必经中介，那么所谓否定性所带来的结果最终只能是"精神的背后似乎隐藏着随时准备与任何权利、与教堂或国家妥协的力"②。正是这种妥协的力，使得"全面批判就这样变成了妥协的政治学"③。这个结局使得"卑贱者重新拥有卑贱的事物"，"反动的人重新拥有反动的决心"，④ 但这绝不意味着批判哲学的全面胜利。

---

① ［法］吉尔·德勒兹：《尼采与哲学》，周颖、刘玉宇译，129 页，北京，社会科学文献出版社，2001。

② 同上。

③ 同上书，131 页。

④ 同上书，129 页。

在康德那里，批判未能发现使之得以实现的真正能动的例证。它在妥协中耗尽了精力：它从未令我们克服在人、自我意志、理性、道德和宗教那里表现出来的各种反动力。它甚至具有相反的效应——它使这些力变得更像"我们自己"的东西。①

在这里，将它物变成"我们自己"的东西是后康德传统所完成的一种和解之路。主体的能动性也表现在其中，它意味着辩证地扬弃对自身存在的否定性。尼采（抑或说德勒兹）对康德及其后继者的批判是彻底的，因为它挖掘出了在康德批判哲学所弘扬的人的能动性背后的妥协性。

辩证法与批判哲学，进而与政治的妥协性成为一个问题的多个方面。这究竟是如何可能的？为了回答这一问题，我们需要回到尼采与德勒兹眼中的批判哲学之批判的内涵。

在此，我们又一次需要回到德勒兹对康德思想的研究当中。对德勒兹来说，康德的批判哲学之批判的核心观念不仅包含着"划界"，更意味着"立法"。

将批判视为划界，已经蕴含着某种妥协的政治：

战争还没有开始，势力范围就已经被瓜分得一干二净。以下三种理想被区分开来：我能知道什么？我应该做什么？我可以期待什么？每一种理想各有限制，误用或越界是绝对不允许的，而每一种

---

① [法]吉尔·德勒兹：《尼采与哲学》，周颖、刘玉宇译，129～130页，北京，社会科学文献出版社，2001。

理想不批判的特性就像蛀虫一样深居于康德思想的核心……康德批判中唯一的目标就是辩护，它始于对批判对象的信念。①

划界让批判成为无批判的辩护，因为它让批判仅仅关注防止越界，却失去了对真正意义上的知识、道德和信仰的关注。康德的批判哲学在这一意义上带有某种防御式的姿态："没有任何一个全面批判像康德这样具有安抚作用，这样具有谦恭的态度。"②但这只是批判的一方面，同时批判还有另外一个方面，即在理性界限内为自身立法的一面。

康德的批判是内在的，"批判不能诉诸情感、体验或任何外部因素的理性批判"③。这种批判"以命令取代显现"④。由此，"哲学作为哲学立法的观念使批判成为批判的观点获得了内在的完整性：它们一起构成了康德哲学的主要成就，即它的革命性成就"⑤。换言之，理性成为自身的法官，它来裁决理性自身的界限。这种看似富有能动性的设定本身却因为批判始终是理性内在的批判而出现矛盾："理性既是法官又是被告，既是审判者又是起诉人，既是裁决者又是被裁决者。"⑥理性立法的困境由此而来：一方面，立法给予理性以能动性；另一方面，理性作为被立法规定者又彰显了理性的被动性，康德在其体系自身内部无法解决

---

① ［法］吉尔·德勒兹：《尼采与哲学》，周颖、刘玉宇译，131 页，北京，社会科学文献出版社，2001。
② 同上书，130 页。
③ 同上书，133 页。
④ 同上书，134 页。
⑤ 同上书，134 页。
⑥ 同上书，133 页。

这一问题。在我看来，康德理性之立法原则的矛盾早在黑格尔那里就被洞察到了："当一个人只消意识到或感觉到他的限制或缺陷，同时他便已经超出他的限制或缺陷了。"①换言之，划界当中包含着被动与谨慎的同时也包含着立法的主动和僭越。只有康德的批判思想之内在张力彰显为理性的二律背反，辩证法才得以延伸出自身。黑格尔明确指认了这一点：

> 　　康德理性矛盾说在破除知性形而上学的僵硬独断，指引到思维的辩证运动的方向而论，必须看成是哲学知识上一个很重要的推进……理性矛盾的真正积极的意义，在于认识一切现实之物都包含有相反的规定于自身。因此，认识甚或把握一个对象，正在于意识到这个对象作为相反的规定之具体的统一。②

　　这是辩证法的表达方式，即包含着规定性的否定于自身的存在，它在理性内部解决了康德留下的矛盾，即将对自身的划界转变为对自身的规定（否定），但由于囿于理性自身之内，辩证法的最终归宿仍然是理性的自我和解，正是这种自我和解才使得批判与辩证法最终变成了自我意识向事物的妥协。这一点在康德那里似乎还并没有真正地显现出来，因为他还并不推崇辩证法，而对于黑格尔来说问题似乎已经是不证自明的事实了。

---

① ［德］黑格尔：《小逻辑》，贺麟译，148 页，北京，商务印书馆，1980。
② 同上书，133 页。

德勒兹通过尼采对康德的批判凸显了其批判性及可能导致的辩证向度的妥协性。他的这一工作有其特有的理论指向。正如我们已经指出的那样，自黑格尔主义于 20 世纪 30 年代进入法国以来，辩证法思想就成为法国思想界津津乐道的一种理论路径。对于辩证法的推崇源于第二次世界大战以后法国人面对失败急需某种精神慰藉的现实。因此辩证法从法国思想界对其关注之初就带有某种消极的意义，辩证法如同尼采眼中奴隶的道德，总是带有一些复仇和怨怼的心态。随着法国经济、政治在第二次世界大战后的复苏及其迅猛发展，辩证法的否定性以及随之而来的妥协政治开始遭到质疑。在 20 世纪 60 年代，某种激进的革命性在思想界暗流涌动，德勒兹就是这一潮流的弄潮儿。他以尼采哲学为切入点，试图推崇一种真正意义上的能动性的哲学，这种哲学的创造性并不来源于否定性，而是源于其正向的肯定性。因此，德勒兹选择尼采，因为"尼采的'是'与辩证法的'否'相对，肯定与'否定'相对，差异与'矛盾'相对，快乐、享受与辩证法艰苦的工作相对，轻盈、曼舞与辩证的责任相对。注重差异的经验主义情感，简言之，那是概念的原动力，它比一切关于矛盾的思想都要深刻得多"①。于是，德勒兹借尼采之口对"批判"给出了另外一个内涵："批判不是怨恨的反映，而是一种积极生存模式的主动表达，它是进攻但不是复仇，是某种生存方式天然具有的侵略性，是神圣的邪恶，没有它，完美则无法想象。"②

----

① ［法］吉尔·德勒兹：《尼采与哲学》，周颖、刘玉宇译，13 页，北京，社会科学文献出版社，2001。

② 同上书，4 页。

在此，我们已经看到了黑格尔与尼采的对立，看到差异哲学与辩证法之间的对立。这种对立或可被概括为"否定"与"肯定"的对立，这表现在德勒兹对尼采思想的梳理和借鉴中，同时也可以被概括为反思性差异与灾难性差异的对立，这一对立显现在其自身关于差异与重复的讨论中。

在《差异与重复》中，德勒兹再一次将矛头指向了黑格尔关于"矛盾"的说法，在其中德勒兹特别拿出了黑格尔在《逻辑学》中的一段话进行分析：

> 差异一般已经是自在的矛盾……只有被推到矛盾的尖端，才是活泼生动的，才会在矛盾中获得否定性，而否定性则是自己运动和生命力的内在脉搏……加入诸实在性之间的差异被推得足够远，那么，差异就将从多样性变为对立，并从而变为矛盾，一切实在的总体也总之将变为绝对的自身矛盾。①

面对这段话，德勒兹一定是喜忧参半的。当他读到前半段的时候，他一定会被其中所蕴含的那种"推到矛盾的尖端""活泼生动"等说法所吸引，似乎在这里黑格尔与德勒兹体会到了相同的感受：作为自在的差异所具有的内爆正在试图爆开同一性原则。但很可惜的是，黑格尔突然话锋一转，当差异变成"对立"，变为"矛盾"的时候，差异的内爆突然被消解在绝对之内，变成绝对的内在矛盾。德勒兹因此特别批判了黑格尔的

---

① [德]黑格尔：《逻辑学》下卷，杨一之译，55、69页，北京，商务印书馆，1976。

"无限"，因为黑格尔所主张的无限，不是费希特所主张的恶的无限，即线性的无限的趋向，而是一个将矛盾纳入自身之内，从而在对立中看到自身的无限，即绝对。绝对即无限，它意味着可以将所有的差异都消解为内在矛盾。严格说来，所有的矛盾都是内在的，A 与-A 是矛盾，它们在本质上都只是 A 的自我分裂，但差异却更多意味着 A 与 B 之间绝对自在，它们的不可规约性才是其真正的差异。因此德勒兹略带遗憾地说："无限的引入招致了对立面的同一性，或者，这使得他异者（Autre）的对立面成为自身的对立面。"①因此，"无限就是那一方面在属之中造成分裂，一方面在种之中消除分裂的东西"②。

在德勒兹与黑格尔的辩证法所展开的两次遭遇战中，德勒兹的表述略有差异，且侧重点各有不同，在《尼采与哲学》中他带有强烈的政治倾向，因此显得更为激进，而在《差异与重复》中其表述则更多的具有哲学内涵，因此也略显温和与宽容。但这两部著作在批判旨归上却是一致的：辩证法所具有的政治保守性正是在于其哲学形而上学未能坚守差异的自在性。因此为了实现对整个传统形而上学的颠覆性批判，并在今天实现真正的思想创造，德勒兹要求彻底释放出差异的自在性，打碎同一性逻辑，破除表象哲学的研究路径。

问题在于，这种爆破如何可能？德勒兹的先验经验主义的方法在我们目前已经完成的讨论中还停留在理论的描述上，我们还似乎看不到这一解放的实践应该在何处展开、该如何进行。

---

① Gilles Delueze, *Différence et répétition*, PUF, 1968, p. 64.

② Ibid., p. 65.

当然我们在此不要期许着德勒兹为我们展开一个具有可操作性的内爆纲领，德勒兹所欲的暴动只能发生在头脑当中，发生在对哲学形而上学的思辨冲撞当中。或许我们会觉得他所给出的东西过于抽象了，但对于德勒兹而言，现实的革命总是需要预先在思想中演练，这一点，当我们在触及他晚期的著作《资本主义与精神分裂（卷1）：反俄狄浦斯》的时候会有更深的体会。对于德勒兹而言，思想的敌人只能用思想来击垮。在其早期思想中，德勒兹仅仅用生命哲学的基本原则，如肯定性的、生成性的原则，来对抗黑格尔的表象哲学，并将后者视为否定性的、预成性的；而在《差异与重复》的语境中，这一原则被落实到了一个更为具体的理论实践方略之中：为了对抗黑格尔的表象哲学所特有的辩证法，德勒兹仍然诉诸生命哲学的奠基者尼采的思想，在其中找到了所谓永恒轮回。两者在这一语境下都多少带有着某种方法论的色彩。而重复，这一概念正是在德勒兹重新阐发尼采的永恒轮回的过程中提出的，是独属于他自己的一个核心观念。

（四）回到尼采

尼采是德勒兹对抗一切他所反对之对象的有效武器：表象哲学、既成性的现存世界以及一个非创造性的现实，都是德勒兹要反对的。黑格尔的哲学是以上思想的哲学支撑者，而尼采则是推崇生命哲学、谈论生成之在的理论的奠基人。因此，尼采在德勒兹的思想中不断重复性地出现，也就是情理之中的事情了。

在对尼采的反思中，德勒兹准确地把握了尼采哲学中最为核心的那一部分，即永恒轮回。这一诞生于尼采最辉煌的作品《查拉图斯特拉如是说》中的思想不仅一直萦绕着尼采，也一直萦绕在德勒兹的思想中。因为它是"生成之在"的存在方式，它是肯定性的生命哲学的唯一可能的存在样态。

在此，我们的确要触碰到一个极为困难的话题：何为永恒轮回？我们无意去探寻这一概念的本来含义，因为这大概是一个不可能完成的任务。从这一概念诞生以来，不同的角度、不同阐释都有其存在的合理性，以至于我们无法说哪一个阐释更符合尼采的本意。对于一个自身富有生成性的概念而言，给它一个确定的说明或许本身就是不恰当的。但在此为了呈现德勒兹的"重复"观念，我们又不得不将这一观念纳入话语可以表达的言说之中。

毫无疑问，对于尼采而言，超人、权力意志与永恒轮回之间存在着密切的关联，它们之间的继承和推进的关系甚至使有的学者认为这三者构成了查拉图斯特拉自我成长、自我教育的历程。[1] 我赞同这一看法，因为这样一种富有历史性的视角会消除尼采思想当中似乎包含着的内在矛盾。因为在我看来，超人的提出与权力意志、永恒轮回之间隐含着一种理论的矛盾。这一矛盾是任何一个反形而上学的学者极易产生的：我们如何以一种彻底的非形而上学的方式来颠覆形而上学而不会陷入曾被海德格尔所批判的萨特的理论宿命，即用一种颠倒的形而上学来对抗形而上学。超人，与末人对立的存在样态，成为抵抗上帝之死而带来的西方虚无主义倾向的一个选择。它虽然歌颂生命，以肯定性的方式不断生成与创造，却容易变成一个新的超验性的存在，一个理想性的诉求。查

———————————

① 参见吴增定：《尼采与柏拉图主义》，上海，上海人民出版社，2005。

拉图斯特拉为超人的诞生作了太多的铺垫，他谈论精神的三种变形、新的民族的诞生，甚至他自己也不过是这一超人的预告者，超人（Uber-mensch）在这种千呼万唤中真的变成了一个在人（mensch）之上的存在（uber）。在人之上是什么呢？只能是另一个神。上帝死了，超人诞生了。于是在超人理论的存在与尼采所体验到的上帝之死之间构成了强烈的张力。

尼采哲学的诞生建基于对西方虚无主义的体验与抗争。因此上帝之死是这一哲学的前提，上帝的死亡，不仅击垮了旧有的一切价值，同时还让任何一种新的价值建构都变成了一项自相矛盾的任务。但我们是否就应顺应这一价值坍塌之后得过且过的末人生活？这不是尼采思想的最终归宿。他是价值的重估者，于是超人哲学的构建也是其思想的题中之义。但避免超人再一次沦为超验性的存在，对于尼采来说是一个不小的挑战，尼采用查拉图斯特拉的心路历程来表达对这一挑战的自我反省。查拉图斯特拉下山传授超人哲学受阻，或许更多的不应是民众的问题，而是这一哲学本身的问题。于是查拉图斯特拉再次上山，在过了数个岁月之后，似乎体悟到了这一思想的问题所在，于是当他再次下山之时，他已经清醒地意识到了这一点：

　　你们能想象出一个上帝吗？——但是这意味着你们追求真理的意志，让一切事物变为人类能想象到的，人类能看到的，人类能感觉到的！你们应该彻底思考你们自己的意义！

　　你们把世界称作什么，这首先应该由你们来创造：你们的理性，你们的形象，你们的意志，你们的爱，这些应该成为世界！真的，这应该成为你们的幸福，你们这些有识之士！①

这一说法发生在超人哲学提出之后，显然构成了对超人哲学的自我反省。自此尼采虽然没有放弃超人哲学，但显然已经转换了谈论超人哲学的方向：不是在超人与末人的对立之间凸显前者的超越性，而是关注如何教会可能会成为末人的人们去"创造"尘世的世界，并且这一创造也只能发生在尘世的世界之内。能进行这种创造的，对于尼采来说只能是权力意志。权力意志，德文的表述为 Der Wille zur Macht，其中的 Macht 源于动词 machen，它是德语中很常见因而也是使用很广泛的动词，如同英语中的 do，具有丰富的内涵，在汉语中，意指的就是"做"或者是"干"等。从这一意义上来说，所谓"权力意志"就是"去行为的意愿"。因此，如果超人哲学还有其意义的话，它需要被转变为权力意志，即超人是在尘世中的创造性意愿，因此他以馈赠性为其品行，他只要付出，不求回报。在这里，我们当然可以看到叔本华的色彩，但有所不同的是，尼采的权力意志，在强烈的"我要……"的冲动之下，不再是一种非理性的、无目的的，只会带来处处碰壁，而最终引发悲观情绪的意志，而是因为其固有的创造性，因而具有肯定性的、积极的生命冲动。这种生命冲动让平凡的人们如同太阳一般灿烂辉煌：

你们这些最有智慧者，你们把那种激励你们、使你们激动的东

---

① ［德］尼采：《查拉图斯特拉如是说》，黄敬甫、李柳明译，102 页，北京，中华书局，2018。

西称为"追求真理的意志"吗？

对一切存在的事物加以思考的意志：我这样称呼你们的意志！

你们首先要使一切存在的事物成为可想象的对象：因为你们抱着十分不信任的态度，怀疑这些事物是不是可想象的。

可是一切存在的事物应该顺从你们，屈从你们！你们的意志就是这样想的。它应该变得光滑，应该听命于精神，作为精神的镜子和映像。

你们这些最有智慧者，这就是你们的整个意志，称作追求强力的意志；即使你们谈论善与恶，谈论价值评估时，也是这样。你们还想创造一个让你们可以跪拜的世界：因此这就是你们最终的希望和陶醉。①

而与之相对的那些还未意识到权力意志的民众们则需要这些富有权力意志者加之其上的指引：

当然，那些没有智慧的人，民众——他们就像河流，一条小船在河上漂流：船上坐着庄严的、伪装的价值评估。

你们把你们的意志和你们的价值放在变化的河流上，民众认为善与恶的东西，向我透露出古老的追求强力的意志。②

---

① ［德］尼采：《查拉图斯特拉如是说》，黄敬甫、李柳明译，142 页，北京，中华书局，2018。

② 同上书，142～143 页。

在此，我们看到了权力意志实施自身力量的方式，它以强大的"我要"的冲动将一切纳入自身之内，在"生命即权力意志"的信念之下，它所产生的价值本身将是建立在"生成河流之上"的。在我看来，对这一点的指认至关重要，因为从传统形而上学以来，能够被称为本质的东西总是固定的、僵死的、不动的，因此它是超越那个流动的、生成的尘世世界的超验存在。但显然当尼采将权力意志本身建筑于生成河流之上，也就意味着权力意志自身永远不可能是脱离了尘世世界并在其之外存在的某种超验状态。但权力意志如何保证自己在尘世的世界之中不陷入沉沦？这显然又成为一个有待进一步说明的难题。

概言之，超人哲学的难题在于如何避免让其成为超越尘世的超验存在，即如何避免"上升"的问题。用以推进超人哲学的权力意志则又要面临如何避免其在生成的河流之上不会沉沦的问题，即如何避免"下降"的问题。这两个难题的本质都在于尼采一边洞察到了上帝的死亡，另一边却仍坚持抵抗因上帝之死而带来的虚无主义的历史境遇。然而正是这一略显纠结的理论诉求最终却逼出了关于永恒轮回的思想。

我们终于来到了永恒轮回的大门之前，尼采也的确用一扇门的比喻来谈论这一思想的现实隐喻：

"看这条门道，侏儒！"我继续说，"它有两个朝向。两条路在这里会合在一起：还没有人在这两条路上走到底。

这条长路向后：它延伸到永恒。那条长路向前：它延伸到另外一个永恒。

这两条路反向而行；它们刚好在顶头相接：——在这里，在这条门道旁边，它们会合在一起。这条门道的名字写在上面：
瞬间。①

永恒轮回的思想建立在"瞬间"概念之上。瞬间，是时间的诸个点。
时间，在某种意义上可以视为是诸个点的连续的流。如果我们这样来看
待时间的行程，那么就不可能存在超越时间的点，因为所有的点都只是
时间的某一个瞬间，所谓永恒，这个最容易引发超时间联想的概念，在
这样的时间观念中却意味着诸瞬间的永恒的流。永恒，一个超时间的概
念在本质上却是内在于时间的，这是永恒轮回的关键环节。因此建基于
瞬间之上的时间，就不会是线性的，因为它的落脚点从来都不是这一时
间的走向，而是时间在一个个瞬间上的重复。

"瞧，"我接着说，"瞧，这个'瞬间'！从这个'瞬间'门道开始，
一条永恒的长路向后延伸：在我们背后延伸着一条永恒。

"万物中能走的，不是想必在这条路上走过一次了吗？万物中
能发生的事不是想必发生过，完成过，在这条路上走过一次了吗？

"如果这一切都已经存在过：你这个侏儒对这个瞬间有什么看
法呢？这条门道不是想必已经——存在过了吗？

"万物不都是这样紧密地结合在一起，以致这个瞬间也要吸引
住一切要发生的事物吗？因此——它也要吸引住自己吗？

---

① ［德］尼采：《查拉图斯特拉如是说》，黄敬甫、李柳明译，200 页，北京，中华
书局，2018。

"因为，万物中能行走者：也必须在这条长路上向前——再走一次！——

"这个在月光中缓慢爬行的蜘蛛，还有月光本身，还有在这条门道上一起低语、交谈永恒事物的我和你——我们不是想必都存在过了吗？

"——归来，走到我们面前向前延伸的那另一条路上，在这条漫长而可怕的路上——我们不是想必永恒地归来吗？——"①

尼采借查拉图斯特拉之口向我们道出了永恒轮回的真谛，当然因为其中充斥着诸多隐喻，因此我们很容易忽视这一思想所具有的巨大的冲击力。在瞬间即永恒的基调之下，所有的永恒都变成了一个个瞬间的重复、回返。在这个看似如寓言般的描述性语言中，永恒轮回所引发的最大的误解也会随即产生：永恒轮回是否意味着所有一切事物都会再来一次？的确如此。如果是这样，那么在这种永远的重复中，我们难道不是体会到了一种最为深切的虚无吗？难道这不就是加缪笔下的那个推着石头上山的西西弗斯的悲剧性命运吗？如何将它与永恒轮回作出区分呢？

为了回应这一问题，我们需要再一次强调尼采提出永恒轮回的原因，即试图为上帝死后的尘世找寻一条能够克服虚无主义的道路。因此正是永恒轮回可以担当抵抗虚无主义的任务。为什么？第一，因为永恒

---

① ［德］尼采：《查拉图斯特拉如是说》，黄敬甫、李柳明译，200～201 页，北京，中华书局，2018。

轮回是对生命的直接肯定。它不需要借助否定性的环节就对生命本身加以肯定，这一肯定就是"再来一次"的冲动。这是一种积极的、乐观的肯定性，它不带丝毫的哀怨。换言之，任何一种我们愿意再来一次的生活都一定是美好的，在无限的永恒轮回中，我们一定为我们的生命找到了一些新的尺度，那就是这一生活是否有足够让你再来一次的冲动。这种善的设定，依赖于永恒轮回的筛选，这是一种永远处于生成过程中的圆圈式的循环。

第二，永恒轮回是一种建基于瞬间之上的思想，因此将其称为"在'偶然'的脚尖上跳舞"①的思想是恰当的。换言之，它将诸如"永恒""价值"等富有必然性的概念的成立建基于瞬间的偶然性之上，从根本上颠倒了传统哲学对于必然性的理解方式。在传统哲学中，必然性与偶然性的关系大体上说包含着两个向度：或者以必然性的存在从根本上否定偶然性，诸如柏拉图主义及其后继者，或者虽然承认偶然性存在的价值，但通过辩证的方式将其纳入必然性的逻辑中来，即以必然性为偶然性奠基，诸如黑格尔主义及其后继者。但尼采或许为这一传统续写了一种新的方式，即以偶然性为必然性奠基。一切必然性从根本上都是偶然性重复的结果，就如永恒不过是瞬间重复的结果一样。德勒兹准确地把握到了这一点：

> 它（永恒回归）是骰子掷出的结果，是对必然的肯定，是那个整

---

① Laurence Lampert, *Nietzsche's Teaching*: *An Interpretation of "Thus Spoke Zarathustra"*, Yale University Press, 1987, pp. 220-222.

合偶然各部分的数。但它同时又是第一个时刻的回归，是投掷的重复，是偶然本身的再生与再肯定。①

(五)永恒轮回：自在差异的重复

以上关于尼采的永恒轮回的看法，或许并不是永恒轮回所传达的所有的内涵，却是左右着德勒兹思想发展的两个重要环节，它们帮助德勒兹打败了以否定为中介的肯定性，将生命哲学的直接肯定性释放到最大，同时，更为重要的是，为其表述那个永远处于非同一性之核心的差异哲学找到了表达方式。就后一点而言，我们是否应将其视为德勒兹对尼采哲学的推进？尼采关于永恒轮回的讨论，因为充斥着太多的隐喻性，因此更多地停驻在了原则高度上，但关于永恒轮回的原则如何用以对抗传统哲学，甚至这一哲学如何在现实当中道成肉身，这些问题都是尼采未曾涉及的，但在德勒兹的思想中，却得到了详尽的阐发。

从《尼采与哲学》到《差异与重复》，德勒兹对于尼采的永恒轮回的解读并未改变。其所关涉的领域也始终如一，只是在前者那里，永恒轮回扮演着更为核心的角色，而在后者那里则变成了重复的注脚。

让我们先从德勒兹的《尼采与哲学》入手，在其中，德勒兹谈到了永恒轮回的两个侧面：一是作为宇宙学说和物理学说的永恒轮回。这一说法如果按其字面的意思去理解一定会遭到尼采研究专家的批判，因为这一判定很容易将尼采的永恒轮回混同于古希腊时期赫拉克利特等人对轮

---

① ［法］吉尔·德勒兹：《尼采与哲学》，周颖、刘玉宇译，42 页，北京，社会科学文献出版社，2001。

回思想的论证，似乎两者是一回事。但其实德勒兹这里所谈论的宇宙学说与物理学，在本质上却是一种存在论。它仍然是关于生成性的存在论，或者是单义性本体论的另一种表达方式，因为在其中他所着意讨论的是作为"生成之在"的回归。因此，在其中，我们读到的是时间问题，是存在问题，而不是单纯的宇宙论的问题：

> 此刻必须同时与过去和将来共存。每一个时刻与自身作为现在、过去和将来的综合性关系奠定了它与其他时刻的关系基础。永恒回归因此回答了时间流逝的问题。[1]
>
> 不是"存在"回归，而是回归本身只要肯定生成和流逝就构成存在。不是某一事件回归，而是回归本身是由差异和多样性肯定的事件……这就是为什么永恒回归必须被当作一种综合：时间和它各个维度的综合，多样性与多样性的再现的综合，生成与在生成中得到肯定的存在的综合，以及双重肯定的综合。[2]

这是关于生成之存在的存在论论证。生成之存在作为诸存在者的形而上学根据，需要永恒轮回，这需要以瞬间为根基的时间之流的协助才是可能的。因为在此德勒兹要用"变化"本身来为变化着的事物奠定基础、提供前提，这一努力在之前的形而上学中是前所未有的。即便尼采也未能以如此自觉而明确的意识去构建一种形而上学，但德勒兹在此完

---

① ［法］吉尔·德勒兹：《尼采与哲学》，周颖、刘玉宇译，72页，北京，社会科学文献出版社，2001。

② 同上。

成了这一工作。其中关于"综合"的问题需要我们格外地关注，这是德勒兹的"重复"所采取的方式。换言之，对于生成之存在而言，其一，需要线性时间中的过去、现在和未来都被转变为瞬间而共时性的存在，即变成一个圆圈，并实际上蕴含了生成之存在的多样性共在状态；其二，需要回归本身的回归，意味着一种直接的肯定性。综上，正是这些直接的肯定性的不断重复构成了有意识的行为方式。这是一种彻底的自为性，与之相对的是在多样性共在的过程中存在着的自在的差异性。对于这一点，我们将在对德勒兹的"重复"的分析中作进一步讨论。

现在，让我们更进一步地反观德勒兹对于直接的肯定性的论证，这一点，既是生命哲学的关键特性，同时又缺乏富有哲学意味的逻辑推理。尽管尼采将整个黑格尔传统下的西方形而上学当作了思想的敌人，但在与其对抗的过程中，他采用了文学的语言，从而让这种批判带给人们的更多的是斗争的激情，而非冷静的反思。德勒兹则不同，他没有华丽的语言，却将矛头更为直接地指向了以黑格尔为代表的辩证法思想。早在《尼采与哲学》中，德勒兹就已经完成了这一较为详尽的推理论证过程：

否定与肯定相对立，但肯定只是与否定相区别。我们无法设想肯定作为否定的"对立项"而提出：要这样做，就需要把否定置于肯定内部。对立不但是否定对于肯定的关系，也是否定自身的本质。肯定是它自己的差异产生的愉悦和游戏，而否定则是隶属于它的对立所造成的受难和劳役。然而这种在肯定之中的差异的游戏究竟是什么？肯定第一次被假定为多样性、生成或偶然。因为多样性正是某种事物与其自身的差异，偶然则是"所有事物之间"的差异或分布性差异。肯定于是被一分为二，差异在对肯定的肯定之中反映出来：当第二重肯定把第一重肯定作为其对象时，差异被反映出来。但在这种方式下，肯定被加倍了：作为第二重肯定的对象，肯定自身被肯定，双倍的肯定，升至其最高的权力的差异。生成是存在，多样性是统一性，偶然是必然。生成的肯定是存在的肯定，等等……存在应当属于生成，统一性属于多样性，必然属于偶然。但仅当生成、多样性和偶然被反映在第二重肯定之中，后者把他们作为自己的对象时才如此。因此回归是肯定的性质，自我复制是差异的性质。回归是生成之在，多样之统一，偶然之必然；是这种差异的存在或永恒回归。①

这段看似繁复的表述实际上却极为清楚地推导出了不同于黑格尔辩证否定的肯定。黑格尔的否定是"否定置于肯定内部"的否定，这注定是一个没有创造性的、不会产生出新事物的肯定。一切在其开始之前已经都被包含在其内了。德勒兹要主张的肯定，则是双重肯定，是被加倍的肯定。两个肯定之间所构筑的是差异，而不是对立（如否定与肯定所表征的那样）。于是在肯定、肯定的发展过程中，我们得到的是多样性的共在，它们不断地生成着。虽然这第二重的肯定似乎是第一重肯定的重复，抑或回归，却在再肯定中展现了它与其所具有的差异化存在，换言

---

① ［法］吉尔·德勒兹：《尼采与哲学》，周颖、刘玉宇译，276～277 页，北京，社会科学文献出版社，2001。

之，A 作为 A 的重复，已经说明了 A 与另一个 A 之间存在的差异，否则，这里只有一个 A。当 A 可以被另一个 A 所重复的时候，这正是说明了 A 自身处于一种非同一性当中，并且在这种重复当中，A 与 A 之间存在着新的生成和创造的关联。正如世界上没有完全相同的两片叶子一样，重复着 A 的 A，已经是另一个新的 A。

永恒轮回在这种重复中出场了，它是表达这种绝对的、自在差异之重复的最好方式。永远的回返造就了永恒的差异化存在。对于这种自在差异的表达方式也只能是永恒轮回的方式，即重复的方式。

概言之，我们或可对于"德勒兹何以引出重复的观念？"的问题作如下概括。

在理论上说，正如我们已经指出的那样，德勒兹以及整个当代哲学都建基于对传统哲学的同一性原则的洞穿，换言之，词与物之间的对应关系必须设定为一种武断的想象。语言学的介入告诉我们，在言语与其所指物，观念与现实之间永远存在一个不可跨越的鸿沟。正是这一鸿沟的存在，一方面带来绝对的、自在的差异，另一方面则为新事物的产生创造了条件。激发尼采哲学诞生的是上帝之死，这一出发点与德勒兹提出重复哲学之出发点具有异曲同工之处：同一性逻辑的坍塌从根本上说正是上帝之死，或者说是绝对价值失范的显著后果。两者之间的内在关联牢不可破：其一，两者的目的是相似的，即都在尝试创造新的价值；其二，两者需要借助的手段是相似的，都要借助权力意志、生命冲动等来实现这一新事物的创造。而永恒轮回则成为将两者牢牢绑定的关节点。对于德勒兹而言，永恒轮回是表达自在差异的唯一方式，他从中看到了"重复"这一概念的重要性。重复不仅具有我们已经谈及的那种差异化的创新的能力，更为重要的是它也是言说那不可言说之鸿沟时所能采取的唯一的方式。如果语言与其所指物之间并不具有必然关联，甚至注定是不统一的，那么我们该如何来谈论这一不可言说性？只能是重复、重复、再重复，回归、回归、再回归。在重复中，在永恒轮回中，我们触及那个不可言说之物，并在其中发现了突破它并构造新事物的可能性。

在《差异与重复》中，德勒兹对以上思想作了更为详尽的阐释。

首先，永恒轮回是生成性的存在论的基本原则。

> 永恒轮回不能意味着同一之复归，因为它假定了一个与此截然相反的强力意志的世界，一切在先的同一性都在这个世界中消解了、消散了。复归即是存在，但只是生成之存在。不是永恒轮回使"相同者"复返，而是复返构成了生成者唯一的相同。复返即是生成自身的生成—同一（devenir-identique）。[①]

其次，永恒轮回以其回归、重复的方式造就并表达了差异性的存在：

> 永恒复返"造就"了差异，因为它创造了高级形式……如果永恒轮回是一个圆圈，那么处于圆心处的就是差异，相同只是环绕在差异周围——永恒轮回的圆圈在每一时刻都是离心的，它持续不断地

---

① Gilles Delueze, *Différence et répétition*, PUF, 1968, p. 59.

弯曲着，并且只围绕着不等之物旋转。^①

最后，也许我们还可以在现实层面上为这一"重复"之思想的产生探寻原因：这就是现实世界中拟像的诞生。20 世纪 60 年代以来，媒介技术的发展带来了越来越逼真的虚拟世界。特别是数码技术的诞生，不仅带来了成像的真实性，同时更为重要的是影像失去了底板，拷贝失去了原件。这一技术给人们的现实生活究竟带来了怎样的影响，需要思想家的反思。与德勒兹同时代的鲍德里亚在 20 世纪 70 年代以后对这一现象进行了广泛的讨论，拟像（Simulacra）与仿真、超真实与内爆等概念都成为描述这一现象的基本术语，从而形成了较为系统的拟像理论。德勒兹较之鲍德里亚等人，更为偏重哲学史的研究。他本人或许对于构筑单纯的媒介理论没有兴趣，而是试图用哲学思想本身来洞穿这一现实。德勒兹在发表于 1968 年的《差异与重复》的开篇之处，在作为"重复"理论的导言中，就已经提到了拟像的现实，并将自在差异的落脚点放在了这一概念之上。但需要指出的是，对于德勒兹而言，"拟像的使命不是作为一个复制品而存在，而是同时颠覆复制品和原型：任何思想都变成了攻击"^②。显然在这里，拟像不是作为一个有待批判的对象，抑或技术的一种新的异化方式，恰恰相反，它成为德勒兹津津乐道的差异化重复的现实个案。它活生生地诠释了差异化现实存在的样态。它的存在构成了对此前那种僵死的表象世界的挑战：

---

① Gilles Delueze, *Différence et répétition*, PUF, 1968, pp. 77-78.

② Ibid., p. 3.

一切都变成了拟像。因为，我们所理解的拟像并不是一种简单的模仿，它毋宁说是一种行动（现实状态），通过这种拟像的行动，一个处于优先地位的范型或设定的理念发现自己遭到了质疑，遭到了颠覆。关键的拟像既包含了差异自身，又包含了它于其上发挥作用的（至少是）两个分散系列，一切类似性都被废黜了，人们由此不再能够指出一个原初之物和一个复制品的实存。①

换言之，拟像就是差异化的现实，是冲破传统形而上学的现实手段。如果是这样的话，那么面对拟像，德勒兹没有批判、没有怨怼，他看到的是作为突破传统僵死社会的有效手段，所有那些构筑拟像的技术都应得到歌颂，因为它们打碎了传统技术中模拟现实的观念，转而成为创造现实的主导者。的确，面对今天的拟像技术，现实的存在只能看作对它某一部分的模拟，这一颠倒，在德勒兹眼中并不是坏事，恰恰相反，无原作的拟像释放了最大的任意性，它迟早要变成在广阔天地间游牧的游牧民，因此也必然代表着德勒兹所推崇的创新哲学的先锋。而德勒兹用以支撑这一拟像之现实的哲学理论，正是重复。拟像，因为它没有原作与之对应，因此它就是一种自在的、绝对的差异化的重复。

（六）自为的重复

究竟什么是德勒兹意义上的重复？在经过了以上的相关讨论之后，我们似乎可以直面"重复"这一概念的基本内涵了。

---

① Gilles Delueze, *Différence et répétition*, PUF, 1968, p. 95.

　　首先，哲学上的重复应分为两类。一类是以概念之同一性为根本的重复。这一重复，正如我们已经反复指出的那样，是黑格尔辩证法意义上的重复，它通过否定之否定来完成一种自我肯定，在其中没有断裂，只有同一，没有创新，只有类比。一切都在可预言的范围内展开。另一类重复，则是因差异和理念的过剩而产生的重复，即我们在此已经反复提到的词与物、观念与现实之间的非同一性，或者说"非对称性"所带来的重复。当我们无法表达一种非对称性的时候，我们所能做的只能是重复那些被表达的东西，在这一重复中彰显被重复者与重复者之间的差异。

　　其次，关于后一类重复，德勒兹举出了很多的例子来对其加以描述：关于节日的悖论就是去重复"不可重演的事情"；莫奈的睡莲，在第一幅睡莲与随后所有关于睡莲的作品之间也同样是在重复着那不可能被重复的灵感。因此，德勒兹的重复发生之处，恰是某些不可重复的东西出现之地。"只有对不能被替代的东西来说，重复才是一种必然的、有根有据的行为。作为行为与观点，重复关涉的是不可交换、不可替换的单异性（singularité）。"[1]在此，我们遭遇到了在德勒兹思想中，与重复有关的另一个重要的概念——单异性（singularité）。这个概念也是一个20世纪法国思想界热衷讨论的观念，它的含义非常丰富，在物理学上被翻译为"奇点"，它所指的是宇宙"大爆炸"的那个起点。它具有所有物质的势能，这一势能在宇宙大爆炸中会被转化为宇宙物质的质量和能量，奇点是一种没有固定形状的、没有体积的存在。当当代法国思想界

―――――――――

① Gilles Deleuze, *Différence et répétition*, PUF, 1968, p. 7.

开始质疑观念与存在之间的同一性的时候，这种断裂所敞开的可能性成为创造的势能，其所释放出的诸多纷杂与混乱的成分无以名状，如同宇宙混沌未分时的样态，但也正是这个黑洞一般的存在却为其后续的能量的重新聚合及无限的创造构筑了基本条件。因此，当德勒兹将重复与单异性链接起来，也就意味着将重复视为创造力的爆破点。重复的关键不在于重复那些非同一性的事物本身，重复就是非同一性本身。因此，"重复即是行动，但这种行动是关乎某种没有相似物或等价物的独特之物或奇异之物。而且，这种作为外部行为的重复本身也许是与一种更为隐密的振动，一种存在于激活它的奇异者之中的内部的、更为深邃的重复相呼应的"①。重复，成为宇宙大爆炸的爆破点，这是重复所具有的内在行动力。

那么，重复究竟如何行动？我们也只能从德勒兹诸多繁杂的表述中找到些许侧面的描述。在重复的精神分析的案例中，德勒兹对于重复的运作作了这样一段概括性的表述：

> 重复确确实实是那种通过自我构成而自我伪装，通过自我伪装而自我构成的东西。它并不隐藏在面具后面，它的形成方式就是从一副面具到另一副面具——就像是从一个单异点到另一个单异点，从一个优先时刻到另一个优先时刻，它伴随着各种变体并存在于这些变体之中。②

---

① Gilles Deleuze, *Différence et répétition*, PUF, 1968, pp. 7-8.
② Ibid., p. 28.

重复是面具与面具之间的生成与流变。重复与深度无关，这是问题的关键。"象征、拟像乃是重复本身的秘密。差异通过伪装于象征界而被包含在了重复之中。"①拟像的原则，即无原作的复制品的运作方式，是重复的运作方式。原作与复制品之间的关系是表象与被表象的关系，其中没有差异化存在的空间，而重复所面对的只是无原作的复制，这种复制由于没有同一性原则的预先存在，因此成为呈现自在的绝对差异的有效方式。

最后，由重复所构筑的存在论原则，不以同一性为其原则，而是以单义性（univoque）为其原则。因此理解重复的最终落脚点应被放置到关于单义性的理解之中。重复在其中被界定为存在之单义性的永恒轮回。

自为的重复观念，将我们再一次带回到对单义性概念的思考当中：

> 单义性的本质不是存在以一种唯一的、相同的意义被述说，而是存在在一种唯一的、相同的意义上述说着它的全部个体化差异（différence individuantes）或内在样态（modalités intrinsèques）。存在对于这些样态来说是相同的，但这些样态本身却不是相同的。存在对于所有的样态来说都是"相等的"，但诸样态却不是相等的。存在在一种唯一的、相同的意义上述说着所有的样态，但诸样态并不具有相同的意义。"与诸个体化差异关联在一起"是属于单义性存在的本质，但诸差异并不拥有相同的本质，而且，它们也没有改变存在的本质——就像白色与不同的强度关联在了一起，但它从本质上来说仍然是相同的白色。并不像巴门尼德诗篇所认为的那样存在着

---

① Gilles Delueze, *Différence et répétition*, PUF, 1968, p. 28.

两条"道路"(voies)，存在的只是与自身所有那些最具多样性、最具变异性、最具差别性的样式关联在一起的唯一的存在的"声音"(voix)。存在在一种唯一的、相同的意义上述说着它所述说的一切，但被它述说的东西却包含着差异；存在述说着差异本身。①

　　这段文字出自德勒兹的《差异与重复》，但其中却充斥着斯宾诺莎式的语言。斯宾诺莎的幽灵始终徘徊在德勒兹思想的上空，以至于德勒兹在其思想史的研究过程中，斯宾诺莎"重复"出现了两次：《斯宾诺莎的实践哲学》以及《斯宾诺莎与表现问题》。或许对于德勒兹来说，斯宾诺莎有两点是最富吸引力的：其一，斯宾诺莎彻底的自然主义的泛神论与尼采的上帝之死有异曲同工的效果；其二，斯宾诺莎关于实体、样式与属性之间的平行论的关系更进一步吸引着德勒兹。因为在这一关系的处理中，斯宾诺莎显然为其提供了单义性本体论展开自身的有效方式。正如在本段中所表述的那样，实体，作为唯一的存在，它与样态之间并不是一个被表象者与表象者之间的关系。实体与样态是平行的关系，这被德勒兹称为"平行论"，② 换言之，每一个样态本身就是实体，正如属性的本质也完全等同于实体一样。上帝，如果作为一个实体，它不是将自身分给了诸现实存在物，如同中国古语中的"月映万川"，而是现实的诸存在物本身即上帝自身。正如斯宾诺莎在《伦理学》的第一部分的"界说（六）"当中指出的："神（Deus），我理解为绝对无限的存在，亦即具有无

_____

① Gilles Delueze, *Différence et répétition*, PUF, 1968, p. 53.
② 参见［法］吉尔·德勒兹：《斯宾诺莎与表现问题》，龚重林译，89~188 页，北京，商务印书馆，2013。

限'多'属性的实体，其中每一属性各表示永恒无限的本质。"①例如我们眼前的杯子与上帝之间并没有本质的差别，它不是分有了实体的属性，而就是实体自身的一个样态。它具有与实体完全一致的属性，不多也不少。这一思想与其说带来了一个关于上帝存在的证明方式，不如说是带来了一个新的存在论证明。它激发了黑格尔，让黑格尔看到了被笛卡尔所分裂了的思维与广延在斯宾诺莎这里巧妙地被转化为唯一的绝对本质。因此，斯宾诺莎的思想虽然被黑格尔称为"笛卡尔哲学的客观化"②，但它从根本上改变了笛卡尔哲学的存在样态，并为近代德国古典哲学中的绝对观念的形成提供了思想上最有力的支撑，以至于黑格尔认为"要开始研究哲学，就必须首先做一个斯宾诺莎主义者"③。

基于此，我们再反观刚刚引用的这一段话中所包含的思想：

> 存在在一种唯一的、相同的意义上述说着它的全部个体化差异（différence individuantes）或内在样态（modalités intrinsèques）。存在对于这些样态来说是相同的，但这些样态本身却不是相同的。

这一表述完全是斯宾诺莎思想的重述。斯宾诺莎的实体就是单义性，它是"一"，但它是能够同时在"一"当中诉说差异（存在的喧嚣）的"一"。因为它拥有着内在的样式——这样一种多的存在模式。样式是实

---

① ［荷］斯宾诺莎：《伦理学》，贺麟译，3 页，北京，商务印书馆，1983。
② ［德］黑格尔：《哲学史讲演录》第四卷，贺麟、王太庆译，98 页，北京，商务印书馆，1978。
③ 同上书，101 页。

体的表现形式，它可以是多样的，但每一个多样的样式都是一个完整的、非分有的单义性的表现。由此单义性在不失去其为"一"的存在样态的同时，又拥有了"多"的存在方式。这是如何可能的？德勒兹在围绕着斯宾诺莎中实体、样式与属性之间的关系来阐发单义性的时候，对这一问题说得更清楚一些：

> 就实体据属性之本质而被所有的属性平等地意指，据样式之强力程度而被所有的样式平等地表现而言，任何等级、任何卓绝都被否定了。单义性存在正是经由斯宾诺莎才不再被中性化，而且变成了一个真正的肯定性的、表现性的命题。①

换言之，样式以强度的方式构成了一种差异化的存在序列。强度，从 0 到 1 之间可以存在无限的差异，却不过是同一事物之内的聚合。这一观念正如数学中的拓扑学的观念，其并不试图探寻图形与图形之间完全的等同，但可以讨论图形与图形之间完全的等价，例如一个圆形与三角形可以在拓扑学上是等价的，足球与橄榄球在形状上可以完全不同，却也可以在拓扑学上获得等价。强度，成为德勒兹后期思想中非常重要的观念，它成为生成多样性的核心动力。而单义性，这个可以变换为多，却仍保持如一的存在论概念在德勒兹的不同著作中则获得了不同的表述，比如在德勒兹的《资本主义与精神分裂(卷1)：反俄狄浦斯》之中，这种单义性成为一个无器官身体的意象，而在《什么是哲学?》中，我们

———————

① Gilles Delueze, *Différence et répétition*, PUF, 1968, p. 59.

则不得不说，德勒兹的作为创生之源的混沌，或可被视为单义性实体的另一种表达方式。

概言之，德勒兹从尼采的永恒轮回中置换出了重复的观念，通过对哲学史的重新梳理，构筑了一种被称为单义性的本体论。[①] 在此，德勒兹认为，在某种意义上，他也完成了一次哥白尼革命，一次对传统形而上学彻底的颠倒：

> 同一性并不是第一位的，它虽然是作为原则而实存，但它只是被当作次要的原则、被生成的原则；同一性是围绕着不同旋转的，这便是一种使差异向自身的本己概念敞开，而不是将差异维持在一个已然被设定为同一之物的概念一般的统治下的哥白尼式革命。而这正是尼采的永恒轮回想要表达的。永恒轮回不能意味着同一之复归，因为它假定了一个与此截然相反的强力意志的世界，一切在先的同一性都在这个世界中消解了、消散了。复归即是存在，但只是生成之存在。不是永恒轮回使"相同者"复返，而是复返构成了生成者唯一的相同。复返即是生成自身的生成-同一（devenir-identique）。因此，复返乃是唯一的同一性，但同一性只是作为次要的强力、差异之同一性、述说不同之物、围绕着不同之物旋转的同一之物。这样一种由差异造就的同一性被规定为"重复"。[②]

---

① 这一说法其实会造成歧义，似乎德勒兹在这里构筑的是一个同一性的存在论原则，因此我更愿意将其称之为繁复性存在论，凸显其中实际上所意指的"多样性"的存在论原则。

② Gilles Delueze, *Différence et répétition*，PUF，1968，p. 59.

　　这一段表述精准地概括了单义性原则的颠覆性以及其与永恒轮回、重复的关系。借助《差异与重复》中的讨论，德勒兹以反形而上学的姿态构筑了属于自己的哲学形而上学。这一努力并不能与其同时代的法国后现代主义归入一类，德勒兹始终没有放弃哲学形而上学的构筑，因此也没有放弃大写的"一"的原则，对于德勒兹来说，今天并不是一个"怎么都行"的年代，而是一个拟像与资本横流的年代，并且两者正在形成一股合流，冲刷着这个死气沉沉的世界。这股死气沉沉的气息是此前表象哲学的同一性原则的必然结果。今天，他的哲学，这个主张自在差异之重复的哲学，将以一种充满强度的冲力，冲开这个世界。只是 1968 年的德勒兹还沉浸在自己的哲学形而上学的建构世界里去完成这一任务，但窗外的"五月风暴"毕竟爆发了，并不因为他的不留意而悄无声息地流逝，"五月风暴"留下的回声，注定会再一次敲打思想者的心灵，它召唤着他从书斋中走出来，看一看外面这个世界，由此带来了思想家的重要转变，他从哲学走向了政治，从哲学史的梳理转向政治策略的构筑，并且此前他所构筑的哲学形而上学都毫无保留地在其政治理论的构筑中得到了运演。因此，从某种意义上说，我更愿意将晚期德勒兹的政治转向视为其哲学形而上学的一次实践演练。

五、马克思与德勒兹的政治哲学架构

　　德勒兹对于今天的政治实践而言具有另外一层重要意义。那就是晚期德勒兹以理论的方式触及了当代激进政治的构筑模型。这一点成就了一个后革命时代的革命者的姿态。他对于这个时代的批判性也日益凸显出来，其思想逐渐褪去其学院派的特点，在文学、艺术、电影涌入其视域的同时，德勒兹思想的政治影响力也随之而来。

德勒兹的这一"革命姿态"在今天这个四处都叫喊着"告别革命"的年代尤为可贵。这种可贵并不意味着我们试图再一次恢复法国大革命式的狂热，在人间构筑一个"道德理想国"；而是我们试图保持对现实的批判立场，这是一种不愿在僵死的、充满了规训的世界中窒息而死的战斗姿态。我们不需要掀起一场长枪短炮式的暴力革命，我们需要的是一种永不妥协的思考方式。这大概正是今天还有人可以称自己为激进左翼思想家的原因所在。或者说正是在保守主义泛滥，自由主义蔓延之时，激进左翼作为第三条道路获得了自己的身份认同。

当然姿态永远都是姿态，今天的激进左翼总是以姿态取胜，但也因此遭到了两面围攻：保守主义无法容忍其否定性的激进立场，自由主义又多少鄙视其不作为的最终结果。今天活跃于法国思想界的阿兰·巴迪欧或许是一个代表。但这只是其存在方式的一个面向，激进左翼的思想者们还有另外一个面向，这就是他们有意将今天的思想界当成一个思想剧场，而他们则扮演着振臂一呼的英雄角色，用各色尖酸刻薄的话语挑逗着观众的神经，成为思想市场的赢家、思想时尚界的宠儿，如今天活跃于世界思想舞台的齐泽克。

在我看来，德勒兹与他们的激进态度都不太相同。相比较而言，德勒兹的激进姿态似乎更为真诚一些。尽管他的激进向度并不能被其后辈学者(如阿兰·巴迪欧)所认可(在后者的眼中，德勒兹是应被攻击的僵化思想的代言人，因此巴迪欧甚至在"五月风暴"期间带人冲击过德勒兹的课堂），但他借助从其哲学研究中得出的新的思维路径开拓了激进哲学的可能性空间。尽管这个空间影响得更多的是思想本身，但显然对思考如何实践革命的问题提供了一种新的思考方式。因此，当德勒兹过世之后，曾经带头冲击他的课堂的巴迪欧却写了一篇饱含深情的纪念论文——《存在的喧嚣》(La clameur de L'être)，在其中对德勒兹的多样性存在的哲学基础给予了充分的肯定。[①] 齐泽克则用 200 多页的篇幅来专门讨论德勒兹。[②] 他们各自抓住德勒兹的某一方面，生产出了属于他们自身的理论特性。因此，我倾向于将德勒兹归入激进左翼思潮，特别是他分别于 1972 年和 1980 年完成的两部关于"资本主义与精神分裂"的研究更让我们看到了德勒兹直接面对当下社会现实的方式与方法。在为病痛所折磨的岁月里，德勒兹仍然列出了大量研究计划，其自杀前夕的最后一部著作的规划正是《马克思的伟大》(Le Grandeur de Marx)。这当然为我们留下了无限遐想，德勒兹一生的研究，最后却落脚在对马克思的反思。究竟什么是德勒兹心中的马克思的思想意象(image de la pensé)？这是一个有待深入研究的课题。鉴于马克思对于当代法国思想界的激进倾向的深刻影响，我们有理由相信在德勒兹心中，马克思的伟大肯定包含着其作为激进思想家的那个向度。

只是德勒兹的激进政治究竟是什么样的形态？这是我们在"政治"这一主题之下需要讨论的话题。在此，我将以德勒兹与加塔利合著的《资

---

① 参见 Alain Badiou, *Deleuze：la clameur de L'être*, Hachette Littératures，2009。

② 参见 Slavoj Žižek, *Organs without Bodies：On Deleuze and his Consequences*, Routledge，2004。

本主义与精神分裂(卷1)：反俄狄浦斯》(以下简称《反俄狄浦斯》)为主要参考文本。这部著作是其晚期切入政治问题的两部鸿篇巨著之一(另一部是《资本主义与精神分裂(卷2)：千高原》)。但需要指出的是这两部著作的完成相差了近十年的时间，《资本主义与精神分裂(卷1)：反俄狄浦斯》写作于 1972 年，而《资本主义与精神分裂(卷2)：千高原》(以下简称《千高原》)则完成于 1980 年。这一写作时间的差异不能忽视。前者因为受到"五月风暴"的激发，因此德勒兹虽然在全书中并不直接谈论革命，却处处流露出对精神分析理论及其共谋者——资本主义社会的强烈批判，它看似没有给出具有可操作性的政治策略，但处处渗透着对微观政治的观照，并在其欲望理论的构建中将一种彻底的、不妥协的"越界"的精神注入其中，因此被普遍视为一部具有强烈的无政府主义色彩的激进政治哲学著作。但在《千高原》中，尽管德勒兹与加塔利用其一贯采用的回旋曲的方式，通过一些看似很具体的案例来反复地重复着其在《反俄狄浦斯》中已经涉及的游牧、逃逸线、少数人的、机器(战争机器)等概念，但其激进性反而弱化了很多。显然 1980 年的法国以及世界格局已经相对稳定，处于新的发展期的社会境遇让这样一套话语成为语言的游戏。我想没有太多的人有足够的耐心一篇篇读完《千高原》的各个章节，其间混乱的编年顺序，以及各章节所涉及的宽泛而专业的内容难免让人望而却步。因此，当我们试图探寻德勒兹激进政治哲学特性的时候，或许我们可以将这部著作留作"课后作业"，将其放入其政治哲学的应用层面。正如我们在学会操作一架新的机器之前，最好先读一下这架机器的说明书一样，我们即将要考察的《反俄狄浦斯》或许在某种意义上就充当着进入《千高原》的使用说明书。

(一)《反俄狄浦斯》的马克思底色

在本书中，我总是不断地提到德勒兹与马克思之间存在着思想的继承关系，我们拥有着德勒兹自己在访谈中提到的最为直接的理论指认："我认为菲利克斯·加塔利和我一直都是马克思主义者，也许方式不同，但是我们俩都是。"①但德勒兹究竟在何种意义上是一个马克思主义者，如果没有理论的支撑，恐怕这一指认就变成了一个空洞的抽象命题。在德勒兹的早期研究中，马克思的确不是他思考的主要对象。但"五月风暴"的热情，以及伴随其间的马克思思想在法国从拥有绝对统治地位到地位一落千丈的思想境遇，一定触动了书斋中的德勒兹。加之在这一时期，与加塔利的相遇，又对德勒兹的思想带来了一次不小的震动。

这个影响了德勒兹思想后期发展的思想者需要我们给予足够的关注。加塔利出生于 1930 年。他是法国当代出色的精神分析师，以及著名的政治活动家。20 世纪 40 年代，加塔利参加了费尔南德·乌里 (Fernand Oury，1920—1998)组织的青年旅舍运动，并开始学习药学和哲学。20 世纪 50 年代，加塔利参加法国共和党青年联盟（Union des Jeunesses Républicaines de France，简称 UJRF），这是法国共产党的青年组织，随后他参与了法国共产党的工作，协助出版了报纸《论坛》（*Tribune de discussion*）。1953 年，他参与建立了拉博德诊所——一个实验性精神病诊所，并撰写了该所的章程。这一诊所目的是要废除医生—病人模式，从而构建一种互动的群体动力学。20 世纪 60 年代，加

①　[法]吉尔·德勒兹：《哲学与权力的谈判——德勒兹访谈录》，刘汉全译，195页，北京，商务印书馆，2000。

塔利作为一名技术顾问积极参加全国学生互助运动（Mutuelle Nationale d'Etudiants，简称 MNE），也就是全国学生保险计划。他还参与建立机制性心理学和社会学工作团体（Groupe de travail de psychologie et de sociologie institutionnelle，简称 GTPSI）。1962 年以后加塔利开始接受拉康的训练分析，此后建立多个与精神分析有关的组织与联盟，并开始了与激进左翼运动的对接。1968 年，加塔利及其组织直接参与到了"五月风暴"的运动当中。在其实践中，加塔利的诸多哲学观念得以形成。1969 年，加塔利遇见了吉尔·德勒兹，这次相遇对于当代思想界来说具有重要的理论意义，它不仅自此构筑了一个奇特的写作方式，即德勒兹与加塔利这种无法区分的、类似混沌的思想生成模式。同时这一相遇也将德勒兹从书斋中拖出来，让他的思想与当时如火如荼的革命实践完成了一次完美的结合。德勒兹的先验经验主义所内含的暴力特性成为阐发"五月风暴"之暴力性的有效方式。对资本主义社会的批判以及对其所特有的颠覆都突然获得了一种理论的表达方式。这一表达方式与精神分析有着千丝万缕的联系。对于这一联系形成的原因，我们固然可以将其归为加塔利个人的理论爱好，但精神分析也的确成为当代社会无法回避的时代精神。每一个当代的思想者如果试图深入这个时代的深处去思考它，那么不可避免地就会与精神分析有一场无法回避的遭遇战。同期的鲍德里亚、利奥塔、福柯等人都无法回避精神分析，特别是拉康化的精神分析对于这个时代所形成的基本判断，这些判断成为新的思想得以生发的起点。

在与德勒兹成为思想合体之后，加塔利除了完成《反俄狄浦斯》与《千高原》之外，还完成了《卡夫卡：为弱势文学而作》以及《什么是哲学？》。同时由他独立完成的、有代表性的著作还包括出版于 1977 年的

《分子式革命》(*La révolution moléculaire*)、1979 年出版的《机器无意识：精神分裂分析论文》(*L'inconscient machinique：Essais de Schizoanalyse*)、1989 年出版的《精神分裂分析制图学》(*Cartographies schizoanalytiques*)以及 1992 年出版的《混沌互渗》(*Chaosmose*)。1992 年 8 月 29 日，早于德勒兹坠楼自杀 3 年，只有 62 岁的加塔利因心脏病发作死于拉博德诊所。

加塔利的一生更多的时间奉献给了激进政治的实践本身，而非理论，因此我更倾向于将加塔利与德勒兹的合作视为身体与头脑、实践与理论的合体。加塔利为德勒兹的思想带来一整套精神分析式的话语，但我们在其中所能捕捉到的思想脉络却打着德勒兹思想的烙印。因此，对于《反俄狄浦斯》，我更愿意将其视为德勒兹早期的方法论以及形而上学在政治哲学理论中的应用。从根本上说，德勒兹从未改变其先验经验主义的基本立场，以及其对单义性本体论的基本热情，只是在后期的政治哲学著作中，先验经验主义对于界限的强力突破，变成了其革命力量——游牧民族不断解域化的运动。而其用重复、永恒轮回所构筑的多样性共在的形而上学，现在则成为精神分裂分析所试图到达的理想状态，破除一切表象哲学所可能带来的同一性(统一性)的倾向，是重复哲学试图对抗的理论对手，更是精神分裂者的敌人，只是在这里，表象哲学化身为精神分析理论，后者虽然发现了潜意识，却在将潜意识转换为普遍的俄狄浦斯情结的过程中，将这个本来处于不断生成中的非理性之流理性化，从而使得潜意识理论成为另一种类型的表象哲学。与表象哲学作战，是德勒兹一生的哲学诉求。在形而上学层面上，德勒兹依赖"重复"来应战；在政治哲学的层面，德勒兹则依赖着"精神分裂者"的存在来应战。后者通过领土化、解域化与再领土化，让一切处于生成的过程当中。

虽然就理论脉络而言，德勒兹的思想并没有发生质的变化，但其话语方式的变化的确值得我们追根溯源。我将其全部的理论表述方式的变革原因追溯到马克思。在我看来，作为激进思想家的晚期德勒兹以各种方式向马克思思想转向。

首先，与加塔利的合体写作方式就注定了这一转向的彻底性。加塔利，正如我们反复指出的那样，他自身作为一名法国共产党人，一生的理论与实践都与激进政治直接相关。

其次，贯穿德勒兹后期政治著作中的关键词全部都有着马克思主义的底色，如"资本主义""欲望""欲望生产""社会生产""机器""唯物主义"等。围绕这些关键词所构筑的理论批判模式，即探寻精神分析的俄狄浦斯情结形成的历史境遇，试图破除精神分析将俄狄浦斯情结作为人的普遍人性的企图。这一工作的确与当年马克思对国民经济学家的批判有着异曲同工之妙。对于这一点，德勒兹有清醒的认知，因此在其著作中多次将政治经济学与精神分析放在同一批判层面上加以类比：

> 李嘉图将政治经济学抑或社会经济学建筑于对量化劳动的发现基础之上，而这一量化劳动所遵循的原则是表象化的价值。弗洛伊德将欲望经济学建筑于对量化的力比多的发现之上，其所遵循的原则是客体的表象化以及欲望目标的表象化。①

---

① Gilles Deleuze, Felix Guattari, *Capitalisme et Schizophrenie*：*L'anti-Oedipe*, Minuit, 1972, pp. 356-357.

　　对于政治经济学而言就如同其对于精神分析一般，前者在社会
生产之中，在主体的抽象劳动的形式之下；后者则在欲望生产当
中，在主体的抽象的力比多形式之下。[①]

　　对于这一模式的具体分析我们将在关于德勒兹的唯物主义精神病理
学的研究中给出更为详尽的说明，在此不再赘述。

　　最后，德勒兹后期思想中的马克思底色在其对资本主义批判所采取
的方式中也可见一斑。自 1932 年马克思《1844 年经济学哲学手稿》出版
以来，西方理论界一直都认为在马克思的思想发展历程中存在着两个马
克思：人道主义的马克思与历史主义的马克思。前者带有某种理想主义
的色彩，更富有对人性的观照，却缺乏对社会现实的批判；后者将其理
论研究整个地投入政治经济学批判的视域，此时现实性的维度才得以显
现出来，因为在此，马克思击中了当代社会所特有的经济架构。然而对
于晚期《资本论》时期的马克思而言，其思想研究视域的转换却带来了政
治理论倾向的含混性：人道主义的马克思出于对现代人的生存境遇的观
照，因此对于社会革命的实现充满了信心和力量，并鲜明地表达了无产
阶级对于反抗资本主义社会所具有的能动性，带有强烈的激进色彩。但
在《资本论》时期，马克思却显现出了一种学者式的冷静，他富有科学色
彩的分析，使人们难免产生这样一种错觉：社会现实的发展与革命的主
导权似乎不再掌握在无产阶级的手中，反而掌控在资本逻辑的自我延伸

---

　　① Gilles Deleuze，Felix Guattari，*Capitalisme et Schizophrenie：L'anti-Oedipe*，
Minuit，1972，pp. 359.

当中。资本家正在变成资本的主体与人格，资本家的灭亡所依赖的将是资本的自我扩张所带来的自我颠覆。换言之，在这里，无产阶级，抑或任何层面上的社会革命力量似乎成为一个资本自我颠覆的辅助者，革命的命运并不掌握在革命者的手中，而是掌握在被革命的资本逻辑自身拓展的过程中。这里显然包含着政治倾向保守化的转向：美国学者詹姆逊在《重读〈资本论〉》中曾经作出这样一种感叹："我的结论是《资本论》（第一卷）没有政治结论。但当我们讨论的是一本一个多世纪以来在全世界都被视为劳动阶级圣经的书，而书的作者又曾写过一本西方政治理论的基础和经典之作《共产党宣言》，这就成了需要解释的悖论。"①詹姆逊在今天重读《资本论》，发现其中没有了政治结论，这个悖论让他多少有些不解，即便他用了整整一部书去分析这个悖论，仍然无功而返。当然，我们完全可以在此为马克思作如下辩护：在他的思想行程中，早期的激进倾向所代表的仅仅是一种道德的义愤，其中包含着诸多非科学、非理性的成分。换言之，我们不能仅仅将资本的运演视为资本主义的罪恶，并在对其的谴责和谩骂中完成我们对资本主义的颠覆。这种类似的工作，空想社会主义者显然比马克思做得更好。现在的问题是，我们需要看到实现对资本主义的颠覆所可能需要的条件，以及这种条件得以成立的可能性。马克思后期的政治经济学批判或可看作对资本主义灭亡之条件的研究。在这里当然没有了直接的激进性言论，甚至结论，却包含着对颠覆之可能性的所有讨论。

---

① ［美］弗雷德里克·詹姆逊：《重读〈资本论〉》，胡志国、陈清贵译，111 页，北京，中国人民大学出版社，2013。

德勒兹完成《反俄狄浦斯》的时期已经是 20 世纪 70—80 年代，在这个资本主义日益显现出其强大的生存弹性的时代，对于资本主义批判的方式则越发无法采取一种简单的否定与颠覆的态度。对诸如如何颠覆资本主义，由谁来颠覆的问题，德勒兹并没有给出明确的答案。但在此我想强调的一点是，这样一种理论分析路向，却在某种意义上成为德勒兹作为马克思主义者的有力证明：在德勒兹看来，资本的流动性本身恰恰是其颠覆自身的唯一方式。它具有自发性与自动性，"主体"不过是在这部由资本所操控的欲望机器旁边的观望者。这一分析思路与晚期马克思对资本的分析异曲同工。马克思是通过批判当时流行的政治经济学而实现了对资本的理解、认知与批判的，而德勒兹则是通过批判当下流行的精神分析而完成了相同的任务。并且，两者的方式及得出的结论也极为相似。只是对于马克思而言，这样的结论相对于其早期激进理论走向而言带有悖论色彩；但对于德勒兹而言，他的结论与他的时代以及在这个时代激进哲学可能的生存方式具有高度的一致性，并且，后期德勒兹的哲学也从未脱离其早期思想的基本范式和思考路径。德勒兹思想的一致性或可从一个侧面反映出 20 世纪以来社会现实的变革以及政治哲学的基本倾向：20 世纪以来，我们被历史终结的断言包围着，这是一个没有"故事"的年代。自由、平等与博爱的实现带来的是末人时代的到来。在这样一个时代中，颠覆与革命，变得不合时宜。末人的生活方式从根本上是一种妥协。它在政治上必然表现为民主与协商。于是当代西方政治哲学的主流被制度的规划与设计所统治，换言之，我们需要做的是设计好的政治程序，并不断完善它，而不是以颠覆的姿态推倒重来。这与马克思时代的政治哲学存在着方向上的根本差异。而德勒兹，当然还包括其同代以及后代的激进政治的支持者们在这样一个大的社会环境之下坚持着颠覆性的姿态，这本身就是值得称道的。尽管对于德勒兹而言，这种激进性不再如早期马克思那般带有火药味，但就其理论旨归的颠覆性倾向而言，我们可以认为德勒兹以及激进哲学的后继者已经算作马克思在这个时代最好的传人了。

以上所谈到的后期德勒兹思想的马克思底色只能算作一个原则性纲领。下面我将深入其具体的讨论当中，从概念到概念，从观点到观点来分析德勒兹借助马克思，切入社会现实所完成的激进哲学建构的具体步骤。

1. 欲望理论的嬗变：从匮乏到充盈

在德勒兹早期的著作中"生成"是其哲学思想的核心概念，而对于后期偏重政治理论讨论的德勒兹而言，这一核心概念就转变为"欲望"。从某种意义上说，"欲望"可以被视为"生成"在不同视域当中的替换。

德勒兹为什么会在这一时期采用"欲望"这一概念？一个显在的原因在于他与加塔利的合作让其目光转向了精神分析，而对潜意识以及欲望的发现，正是精神分析对人类思想的重大贡献。但在精神分析的视域中，欲望作为被压抑的内在潜流，以否定性的方式发挥着它的效用。这几乎构筑了精神分析理论展开自身的固有模式：对人的意识层面上行为的阐释总是依赖于对其潜意识层面上力比多(性欲)之压抑的再阐释。欲望也由此成为有待释放，却无法获得彻底释放的一种能量。因为引发这种能量的对象，即欲望的客体，是匮乏与空无，并且正是这种匮乏与空无本身带来欲望之生成。欲望(désir)不是需要(besoin)，后者有着明确的欲求对象，并因此成为可被满足的需要，欲望是一种不竭的欲求，它因永远无法被满足才得以产生，即匮乏本身成为欲求的对象。弗洛伊德创造了自我的三重存在方式（本我、自我与超我），拉康则借助语言学的分析方式，详尽阐发了一套自我发生学，并同时将其转变为主体发生学。对于这种主体，拉康有多种表达方式：无意识主体、能指主体与欲望主体。它们都借助不同的理论资源诉说了相同的主体生成过程。而其中对欲望主体的表述影响最为深远。而欲望之对象的匮乏性恰又具有理论奠基性意义，对其后所构筑的主体存在的三种秩序，即想象界、象征界与实在界的讨论具有重要的理论意义。可以说，拉康的后期思想以及拉康思想的后继者们大多围绕实在界的问题展开讨论。而实在界，作为不可知却又一定存在的真实，正是主体与其欲望客体的遭遇。欲望作为匮乏客体所产生的能量，成为理论的轴心。正因如此，德勒兹与加塔利才将欲望作为一个核心概念用以批判精神分析。尽管这一批判，在其最初意图上是与拉康的敌对者进行论辩，因此在行文中，拉康总是作为支持的论据而被引用，但当德勒兹与加塔利将欲望作为一种反匮乏的肯定性能量之时，其对拉康思想的背叛已经昭然若揭了。

当然，如果我们进一步追问，为什么拉康要凸显欲望作为主体之生成的核心概念，那么我们会发现另外一个以隐性的方式影响到德勒兹的欲望话语体系之形成的重要人物——亚历山大·科耶夫。

科耶夫在 20 世纪 30 年代对于黑格尔《精神现象学》的系统讲述近乎决定了当代法国思想的基本走向。诸多当代法国著名的思想家，包括梅洛-庞蒂、雷蒙·阿隆、乔治·巴塔耶，还有雅克·拉康都是科耶夫《精神现象学》研讨班的一员。而伊波利特，这位德勒兹的老师，则试图努力逃避这一研讨班的影响，但最终不过是以另一种方式重复了科耶夫思想的某些方面。关于科耶夫的思想，如果我们可以用概括的方式加以把握的话，那么或许可以这样说：这一思想不过是借助对青年黑格尔思想的解读，凭借着将海德格尔与胡塞尔的现象学有意地混淆，为后世构筑了一个带有黑格尔、海德格尔与马克思思想色彩的哲学人类学。科耶夫思想的核心追问在于"人是什么"。在这一追问中，海德格尔存在论与马克思的劳动与斗争的观念得到了完美的结合，而整部黑格尔的《精神现象学》也变成了人，也即主体的生成存在论。至于这一思想究竟在多大程度上歪曲了黑格尔、海德格尔与马克思，这完全不是科耶夫思考的重心，因为这些理论资源的存在对于科耶夫而言从来都只为构筑自己的思想而存在。也正因如此，当代法国思想界的诸多精英可以被他的思想所吸引，并从中生发出属于自己的新的思想理论。应该毫不夸张地说，科耶夫是当代法国思想的奠基者。

在科耶夫的思想中，欲望首次进入了哲学，成为可以界定人之本质的概念。这对于整个以"我思"为前提的近代形而上学而言，是不可思议、无法理解的。但科耶夫却在解读黑格尔的过程中对于欲望概念给出了一个富有逻辑性与创造性的解读，在其中，欲望理论竟然变成了黑格尔思想的题中之义。对于黑格尔来说，欲望是其讨论自我意识之形成中不可或缺的一个环节："自我意识必须以这种统一为本质，这就是说，自我意识就是欲望一般。"[1]自我意识作为一种特殊的反思意识，是意识与非意识存在之间的统一性；欲望则是对这种统一性之特征的进一步阐

---

① ［德］黑格尔：《精神现象学》上卷，贺麟、王玖兴译，116～117页，北京，商务印书馆，1979。

发。因为对于黑格尔而言，自我意识所实现的这种统一不是同一，意识在变成自我意识的过程中，需要一个他者（非意识之存在物，抑或说是意识的否定性的存在）来确证意识的存在，由此意识自身成为可以被反思的对象，自我意识才得以最终完成。因此自我意识在本质上成为"一种运动，在这个运动中它和它的对象的对立被扬弃了，而它和它自身的等同性或统一性建立起来了"①。而欲望一般，即欲望之本质对于黑格尔而言意味着对外在事物的否定性行动。我欲求食物，最终就必然带来对食物的否定性行动——将它吃掉，这就是欲望带来的直接的结果。因此如果自我意识的统一性本质是一种行动的话，那么欲望就是这一行动性最好的说明。但不可否认的是，在黑格尔的"精神现象学"的发展历程中，欲望并不处于一个突出的、重要的地位。它只能是自我意识形成的一个中间环节，并不是意识哲学抑或自我意识哲学的最终形态。然而，科耶夫因为将黑格尔的自我意识偷换为"人"，并将精神现象学的整个过程视为人的存在论的诠释过程，因此必然特别凸显了欲望的意义。"为了'我'这个词能出现，除了纯粹消极的，仅仅揭示存在的沉思，还应该有别的东西。在黑格尔看来，这个别的东西就是他在第四章开头谈论的欲望。"②科耶夫在本质上继承了黑格尔将欲望视为一种否定性行动的倾向，并包含了黑格尔思辨理论中的"对象性""异化"等基本思想，只是对于科耶夫而言，欲望的否定性是人的行动本身。它带来的是对既有存在

---

① ［德］黑格尔：《精神现象学》上卷，贺麟、王玖兴译，117 页，北京，商务印书馆，1979。

② Alexandre Kojève，*Introduction to the Reading of Hegel*，Cornell University Press，1980，p. 37.

的改变，因此马克思的劳动与斗争，同样作为人对世界的能动性行为在欲望理论中找到了自己的一席之地，并帮助其构成了一个较为完整的欲望理论体系。

需要进一步指出的是，这种欲望理论的否定性本身所彰显的是一种能动性，科耶夫将这种能动性仅仅归结为人的现实的行动，并借此将黑格尔的哲学转变为哲学人类学。但科耶夫却通过这一整套欲望理论打碎了思辨哲学的封闭性。换言之，思辨哲学在其否定性中看到的仍然是自我（意识），因此其最终通过否定性回到了自身。但科耶夫的欲望理论却通过否定性的实现来"改变世界"。科耶夫在其中看到的不仅是肉体的人，同时还是欲望之人，这个人通过欲望以及为满足欲望而展开的行动敞开的是一个非确定的未来空间，人也因为这种非确定性、非完成性而成为人。

欲望在这一意义上展现出其积极性，从而也是激进性的一面，同时，欲望在科耶夫那里还包含着消极的维度，它隐藏于科耶夫在《黑格尔导读》中所提出的一个命题：人是"欲望着他者的欲望"。这个命题将欲望推向了消极的一维。换言之，如果人的欲望在本质上是一种能动的否定性，那么欲望的真实对象必然不是一个实在的对象。因为欲望的实现是对既存实在性世界的改变，而非继承，欲望的力量就在于它从不接受现成的对象，因此欲望的理论包含着某种虚无主义的倾向。在这一点上，人与动物有着巨大的差异。动物的欲望总是拥有现实的所指物，渴了就要喝水，饿了就要进食，这种欲望虽然以消灭欲求对象为结果，但在欲望所指物上是明确的。但人的欲望却截然不同，人会因为争夺一面旗帜而牺牲生命，人会因为不食嗟来之食而饿死。这种对生理欲求的否定使得人的欲求变得模糊起来，它并不直接指向某物，而是指向某种价值。价值在本质上是一个关系性的概念，它包含着人与人之间的关系。它在黑格尔的《精神现象学》中被表述为一种主奴关系中的承认机制，而在科耶夫这里，这种承认机制被放大，最终成为人之为人的一种决定性要素。由此，"所有人类，人的发生学意义上的欲望——产生自我意识的欲望，人的现实性——都是'承认'的欲望的一种功能"①。人的欲望的对象在这一意义上必须是他人的欲望，以此获得属于自己的承认。但在这一承认的链条中，欲望的对象却失去了其实在性的意义。对于人来说，重要的不是欲求什么，而在于所欲求的总是他人眼中值得欲求的东西。何为他人所欲求的东西呢？这又将需要另一个他人的欲求才能加以说明，由此，欲望的所指在其中变成了一个无实在性的"空"。如果说人是欲望之人，那么这个人本身的本质却是一个"空无"。当这一命题被科耶夫研讨班上的雅克·拉康吸收进精神分析之后，欲望对于匮乏的依赖才彻底而明晰地被表达出来。

拉康哲学在法国思想中所获得的胜利是时代的必然诉求。主体的匮乏成为主体确证自身的方式。这种表述并没有从根本上逃离辩证法式的表述方式。它印证的仍是第二次世界大战刚刚结束时的法国学者们那种"以退为进"式的精神胜利法。然而1968年的"五月风暴"，正如我们已经指出的那样，绝非一场匮乏主体的革命，它包含着一种主动的对资本主义社会的再反思，其中蕴含的能量使得"压抑性升华"的

---

① Alexandre Kojève，*Introduction to the Reading of Hegel*，Cornell University Press，1980，p. 7.

理论顿然失效。这不是一群被压抑后不得不起来反抗的革命者，而是这个社会中的获利者，他们的革命热情源于对新社会的向往，带有强烈的理想主义色彩。面对这个富有肯定性的革命，拉康的匮乏性主体理论失去了意义。而对于其中所包含的巨大能量的体验，只有有过亲身经历的参与者才能体会到。而加塔利那恰逢其时的革命者与思想家的双重身份成为德勒兹后期思想得以生发的契机。借此，以某种方式，科耶夫思想中否定性即能动性的欲望一维被再次复活，在此我们看到了德勒兹对于匮乏性欲望的彻底批判，以及其对于肯定性欲望的歌颂：

> 在某种意义上说，欲望的逻辑从一开始就错失了它的客体：一开始，柏拉图意义上的分割就让我们不得不在生产与收获(acquisiton)之间作出选择。一旦我们将欲望放置到收获一边，我们会将欲望视为一个观念论的概念(它富有辩证性、虚无性)，它最初被确证为某种匮乏：客体的匮乏，现实的客体的匮乏。①

精神分析只是让这一倾向进一步加剧、恶化：

> 在此，需求被相对的匮乏所界定，并被特有的客体所决定，而欲望在此则作为能产生幻想的需求，它在客体进行分割的过程中产

---

① Gilles Deleuze, Felix Guattari, *Capitalisme et Schizophrenie*：*L' anti-Oedipe*, Minuit，1972，p. 32.

生了自身，同时带来了更深层的匮乏，它将这一匮乏推向了绝对，匮乏在此成为"无法治愈、无法满足的存在"以及"作为存在之匮乏，而这就是生命本身"。由此，呈现出了依赖需求的欲望，欲望的生产性一直以来是需求的最深层的内涵，并与客体的匮乏紧密相关（这是其支柱性的理论）。概言之，当我们将欲望生产还原为幻想的生产，我们会发现将欲望界定为匮乏，而非生产的、非工业化生产的观念论原则而产生的所有后果。①

然而，对于德勒兹和加塔利而言，对欲望理论的这种解读方式必须得到彻底改变：

欲望不缺乏任何东西。它并不缺少它的对象。或者进一步说，主体在欲望中缺失，或者说欲望缺少固定的主体。只有在压抑中才有固定的主体……匮乏是欲望的反效果（contre-effet）。这种匮乏在自然的以及社会的真实当中被处置、被整理、被掏空。欲望总是与客观存在的条件有密切的关系，它与这些条件相符合，它追随着它们，如果不能追随，那么就与它们一起变化。②

在此德勒兹与加塔利正在悄然展开其自身关于欲望的独特理解，在这一理解当中，包含着诸多对整个欲望理论的颠覆性解读。首先，匮乏

---

① Gilles Deleuze, Felix Guattari, *Capitalisme et Schizophrenie*: *L'anti-Oedipe*, Minuit, 1972, p. 33.

② Ibid., p. 34.

与充盈之间发生了替换，欲望不是匮乏性存在的产物，相反它自身是一个肯定性的意志，它具有强烈的意志指向，如同尼采权力意志所强烈表达出的"我要……"的冲动。其次，欲望不是对主体的诠释，欲望具有自发性，只有在匮乏性的欲望理论中才有主体，而在充盈性的欲望当中，主体是不确定的，它自身处于流变当中，如同一个精神分裂者的自我认同一般：我既是儿子，也是父亲，也是母亲……我可以是任何人。充盈欲望中的特殊主体，它的流变迎合着欲望的流变。最终，我们将看到一个被欲望之能量所充实着的无主体的发展过程成就着社会的发展以及革命的诞生。仅就欲望的界定而言，德勒兹与加塔利已经开始了对当代主体理论的超越。最后，匮乏与欲望之间的关系也被颠倒了过来。欲望不是匮乏的产物，相反，对于德勒兹与加塔利而言，匮乏反而是欲望的产物。因为欲望是随着社会境遇而流变着的过程本身，而匮乏则是被社会境遇所生产、安置出的一种状态，它甚至成为社会统治阶级的统治术。统治者制造匮乏，以便让人们将欲望的能量仅仅消磨于幻想当中。从这一意义上说，精神分析成为统治阶级的帮凶，而德勒兹与加塔利则试图通过恢复欲望的充盈，彰显其固有的生命力，这种力量将打碎匮乏的意识形态，以释放革命的能量。

德勒兹与加塔利采用欲望理论不仅找到了批判精神分析的切入点，更为关键的是在对这一欲望理论的继承中，彰显了其与科耶夫思想的血脉相连，而后者为法国思想界悄然涂抹了马克思的底色，这是不争的事实。当科耶夫将马克思的劳动与斗争概念视为欲望之人存在的两种样态的时候，他已经将欲望的能动性内涵与马克思对于社会现实的观照以及对革命的热情紧密关联起来。德勒兹与加塔利，在将欲望阐发为一种革命能量的时候，无论如何一定包含着对这种思想血脉的沿袭。因此，我们不必惊奇于他们的欲望理论中总是带有着对统治阶级的批判，以及对政治策略的观照，这些理论的趋向都是欲望理论发展的题中之意。德勒兹与加塔利只是这一欲望理论机器运行的推动者而已。

但欲望理论从匮乏变成充盈只能是欲望理论展开自身的起点，它的运行还依赖于一整套与之相关的概念体系，欲望生产、欲望机器以及无器官身体等，都是其中的核心概念，如何理解这些概念以及它们与马克思思想的关联，将成为我们理解德勒兹与加塔利的政治理念的关键。

2. 欲望生产与马克思的生产一般

为了与匮乏的欲望为敌，德勒兹提出欲望生产的概念。它是充盈的，它是一种蔓延，是一种溢出，它从不缺乏任何东西，它饱含着一种能量。因此欲望生产是一种生产，同时也是一种富有生产性的欲望，是匮乏性欲望的对立面。它带有权力意志的意味，因此当我们将目光投向这一思想的时候，尼采、弗洛伊德与马克思的身影同时出现在这一理论当中。

欲望生产，就其充满能动性之力而言带有尼采主义的色彩，但用"生产"来表达这种能动性却是德勒兹受到马克思影响的必然结果。当然其与马克思的关系还远不止这种表面的关联。

德勒兹在《反俄狄浦斯》的引言中开始了关于欲望生产的讨论，这一部分的讨论繁杂而新颖。其中诸多独属于德勒兹的术语被提出来，如欲望机器、无器官身体、被动综合等诸多概念。这一光怪陆离的概念体系，似乎向我们展示了一个新的理论体系，但在我看来，这段引出欲望生产的理论展开过程其实是德勒兹对马克思《〈政治经济学批判〉导言》的摹写。德勒兹亦步亦趋地用欲望理论加精神病理学的相关术语改写了马克思在其中关于"生产"问题的相关讨论。但作为总体性的生产观念却被毫无保留地继承下来，构成了欲望生产的理论源起与基本内涵。

在《〈政治经济学批判〉导言》中，马克思首先批判了国民经济学家所热衷讨论的"生产一般"，即从抽象的意义上谈论的生产的诸多要素以及影响生产的诸多条件等。马克思之所以反对生产一般并不是因为它是一种"抽象"（合理的抽象一直以来都应该成为研究的起点抑或终点），而是担忧这种抽象会因为"见到统一（主体是人，客体是自然，这总是一样的，这里已经出现了统一）就忘记本质的差别。而忘记这种差别，正是那些证明现存社会关系永存与和谐的现代经济学家的全部智慧所在"[1]。马克思也谈论"一般"，但"这个一般，或者说，经过比较而抽出来的共同点，本身就是有许多组成部分的、分别有不同规定的东西。其中有些属于一切时代，另一些是几个时代共有的，[有些]规定是最新时代和最古时代共有的"[2]。这是一种包含着差异的同一性。马克思与国民经济学家的最大区别就在于他用差异化的眼光来看待社会现实中的诸多经济现象。这种差异化，为马克思带来两个理论后果：其一，他可以坦然面对不同时期生产方式的差异；其二，外在的差异同时被归入内在的同一过程。而这两点的存在保障了马克思不会走向国民经济学家的理论归宿，在其中，"生产不同于分配等等（参看穆勒的著作），应当被描写成局限在与历史无关的永恒自然规律之内的事情，于是资产阶级关系就被

---

① 《马克思恩格斯全集》第 12 卷，735 页，北京，人民出版社，1962。
② 同上。

乘机当作社会一般的颠扑不破的自然规律偷偷地塞了进来。这是整套手法的多少有意识的目的"①。对于第一点，在受过历史唯物主义理论的洗礼之后，我们比较容易理解，这种历时性的差异构成了历史性的视角；但对于第二点，或许在我们没有与德勒兹的欲望生产遭遇之前，它的意义还多少有些晦暗不明。这里的关键在于我们如何理解生产、消费与交换在生产过程中实现的统一性。

马克思在《〈政治经济学批判〉导言》中用了相当的篇幅谈论生产与消费、生产与交换之间的关系。马克思并不将生产、分配与交换、消费视为三个割裂开来的不同活动，三者不仅不是毫无不相干的，同时三者还不是一种简单的三段论的关系。马克思清楚地指出，"生产是一般，分配和交换是特殊，消费是个别……这当然是一种联系，然而是一种肤浅的联系"②。这一批判带有对某种所谓辩证性关联的扬弃，那么究竟该如何看待这种联系呢？概言之，"生产直接也是消费。双重的消费，主体的和客体的"③。同时，分配也绝不是先于生产而存在，因为在产品分配之前，生产工具的分配与社会成员在生产过程中的分配已经存在，"这种分配包含在生产过程本身中并且决定生产的结构"④。换言之，当我们将生产视为一个"过程"的时候，消费、分配与交换都将同时成为不同类型的生产。于是当马克思认为"这种决定生产本身的分配究竟和生

①　《马克思恩格斯选集》第 2 卷，5 页，北京，人民出版社，1995。
②　同上书，7 页。
③　同上书，8 页。
④　同上书，14 页。

产处于怎样的关系，这显然是属于生产本身内部的问题"①，我们可以将其对这一关系的讨论推而广之：消费与生产的直接同一何尝不是一个生产内部的问题？整个生产过程的展开正是依赖生产、消费与交换的相互融贯（而非前后相继），即在一个阶段作为生产的活动相对于另一个阶段而言可能就是消费抑或交换。在此，生产过程涵盖了一切，这是马克思的"生产一般"，马克思借此找到了讨论社会发展的基本线索，并奠基了历史唯物主义的基本内涵。从这一意义上说，马克思的"生产一般"所构筑的包含差异性的同一成为构建历史唯物主义的前提。

在我看来，德勒兹的欲望生产是马克思的"生产一般"的精神分析式的表达。正是因为德勒兹看到了以弗洛伊德为代表的精神分析与政治经济学的共同性，即两者都从永恒性观念出发，承认各个组成部分之间的割裂与静止，从而最终扼杀了创生性发展的可能性。在精神分析那里，父亲—母亲—孩子之间的结构性关系是人固有的本性中无法破除的三元结构，并且父亲、母亲与孩子之间缺乏相对性的关系，即父亲只能是父亲，不能同时又是儿子，母亲就是母亲，不能同时又是女儿，这就如同在政治经济学当中，生产就是生产，不可能同时又是消费与交换，因此生产只有一种生产方式，即资本主义的生产方式是最完美的，也是最永恒的生产方式。由此，生产自身没有了生产性，生产变成了一种僵死的观念。对于生产观念的僵化理解，同样可以用来批判某些马克思的后继者们，他们将生产作为一个内在的、固定不变的主线贯穿在整个社会发

---

① 《马克思恩格斯选集》第 2 卷，14 页，北京，人民出版社，1995。

展的历程当中，法国思想家鲍德里亚将其讽刺为"历史的欧几里德几何学"①，不无道理。当生产变成了一个固定的概念，并成为描述历史的唯一主线，那么历史也就失去了历史性，成为永恒不变的静止断面。而这一结果正是马克思所批判的国民经济学家们的要害所在。如何避免马克思思想的这种理论的退化？在此德勒兹的生产逻辑具有重要的理论意义。

至此，我们可以说，德勒兹与马克思所意指的完全是一种生产逻辑。这是一种富有生产性的生产逻辑，这种生产性的生产已经预先回应了鲍德里亚式的批判。

欲望生产意味着一切都是生产，正如马克思将消费与交换纳入生产过程之中来看待一样。

> 所有一切都是生产：生产的生产，行动的生产与激情的生产；记录的生产（productions d'enregistrements），分配与定位的生产，以及消费的生产；性欲的生产，焦虑的生产，以及痛苦的生产。它们都是这样的一种生产：记录总立即也是消费、消耗，而消费也直接就是再生产。②

这段话所传达的思想，在某种意义上完全可以视为对马克思"生产一般"

---

① 参见［法］鲍德里亚：《生产之镜》，仰海峰译，第五章，北京，中央编译出版社，2005。

② Gilles Deleuze, Félix Guattari, *L'Anti-œdipe, capitialisme et schizophrénie 1*, Minuit, 1972, p. 10.

的重述。生产的生产，是作为生产过程的生产本身；记录的生产，即为分配；而消费的生产，就是消费。德勒兹一语中的地点出了马克思关于生产与分配的关系（被生产结构所内在决定的交换）以及生产与消费（生产直接就是消费，消费也直接就是生产）的关系。马克思将消费与交换纳入生产内在结构之中，从而让生产成为进行批判的核心概念。德勒兹的生产逻辑与马克思的生产逻辑起点是完全一致的。

德勒兹用"欲望"来修饰"生产"，这似乎是一个创见，它似乎是精神分析与马克思的结合，但这显然是一个误解。因为在此，德勒兹赋予欲望以完全不同的内涵："欲望是机器，是机器的综合，机械性的配置——欲望机器。欲望是生产秩序的机器，所有的生产都同时是欲望生产与社会生产。"[①]在此欲望就是生产，它是富有生产性的冲动。这不是弗洛伊德与拉康意义上的欲望，它带有科耶夫欲望理论的能动性，却不再侧重于这种能动性关联中的空无（欲望着他者的欲望）内涵。欲望是充盈的，是尼采的权力意志，它自身就是富有生产性的，从这一意义上说，它是马克思所谓包含着差异性同一的生产一般、生产总体。因此欲望生产是尼采与马克思的结合。

尼采与马克思，在其共同反对思辨哲学的意义上是同路人。虽然马克思强调了辩证法的意义，但他关注的是辩证法中的革命性要素，即其彻底的否定性，这种否定性拒斥任何意义上的回归。他在对否定性的强调中凸显的是革命的动力与可能性，这是一种尼采式的永恒轮回，即反

---

① Gilles Deleuze, Félix Guattari, *L'Anti-œdipe*, *captialisme et schizophrénie 1*, Minuit, 1972, p. 352.

对否定性扬弃的轮回，没有罪与罚的补充，有的只是充满着偶然性、冲动甚至碎片化的循环。这种循环不会带来辩证的回归，正如马克思的辩证法也仅仅凸显了否定性所敞开的行动空间及其发展的可能性。德勒兹将尼采的永恒轮回解释为一种"生成之在"：

> 不是"存在"回归，而是回归本身只要肯定生产和流逝就构成存在。不是某一实践回归，而是回归本身是由差异和多样性肯定的事件……这就是为什么永恒回归必须被当作一种综合：时间与它各个维度的综合，多样性与多样性的再现的综合。生成与在生成中得到肯定的存在的综合，以及双重肯定的综合。①

如果将这种复调式的存在论放入马克思关于"生产一般"的话语体系中，则正是对生产总体的相关论述：

> 生产总是一个个特殊的生产部门——如农业、畜牧业、制造业等，或者生产是总体……生产也不只是特殊的生产，而始终是一定的社会体即社会的主体在或广或窄的由各生产部门组成的总体中活动着。②

生产与永恒轮回的共同性在于：第一，两者都不再需要外在的、神

---

① ［法］吉尔·德勒兹：《尼采与哲学》，周颖、刘玉宇译，72 页，北京，社会科学文献出版社，2001。
② 《马克思恩格斯选集》第 2 卷，4 页，北京，人民出版社，1995。

性的规定来确定它们的展开轨迹，它们都依赖自身来获得说明；第二，两者都在过程中实现了对特殊性的综合，这种综合不是整合为一的综合，而是多样性的统一。因此，生产，对于倡导新尼采主义的德勒兹来说具有重要的意义。它一方面为其分析晚期资本主义提供了有效的理论概念；另一方面，这一概念成为他在另一个层面上表达其新尼采主义的基本立场提供了一个新的理论平台。

"生产作为一个过程，溢出了所有观念性的概念边界，并且构造了一个循环，这一循环与作为内在原则（principe immanent）的欲望相关联。"①德勒兹由此构造了欲望生产。如果说欲望即是生产，那么生产也就是欲望，欲望作为人的无意识的内在规定拒斥了神性的外在设定，同时生产的过程性内涵又诠释了作为充盈的能量的欲望存在。两者的结合看似无理，但基于德勒兹对"五月风暴"的反思以及其对欲望与生产的理解，两者的结合却具有理论的合理性。

由此，要理解欲望生产的内涵我们只需要理解德勒兹所谓"过程"。德勒兹给予过程三个内涵：

"过程"的第一个含义：在生产的相同过程当中，在同一生产中同时包含着记录与消费。②

"过程"的第二个含义：人与自然并非两个相互对立的术语，它们在某种因果关系当中，在某种理解的关系当中，或者在表达（如

---

① Gilles Deleuze, Félix Guattari, *L'Anti-œdipe*, *captialisme et schizophrénie 1*, Minuit, 1972, p. 10.

② Ibid..

原因-结果，主体-客体)的关系当中被把握。①

"过程"的第三个含义：不要在过程自身当中探寻其目的、终点，也不要与其自身的无限连续性相混淆。②

过程的这三个定义由于源于不同的讨论语境，似乎并不具有理论的递进性与周延性，但实际上三者却是对一些共同本质的不同角度的描述：过程性自身是多个片段的综合(生产包含着记录与消费)；片段之间存在着某种关联性(人与自然的非对立性关系)；这种过程本身的生成性(过程无目的，它是连续中包含的非连续性的综合)。而这些特征构成了欲望生产的基本内涵。

欲望生产的提出完成了两个理论任务。其一，德勒兹找到了表达"五月风暴"的理论术语。作为生成性的欲望生产所带来的革命并不具有彻底的颠覆性，但它以不断生成的方式消解了一切确定性的规定，从而让任何既存的现实时刻面临着瓦解的可能，这种微观革命需要欲望生产逻辑的展开。其二，欲望生产发展了马克思生产逻辑中的生成性维度，这是马克思早在《〈政治经济学批判〉导言》中就已经提出的观念，却似乎没有得到后继者足够的重视，由此带来了教条主义的马克思主义，将生产概念本身永恒化，构筑了一整套僵硬的生产力、生产关系、生产方式的逻辑体系，最终让原本为了"改变世界"而构造的历史唯物主义变成一套"解释世界"的理论体系。生产自身是生产性的，这一看似简单的理论背后隐藏着巨大的实践

---

① Gilles Deleuze, Félix Guattari, *L'Anti-œdipe*, *captialisme et schizophrénie 1*, Minuit, 1972, p. 10.

② Ibid., p. 11.

能量，因为它将"变异"带给了现实，让现实真正成为可改变的对象。在我看来，这也是马克思当年选择以"生产"为主导概念来思考现实的理由。欲望生产，在其过程性的内涵中所要表达的正是生产的生产性维度。这一维度，在我看来，也只有在德勒兹这里才得到了最为彻底、系统的贯彻和表达。尽管这种表达本身是理论的，但其所蕴含的能量却是有强大实践性的。

3. 机器、被动综合及其模式

对于德勒兹而言，欲望就是一部机器，这不是一个比喻。[1] 它在某种意义上成为对我们这个时代之特质的恰当概括。马克思对机器大生产时代的资本运行规律的相关讨论、刘易斯·芒福德(Lewis Mumford)[2]

---

[1] 参见 Gilles Deleuze, Félix Guattari, *L'Anti-œdipe*, *captialisme et schizophrénie 1*, Minuit, 1972, p. 43。

[2] 刘易斯·芒福德(Lewis Mumford, 1895—1990)，美国著名城市规划理论家、历史学家。1895 年生于美国纽约州长岛符拉兴镇。1912—1917 年就学于纽约市立学院，1914 年开始接受著名生物学家、教育家、城市与区域规划科学的先驱之一帕特里克·格迪斯的启蒙影响。芒福德对纽约与其周围区域从社会学、生态学角度进行了系统深入的研究，其规划思想为其后 20 世纪 30 年代的田纳西流域规划与建立绿带城奠定了理论基础。1915—1916 年就读于哥伦比亚大学，但均未获得任何学位。1923 年芒福德成为美国区域规划协会的基本会员。1925 年任新学院讲师，1930 年发表一篇短文《机器之戏》(*The Drama of the Machines*)，开始涉足技术哲学，并由此成为哥伦比亚大学的讲师，讲授"机器时代"这样一门新课程。接着他又去欧洲的技术博物馆和图书馆从事研究旅行，于 1934 年完成其成名作《技术与文明》(*Technics and Civilization*)，该书很快成为技术史和技术哲学的名著。他强调城市规划的主导思想应重视各种人文因素，从而促使欧洲的城市设计重新确定方向。第二次世界大战前后，他的著作被波兰、荷兰、希腊等国家的一些组织当作教材，培养了新一代的规划师。芒福德曾被许多英语国家的重要建筑和城市规划机构聘为荣誉成员。1951—1959 年，芒福德任宾夕法尼亚大学城市规划专业教授；1959—1961 年任研究教授；1961—1964 年先后在加利福尼亚大学和维思大学任研究教授。芒福德的贡献和影响远远超出城市研究和城市规划的领域，而深入到哲学、历史、社会、文化等诸多方面。他曾十余次获得重要的研究奖和学术创作奖，例如，1961 年获英国皇家建筑学金奖，1971 年获列奥纳多·达芬奇奖章，1972 年获美国国家文学奖章，等等。

所发明的"巨型机器"(mégamachine)以及理查德·林德纳(Richard Lind-
ner)的画作《机器男孩》(*Boy with Machine*)等都应被视为德勒兹的思想
来源。在以经济架构为核心的社会当中，"机器"及其附带着的自动化，
成为社会进步与发展的唯一方式。并且，这一方式正在以无法估量的速
度将其自身的基本原则拓展到社会生活的方方面面。当德勒兹摒弃精神
分析所固有的匮乏性欲望的观念，转而将欲望与生产连接起来时，机器
的观念自然也不可避免地需要进入他的讨论当中。

　　德勒兹的《反俄狄浦斯》是一部带有浓重的精神分析色彩的反精神分
析的思想著作。我们自然无法回避拉康对德勒兹所产生的正面与反面的
影响。拉康在其研讨班中曾有这样一个判定："象征的世界即是机器的
世界。"①象征的世界作为语言入侵之后带来的他者的世界，意味着与自
我异质的他人以及他人所构筑的社会。当象征的世界被拉康比喻为一架
自发性、自动性的机器之时，这就意味着自我的构成已经不得不脱离理
性的共同感（如康德一般的审视方式），转而将其作为外部社会结构的一
个零部件（黑格尔的历史哲学在某种意义上带有的理论特色）。因此对自
我的考察，也不能诉诸对主体理性的内在结构的分析，而是对架构主体
的外在的社会机器运行的考察。从这一意义上说，人总是被某种外在的
机器结构以及推动这一结构的能量所左右着。而欲望，作为人的行动的
内驱力，成为外在于人并构筑人的能量，德勒兹将其比喻为机器，这显
然带有对拉康思想的沿袭与继承。

---

　　① Jacques Lacan, *The seminar of Jacques Lacan*, *Book II*, *The ego in Freud's
Theory and in the Technique of Psychoanlaysis*, *1954-1955*, edited by Jacques-Alain
Miller, translated by Sylvana Tomaselli, W. W. Norton & Company, 1991, p. 47.

德勒兹采用"机器"这一术语当然还有更为深层次的理论原因。对于德勒兹而言，其思想的核心是反叛表象性思维，并试图讨论思想之创造的可能条件。这一点在其方法论上表现为不断突破极限的先验经验主义方法；在哲学中则以事件为其外在表现，以重复为其理论内核。各色理论的表述方向虽然不同，但其最终旨归却似乎从未改变。在我看来，在德勒兹晚期的政治哲学理论话语中，"机器"，是对先验经验主义方法中"综合"观念的替换。而正是在这一综合当中，能够产生异质性，从而富有创造性的重复才得以产生。

因此，对于何为"机器"的理解，我们将从德勒兹的"综合"观念中获得些许启示。

德勒兹的"综合"观念，严格说来，有三个来源：康德、柏格森与胡塞尔。康德的先天综合为德勒兹意图达到的"创造性"提供保障。对于康德来说，新知识的产生总是要依赖于综合，因此无论是感性的时空形式，还是知性的范畴观念都要依赖某种综合的能力来完成。当然对于德勒兹而言，康德对其影响最为深远的仍然是其关于想象力之综合能力的论述。因为后者是在两种非同质性的领域之间的综合，它的综合本身意味着对自身极限的触及和突破，这是德勒兹先验经验主义思想的核心观念。新的观念的诞生依赖于对这种界限的不断僭越，如同精神分裂症患者所做的那样，界限的存在正是为了能够被移动和突破，而非为了固定。但康德的综合最大的问题在于它是一种蕴含着主体性的综合，它是自我统觉的产物。虽然我们对于自我不可知，但对于康德来说，这个自我必然是存在着的。但对于德勒兹而言，主体却绝非综合的前提性预设，它是综合的剩余，因此是站立在机器旁边的旁观者，德勒兹的综合在本质上是"被动综合"。

当我们将视域转向"被动综合"的时候，胡塞尔的相关思想也随之进入我们的视野。在我看来，与其说在康德与胡塞尔的综合观念之间存在着泾渭分明的区分，不如说两者之间其实一脉相承。胡塞尔的被动综合完全可被视为康德的主动综合的前提性批判。康德的问题是如何能够产生新的知识，并由此将问题的答案诉诸人的主观能力；胡塞尔的问题则是产生新知识的主观能力究竟是如何产生效用的，并由此引发了对主观能力前提的追寻，被动综合的观念由此而生。换言之，康德关注的是人的主观视域如何与客观视域实现综合统一，胡塞尔关注的则是为什么人的主观视域会投注于这样一个客观视域，而非另一个视域。例如，在我们看到了一棵树的时候，主动的综合试图关注的是我们如何保证我们对于树的认知（表象）能够成为确证无疑的知识，而被动综合则试图关注为什么我们会看到这样一棵树以及我们究竟是如何看到这棵树的。在这里，被动综合拒斥任何试图预先给予根据的主观能动性，而是让现象进入真正的还原当中。显然，胡塞尔的被动综合成为康德主动综合的进一步的推进。尽管这一推进将胡塞尔带入心理学当中，但其关于意识的被动性却彰显了其与主观主义观念之间可能存在的裂痕。

德勒兹的综合观念更多的来源于这种被动综合，无论是其早期的哲学史研究还是晚期的政治哲学研究都是如此。因为德勒兹的时代已经是主体死亡的时代，被拉康发展了的精神分析，在心理学中依赖于主体发生学在主体之上划上了斜线，主体的生成从其镜像阶段起就注定要成为悲剧性的虚像，并最终在象征界的符号化系统之下让主体的真实本身沦为一种匮乏，近代哲学的主体性原则由此遭到了彻底的摒弃。尽管从黑格尔开始，对于主观主义的批判就从未停止，但黑格尔和谢林所开拓的客观性，却也只不过是将主观主义的原则外在化，并没有从根本上破除主体与客体的对立以及其表象性关系，因此也就没有从根本上破除本质与现象之间的区分。而这种对立与区分，以及其内涵的表象化思维方式注定要让一切成为预成性的体系，它与德勒兹所强调的生成性原则之下的创造性截然对立。因此主体与反主体，两种倾向其实是一回事。因此，德勒兹以及其所继承的被动综合的观念虽然仍处于对主体的反叛中，但绝不能在反主体的维度上来加以理解。被动综合是非主体性的，它就是一个没有主体与之相对立的存在的本真样态。换言之，当黑格尔谈论客体、对象的时候，这些客体与对象的存在之本真都不过是对主体的对象化过程的一种确证，主体可以在对象世界中确证其自身的存在。因此，这时的客体、对象不具有真正的客观性、独立性，它们只有在与主体相对立的情景下才有客观性。而对于德勒兹而言，综合的被动性需要在完全无主体(而非反主体)的意义上来理解。

被动综合或可看作一架全自动化机器的基本功能，所有生产的产品，包括主体本身都不过是这架机器的副产品，机器没有与之对立的存在物。而对于德勒兹而言，"欲望是机器"①。"欲望是被动综合的集合。"②由此，我们看到了机器、被动综合与欲望之间相类比的关联。在此，欲望已经不再是人的本性的规定，它成为一种自为的力量，如同马

---

① 参见 Gilles Deleuze, Félix Guattari, *L'Anti-œdipe, captialisme et schizophrénie 1*, Minuit，1972，p. 34。

② Gilles Deleuze, Félix Guattari, *L'Anti-œdipe, captialisme et schizophrénie 1*, Minuit，1972，p. 34.

克思眼中的"生产"，横贯于历史、社会当中，它的运行机制是被动综合，它表现为机器，它的完成，抑或它的彻底实现就是在无器官身体、无定型的流(无器官身体)之上进行"链接"与"截断"。它们构成了欲望生产二元性，"欲望生产是二元的机器"①。链接，同时又意味着生产的生产；而截断，同时又意味着反生产，由此，欲望生产是包含着生产与反生产的双重过程，而无器官身体则作为非生产的产物，它是欲望机器得以启动的原点(如同直觉与内在性平面作为概念起飞的起点一般)，也似乎应该成为欲望机器最终完成的终点。欲望机器的运行，就如同在无器官身体之上构筑器官，让原本的平滑的身体出现组织化的倾向。德勒兹与加塔利将这一过程描述为在肉体里楔入钉子。

　　欲望机器以链接—截断的流的方式运行着，从与无器官身体(也是德勒兹在《什么是哲学?》中谈到的"混沌")的对抗中开始启动，首先形成斥力机器，又被称为偏执狂的机器，无器官身体表现为斥力机器的对抗者，无器官身体要保持其无差别之流的样态，但机器总是要进行链接—截断，它们要在无器官身体之上构筑器官。它所对应的是欲望生产中那能够构成生产过程、形成生产一般的链接综合(la synthèsis connective)或者说是生产的综合。它的基本原则是"……和……"，即将一个机器与另一个机器链接起来，正如德勒兹常常举出的例子：乳房是生产奶水的机器，嘴巴是截断这一生产的机器，由此乳房—嘴就是一架二元的器官—机器，它发挥着链接综合的作用，就是让奶水成为一个链接—截断

---

　　① Gilles Deleuze, Félix Guattari, *L'Anti-œdipe, captialisme et schizophrénie 1*, Minuit, 1972, p. 11.

之流。这个器官—机器是一架偏执狂机器，是一架欲望机器，却不是无器官身体，它的运行对抗着无器官身体。

欲望机器如同欲望生产，也是二元性的，链接综合所构筑的斥力机器仅仅是其一个方面，另一方面，它还同时是一架由析取综合（la synthèsis disjunctive）（又一种被动综合）构筑的引力机器（une machine d'attraction），它又被德勒兹与加塔利称为奇迹化的机器（une mahine miraculante）。这一机器的基本运行法则是"……或者……或者"，在这一法则作用之下，一种精神分裂式的存在样态即将开启。在奇迹化机器的作用之下，器官—机器——嘴巴，这个原本在偏执狂机器的原则下，作为截断奶水的器官，现在却在新的视角之下打碎了其固有的界限，嘴巴不仅是吃饭的机器，还是说话的机器，又是呼吸的机器，甚至在呕吐的时候还作为一种类肛门的机器。任何一个器官都成为富有生产性的生成—器官。如同早期德勒兹关注的卡夫卡的《变形记》，其中的主人公就是一个生成—动物，一个保留了自我意识的虫子。这种"生成—"意味着任何一种被生成物都处于未完成的过程性当中。欲望生产的这类机器被称为奇迹化机器，它是无器官身体的一种方式。大概从这一意义上说，德勒兹与加塔利才将其称为引力机器，它与无器官身体之间不是排斥的关系，而是相互吸引的关系。无器官身体，在我看来，就是二元的欲望机器运行的最终结果，它所彰显的存在样态就是精神分裂者的存在样态。在反俄狄浦斯的语境之下，这一精神分裂者构成了对"爸爸—妈妈—我"的三角模型的质疑和调侃，它从根本上破坏了这一模式，并由此解构了俄狄浦斯情结：

　　精神分析者会说，我们应该在薛伯的超绝上帝之下发现一个父亲的形象，并在其次级的上帝下面找到其长兄的形象。但对于一个精神分裂者来说，有时候他很没有耐心，他要求独自静一静。有时候他却参与这一游戏，他要求加入他被植入的那个模型当中，从内部爆裂出来。（是的，这是我妈妈，但我的妈妈，她是圣母玛利亚。）我们可以想象一下薛伯庭长对弗洛伊德的回应："是的，是的，是的，说话的鸟儿是那些年轻的女孩，超绝的上帝，是爸爸，次级的上帝是我的兄弟。"但渐渐地，薛伯庭长会让女孩们与说话的鸟儿们结合孕育，让超绝的上帝与父亲结合孕育，让次级上帝与兄弟结合孕育，所有这些神圣形象都变得复杂起来，抑或"被简化"，它们穿透了俄狄浦斯三角模型的诸多术语与功能。①

　　以上两类机器、两种被动综合构筑了欲望机器的二元维度。但关于被动综合的讨论并没有结束，对于德勒兹与加塔利来说，还存在着第三种综合——合取综合（la synthèsis conjunctive），这一综合对应着一个被其称为"单身汉机器"（une machine célibataire）的机器类型。为什么强调这一综合，构筑这一机器？在我看来，只有一个目的：德勒兹与加塔利要为机器时代的主体找寻一个可能的位置。

　　这是一种特别的对"主体"的关注。无论是对早期处于思想史研究阶段的德勒兹而言，还是对于晚期进入对欲望生产的研究的德勒兹与加塔

---

①　Gilles Deleuze，Félix Guattari，*L'Anti-œdipe，captialisme et schizophrénie 1*，Minuit，1972，pp. 20-21.

利而言，主体都似乎已不可能成为其思想讨论的核心所在。人的死亡是不言而喻的事实，因此社会现实中横贯着的是欲望，这一欲望，正如我们已经指出的那样，是非主体性的欲望。它作为一种富有独立性的力量，如同"生产一般"左右着人的生活。因此，欲望机器所带来的两种综合是被动的，它们不是人的主观综合的产物。更进一步说，不仅主体没有左右欲望机器的综合，相反，欲望机器的综合却产生了主体本身，这一点表现出了被动综合的彻底性。

首先，如何理解单身汉机器？这一概念最先由米歇尔·卡鲁日（Michel Carrouges）在文学当中提出来，他用以证明这一机器存在的诸多作品包括杜尚的题为《新娘，甚至被光棍们剥光了衣服》（*la Marée mise à nu……*）（又称为《大玻璃》——译者注）的画作、卡夫卡的《在流放地》（*la Colonie pénitentiaire*）、雷蒙·鲁塞尔的（Raymond Roussel）①的机器、阿尔弗雷德·雅里（Alfred Jarry）②的《超人》（*Le Surmâle*）、埃德加·爱伦·坡（Edgar Allan Poe）的某些机器以及奥古斯特·费耶尔（Auguste Villiers）的《未来前夜》③（*L'Eve future de Villiers*）等。在此

---

① 雷蒙·鲁塞尔（Raymond Roussel，1877—1933），法国诗人，小说家，戏剧家，音乐家。他的小说、戏剧对 20 世纪的法国文学产生了巨大影响，包括超现实主义、乌力波（Oulipo，这一流派开始于 20 世纪 60 年代，着意于语言、文字的游戏，全称为"潜在文学的创作实验工场"）以及新小说派。

② 阿尔弗雷德·雅里（Alfred Jarry，1873—1907，现代先锋戏剧的创始人，对后来的法国超现实主义运动产生了开创性的影响。代表作《愚比王》（*Ubu Roi*）（又译《乌布王》）1896 年 12 月 10 日在巴黎上演。其荒诞不经与惊世骇俗，引发了现代演出史上罕有的轩然大波。无论是演出当天还是演出之后，观众、评论界均分成壁垒分明、不共戴天的两派。他笔下的人物，同作家自身一样都处于社会的边缘，为了维护自我身份，在一个充满拒斥的世界中奋力挣扎。此处提到的《超人》，是作者生前的最后一部作品。

③ 该小说是象征主义科幻小说，出版于 1886。

我们仅以杜尚的《大玻璃》为例来说明"单身汉机器"的可能形态。

这是杜尚采用玻璃材质构筑的一幅图画。在其中，上半段被称为新娘，下半段则由种种形状各异的机器组成，它们被称为单身汉。对于这一作品的解释是多样的，但对德勒兹而言，我想有两点最为重要：一方面，各个单身汉机器的存在代表着欲望机器的链接—截断，那一个个类似于人形，又非人形的单身汉机器成为欲望机器运行的截断所提取出的样品，在其中我们的确看到了偏执狂机器的运行结果；但另一方面，这些单身汉机器是无身份的，它们都不过是不同的机械形状，它们的身份是不固定的，可以是任意的，它们面对着"新娘"，这一欲望的对象，成为一种生成—能量。《大玻璃》又被称为《新娘，甚至被光棍们剥光了衣服》，其欲望与快感的隐喻是显而易见的。

如果杜尚的这一画作具有典型意义，那么我们可以就单身汉机器的基本规定给出一个说明，德勒兹与加塔利实际上已经做了这方面的工作：

> 我们可以对这一整体的特性作如下表述：首先单身汉机器证明了偏执狂机器的存在，以及这一机器运行中的苦难、阴暗及其古老的法律。单身机器自身并不是偏执狂机器。它在各个方面都不同于前者，它的机构，它的手推车，它的剪刀，它的针，它的光线。就其所带来的苦难与死亡，单身汉机器给出了一些新的东西，某种太阳的力量。其次，这一机器的变化并不能依赖那些机器中所隐藏的奇迹化的铭刻（inscription）来解释，尽管在机器中有效地隐藏了最大程度的铭刻〔参见爱德森在《未来前夜》所做的记录（L'enregistre-

ment)〕。在此存在着一种新的机器的现实的消费，那种由于手淫而带来的快感，它是自动自发的，这一快感构造了新的联结，新的诞生充满了无比的狂喜，如同性欲机器所释放出的无限能量一般。①

这段对单身汉机器的表述其实仍然不够清晰，我们需要从中做进一步提取：单身汉机器是一个暂时的被组织化了的机器。它们本无定型的机械存在似乎包含了一些可能的称谓：单身汉，以及那些单身汉可能从事的各类职业——公务员、商人以及教授。但这些称谓也仅仅是可能的，而非固定化了的。它们无法辨识的身份特征，正代表着其可能具有生成性和变动性。当欲望的主体被输入单身汉机器当中的时候，例如杜尚的新娘作为一个被悬置的存在放置到了单身汉机器之上的时候，一种可能的创造性能量被蕴含了。这一能量，被德勒兹与加塔利称为"富有强度的量"（des quantités intensives）。这一观念的提出将我们带回到早期德勒兹的思想当中。早在德勒兹对柏格森的研究中，强度的差异就替代着质性的差异，成为其差异哲学的核心。在对诸如普鲁斯特与卡夫卡的研究中，强度的差异成就了其生成性原则，保证了质性差异的非固定化。德勒兹与加塔利为了反抗俄狄浦斯帝国所构筑的固定化的三角模型，需要一个精神分裂式的解构过程，而保障这一过程得以形成的关键就在于用强度的差异替代质性的差异，换言之，当我们将黄蜂与兰花不是看作两个在质上完全不同的存在物，而是将它们之间的差别视为可类

---

① Gilles Deleuze, Félix Guattari, *L'Anti-œdipe*, *captialisme et schizophrénie 1*, Minuit, 1972, pp. 24-25.

比和转换的强度的差别的时候，我们就可以理解黄蜂何以作为兰花的生殖器而被称为"生成—兰花"，反过来说，兰花何以被称为"生成—黄蜂"。两者之间不可逾越的界限被僭越了：

> 嬗变为动物意味着制造运动，设定一条具有正面意义的投影线，跨越某种界域，达到除自身之外不具任何其他价值的强度的连续体，找到一个由纯粹的强度组成的世界；在这个世界里，任何形式都会解体，任何含义也都会解体，无论是能指还是所指，并且让位于一种不具形的质料，让位于脱离领土的洪流，让位于非意指的符号。卡夫卡的那些动物从来就跟神话无关，跟原型也无关，他们只反映被跨越的层次和强度得到释放的地带，内容在那里超越了自身的形式，正如表达方式超越了将其形式化的能指。[1]

生成性的世界是强度统治的世界，事物之间的差异总是存在着，但它们在各个不同情境下完成的不同综合决定了不同的强度生成。强度是从 0 出发的正能量，它是肯定性欲望的最根本的内涵。当德勒兹谈论欲望横贯的历史之时，就是在谈论一个被强度所统治的世界。在强度的世界中，没有固定性的身份认同。因此整个世界可以被视为无器官身体，强度的不同意味着不同的组织化方式，并带来不同的强度带，形成一个

---

[1]　［德］吉尔·德勒兹、菲力克斯·迦塔利：《什么是哲学?》，张祖建译，25～28页，长沙，湖南文艺出版社，2007。

生成—器官。这是链接综合的作用，但随后在析取综合的解构当中，这个强度带又随即被取消了。但在这种强度的聚合与离散当中，产生了一个合取的综合，这一独特的被动综合的组织原则是"原来这就是……"（C'est donc…）。

这一综合的诞生，是尼采思想在德勒兹思想中的又一次重现。尼采用永恒轮回的方式不仅破除了表象哲学的反思模式，同时更为其超人的诞生创造了条件。这是一种回溯性的认同，但这种认同不是在反思模式中客观对主观的确证，它是指在永恒轮回的每一次"重复"当中对自身的确证。这一主体，因此不是处于中心的主体，因为它是强度所主导的轮回的产物，这一产物是一个新的事物，在尼采那里，这就是超人（而正是这一点使得尼采带有了其所批判的形而上学的色彩）。超人不是人本身，而是对人的超越，但它的后缀仍然让其具有了某种无法褪去的主体性色彩。这一色彩，在德勒兹和加塔利这里被进一步复活了，因为他们明确地在此提出了"主体"的问题：

> 主体，作为在机器旁边所产生的剩余，它是机器的附件，或者是相邻于机器的碎片，历经了循环的各个阶段，以及一个循环向另一个循环的过渡。主体不在中心，中心被机器占领着，它在边缘，没有固定的身份，总是处于非中心的状态，它被其所经历的每个阶段所界定……另外一条道路更为复杂，但两者殊途同归：略过偏执狂机器与奇迹机器，以及无器官身体之上斥力与引力之间的比例，生产出单身汉机器，它从 0 开始展开一系列不同的阶段；主体诞生于这个系列的每个阶段，在其得以诞生和重生的诸多阶段被消耗殆

尽的决定性时刻，主体又得以重生。①

这个在机器旁边，作为机器之剩余的主体保证了合取综合中的被动性。主体是欲望机器的剩余，也即是强度的永恒轮回的剩余。但这也是一个类似于尼采的超人式的主体性。它是强度世界运行过程中产生出的新的东西，它所对应的是早期德勒兹思想中对于创造之可能性的讨论。它是逃离了表象哲学的生成。但显然在德勒兹这里，由于其晚期强大的非-主体性思维视域，这一作为"主体"而产生的新的生成性没有了任何能动性。在我看来，这是德勒兹与加塔利的论述中不甚清晰，甚至略带矛盾的一部分：一方面，他们对于尼采超人思想的借用本应为我们带来全新的创造性的产物，换言之，主体是强度的剩余，合取的综合应该成为富有能动性的存在；但另一方面，他们却一再强调主体"在机器旁边"的位置，即主体的非中心性，这使得主体成为欲望机器运行的旁观者，而非行动者。其被动性显然不能被尼采的超人哲学所容纳。

尽管这一主体理论包含着以上的矛盾，对于德勒兹与加塔利的欲望哲学而言，却不失其逻辑的一贯性。德勒兹与加塔利在欲望生产的语境下所展开的关于机器与被动综合的讨论始终坚持非主体性的立场，这一立场使得其所面对的被欲望统治的世界富有自发性，它所内在的能量自发地拓展着、生成着世界，而无需主体的推进与改造。从这一意义上

————————

① Gilles Deleuze, Félix Guattari, *L'Anti-œdipe*, *captialisme et schizophrénie 1*, Minuit, 1972, p. 27.

说，社会现实历史在德勒兹与加塔利那里是一个无主体的过程。正是基于这样一个理论的基调，诸如机器、被动综合观念的运用才具有其理论的合法性。但其所蕴含的问题也随之而来，即如果整个世界是一架自我运行的欲望机器，它的二元维度会将其最终带向无器官身体的存在样态，主体不过是站在这架机器旁边的一个旁观者，那么对它的批判又有何意义？德勒兹与加塔利随之展开的精神分裂分析理论的构建又有何意义？

（二）唯物主义精神病理学与精神分裂分析

欲望生产源于对非压抑性的革命激情的反思，因此它需要表达的是一种强大的、肯定性的冲动。在对这种冲动究竟源于何处的追问中，德勒兹发现了资本主义的独特性，这是一个全新的社会体制，它围绕着"资本"而展开。资本虽然并不是一个普世性的存在，却有着能够让整个世界趋于普世化的能力。新的革命激情与能量需要从这个现实的社会基础出发。这或许是德勒兹在晚年彻底转向马克思的重要原因。

德勒兹与加塔利联合之后，其用以批判资本主义的方式自然与对精神分析的批判整合了起来。这种整合包含着这样一个洞见：精神分析与资本主义社会已经构成了一种共谋的关系。在马克思的时代，资本主义的帮凶是政治经济学；而在今天，精神分析就成为资本主义新的合作伙伴。正如我们前文已经指出的那样，德勒兹与加塔利坚定地将两者作了一个极为清晰的对比："李嘉图将政治经济学抑或社会经济学建筑于对量化劳动的发现基础之上，而这一量化劳动所遵循的原则是表象化的价值。弗洛伊德将欲望经济学建筑于对量化的力比多的发现之上，其所遵循的原则是客体的表象化以及欲望目标的表象化。"①在其中，政治经济学与精神分析的相似点在于两个方面：量化与表象化。量化意味着抽象和固定化，并且只有在抽象和固定化之后，表象才得以进行。问题又一次回到关于表象的批判之上。它作为德勒兹思想批判的核心之一，所带来的恶果就是非创造性的复制（而非德勒兹意义上的差异化重复）。在政治经济学家那里，这一思维方式意味着价值对物的抽象并表象为价格；在精神分析那里，则意味着俄狄浦斯情结对无意识的抽象，并将其表象为"父亲—母亲—我"的三角模型。德勒兹与加塔利追随着马克思的批判方式，将这种固化的研究方式视为一种无历史、无社会性的虚构状态。面对政治经济学，马克思指出："国民经济学从私有财产的事实出发，但是，它没有给我们说明这个事实。"②同样，俄狄浦斯情结也被剥离了它的形成的历史境遇和文化境遇，在精神分析那里，它成为左右人的自我形成甚至社会形成的主轴：

> 俄狄浦斯的功能，作为一种教条，或者作为"复杂的原子核"，与一种强制无法分割，通过这种强制，精神分析的理论家们自我提升为一个普遍化的俄狄浦斯的概念。一方面，它为每一个性别的主体设想了一系列的冲动、情感以及关系，它们以其颠倒的、否定的形式构筑了一个复杂体中正常的、肯定性的形式：俄狄浦斯的系列，正如弗洛伊德在其《自我与本我》(*Le Moi et le ça*)中指出的那

---

① Gilles Deleuze, Félix Guattari, *L'Anti-œdipe*, *captialisme et schizophrénie 1*, Minuit, 1972, pp. 356-357.

② 《马克思恩格斯全集》第 42 卷, 89 页, 北京, 人民出版社, 1979。

样，它可以将前俄狄浦斯的阶段整合入这个否定性的复杂体当中。另一方面，它还思考着主体自身在平行意义上的共在，以及他们之间的多样性的相互关联：群体中的俄狄浦斯，它整合亲属关系、直系亲属、直系尊亲属。①

俄狄浦斯如同幽灵一般盘旋在精神分析理论框架之内。一切都可以放在俄狄浦斯的天平上去称量，以获得自身存在的合法性。因此要对抗这样一种俄狄浦斯的教条，德勒兹与加塔利也只能追随马克思的批判思路。对于马克思而言，他的方式是从当下的经济事实出发去恢复国民经济学家赖以推理的前提——私有财产的历史性。换言之，私有财产并不具有天然的合理性，它的形成有其固有的历史过程以及特定的社会现实。异化劳动的提出正是这种分析的结果。劳动，作为人的能力的外化的确证，对于国民经济学家与黑格尔来说，都具有肯定性，但这种肯定性只是一个先验原则的设定，一旦马克思将劳动放入特定的资本主义社会的私有财产的条件之下，它将显现出特定的否定性的面向。同样，德勒兹与加塔利也试图恢复俄狄浦斯情结形成的历史境遇与社会现实，从而解构这一已经成为教条式结构的俄狄浦斯。

为了完成这一批判，德勒兹与加塔利在《反俄狄浦斯》中反复地提到被称为"唯物主义精神病理学"的思想。虽然德勒兹与加塔利从未给予这一思想的具体所指以一个清晰的界定，却在其对诸多精神分析理论家的

---

①　Gilles Deleuze, Félix Guattari, *L'Anti-œdipe*, *captialisme et schizophrénie 1*, Minuit，1972，p. 60.

批判中提到这样一种理论。例如，他们称病理学家克莱朗博（Cleram-
bault）为"精神分析中的费尔巴哈"①，他成为反精神病理学的代表；而
同时又将威廉·赖希（William Reich）视为"唯物主义精神病理学的奠基
者"②。从两者的思想差异而言，显然赖希作为提出了欲望与社会领域
之关系问题的第一人，深得德勒兹与加塔利的赞赏。换言之，对于德
勒兹与加塔利而言，俄狄浦斯情结的核心在于对无意识中的欲望做了
一种固定化的处理，将原本富有多重可能性、具有多个面向的存在样
态转变为一种理论模型，这是精神分析堕落的关键环节。因此如果试
图解构俄狄浦斯的基本框架，关键在于恢复欲望的历史境遇与社会
现实：

> 能否将无意识的领域进行精神分裂，或者将历史的社会领域进
> 行精神分裂化，从而跳过俄狄浦斯的桎梏，重新在真实的层面上构
> 建分析机器、欲望与生产之间的关联？因为无意识自身不再是结构
> 化的，而是人格化的，它不能被象征化，不能被想象，也不能被构
> 想。它如机器般运行着，它是机械性的。它不是想象的，也不是象
> 征的，它是真实自身，"可能的真实"及其生产。③

这种质疑是德勒兹与加塔利惯用的手法，即用一种质疑的方式来阐

---

① Gilles Deleuze, Félix Guattari, *L'Anti-œdipe*, *captialisme et schizophrénie 1*,
Minuit, 1972, p. 29.

② Ibid., p. 141.

③ Ibid., p. 62.

明自身所肯定的立场。换言之，他们所做的正是在无意识中进行精神分裂分析，这一分析是构筑唯物主义精神病理学的理论利器。因此要说明何为德勒兹与加塔利意义上的唯物主义精神病理学，我想，有两个概念是需要澄清的：其一为唯物主义；其二为精神分裂分析。

1. 德勒兹与加塔利在何种意义上是唯物主义者？

要回答这一问题，我们需要对唯物主义以及马克思的唯物主义观作一个简单的分析。

首先，唯物主义是法国思想传统中固有的底色。德勒兹与加塔利的唯物主义是这一传统在当代的最好诠释。18 世纪唯物主义在法国的兴起正是无神论四处蔓延的结果，人的自我意识的觉醒成为反叛神的力量。因此从前那种试图将自然秩序纳入神话与宗教体系的解释方式被颠倒了过来，18 世纪的人们开始将人的意识纳入自然秩序当中。这种颠倒是一种人性的解放，特别是在法国思想当中，对神的拒斥带来的是对人的感性的推崇。这一点构成了法国唯物主义较英国唯物主义最大的区别。的确，正如马克思在《神圣家族》中所指出的那样："法国人赋予英国唯物主义以机智，使它有血有肉，能言善辩。"[1]反观英国的唯物主义者，虽然在培根那里，"物质带着诗意的感性光辉对整个人发出微笑"[2]，但到了霍布斯之后，感性却"变成了几何学家的抽象的感性"[3]，并且这种以抽象的物质的观念为主导的唯物主义随着苏联教科书体系的理论化而被强化为与唯心主义对立的另外一极。但在唯物主义转变的初

---

① 《马克思恩格斯文集》第 1 卷，333 页，北京，人民出版社，2009。

② 同上书，331 页。

③ 同上。

期，这种观念并不占据主导地位。因为一个显而易见的事实是，当我们将唯物主义思潮视为用物质的观念来阐释世界之同一性的时候，它的抽象性、神秘性与推崇以神的意志来统摄世界的神学体系没有本质的区别。因此对于真正热衷于唯物主义的 19 世纪思想家，如马克思与朗格等人来说，这样的替换本身是无效的。因此在马克思的思想背景中，他更热衷于讨论与人道主义相结合的唯物主义，因此感性的法国唯物主义当然是首选。马克思对法国唯物主义又作了进一步的区分：一派以笛卡尔为代表，将自然科学融入其中，成为机械唯物主义；另一派则以爱尔维修为代表，将唯物主义指向社会主义，马克思称这一派为"法国有教养的分子"①，因为后者带来的不仅是社会运动，更是浓郁的人道主义色彩。

　　与马克思同时代的新康德主义者朗格，在其对唯物主义的系统研究中也透露出了这样一种理论倾向。他在其鸿篇巨著《朗格唯物论史》中也如同青年马克思一样给予伊壁鸠鲁很多的篇幅，并给出了较高的评价。因为在朗格看来，近代唯物主义的难题就是要"从机械的原因演绎所有运动的全体"②，换言之，在批判神学之后，如何在现实世界之中阐发意志的运动？这同样是一个富有人性关怀的唯物主义，它并不是简单地满足于拉美利特的"人是机器"的说法，并认为这就可以解决问题。相反，朗格特别关注了伊壁鸠鲁，因为他"将全然不可计算的要素，导入他的体系中，固然照他来说，人类大多数行为，都是物质分子发生一定

① 《马克思恩格斯文集》第 1 卷，327 页，北京，人民出版社，2009。
② ［德］朗格：《朗格唯物论史》上卷，李石岑、郭大力译，126 页，上海，中华书局，1936。

的运动之结果，因一运动常例会惹起他一运动，但此处我们不仅明白激烈地把因果系列打破了，而关于运动的性质，背后亦隐有更进的明晰处。即在生物界——这就是鲁克理底斯所选择的例子——自由意志立即会占得最重要的意义，好像栅栏一经去除，马就会突入赛马场中"①。这里的关键在于指出自由意志的引入及其对因果律的打破，伊壁鸠鲁之所以能够成为 18 世纪唯物主义者所热衷讨论的人物，其根本的原因就在于此。神似乎一直以来都在担当着自由意志的保障者，而现在，当启蒙精神完成了对神的批判与拒斥之后，唯物主义者的理论任务正是在于如何在无神论的框架内重新阐发自由意志，伊壁鸠鲁的原子偏斜论于是变得弥足珍贵。

　　基于此，我们再回溯性地思考马克思在同一时期所撰写的博士论文，就不应诧异于马克思选择德谟克利特和伊壁鸠鲁的自然哲学的差别比较的话题。对于这一话题的选择，我们不应将其简单地视为对黑格尔哲学的遵从，而应看作马克思特有的唯物主义的起点。在此，一方面，马克思赞扬伊壁鸠鲁对任何宇宙目的论的拒斥。伊壁鸠鲁在坚持彻底的原子论的过程中，谈论一个具有体积、形状，并且更为重要的是具有重量的原子。重量在原子的引力与斥力之中发挥作用，并将原子的概念个体化、经验化了。② 一切事物的生成于是不再依托于神的创造，其本身就是有重量的原子之间的聚合，是它们的偶然相遇。重量的存在，使得

---

　　① ［德］朗格：《朗格唯物论史》上卷，李石岑、郭大力译，127 页，上海，中华书局，1936。

　　② 参见马克思：《马克思博士论文：黑格尔辩证法和哲学一般的批判》，贺麟译，41～42 页，上海，上海人民出版社，2012。

原子的偏离与碰撞不是源于外在的强迫，而是源于自身的内在的矛盾运动，这是伊壁鸠鲁相对于德谟克利特而言最为根本的区别所在。由此，一切生成运动都源于原子自身，而非诉诸外在神的抑或任何目的论的规定，这是唯物主义者的基本原则。另一方面，马克思却又在这部著作的著名段落中强调了个别的自我意识对于哲学体系的突破：

> 个别自我意识把世界从非哲学里面解放出来，同时就是把它自己从哲学里解放出来，即从作为一定的体系束缚它们的哲学体系中解放出来。因为这些个别自我意识只有在行动中和发展过程的直接力量中才能把握住自身。①

这一观点同样应视为对伊壁鸠鲁哲学的延伸性阐发，因为富有重量的原子是个别的经验性存在，它的偏移意味着它的自由意志及其行动。马克思在一个遗失的段落的附录中对个别自我意识的阐发，在我看来，正是这一偏移原子所有的特性。在此，自由意志并不是能被哲学体系所包容的中介，这是一种旁观者才有的理论态度。相反，自由意志的真谛在于它在自身的行动中（偏移中）确证自身的力量，这是马克思看重伊壁鸠鲁的真实原因所在。

概言之，唯物主义作为一种富有影响力的思潮，对社会现实的影响有多种。就法国唯物主义的整体而言，笛卡尔一派所凸显的是理论的唯

---

① 马克思：《马克思博士论文：黑格尔辩证法和哲学一般的批判》，贺麟译，78页，上海，上海人民出版社，2012。

物主义态度，他们以自然科学为解释尺度，将世界的运动变化都建基于其上。这种理论的态度可视为古典的德谟克利特传统原子论的当代复兴。而《神圣家族》时期的马克思所热衷的正是这种非形而上学的唯物主义，这种以人的感性与社会运动为理论旨归的思潮"并不需要多么敏锐的洞察力就可以看出，唯物主义关于人性本善和人们天资平等，关于经验、习惯、教育的万能，关于外部环境对人的影响，关于工业的重大意义，关于享乐的合理性等等学说，同共产主义与社会主义有着必然的联系"①，这一派在法国思想中为爱尔维修所继承，他使得唯物主义与社会主义和共产主义运动本身挂起钩来。② 这种唯物主义的重心不是理论上对世界作何解释，而是在实践中如何让社会朝向更富有人性的维度去发展。法国唯物主义的这一倾向使其成为 18 世纪以来真正富有影响力的一种思潮。朗格曾经将唯物论作了三类区分：理论的唯物论、实践的唯物论以及伦理的唯物论。其中，伦理的唯物论的提出和论述同样彰显了唯物主义的这一实践倾向。

实践的唯物论所意指的是某种对物质享受的推崇，理论的唯物论则是"追求知识之精神的努力"③。它保障了纯洁的灵魂不受到一切低俗之物的熏染。④ 例如，德谟克利特的原子论就是这种努力的表现。而伦理的唯物论，作为一种道德行为，类似于行动的准则，"这学说认人间之

———————

① 《马克思恩格斯文集》第 1 卷，334 页，北京，人民出版社，2009。

② 参见《马克思恩格斯文集》第 1 卷，333 页，北京，人民出版社，2009。

③ ［德］朗格：《朗格唯物论史》上卷，李石岑、郭大力译，38 页，上海，中华书局，1936。

④ 参见上书，38 页。

道德行为出于人间精神之个个的兴奋，且非绝对命令之观念，乃依追求
所望状态之努力，来规定行为的目的"①。因此，诸如斯密等人对经济
学的关注与研究被朗格视为唯物论的代表，其原因正在于此：人的行动
并不是由观念层面的绝对命令所规定的，而是由人的行动自身来决定。
因此，面对作为主流的 18、19 世纪以来各色唯物主义思潮，当我们面
临如何做一个唯物主义者这个问题的时候，答案似乎并非简单的、单
一的。

当代法国思想家阿兰·巴迪欧在《圣保罗》中曾经用极为朴实的语言
这样讨论唯物主义："唯物主义从来都只是由客观来确定主观的一种意
识形态。"②因此，当如德勒兹与加塔利一般坚持一种唯物主义立场，对
于客观性的坚守或可作为一条基本的原则。究竟何为客观性？为什么马
克思以及巴迪欧、德勒兹、加塔利等人会不断地回到唯物主义立场来构
建自身的思想？对这两个问题的回应是相辅相成的。

对于旧的形而上学家来说，对客观性的坚持意味着不屈服于神学的
束缚、意识的摆布，以及试图为世界的本体论探寻更为现实的同一性原
则，因此构筑世界的原因不在世界之外，而在世界之内，我们只能用我
们的生活世界自身来解释世界。这种带有经验主义色彩的理论倾向对蒙
昧时代的人类来说是一次振聋发聩的思想解放。虽然在古希腊时代，这
种唯物主义似乎将理论的落脚点落在对某些"物质"元素的讨论当中，例
如泰勒斯的"水"、阿那克西美尼的"气"、德谟克利特的"原子"等，但他

---

① ［德］朗格：《朗格唯物论史》上卷，李石岑、郭大力译，39 页，上海，中华书
局，1936。

② ［法］阿兰·巴丢：《圣保罗》，董斌孜孜译，84 页，桂林，漓江出版社，2015。

们的讨论倾向显然表明世界是一个围绕人而展开的世界，万物的起源失去了其神性的基础，因此这是哲学的诞生，也是人的理性觉醒的象征。从这一意义上说，坚持唯物论的形而上学家们或许是一些神学的对抗者。

但正如我们从马克思与朗格那里所看到的那样，对于另外一些更为关注人类幸福、人类生活的古希腊思想家来说，对客观性的坚持则需要与对人的关注有更为密切的联系，人的内心所需要的平静与快乐不来自神，而来自我们自身的意志以及自我的节制与恰到好处的生活。这正是伊壁鸠鲁学派在古希腊时代所传达的快乐主义。这种快乐主义的行动原则需要其特有的原子论作为哲学基础。原子偏斜说，作为伊壁鸠鲁与德谟克利特的最大差异，包含着两个侧重点：一方面，为了解决万物何以生成的问题，原子应当是"偏斜"的，没有偶然相遇，原子与原子无法碰撞，自然也就不会结合产生新的事物；另一方面，发生"偏移"的也只是"原子"，是原子自身的自由意志，这是对"物性"的一种独特阐释，它从根本上打破了僵死的物质世界与灵动的精神世界之间的严格区分。在此，我们看到了一种不以任何外在原因为原因的"物活论"，原子运动以及生成的原因只在原子自身，在它的自由意志当中。伊壁鸠鲁由此实际上彰显了人的特有存在，因此拥有自由意志是人的特性。拥有自由意志的人才能进一步谈论如何行动，而在神的笼罩下，我们无从谈论如何行动，一切都是已被决定了的。因此，成为唯物论者，对于这些人来说意味着成为一个行动者，不仅要去解释世界（如德谟克利特一般），关键在于去改变人自身，以便改变世界。

但不管是形而上学家们还是行动者们，古代的唯物主义者们都带有反神学的色彩，以至于3世纪以后，伊壁鸠鲁的学说一直是基督教的劲敌。在中世纪，"伊壁鸠鲁"（Epicurus）成了不相信上帝、天命与灵魂不死的同义语。这种对神学的反叛在18世纪以来一边延伸为对宗教的批判，一边则演变为对任何"超验性"预设的反叛，马克思作为19世纪以来最为坚定的唯物主义者当然是其中最有代表性的一员。

对于马克思来说，唯物主义是其早期思想的一个核心观念，但由于马克思对形而上学的批判态度，马克思的唯物主义起点从开始就并不是一种理论的态度，因此在马克思那里，我们根本看不到对世界同一性的讨论。因此，也仍有所谓对物质第一性的坚持。换言之，马克思很少关注纯粹的物质与自然。马克思思想的起点是，遭遇"对所谓物质利益发表意见的难事"[1]。物质利益的冲突是马克思思想的"客观性"。他的思想体系总是围绕着这一"客观性"而展开，而这一客观性意味着关系性的概念，"物质"与"意识"的概念诠释体系无法阐释这一关系性概念的基本属性，因此这种唯物主义注定是对旧有思潮的脱节。在此，马克思的唯物主义实现了双重"脱节"。一方面，要从以费尔巴哈为代表的旧的唯物主义当中脱节，这些唯物主义"对对象、现实、感性，只是从客体的或者直观的形式去理解，而不是把它们当做感性的人的活动，当做实践去理解，不是从主体方面去理解"[2]。另一方面，马克思还要与以黑格尔为代表的唯心主义体系脱节，因为这些"唯心主义是不知道现实的、感性的活动本身的"[3]。这种双重脱节使得马克思的唯物主义呈现出某种

---

① 《马克思恩格斯文集》第2卷，588页，北京，人民出版社，2009。
② 《马克思恩格斯文集》第1卷，499页，北京，人民出版社，2009。
③ 同上。

独特性：这是一种试图用现实的、感性的活动作为基础，并试图以此作为所有观念体系(诸上层建筑，如法律的、政治的、经济的、文化的观念体系)得以成立的条件。对于早期的马克思而言，这种感性活动被诠释为"对象性的[gegenständliche]活动"①抑或"实践"，但这一界定无论如何现实、感性，都仍然应被视为一种抽象的哲学规定。因此，当马克思真正开始其唯物史观的构建之后，以生产为轴心的话语体系整个地替代了"感性活动"的言说方式。马克思的唯物主义立场，在其后期思想中始终表现在政治经济学批判的实践当中。在这一意义上，马克思的唯物主义与以爱尔维修为代表的社会主义运动之间存在着根本差别：虽然两者在其现实实践诉求上似乎有相似之处，但对于爱尔维修来说，仅仅是人的感性，而非人的感性活动成为道德的基础，人的利益与道德构成了对人的现实生活的讨论方式。这种讨论方式最终带来的仅仅是一种理想社会的构筑，以及对现有社会无情的批判。而对于如何扬弃现有的非正当的社会形态，注定只能滞留于空想的层面。而对于马克思而言，理想社会的构筑，即人的感性与道德的完善并不是其唯物主义关注的核心，真正的唯物主义者所要追问的是在现有的、既存的社会历史条件之下，我们究竟该如何行动才能实现对既存社会的扬弃，而不仅仅是对既存社会进行批判。马克思晚年对政治经济学的批判，在本质上应被视为对行动之可能性条件的讨论，即在何种情景下，我们可以现实地实现对现有社会的颠覆。从这一意义上说，马克思的《资本论》是一部唯物史观的典范著作，因为在其中，他所讨论的所有经济规律，所构筑的不过是现实

---

① 《马克思恩格斯文集》第1卷，499页，北京，人民出版社，2009。

的无产阶级推翻资本主义社会所必须面对的既存条件。正是在这些条件之下，资本主义的整个社会体系的种种规定才得以存在，因此发现这些条件的运行规律，发现这一规律自身可能面临的崩溃，是无产阶级行动得以成功的必要前提。马克思的《资本论》所完成的是对这一前提的批判性考察，在此我们可将《资本论》的副标题"政治经济学批判"中的"批判"作一种康德式的解读，即这是一部关于政治经济学研究之界限的著作，发现并呈现这一界限以及讨论这一界限的极限点，成为马克思《资本论》的根本任务。而这一极限点存在的意义不在理论上，而在无产阶级的实践当中。

从18世纪以来唯物主义的诸多变迁中，我们可以看到，成为一个唯物主义者，一方面，意味着在理论层面坚持彻底的非超验性的阐释方式，即在对事物之原因与本质的探讨中从不诉诸任何超越于事物自身之上者，例如神。一切事物的原因只能在事物自身内部获得说明，我们可将其称为内在性原则：相对于现实世界之外的神的规定的外在性原则。另一方面，自马克思思想获得广泛传播以来，要成为一个唯物主义者，更为重要的是坚持行动原则，坚持认定人有能力并有可能改变世界。因此真正的唯物主义者，是那些坚信"现实的、肉体的、站在坚实的呈圆形的地球上呼出和吸入一切自然力的人"①可以在特定的历史情境下改变世界的那些人们。更进一步说，当思想家试图以理论的态度去坚持一种行动原则的时候，那么其可能采取的方式只能是马克思所倡导的唯物主义的展开路径：以研究社会发展何以可能的基本条件为己任。而以成

---

① 《马克思恩格斯文集》第1卷，209页，北京，人民出版社，2009。

立之条件为研究对象的理论行动包含着这样一个假定，即所有社会都不具有永恒性，它的基本原则只有在一定条件之下才是可能的。这里所包含的是一种强大的历史性原则。恩格斯将马克思的唯物主义称为唯物史观，这并不是说要将粗陋的唯物主义的基本原则，如"物质第一性，意识第二性"的原则，应用到对历史的分析当中，而是相反，当我们将一切社会现实都视为历史性的，从而也必然是暂时性的存在状态的时候，我们实际上已经是一个马克思式的唯物主义者了。因此对于唯物主义的内涵而言，我认为，历史性原则，也应算作其题中之意。

经过了这样一种理论梳理之后，我们手里已经有了一把尺子，我们可以用这把尺子来衡量、反观德勒兹与加塔利的思想，以此判定其作为一个唯物主义者的合法性。

其一，作为经验主义者的德勒兹，其在早期思想当中就对内在性原则津津乐道。作为尼采主义的传人，他秉承着上帝之死的基本精神，重新恢复以休谟为代表的经验主义传统，并在这一语境下提出内在性原则。这是一种相对于上帝、超验性而言的"内在性"，它将一切可能脱离经验、脱离现实的运作都排除在了思想考察之外。即便其涉及"先验性"，也更多的是从胡塞尔式的"被动综合"的意义上来谈的，即无主体主动介入的经验的直接给予。因此其先验经验主义在本质上仍没有超越唯物主义的基本传统。

其二，德勒兹与加塔利从来没有以一种概念界定的方式来描述何为唯物主义精神病理学，正如马克思也从未描述过历史唯物主义一样。面对一种以行动为旨归的理论，我们能做的或许就是以描述的方式来说明这一理论的秉持者究竟能够做什么。德勒兹与加塔利在批判了病理学家克莱朗博的教条化之后，这样去描述与之对立的另一方："一个真正的唯物主义精神病理学家则相反，他需要进行两种操作：将欲望引入机械当中，将生产引入欲望当中。"①接下来的问题将是：当欲望被引入机械当中以及将生产引入欲望当中之后，会发生什么？基于我们已经完成的对欲望、生产与机械的理解，我们或可作这样一种转述：作为一名真正的唯物主义精神病理学家，我们需要让欲望成为肯定性的力量（成为欲望生产），并让欲望进入一种被动综合（成为欲望机器）的形式之中，欲望生产如同一种巨大的生命冲动、权力意志，它冲刷出的是一个平滑身体，而所有曾经有过的诸社会体（socus）则不过是欲望机器的不同综合方式，原始的领土化机器、专制机器以及资本主义机器构成了三种不同的社会体。它们的存在，一方面是在这一平滑身体之上的组织化过程，抑或被动综合（机器化）的过程，因此，每一个社会体都是一部链接性的社会机器，它将社会中的人伦关系、土地与劳动链接起来，不同的链接构筑了不同的社会体。但另一方面，这一社会体又在欲望生产的力量作用之下不断地拆解着这一已经形成的社会体。因此在唯物主义精神病理学的指导之下，当我们学会了如何将欲望与生产、机器的本质链接起来，从而构筑一个新的以欲望贯穿其间的历史原则的时候，我们将成为他们所赞颂的唯物主义精神病理学的践行者。而在这种行动原则的作用之下，所产生的正是一段极富有历史性的描述。

2. 以欲望生产为轴心的历史观

德勒兹在《反俄狄浦斯》当中用了相当的篇幅重述了人类社会发展的

---

① Gilles Deleuze, Félix Guattari, *L'Anti-œdipe, captialisme et schizophrénie 1*, Minuit, 1972, p. 29.

整个历程，在这种重述中，欲望成为发展的中轴线，虽然话语体系与历史唯物主义完全不同，但从根本上遵循了唯物史观的基本原则：以历史性的眼光重新审视既存的社会现实，并为探寻这一社会历史变迁的可能性条件提供分析。

例如，在原始的领土化机器中，原有的血缘关系被姻亲关系所离散，血缘关系（filiation）作为直系亲缘关系以血统的传承为其链接方式，而姻亲关系（alliance）则是以婚姻为基础所构筑的关系，较之血缘关系，姻亲关系更为松散，但正是这种松散的姻亲关系的普遍化，最终可能带来原有血缘关联的彻底解码化：

> 碎片化的机器酝酿着贯穿于血缘的变迁以及姻亲的起伏之中的诸多竞争、斗争与断裂。所有的体系都在两极之间演进，一边是在与其他群体的对立当中实现的融合，一边则是伴随着姻亲关系与血缘关系的资本化过程而带来的分化，在其中构筑了一些总是渴望独立的新家族。从一极到另一极，所有的一切失败了，这些挫败在这个不停地在其自身的非一致性中获得重生的体系当中被生产出来。[1]

换言之，在血缘关系与姻亲关系的双重作用下，原始的领土化机器始终处于不停的符码化与解码化的双重作用之下。只是当原始的符码化

---

[1] Gilles Deleuze, Félix Guattari, *L'Anti-œdipe*, *captialisme et schizophrénie 1*, Minuit, 1972, p. 179.

的力量在外力的作用之下无法继续维持下去的时候，解码化之力就将占据主导，从而在根本上拆解原始的领域化机器的构造，以便寻找一种新的符码化方式，也即新的组织化方式。欲望作为一种生产的肯定性力量并没有消失，它作为一种解码化的力量促成了原始的领土化机器的解域化。这是新的领土化过程建立的必要前提。也是任何领土化过程包含的维度。历史的演进就在领土化与解域化的双重过程中不断流转着。由于资本主义本身就是一种流的存在样态，"它就是那个事物，那个无可名状之物，流的一般化的解码，它是在其对立面上对于所有形式之秘密的理解，它让流符码化，并同时让流超符码化，而不是让某些事物逃避符码化"[1]。因此"资本主义是一个普遍的真理"[2]，它是所有社会体中内在包含的否定性的面向。

　　资本主义是一系列偶然性、一系列故事的漫长历史的结果，正是资本主义使得历史终结了偶然发生。我们不能说此前所有一切形式都没有预见到这样一个东西（cette Chose），它只有在内部通过强力被提升出来，才能从外部而来；只有在阻止它的提升中，它才能出现。此处产生了一种可能性，可以让我们对资本主义发挥效用的整个历史进行回溯。[3]

---

① Gilles Deleuze, Félix Guattari, *L'Anti-œdipe*, *captialisme et schizophrénie 1*, Minuit, 1972, p. 180.

② Ibid. .

③ Ibid. .

德勒兹与加塔利在对历史的回顾中再一次表现出对马克思思想的继承。在马克思那里，生产是历史发展的轴心，围绕生产所构筑的劳动、消费、交换与流通过程成为描述每个社会演进的基本要素。但马克思并没有将资本主义的基本原则作为在任何一个社会中都存在的原则，但毫无疑问，资本主义的确是生产过程展现得最为清晰和彻底的社会形态。由此，我们可以说，德勒兹与加塔利在某种意义上说出了马克思并未言明，却在其理论中本应包含的东西，即从原初的领土化机器的时代开始，资本主义就作为一种解码化之流内含在其中，它解构着被固化了的社会体，并促使其最终走向专制机器。资本主义，作为一种流的存在形式，与德勒兹、加塔利所推崇的肯定性欲望有着本质的相似性。以肯定性的欲望为轴心来反观历史，其实就是以资本主义为轴心来反观历史。从原始的领土化机器向专制机器的转变依赖于作为流的资本主义的解构，同样，在从专制机器向资本主义的过渡中同样要通过流的解码来实现：

> 然而，流的解码并不足以让新的断裂横贯（traverse），并改变社会体，也就是说，产生资本主义。流的解码打击到了潜在的专制国家，淹没了暴君，但也可能通过某种无法预期的方式将其召唤回来——使其民主化，用寡头政治制度规范他，分割他，使其君主化，它总是被内在化，同时被精神化，伴随而来的是潜在的原初政治国家的视域，在这一视域中，我们无法给予缺失以安慰。现在国家的责任就是要尽其所能，通过规范化的抑或例外的操作再符码化那些解码之流的产物。看看罗马的例子：通过财产的私有化而实现

土地之流的解码，通过巨大财富的形式化将货币之流解码化，通过商品生产的发展使得商业之流解码化，通过否认所有权与无产阶级化，实现生产者的解码化，所有一切都在这里，所有一切都被给予，并没有产生出所谓资本主义，却生产出了一种拥护奴隶制的体制。①

　　或者在封建主义那里：存在着私有财产、商品生产、货币的汇聚、市场的扩张、村庄的发展、领主的货币租赁，以及地方性劳动力合同的出现，却并没有产生出资本主义的经济，而是强化了封建主的责任与相互关系，有时会回到封建主义最为原初的阶段，有时又会重建某种奴隶制度。众所周知，垄断的行为使得那些领导者及其相关受惠者得利，却没有带来资本主义生产的迅猛发展，在其中，资产阶级只是被嵌入到封建主义的村庄与国家当中，后者为解码之流重新构筑着符码，并且根据马克思的公式，在社会机器古老的平滑身体的"每个毛孔"间持续地进行商品化。由此，并不是资本主义导致封建体系的解体，而是相反：这就是为什么在两者之间需要这么长的时间。就这一方面而言，在专制的年代与资本主义的年代之间存在着巨大的差异，因为国家的奠基人如同一道闪电一般到来了。专制机器是共时性的，而资本主义的机器则是历时性的，资产阶级在一个系列之中突然出现，它构筑了某种历史的创造性，一个奇怪的动物园：精神分裂患者富

---

①　马克思：《给米海洛夫斯基的回信》，1877 年 11 月。源自法国伽利玛（Gallima）出版社"七星文库"（Pléiade）丛书。在《马克思恩格斯全集》当中未能找到相关论述。

有创造性的新的断裂的时间。①

在这一段描述中，我们发现德勒兹与加塔利并不认为历史发展的过程如铁的自然律一般具有不可更改的必然性。在此，我们看到的不是在符码化与解码化的双重作用之下专制机器向资本主义的必然的、唯一的过渡，相反，德勒兹与加塔利举出了诸多实例说明在历史的变迁中可能存在的多重变数。资本主义私有财产，土地、劳动力的市场化以及商品的流通等都并不一定带来资本主义。相反，它们却可能变成巩固奴隶制与封建制的有效手段。换言之，历史的演进是充满偶然性的。资本主义，作为欲望之流的外化形式虽然可能贯穿始终，却并不必然导致社会体向资本-货币的社会体转变。对这种偶然性的强调，在马克思对历史的分析当中也时有显现。例如，马克思对路易·拿破仑·波拿巴发动政变并登上帝位的分析，显现了马克思对于历史偶然性的尊重。他要证明的是："法国阶级斗争怎样造成了一种局势和条件，使得一个平庸而可笑的人物有可能扮演了英雄的角色。"②对于局势和条件的关注，意味着马克思对那些偶然出现的社会现实的强调。历史的发展在这些局势和条件之中会发生一些偏移，因而在历史的形成中，人的创造性首先要受制约于既定的条件："人们自己创造自己的历史，但是他们并不是随心所欲地创造，并不是在他们自己选定的条件下创造，而是在直接碰到的、

---

① Gilles Deleuze, Félix Guattari, *L'Anti-œdipe*, *captialisme et schizophrénie 1*, Minuit, 1972, pp. 263-264.

② 《马克思恩格斯文集》第 2 卷，466 页，北京，人民出版社，2009。

既定的、从过去承继下来的条件下创造。"①这一思想，在德勒兹和加塔利这里被转变为对诸如罗马的奴隶制以及随后的封建制的形成的具体分析。解码之流始终存在着，但历史的车轮走向哪里，并不仅仅由横贯历史中的解码之流与符码之流的发展所决定。在德勒兹与加塔利看来，并不是资本主义导致封建体系的解体，而是相反。这意味着什么？意味着封建体系的解体并不是由资本主义的入侵而产生的，它有其自身固有的发展轨迹。资本主义的解码之流可能巩固了封建制，甚至让其重回奴隶制。因此，"专制体制是共时性的"，一切都有可能，因为这种解码之流不断地遭受着重新符码化的冲击。但最终，资本主义"突然出现了"。德勒兹与加塔利这样来表述资本主义的诞生，多少让人感到诧异。这成为两者与卡尔·马克思、马克斯·韦伯完全不同的地方。马克思和韦伯对资本的诞生以及资本主义对封建主义的替代的必然性，都似乎并无异议。只是对"究竟什么引发了资本主义"有不同的看法：对于马克思而言，经济的推动力是首要的；对于韦伯而言，宗教，特别是新教的精神是首要的。而德勒兹与加塔利，虽然秉承着卡尔·马克思所特有的生产逻辑，却在历史的发生学上坚持着偶然性的原则。当然，20 世纪 60 年代以来，这一观念在法国的思想界反而是主流。德勒兹与加塔利的这种提法本身不仅是对这一潮流的顺应，同时也是其理论延伸的应有之义。资本主义作为一个突发的事件，成就了欲望生产多样性的存在样态。欲望生产的展开是非线性的、非目的性的，并且包含着一切可能性。

那么，对于资本主义这个突发性事件，德勒兹与加塔利又作何种描

----

① 《马克思恩格斯文集》第 2 卷，470～471 页，北京，人民出版社，2009。

述？首先需要指出的是，资本作为无器官身体的代言者，它是整个社会体演进的最后阶段。德勒兹与加塔利有时将其视为一个资本-货币身体，并将其与无器官身体区分开来，但资本-货币身体的特殊运行逻辑又让德勒兹与加塔利不时地将资本主义自身与无器官身体对等起来。这些运行逻辑，或可概括为以下三个方面。

第一，"当资本不再是姻亲的资本，而成为血缘的资本之时，资本主义机器才开始了"①。这里我们再一次看到了在原始的领土化机器中，德勒兹与加塔利用以分析原始社会体时所采用的术语。姻亲关系，意味着因婚姻而构筑的联盟，它的结合是松散性的。商业资本与金融资本，作为一种资本运行模式贯穿于前资本主义与资本主义之间，它们并不是伴随着资本的诞生而诞生的，但它们所构筑的联合却是带有姻亲关系色彩的，即松散性的而不是血缘性的，也就是说资本的诞生不是由货币的自我生产而产生出来的。例如，商业运行中的贱买贵卖，这不是真正富有生产性的货币形态，因此也就不是资本主义机器得以运行的真正动力。所谓资本的血缘关系，德勒兹与加塔利用马克思在《资本论》中的一段话来加以说明：

富有进步性的价值，货币总能生根发芽，正如资本……价值将自身呈现为一个自身富有动力的实体，借此，商品与货币成为纯粹的形式。价值自身区分出原始价值与剩余价值，正如上帝将人区分

① Gilles Deleuze, Félix Guattari, *L'Anti-œdipe*, *captialisme et schizophrénie 1*, Minuit，1972，p. 269.

为父亲和儿子，两者合二为一，处于同一时代，因为只有通过 10 斤的剩余价值，才使得原初的 100 斤成为资本。①

■　换言之，资本即是货币的自我生产。

第二，"资本主义最为基本的现象，是将符码的剩余价值之流转变为流的剩余价值"②。如何理解资本主义的这一基本现象？其中有两个关键词最为重要——符码化的剩余价值与流的剩余价值。所谓符码化的剩余价值，可以被视为社会编码所产生的剩余价值。这种编码体系共同存在于前资本主义社会以及早期资本主义社会的经济运行模式中："符码持存着，尽管可能采取古代的形式，却发挥着富有现实性的完美功效，并以资本的人格化的方式呈现自身(资本家、劳动者，批发商，银行家……)。"③社会的符码化意味着社会的平滑身体被组织化为各个不同的运行单位。资本家与劳动者、批发商与银行家都依赖货币的流通(资本之流)产生着各自的货币的剩余(货币的剩余价值)。这种货币之流的方式相对传统，它所涵盖的(虽然德勒兹与加塔利并没有使用太多的笔墨)是包括生产、消费与交换的整个过程，并以生产领域为主导的剩余价值的产生模式。而流的剩余价值又意味着什么呢？它首先意味着对符码的解码，流是对符码化、领土化的解码化。这原本也是资本存在的基本样态。资本，作为货币的血缘亲生子，自身就要求成为一种流。它

---

　　①　K. Harx, *Le Capital*, I, 2, Gallimard, 2008, p. 701.

　　②　Gilles Deleuze, Félix Guattari, *L'Anti-œdipe*, *captialisme et schizophrénie 1*, Minuit, 1972, p. 270.

　　③　Ibid., p. 276.

在社会体当中可表现为通过不断的技术革新所构筑的新的链接方式，德勒兹与加塔利说："并不是机器构筑了资本主义，在这一意义上说，相反，正是资本主义构筑了机器，正是资本主义不停地引入新的截断，这种截断的实现所依赖的正是其生产技术模式的不断革新。"[1]机器，正如我们已经指出的，意味着一种被动的链接。它不仅意指着机械性的机器，同时还意指着德勒兹与加塔利的所谓欲望机器。欲望即生产，欲望即机器。资本之流的普遍化，也要求欲望机器的普遍化。德勒兹与加塔利认为"凯恩斯的贡献之一在于重新在货币问题当中引入欲望"[2]，因为凯恩斯所面对的是有效需求不足导致的经济衰退。在这种情况下，货币政策操作的余地非常有限，需要政府采用积极的财政政策来填补私营部门有效需求不足的问题。让需要变成欲望，或许的确是治理经济危机的有效方式。德勒兹与加塔利借此悄然完成了三种欲望间的平滑过渡：从经济学中的供求理论中的欲望到精神分析中作为匮乏性欲望的过渡，从精神分析中的匮乏性欲望向精神分裂分析中肯定性欲望的过渡。货币政策对有效需求的刺激的确需要激发匮乏性欲望，只有当我们的购买永远无法满足我们真正的需求的时候，经济的持续增长才是可能的。而这一心理机制的确是精神分析中匮乏性欲望所能给予的。但要支撑这种有效需求的刺激，信用机制就是必不可少的保障。而对于德勒兹与加塔利来说，货币中的信用机制成为流之剩余价值的最好诠释："信用机制贯穿于特定的流通之中，在这一流通中，它不再作为交换中介而发挥效用，

---

[1]　Gilles Deleuze, Félix Guattari, *L'Anti-œdipe*, *captialisme et schizophrénie 1*, Minuit, 1972, p. 277.

[2]　Ibid., pp. 272-273.

流通的条件隐含着其再流通的条件，赋予了有限债务以资本主义的形式。"①信用机制的运行正在让货币去货币化，它所带有的资本主义的形式正是流自身所带来的剩余价值的产物。信用机制，是无货币的流本身。它自身具有解码化、解域化的功能，它们构成了对符码化剩余价值的解码化、解域化。而流的剩余价值显然是流得以继续被推进的动力所在。因此它带有精神分裂的色彩。这种精神分裂式的经济运行模式实际上已经拆解了一切可能存在的界限，不断地移动着可能阻碍其流动的界限。但当这一运行机制在资本主义社会体中被普遍化的时候，这个社会体的解体本身也不再是一个问题。这正是资本主义社会的第三个特质。

第三，"这一体系是某种欲望的投注的全球性的对象，工薪族的欲望，资本家的欲望，所有一切都是一个欲望，它建基于流的差异化关系之上，这些流并没有指定的外在化的界限，在此，资本主义再生产着它自身的内在界限，这一界限总是在扩张，总是更富有涵盖性"②。当资本主义被流的剩余价值所推动，社会体所赖以存在的符码化将彻底被拆解。这是历史的社会体发展的最后阶段，但它绝非终点，而只是一个起点，一个彻底地解域化的起点，此后，我们进入无器官身体的极端，一切组织化的努力都不再可能，我们进入普遍化的欲望生产的状态之下。

而欲望生产对德勒兹与加塔利来说从来都是一架二元的机器。③ 这

---

① Gilles Deleuze, Félix Guattari, *L'Anti-œdipe*, *captialisme et schizophrénie 1*, Minuit, 1972, p. 272.

② Ibid., p. 284.

③ 参见 Gilles Deleuze, Félix Guattari, *L'Anti-œdipe*, *captialisme et schizophrénie 1*, Minuit, 1972, pp. 11-12.

架机器的一边是生产性的，意味着一种生产的生产作为肯定性的能量去成就流本身的流动，这是一股肯定性的力量，正如资本的无限拓展；但同时，这架机器的另一边则是反生产性的，意味着对流的截断，由此可能构成对生产之流的界限。欲望生产的平稳运行意味着"流动—截断—流动—截断—流动……"的无穷推演过程。换言之，欲望生产自身内在地包含着一种界限，而资本之流的展开就是对这一界限的不断突破。最终的状态是资本之流在事实上变成了没有边界的流动，正如最终的无器官身体的状态，在其上没有任何固定的组织化器官的存在：眼睛可以用来看，也可以用来听、读、写，没有一种器官只有一个固定的用途，它的任何一个用途都立刻会被其他器官的其他功能所替代。对亲人身份的认同也失去了完全的固定性，正如德勒兹与加塔利对于贝克特的《莫洛伊》的重述。

　　莫洛伊被警察训唤出来。"你的名字是莫洛伊吗?"警察问。"是的，"我回答说，"我突然想起来了。""那么你妈妈的名字呢?"警察问。"我不知道。""她也叫莫洛伊吗?"警察问。"您是说她也叫莫洛伊吗?"我说。"是的。"警察说。我想了想。"你叫莫洛伊。"警察说。"是的。"我说。"那么，你的妈妈的名字，"警察问，"她也叫莫洛伊吗?"我想了想。①

---

　　①　参见 Gilles Deleuze，Félix Guattari，*L'Anti-œdipe，captialisme et schizophrénie 1*，Minuit，1972，p. 20。

　　这种精神分裂式的回答正是欲望生产的基本模式。它承认界限的存在，但这些界限因为内在于欲望本身而成为可以随时被僭越的界限，并且正是在僭越中，欲望生产才可以富有肯定性的能量，成为无休止的流。

　　资本主义就是一种精神分裂式的存在样态。这是德勒兹与加塔利基于晚期资本主义信用机制普遍化的局势给出的关于资本主义的描述。在这一理论框架之下，马克思实际上被安置在符码化剩余价值的阶段之上，德勒兹与加塔利清楚地指认了这一点：

　　　　这就是为什么马克思的经济学非常遗憾地总是驻足于对生产方式的思考，总是驻足于对作为一般等价物的货币理论的思考，它们都出现于《资本论》的前半段。在这一分析当中，马克思并没有足够重视银行实践、金融操作以及信用货币的特殊流通的重要性（而这却构成了我们回到马克思，回到马克思的货币理论的意义所在）。①

　　而德勒兹与加塔利借助对流的剩余价值的强调补充了马克思思想中的这一"遗憾"。

　　概言之，在德勒兹与加塔利看来，被欲望生产所贯穿的历史展开过程可作如下描述：

---

　　① Gilles Deleuze, Félix Guattari, *L'Anti-œdipe*, *captialisme et schizophrénie 1*, Minuit, 1972, p. 273.

我们已经区分了三类巨大的社会机器，它们分别对应于野蛮人、未开化者以及文明化的人们。第一个机器是最为底层的领土化机器，它在领域的平滑身体之上构筑了流的符码。第二个机器是超验的帝国化的机器，它继续在专制体制及其国家机器——原初国家的平滑身体之上对流进行过度符码化：它开启了解域化的最初运动，但因为它在领土化的共同体之上加入了其杰出的统一性，它通过将这些解域化的共同体汇聚起来，对其进行过度符码化，并占有其剩余劳动来获得持存。第三种机器是内在的现代机器，它持续不断地在资本-货币的平滑身体之上对流进行解码化：它已经实现了内在性，它让具体回到抽象，让人为性趋于自然化，通过解码化之流的公理，以及这些流的规则来替换那些领土化的符码，以及专制的过度符码化。第三种机器启动了第二次巨大的解码化运动，但这一次它没有让符码与过度符码持续存在下去。然而，这些它没有让其持续存在下去的存在，它却以自身独创的方式将其重新找回来，它在丢失了被领土化之存在的地方进行了再领土化。它在摧毁了古时存在的一切的地方重建了古体的样态——两者相互嫁接。①

这是唯物主义精神病理学的历史性原则。它用一套独属于德勒兹与加塔利的理论重述了马克思的历史性原则，我们或许不应被其术语的迥

---

① Gilles Deleuze, Félix Guattari, *L'Anti-œdipe, captialisme et schizophrénie 1*, Minuit, 1972, p. 311.

异迷惑了双眼，我们需要看到的是两者分析社会现实所共有的历史性原则。首先以富有生产性的生产为主线。在此，生产不是一个在自我封闭的圆圈中运动的概念（如黑格尔的思辨辩证法），而是一个开放性的生产性冲动（欲望生产）。其次，他们都将目光更多地投入关于社会形态（社会体）之间如何变迁的问题之上，因此其历史性原则，不是对历史事实的堆砌，而是对历史性发展如何可能的探讨。最后，他们都对资本主义发展的界限问题保持着高度的关注。对于马克思来说，平均利润率的不断下降或许是资本主义自我拓展的界限，它有其历史的崩溃点。而对于德勒兹与加塔利来说，利润率下降的问题恰好说明资本主义作为一种欲望之流无法终止，它在下降，但这种趋势总是不断移动着自己为自己所设定的界限，从而最终让这种僭越变成了流的运动自身，界限成为没有界限，那么接下来一个棘手的问题就在于：面对这样的资本主义，该如何超越它？在这一点上，德勒兹、加塔利的思想究竟是对马克思资本主义批判的追随，还是背叛？

六、精神分裂分析：无批判的批判

当问题落脚到对资本主义的批判时，我们不得不重新回到德勒兹与加塔利晚年的这两部被称为"资本主义与精神分裂"的鸿篇巨著。在我看来，如果说以《反俄狄浦斯》命名的"卷1"是德勒兹与加塔利为了构筑精神分裂分析思想架构所展开的理论著作，那么以《千高原》命名的"卷2"可被视为精神分裂分析理论应用于各类现实批判的实践著作。

因此当我们试图回应"德勒兹与加塔利如何面对资本主义"的追问之时，我们仍需要更多地关注其理论建构的部分。我相信如果我们理解了他们的精神分裂分析的基本内涵，其对于资本主义的态度也就自然明了了。

精神分裂分析的提出，所针对的是精神分析。精神分析理论在今天已经变成了资本主义建构自身合法性的共谋者和帮凶，其根本的问题就在于建构了一个叫作俄狄浦斯情结的意识形态帝国：

> 俄狄浦斯的限定是一个包含着"爸爸—妈妈—我"的三角模型，它是家族的人格化的凝聚。但当精神分析构筑这个教条的时候，它并没有忽略在儿童中存在着的那些前俄狄浦斯（pre-œdipiennes）式的关系，在精神病中存在着的那些外向型-俄狄浦斯（exo-œdipiennes）式关系，以及在其他人中存在着的类-俄狄浦斯（para-œdipiennes）式的关系。俄狄浦斯的功能，作为一种教条，或者作为"复杂的原子核"，与一种强制无法分割，通过这种强制，精神分析的理论家们将自我提升为一个普遍化的俄狄浦斯的概念。一方面，它为每一个性别的主体设想了一系列的冲动、情感以及关系，它们以其颠倒的、否定的形式构筑了一个复杂体中正常的、肯定性的形式：俄狄浦斯的系列，正如弗洛伊德在其《自我与本我》（*Le Moi et le ça*）中指出的那样，它可以将前俄狄浦斯的阶段整合入这个否定性的复杂体当中来。另一方面，它还思考着主体自身在平行意义上的共在，以及他们之间的多样性的相互关联：群体中的俄狄浦斯，它整合亲属关系——直系亲属，直系尊亲属〔这正是精神分裂者对抗俄狄浦斯化倾向的关键所在，在与祖父

母的凝聚(constellation)中，并不存在着俄狄浦斯的联结]。①

俄狄浦斯情结是一种意识形态，它有固定的分析模型：爸爸—妈妈—我。这一模型是武断的，它以家庭的构成模型为基点来推演人的无意识结构。在这一结构当中，原本作为神话叙事的俄狄浦斯变成了人无法逃避的宿命。但这一宿命不过是精神分析为欲望的生成机制所编造的一个谎言。叙事自身就是一个神话。语言结构主义进入 20 世纪以来，这一点便被越来越清晰地揭示出来。但弗洛伊德的精神分析却固守着这一点，欲望被视为一种禁忌，它被框定在一个固定的人格化的身份认同之内：因为儿子不能对母亲产生欲望，更不能因此而杀父娶母，因此父亲、母亲、儿子之间的人格关系就被完全地确定了下来；并构筑了某种强制性。我不能同时是儿子和父亲、母亲。我只能在"爸爸—妈妈—我"的三角架构中找寻到自己的位置。

但拉康的思想显然为突破这一结构提供了契机。他对语言学的运用，将能指的漂浮性带入能指、所指与指涉物之间的关系当中。从而使其构筑的符码成为一个开放的体系。能指在能指链上的飘移将彻底改变原有的秩序。正如拉康在对《被窃的信》进行解读时所表明的那样，信成为一个飘移的能指，在王后、国王与大臣之间所实现的飘移，最终改变了他们之间权力与控制的关系。信的内容究竟是否涉及权力与控制的关系，其实从来都不重要，重要的是信因为被窃取、被替换、被找回并通

① Gilles Deleuze, Félix Guattari, *L'Anti-œdipe*, *captialisme et schizophrénie 1*, Minuit, 1972，p. 60.

过其被找回的时候再次被替换的方式，将原有的权力关系彻底解构了：王后看着大臣把信替换，意味着大臣构成了对王后权力的威胁，而王后派人找到信，并对信做了重新替换，则重新获得权力。在这里，权力的象征物——信所具有的漂浮性成为一种解构的力量、一种离散力，让能指的力量远远大于所指，它可以改变整个阐释系统的发展模型。如果我们将这一语境置换到对俄狄浦斯情结的分析当中，那么拉康的思想的确对于攻破俄狄浦斯的意识形态有所贡献。对漂浮能指的强调会让任何的固定结构趋于消解。俄狄浦斯的三角模型的固定性与强制性也注定会被某一种漂浮能指所攻破。德勒兹与加塔利正是在这一意义上构成了对拉康思想的继承。

但在这种继承当中，我们同样看到了一种延展性的批判。德勒兹与加塔利将其对拉康思想的不彻底性的批判以隐蔽的方式展现了出来。

无论如何，拉康都不愿承认那被他松开的螺帽，又被他拧紧。他不愿承认他将精神分裂俄狄浦斯化了，在其中，原本他试图将神经官能症精神分裂化，为其注入精神分裂之流，以便能够颠覆精神分析的领域。对象 a 在结构化的平衡中心造成了一个断裂，其所依赖的手段是可怕的机器，欲望机器。在拉康信徒的第二代中，对俄狄浦斯的错误有所感知的人越来越少。但对于第一代而言，如果他们试图重新闭合俄狄浦斯的桎梏，他们所能做的难道不就是坚持认为拉康似乎保留着将能指链投注到一个独断的能指之上的方式，将所有一切都诉诸匮乏，将匮乏加诸它自身之上，同时将匮乏重新引入欲望的系列当中，在其中它强加了某种排他性运用？是否有可能放弃作为神话的俄狄浦斯，但同时坚持认为阉割的构造自身不是神话，相反它是某种富有真实性的存在物?①

德勒兹与加塔利总是不时地用对"拉康的门徒"的批判来遮蔽其对拉康的批判。以上引用的这一段是唯一一次较为明显地指认拉康本人，他正在将已经被他解构的俄狄浦斯重新闭合起来。的确，此前弗洛伊德将俄狄浦斯情结的关键视为力比多的压抑，而在拉康这里，他则更多地将俄狄浦斯情结的形成视为一种匮乏。两者在本质上似乎都指向欲望，但显然弗洛伊德被压抑的欲望还未获得如此鲜明的匮乏性内涵，而在拉康这里，这种匮乏变成了构筑俄狄浦斯三元结构之外的结构的必要条件，它的强制性和固定性使得俄狄浦斯获得了一个类似于"3+1"的四重结构。其中的 1，德勒兹与加塔利称之为"菲勒斯"（一种缺失的存在）②，它不仅没有从根本上打碎为精神分析所固定化了的俄狄浦斯情结，而且还用附加的 1 让这一结构更为稳定。从这一意义上说，拉康的确仍徘徊在俄狄浦斯情结的困顿当中不能自拔，德勒兹与加塔利则试图沿着其所撕开的那个裂缝，任其肆意拓展，内爆俄狄浦斯结构本身，让精神分析成为精神分裂分析。

精神分裂分析，这是德勒兹与加塔利在《反俄狄浦斯》中反复提及的一种颠覆性策略。它的思想来源繁多，例如普鲁斯特的小说、贝克特的

---

① Gilles Deleuze，Félix Guattari，*L'Anti-œdipe*，*captialisme et schizophrénie 1*，Minuit，1972，pp. 99-100.

② 参见 Gilles Deleuze，Félix Guattari，*L'Anti-œdipe*，*captialisme et schizophrénie 1*，Minuit，1972，p. 86.

残酷戏剧、薛伯庭长的案例①、杜尚的《大玻璃》、让·杜布菲（Jean Dubuffet）的《原生艺术笔记》②、亨利·米修（Henri Michaux）所描述的"精神分裂的桌子"③等。它们来源于各个专业，但最终都不过是对固有传统框架具有的某种彻底的解构性力量的表征，其中的核心特质是离散、对中心的彻底消解。这是德勒兹与加塔利用以对抗精神分析的理论武器，同时也是他们分析资本主义发展模型的一条路径。正是精神分裂分析的这一双重责任，为其对资本主义的批判带来无法根除的内在矛盾。

其一，精神分裂分析在本质上"是一种政治的和社会的精神分析，

---

① 薛伯庭长（Präsident Daniel Paul Schreber）病例是精神分析史上有名的案例。薛伯，19世纪德国高级法官，法学博士，曾任德国萨克森州上诉法院庭长。1903年自筹经费发表自传《一个神经症患者的回忆录》。他写该传记是对自己两次被关入精神病院的反抗，也是为申诉要求解除自己住院期间受到的"禁治产"的限制提供证据。薛伯的病例是精神病学史上被引用次数最多的病例之一。1911年弗洛伊德发表重要文章《关于一自传式撰述的妄想症病例之精神分析注》，通常简称《薛伯病例》；拉康于1956年在他的《精神障碍》研究班中开始研究以薛伯病例为基础的精神病学，并于1958年发表文章《论精神障碍的一切可能疗法的先决条件》，该文章最重要的参考文献之一就是薛伯自己的回忆录。在回忆录中薛伯分析并描述了自己的症状。

② 《原生艺术笔记》（Cahiers de l'Art Brut）是法国画家、雕刻家和版画家让·杜布菲（Jean Dubuffet）的艺术连续出版物。让·杜布菲是第二次世界大战后巴黎派主要画家之一。其创作以摆脱观察习惯和文化条件，破除正统的表现规则和油画技艺为特征，并广泛使用各种手段（材料）创造多种风格。20世纪40年代末形成自己的风格，称为原生艺术（粗、生、涩艺术）、涂抹派或塔希主义。1945年7月5日—22日，杜布菲在瑞士参观访问期间，接触到许多精神病人创作的艺术品，深受震动。回到法国后，提出"原生艺术"（Art Brut）一词，并在连续出版物《原生艺术笔记》中进行介绍推广。

③ 亨利·米修（Henri Michaux，1899—1984），法国诗人，画家。借助东方神秘主义与迷幻药进行颠覆性写作，其诗歌直接呈现个体的潜意识与神话原型，语言不再是表达或修饰的工具，而成为映射另一种维度的存在的镜子。

一种富有激进性的分析"①。其二，精神分裂分析的目标之一，是对精神分析理论进行前提性批判："要去分析经济的与政治的力比多投注的特定本性；由此指出欲望是如何能够在欲望主体当中被确定为对其自身压抑的欲求。"②换言之，它不以探求欲望之一般规定为己任，而重在探求这一欲望的本质在经济的和社会的发展过程中如何使自身成为一个带有压抑性的抑或匮乏性的一般规定。

精神分裂分析的目标之二，是让精神分裂所内含的欲望机器开动起来，"去俄狄浦斯化，拆除父亲-母亲所构筑的蜘蛛网，破除信仰，以便达及欲望生产，触及经济与社会的投注，富有活力的分析者活跃其间。不触及机器，我们将无所作为"③。机器，作为普遍联系的内在机制，打碎一切可能存在的壁垒与界限，拆解一切可能固化的结构方式，让一切存在都运动起来，让一切可能性复活，正如普鲁斯特在《追忆似水年华》中所提到的那个马德莱纳小蛋糕，它是所有记忆的连接点，让主人公可以超越时空与生死的界限。因此它就是一架欲望机器，一个欲望生产过程。

精神分裂分析使其自身成为"一个孤儿，它是一个无政府主义者以及无神论者。当父亲之名被指认为一个缺失的时候，它并不是孤儿，然而当它到处自我生产，当历史之名所意指的是当下的强度（固有之名的海洋）的时候，它才是孤儿。它并不富有形象，因为它的形象是抽象的，

---

① Gilles Deleuze, Félix Guattari, *L'Anti-œdipe*, *captialisme et schizophrénie 1*, Minuit, 1972, p. 117.

② Ibid., pp. 124-125.

③ Ibid., p. 133.

一个精神分裂的形象。它不是结构性的，也不是象征性的，因为它的现实是在生产中，在其非组织化的过程中的真实界（Réel）的现实。它不是表象性的，而只是机械性的和生产性的"。①

摧毁是精神分裂分析的根本任务，因此它没有固定的形象，它是生产性和破坏性本身。用德勒兹和加塔利的术语来说，它自身就是一个解域化的过程本身。其与精神分析之间的对比的关键也在于此："精神分析固着于想象的表象以及再领域化的结构当中，而精神分裂分析则追随解域化的、机械化的特性。"②

由此可见，精神分裂分析的本质在于一种彻底的解构性，它不是在俄狄浦斯的结构之外附加上一个匮乏性的中心菲勒斯，从而构筑一个"3＋1"的模式，而是相反，将其转变为 n 个非确定的方向。它向四方拓展，处于不断地解域化与领土化的过程中，犹如一个游牧民族，四处漂移，居无定所。它是唯物主义的，因为没有任何超验性的原则能够预先规定这一富有破坏性的分析路径将延伸到何处，它脚踏实地地在大地上游牧，在任何一个遭遇到的界限面前发挥着其摧毁的功能。因此它是唯物主义病理学理论的核心。这一理论的展开过程构筑了一个以欲望生产为轴心的历史观。在这一历史观的边界处，正是资本主义的社会体。

精神分裂分析这把解构的利剑能否刺穿资本主义？这是我们最后需要向德勒兹和加塔利追问的。对这一问题的回答直接决定了德勒兹与加

---

① Gilles Deleuze, Félix Guattari, *L'Anti-œdipe*, *captialisme et schizophrénie 1*, Les éditions de MINUIT, 1972, p. 371.

② Ibid., p. 378.

塔利政治哲学的基本取向。

　　德勒兹与加塔利对资本主义的分析，正如我们已经指出的那样，最终落脚到了解域化过程本身。晚期资本主义正在转变为一个解域化的过程本身，资本主义自身就是一个患有精神分裂症的社会体。换言之，资本主义与精神分裂，这个主宰了德勒兹与加塔利后半生政治哲学著作的核心关键词，两者在本质上是同义反复。资本主义就是精神分裂症患者，精神分裂患者也奉行着资本主义的基本原则。如果是这样的话，那么精神分裂分析对于资本主义而言，究竟是批判并颠覆它的利器，还是为其保驾护航的理论护卫队？这成为一个亟待回应的问题。

　　德勒兹与加塔利利用了近 500 页的篇幅批判精神分析作为资本主义的共谋者，最终却在分析晚近资本主义发展态势时指出其自身具有的精神分裂性。精神分裂分析面对同样富有精神分裂性的资本主义是否还能挥动其解构之刀？德勒兹与加塔利对这一问题的回答十分含糊。如果资本本身就是无器官身体，资本主义的运行方式就是流本身的典型意象，如果它自身就是一个不断越界的过程，那么精神分裂分析所拥有的一切解构性功能在面对资本的时候都将是无效的，因为两者一拍即合。这意味着，资本主义作为一个突发性的事件，自身带有自我解构的力量，它就是那些曾经拆解了各色领土化的精神分裂分析的理想状态。面对这个历史发展的当下状态，精神分裂分析所能做的似乎只能是对资本主义的所有主张高呼万岁，随波逐流，其分析与批判的功能已经完成了。换言之，对资本主义进行批判的力量只能内在于资本主义自身（马克思在《1844 年经济学哲学手稿》中也曾有过类似的表述：异化的扬弃与异化是同一过程）。从这一意义上说，德勒兹与加塔利用以对抗精神分析的精神分裂分析难道不也是资本主义的共谋者吗？

这样一种分析方式必然会带来独特的政治立场。在这一立场中，我们看到了德勒兹与加塔利面对资本主义的无奈与期待。一方面，作为流的资本主义近乎是不可攻破的，因为它可以不断地移动它的界限，从而使得任何僭越的企图最终都不过是为其展开自身推波助澜，这是一个无奈的过程。另一方面，这样的资本主义正是精神分裂所期待实现的状态，那么这个充斥着资本-货币的平滑身体又让我们充满希望。它的发展，抑或说它的当下就是未来。沿着这条道路走下去，我们就可以自发地实现精神分裂分析所试图实现的最终理想。所以，如果我们一定要追问德勒兹与加塔利："你们的精神分裂分析，你们对于俄狄浦斯情结的批判，你们对资本主义的描述最终要为我们带来什么样的政治策略？"回答将是这样的：

在此，首要的是，当我们说精神分裂分析，就其自身而言，并没有提出严格的政治方案的时候，我们并不是回避。如果这一分析拥有某种方案，那么这一方案也一定是离奇的、让人担忧的。这一方案的服务对象既不是一个政党，也不是一个群体，它并不是试图以大众之名来言说。我们不能假定政治方案在精神分裂分析当中详尽展开。最终，这个不试图以任何人、任何事物为名的分析尤其不能以精神分析之名来言说：所有的只是这样一种感受，即在精神分析当中一切都将变得很糟，并从一开始就变得很糟。我们总是太过有能力了，我们愿意以那些绝对的无能之名来言说。某人问我们是否从未见过一个精神分裂者。是的，是的，我们从未见过。如果某人认为在精神分析当中一切都好，那么我们不会对他说些什么，面对他，我们将收回所有我们已经说过的一切。由此，精神分裂分析与政治之间究竟是什么关系？精神分裂分析与精神分析之间又是什么关系呢？所有一切都围绕着欲望机器以及欲望生产。精神分裂分析，就其自身而言，不会对社会体的本质提出问题，而后者应从革命当中产生出来；这一分析并不认为革命是有价值的。就社会体而言，精神分裂分析只是探寻：社会体的哪一处保留了欲望生产，欲望扮演着怎样的动力角色？在何种形式之下，在这一社会体中，欲望生产的体制与社会生产的体制之间可以达成和解（两者在本质上是同一生产，只是采取了不同的体制方式）？由此，在如同平滑身体的社会体之内存在着从一个面向另一个面转变的可能性，也就是说从社会生产的克分子集合转向某种汇聚，这一汇聚是由欲望生产的分子性多样化构成的。这样的一个社会体是否能够，并在多大程度上能够去支撑一种颠覆性的力量，从而让欲望生产从属于社会生产，同时却没有将其摧毁，既然它们是在不同体制下的同一生产。是否这里存在，以及如何存在着一种群体-主体（groups-sujets）的构造，等等……

在精神分裂分析的否定性任务与肯定性任务的集合当中，精神分裂分析与精神分析之间究竟有着怎样的对立？我们从未停止将两类无意识抑或两类对无意识的阐释对立起来：一方面是精神分裂分析，另一方面则是精神分析；一方面是精神分裂症患者，另一方面则是俄狄浦斯式的神经官能症患者；一方面是抽象的和无形象的，另一方面则是想象性的；但同时，一方是真实的具体，另一方则是象征性的；一方是机器性的，另一方则是结构性的；一方是一个分子，带有着微观精神性及微观逻辑性；另一方则是克分子性的抑或统计学意义上的；一方是物质性的，另一方是意识形态性的；一方是生产性的，而另一方是表述性的。我们已经看到了精神分裂分析的否定性任务所应具有的暴力性和野蛮性：去家庭化的、去俄狄浦斯化的、去阉割化的、去菲勒斯化的、解构剧场、梦以及幻想、解码、解域化——可怕的刮除术，一个充满恶意的行为。然而所有一切都被同时完成。同时，过程被解放，欲望的生产过程追随着其克分子的逃逸线，后者已经界定了精神分裂分析的机械师的基本任务。并且，逃逸线源于克分子的抑或社会性的完全投注，它附着于整个场域：以至于精神分裂分析的任务最终成为在每一个情形下去发现社会场域的力比多投注的本性，发现这些本性之间内在的可能性冲突，它们与同样场域的前意识投注的关系，以及其与后者之间可能的冲突，简言之，就是欲望机器以及欲望的压抑的整个游戏。完成一个过程，意味着没有中断，不会让其转向空，不会赋予这一过程以目的。在解域化以及流的解码化的道路上我们从未走得足够远。因为新的领土（"事实上，领土终有一天要变成治愈之地"）从未存在于神经官能症抑或倒错的再领土化当中，后者终止了过程，并为过程赋予了一些目的。这一新的领土在其后并不比此前更多些什么，它与欲望生产过程的完成相吻合，这一过程在其已完成的演进中完成，并随着其演进的过程而被完成。由此，留给我们的是要发现精神分裂分析的诸多多样性的任务是如何有效地并同时展开自身的。①

德勒兹与加塔利在这部鸿篇巨著的结尾处如是说。面对这个无批判的批判性，我们所看到的正是这两位晚年自视激进的哲学家的无奈与乏力。他们的暴力革命同样是一场只发生在头脑中的思想风暴。在去俄狄浦斯化的呼喊中，其所呼唤的不过是资本扩张的合法性：资本所带来的问题不过是因为资本的扩张还不够充分。对资本的革命只能蕴含在资本自身的运演逻辑之内，而非之外。被德勒兹与加塔利推崇之至的精神分裂者们在本质上不过是一些彻底的资本家，而德勒兹与加塔利不过是将那被压抑在精神分裂者(资本家)之内的越界性欲望推向了意识的层面。因此德勒兹与加塔利不过是意识到这一欲望的先知，他们旁观着这部在认知之外，并架构着人的存在的巨大资本机器的运转，充满信心地等待着资本自我颠覆的那一天……有可行的政治实践吗？没有！当他们在《千高原》中展开所谓政治实践的时候，除了些许文字的延宕游戏之外，我们还能期待什么呢？

---

① Gilles Deleuze, Félix Guattari, *L'Anti-œdipe*, *captialisme et schizophrénie 1*, Les éditions de MINUIT，1972，pp. 456-458.

结　语 ｜ **让思想照进现实**

　　有学者曾将左翼界定为"一系列运动，试图通过将平等原则设定为其践行者之核心要义来改变世界的努力"[①]。这种概括颇具代表性：对改变世界的不懈追求以及对平等主义原则的坚持是左翼发展至今不变的理论基调。吉尔·德勒兹被归入激进左翼思潮或许并不是一个毫无争议的普遍共识。他光怪陆离的思想概念以及对思想史研究的痴迷，让他成为激进左翼思想的天然的对立者。巴迪欧对德勒兹的赞誉也仅仅停留在单义性本体论的层面，巴迪欧对其无限的差异化的理论结果并不认同。的确，德勒兹的这个理论后果

　　[①] Enzo Traverso, *Left-wing Melancholia*：*Marxism*, *History and Memory*, Columbia University Press，p. xiii.

看似彻底，却很难成为当下资本社会的颠覆力量，反而可能成为其发展的助力者。或许，对于德勒兹而言，构筑一个可行的政治策略，从未成为其思想的最终旨归。但对于一个忠实于对创造性本身进行探讨的思想而言，我们无法将其归入因循守旧的维度之中，这是不争的事实。以对新事物生成之条件的阐发为己任的德勒兹，注定会是一个对当下、既成现实持有否定态度的思想者，批判的张力也随之而来。

　　我将德勒兹最终与资本拓展的思想合流视为其思想富有现实性的证据。诸如齐泽克、巴迪欧、朗西埃与阿甘本，这些谈论着政治、哲学与文学的诸多左翼思想家们在今天的思想舞台上如明星一般闪耀，他们不妥协的理论姿态成为今天思想市场上最有价值的商品。坐在舞台下面的我们，在观看他们在每一次政治事件爆发之后所做的表演之时，总是难免有点担忧他们自身已经蜕变为他们所批判的资本逻辑运行中的一环。左翼成为资本社会中习惯性地"唱反调"的那一群人。他们被猎奇性地消费了，他们的平等主义诉求以及对共产主义的呼唤都已经成为各色危机产生后，人们发泄义愤的方式。但真正的革命何以产生，这本身已经成为质疑左翼最常见的问题。"怎么办"，的确成为当代左翼思想的软肋。强大的资本逻辑在今天获得了更大的生存弹性，这些左翼思想已经成为资本逻辑内在的自我否定。换言之，他们的思想正在变成资本为自身设定并超越的界限（结域化与解域化）。因此他们的不妥协的反叛与颠覆不过是资本扩张的必要环节。从这一意义上说，当代的激进左翼早已落入德勒兹对资本批判的理路当中。

　　我将德勒兹的思想视为一场经验主义的暴动。它的暴力性表现在其对任何界限不懈地否定与超越。它不是一种真实的行动，而是一种保持创造力的思维方式。而当这种创造力本身与资本的拓展相互呼应之时，其思想的创造力就变成了对资本批判的穿透力。在我看来，相比于当代的激进左翼思潮的诸位学术明星，德勒兹的思想更富现实性。因为他发现了资本拓展的无限延宕，并认识到只有依赖这种延宕，资本才可能被真正地颠覆。我们无须过早地宣布它的死亡，这只会让自己不断陷入无能为力之中。资本社会的现实如同一堵无法穿越的墙，阻挡着任何不切实际的行动诉求。作为真正的左翼思想家，在我看来，首先不应是一个行动主义者，而应是一个现实主义者。行动只有依赖现实才是真正有效的行动，否则将只是一种空谈。

真正的左翼思想，在我看来，并不意味着对行动本身的思考，而是对行动条件的考察。德勒兹，一个坚持着向未来开放的创造性思想家，将思想的革命放在了对创造条件的考察之中，在这一意义上，德勒兹的确是一个真正的马克思主义者，一个真正的左翼思想家。

至此，我们基于一个特定视角的法兰西思想之旅将暂时终止于此。这对于我无疑是一次思想的冒险。因为我所采取的这个视角，缺乏前人必要的指引，因此这条道路走得跌跌撞撞。其中很多思想要点在严格的学术研究的意义上说，都是一笔带过。这一思想嬗变的梳理工作的初步完成，将一段摆在我们面前却常常被我们视而不见的思想取向凸显出来了。这是黑格尔进入法国思想界，并引发了法国马克思主义的形成、发展与演化的整个历程。这段历史完全可以为法国现象学运动所概括，也可以被诸多所谓后现代主义思潮所理解，同时还可以被当代法国艺术史所涵盖，抑或反思为法国马克思主义发展历程的展开。而我在这里所关注的更多的是两个思潮之间的交汇方式：黑格尔与马克思在法国思想界的融合与分离。经过了这样一段历史的梳理，我可以为这一过程作出以下概括。自 20 世纪 20 年代以来，那些活跃在法国思想界中的思想者们不知不觉地拥有了一个共同的思想理路：因为他们曾经都是黑格尔的门徒，所以他们最终也都成为马克思思想的后继者。

这近乎成为当代法国思想者共同的理论特征。换言之，对于当代法国思想者而言，黑格尔与马克思是他们共同的思想来源。我们在本书中并未涉及的福柯与德里达，在其思想的形成过程中都曾以黑格尔作为思想的敌人，并最终展开了自身对整个西方形而上学传统的扬弃：黑格尔的整体性思想以及他的辩证法理论都是他们思想的靶子与延展自身的理论资源。而马克思，这个黑格尔的门徒，却总是在他们接触到黑格尔的同时被带入他们的视野中。经过以上分析，我们可进一步将法国马克思主义的共同理论取向作如下概括：第一，将马克思的思想视为关注现实的个人生存的哲学人类学，其中既包括哲学形而上学，同时又包括其政治经济学的批判与分析；第二，将马克思思想中所关注的现实的个人视为能动的、富有实践力的行动者，马克思的哲学因此是一种行动者哲学、实践哲学；第三，这一实践哲学曾经为当代法国马克思主义者们提供了现实革命的实践指南，而后这一实践哲学又被转变为法国马克思主义哲学中的主体性哲学，最终成为当代法国思想家分析社会现实的极为有效的理论工具。时至今日，当代法国左翼思潮中的思想家们仍以延续这一理论基调展开自身的问题域。整个激进左翼思潮当中对"在资本主义社会如何革命，由谁革命"的讨论，在某种意义上，成为划定今日马克思主义者的一条判定标准。而黑格尔的历史观与辩证法，仍然常常出现在对这一问题的分析和讨论中。因此我们最终发现了这样一种现象，对于 20 世纪的法国思想界来说，不管是肯定黑格尔，还是否定黑格尔，他们都离不开黑格尔；同时，不管他们宣称自己是马克思主义者，还是从根本上否定自己是马克思主义者，他们都以某种方式回应着法国马克思主义者为他们提供的问题。因为在法国的民族精神当中，总是蕴藏着一种知其不可为而为之的浪漫主义取向。由于他们对纯粹理想保持着不懈的追求，他们总是马克思思想的同路人。

正如我们已经指出的那样，今天的我们作为异域思想的旁观者，对这段历史的关注更多的是源于对当下这个时代的问题的关注。在这段流动的思想盛宴当中，当代法国马克思主义坚守了哲学形而上学的基本原则，并将这一基本原则转变为一种可能的哲学人类学。尽管在这一哲学人类学中，作为核心观念的主体性原则，总是以不同的方式获得表达。生成性、过程性、历史性抑或本质上的空乏，都构成了主体性原则的基本规定。这种哲学人类学自 20 世纪 30 年代开始直至今天，虽经历了与多个思想对手的搏斗，却从未改变其本质属性。在我看来，它无论如何转换自身的理论背景，都未曾改变其对抽象的观念论（如新康德主义）的批判以及在存在论与知识论之间的游弋。而这一思想路径对于今天中国以及全球所面临的现实挑战而言，又不失为一种有效的理论解决方案。因为随着技术以加速主义的方式改变着我们的生活，我们正在体验着一种虽然并不新鲜，却更为极端的挑战：人创造的科学技术以极端化的方式威胁着人自身的生存。

一种从未有过的技术威胁论开始蔓延在高速发展的社会。近来的人工智能就是其中一个颇有代表性的话语体系。对此，我愿以此为例彰显本书中的这段思想史对于直面社会现实所具有的根本意义。

　　今天，与其说我们正在被人工智能所威胁，不如说我们正在被人工智能所构筑的话语体系所威胁。后者可能让我们变成现代版的堂吉诃德，在惶恐中与假想的风车进行战斗。麻省理工学院物理系教授迈克斯·泰格马克在《生命 3.0》中将人类当下的存在方式视为生命 2.0 版本，它意味着人类主要依靠进化获得硬件，即身体的基本机能，却可以通过学习和思考来构筑软件，诸如人类的思维与创造力。而生命 3.0，即今天被我们津津乐道的人工智能，则是能够"自己设计硬件和软件"的未来生命体。换言之，对于泰格马克这样的人工智能专家而言，其讨论范式早已不是机器如何模拟人的存在并构筑了对人类的威胁，而是相反，人的存在方式需要模拟机器（硬件、软件）来获得表达自身的一套话语体系。正是这样一种话语体系统治了今天关于人工智能的讨论，并由此产生了一种无谓的恐惧：有血有肉的人类正在被可能拥有无限计算能力，同时又不知疲倦的机器所质疑与威胁。当然，目前更多的人对人工智能持乐观态度，他们勾勒出了一条实现美好智能化生活方式的基本途径。但不管是悲观主义视角还是乐观主义视角，其共同点是对人工智能的理解方式：基于机器的运行方式来理解人的存在方式，并在此基础上言说人与机器的比较性关系。

　　严格说来，这是一种还原论式样的思考模式，即将人的行为进行人为的拆解：将行为背后的原因归结为人的机体的某个器官的作用。例如科学家弗朗西斯·克里克与克里斯托弗·科赫于 1990 年共同完成的有关"意识相关神经区"的开创性论文当中，详细描述了视觉、听觉、触觉可能对应的大脑不同部位；或者将人的行为还原为某种概率式的计算，比如泰格马克将意识的产生归结为信息的收集。由此形成的有关意识的理论将人的意识的构成还原为科学可以"完全"把握的事实，具有物理学和数学的厚实基础。而所有可被科学完整把握的事实，就有可能被还原为 0 与 1 式的表述方式，最终为人工智能的加速发展添砖加瓦。

同样囿于这一还原论的语境，泰格马克这样界定人工智能的核心概念："智能就是完成复杂目标的能力"[①]；所谓意识，即主观体验；所谓目的论，即用目标或者意志而不是原因来解释事物。正是基于这一名词列表所构筑的话语体系，我们似乎面临着可与人类对峙的挑战，因为在这套话语体系当中，原本属人的诸多特性——智能、意识、意志等问题都被还原为以"目标"为导向的行为动机。这种目标导向，原本只能算是复杂的人类行为的最为外在的显现方式，现在却构成了谈论人工智能话语体系的基本要素。如果智能本身被还原为一种完成复杂目标的能力，那么人类智能将永远无法赶超被加速主义原则所支配的技术进步。因为它排除了属人的人类智能当中原本包含着丰富内涵的智慧，在其中，人类的情感与意志都呈现出诸多无法还原为基本算法的非确定性。

承认并正视这一非确定性使人工智能话语体系的建构成为可能。它需要重新复苏一种特定的哲学人类学，让哲学的话语退回到康德时代有关"人是什么"的最终追问。而对人之本质的最为晚近的思考终结于 20 世纪 60 年代的法国，后现代主义的勃兴一方面摒弃了当代法国存在主义对人之生存方式的痴迷，同时更以宣告人之死、主体之死的方式终结了曾经盛极一时的哲学人类学。后现代主义思潮，如同古希腊怀疑论与

———————————

① ［美］迈克斯·泰格马克：《生命 3.0》，汪婕舒译，365 页，杭州，浙江教育出版社，2018。

诡辩论的一次复兴，它对于确定性的强烈拒斥在表面上似乎构成了对以确定性为旨归的科学技术发展的一种反叛，实质上却以其对"本质"的否定，特别是对人之本质的彻底否弃为科学技术毫无限制的蔓延提供了合法性。面对"阿尔法狗"（AlphaGo）战胜人类围棋高手与"阿尔法元"（AlphaZero）完胜"阿尔法狗"的事实，后现代主义者们以"怎么都行"的理论态度对之无可奈何。但正如诡辩论激发了柏拉图去建构理念论，经验主义者休谟对于因果关系之先验确定性的怀疑激发了康德去建构知识学，今天的人工智能不仅意味着一种技术的进步，更为根本的是它所建构的还原论话语体系，将再一次激发哲学人类学的重建。这一次哲学人类学的重建与柏拉图的理念论以及康德的知识学一样，都试图以对本质主义的重新探求来树立人之尊严。因此，面对基于人工智能的技术支持而出现的物联网时代，当美国学者杰里米·里夫金惊呼"第三次工业革命"已经到来的时候，我们或许应当呼唤随之而来的又一次哲学人类学的复苏。

哲学人类学的复苏，其根本任务在于构筑一整套完全不同于人工智能的还原论的话语体系，重新回答"人是什么"的哲学追问。"阿尔法元"给人类带来的恐慌，其根源在于它呈现了一种机器学习的能力，并在大数据的聚集与高速运算的技术支持之下实现了一种"深度学习"。但对于哲学人类学家而言，这样的一种学习能力在何种意义上挑战了人之为人的独特属性？对这一问题的追问，必将会逼迫我们更为深入地分析"人工的智能化"与"人的智能化"之间的根本区别。

人工的智能化建基于大数据与不断升级的各类算法。因为在还原论的话语体系当中，不仅"智能"成为完成复杂目标的能力，而且学习能力也被理解为一种叠加式的信息处理模式，它需要诸如记忆和分析等相关能力的辅助。但问题在于记忆究竟是什么，分析又如何可能。在深入探讨这些问题的时候，人工智能的专家再一次运用还原论的方式告诉我们，所谓记忆就是相关性信息的收集，换言之，人工智能总会将与其目标导向相关的信息加以累计。与之相似，分析能力也建基于对相关信息的归类。由此，对"相关性"的强化运用成为人工智能学习能力得以成立的基本原理。而这一原理在哲学上与18世纪英国哲学家休谟对因果关系的分析颇为类似。休谟在分析因果关系这一左右人类知识形成的根本基石的时候，提出了一种彻底的经验主义方案，即以两个现象前后相继所构筑的相关性来建构因果性，从而形成人类知识。例如，当我们分别以描述的口吻叙述"太阳晒"和"石头热"时，其所提供的只是经验的杂多，也即人工智能话语体系中的数据信息。而当我们这样表述："因为太阳晒，所以石头热。"其间所加入的"因为""所以"使描述性的经验杂多成为知识，它们为两个独立的现象构筑了相关性。经验主义者正是在这种相关性之上建立起有关知识的确定性保障。从这一意义上说，人工智能所推进的机器学习能力的确定性建基于哲学的经验主义传统，它同时表现出的是将人的主观意识进行纯粹物质化的还原，这样做的结果，最终只会窄化对人的本质理解。

哲学人类学需要正视这种经验主义的挑战，以丰富人的本质的规定，正如我们今天需要恢复哲学人类学以对抗人工智能的挑战。在哲学发展史上，对经验主义的反抗有多种方式，例如康德式的对抗，其方式是将人的理性进行分类，将建基于相关性的知识学归入知性之中，纳入理论理性的范围之内，将与人的自由意志相关的原则性保障归入实践理性的范围之内，并在这两种理性之间划出一道鸿沟，以限定性的思维方式避免两种理性相互僭越。再如黑格尔式的对抗，它以绝对精神的自我运动的方式将经验主义对知识学的建构纳入人类精神自我认知之整全性思考的过程当中，使其成为必要环节。面对今天人工智能的挑战，黑格尔式的对抗方式，在某种意义上只会为人工智能增添必要的合理性。人工智能在技术的加速发展当中呈现出一种不以人的意志为转移的客观性，它正以其还原论式的话语体系吞并着"人本身"，在算法可无限拓展的意义上将自身变成统治世界的"绝对精神"。因此，在我看来，我们或许应当借鉴康德的有限性视角为人类理性划界，将人工智能严格局限在知性的规范之内，限定其还原论式的话语表述方式对人的全部特质的僭越，即用器官性的、数据化的算法来解读人的行为以及行为背后的意志自由。我们必须坚持马克思以人为轴心的技术观，将机器视为人延长的手臂，而不是将人视为机器功能实现的中介，任何一种试图颠倒这一关系的讨论方式都会将人推入有待批判的异化的境遇。面对人工智能的挑战，我们需要做的是重新凸显"人的智能"的独特性，凸显其中所包含的不可被还原为数据信息及其相应算法的情感性、意志性的人之属性，而非将理论的重心放入人机界限模糊的"后人类主义"当中，将诸如机械替换部分大脑机能之类的"赛博格"讨论推上理论的舞台，因为这样一种讨论方式不过是让"人的智能"屈从于"人工智能"的话语体系，它的本质其实是人工智能的另一套不战而屈人之兵的方略。

本书中所梳理的这段思想史，对我而言，成为今天我们面对人工智能等各种新技术威胁论的一次理论建构，通过对这一段思想史的研究，我们不仅看到了马克思思想对于当下这个时代从未过时的批判力，更为重要的是，我们发现 20 世纪 30 年代的法国思想，经过了黑格尔与马克思共同的洗礼之后，所构筑的各种类型的哲学人类学，有可能成为在今天乃至未来我们面对新技术威胁论需要重新审视和借用的有效的理论资源。希望借此让思想照进现实，让过往成为照出未来的一面明镜。

元宇宙哲学批判

　　法国马克思主义者的理论嬗变过程始终伴随着当下社会现实的变迁。因此对于这一段思想史的回顾注定是一个与时俱进的过程。时至今日，在资本逻辑的推动之下，陷入加速主义时代的社会现实不断召唤理论对变动着的现实给予有效的指引。因此，对于法国马克思主义理论的研究就不能仅仅囿于对其中某一思想史的分析和理解，而是需要在直面社会现实的变迁和发展中尝试运用马克思主义式样的独特视角来架构某种理论形态。2021 年毫无征兆地成为"元宇宙"概念的元年。它正在作为一个概念的黑洞，吸纳着包含科技、资本与文化各个领域的全部可能性。一个原本遥不可及的未来却似乎成为一个"随时降临的共同体"环绕在我们四周，挥之不去，不断拓展的关于"元宇宙"的话语体系，或者着力于对未来人的生活方式进行天马行空的勾勒，或者着力于对当下技术的基底及其应用进行分析，或者直指其背后的资本逻辑。不同领域的话语体系虽有交叉，却如盲人摸象，各执一词，由此构筑了一个井喷式的话语生产，却还未形成富有共识性的元宇宙概念，这一可能性世界是否真的为人类带来存在论意义上的革命，还未可知。在此，我们将尝试按法国马克思主义者面对现实的理论切入方式，通过对元宇宙的概念及其架构模式与技术基底的描述与分析，彰显作为可能性世界的元宇宙所隐含的哲学主题及其悖论。

一、"脱实向虚"还是"脱虚向实"？

元宇宙（Metaverse），作为一个概念形态最早出现在美国作家尼尔·史蒂芬森于 1992 年出版的科幻小说《雪崩》（*Snow Crash*）中。史蒂芬森创造的这一概念，所指的不过是虚拟实景技术，在一个人工智能、区块链技术还未能得到普遍应用的时代，其所构筑的想象空间是与电脑游戏空间极为类似的平行宇宙。这个平行宇宙的存在样态可从该书扉页题记对"雪崩"之"雪"的界定中窥见一斑。在此，史蒂芬森引用了"雪"在《美国传统词典》中的词义阐释，他摒弃了作为自然现象的雪之内涵，转而凸显了以下两个内容："词义甲：与雪相像的物体；词义乙：因接收信号微弱而在电视屏幕上出现的白色斑点。"[1]这一词义的取舍彰显了作

---

[1] ［美］尼尔·史蒂芬森：《雪崩》，郭泽译，扉页，成都，四川科学技术出版社，2018。

为平行宇宙的"元宇宙"的存在方式及其运行逻辑。第一，它是现实世界在数字化世界中的化身（avatar），以相似性（similarity）的逻辑勾连两者。而这一相似性逻辑在某种意义上诠释了作为平行宇宙的"元宇宙"的存在方式。第二，它是现实世界被转变为数据流的一种抽象性的表达，如电视屏幕上的白色斑点所表征的"雪"的抽象，以相关性（correlation）逻辑勾连两者，而这一相关性逻辑则成为对元宇宙之运行逻辑的最好诠释。在这一意义上说，元宇宙（meta-verse）中的"元"（meta）并不应被解读为"超越"，而应追随形而上学（metaphysics）中 meta 的所指，指向事物背后之"根据"，即在互联网不断拓展其关联性空间的过程中，能否被数据化，如何被数据化，已经成为现实世界存在合理性的最新"根据"。与之相关，verse 也不应被全然理解为"宇宙"（universe）。verse 作为独立的词语，其意义为"诗歌""韵文"等，它所表达的是一种特殊的叙事。由此可见，metaverse，就其词源学意义上的内涵来说，意味着有关未来世界之根源的另一种元叙事，在其中，建基于互联网技术的虚拟共享世界被"表述"（元叙事）为一个比我们的真实世界更为真实的超真实（hyperreal）的世界。

法国哲学家鲍德里亚将超真实视为抹除真实与虚假之间矛盾的新阶段，并将主导这一阶段的主要力量视为广告和影像的媒介。这一指认虽带有一定的时代局限，但由于其借助"hyper-"前缀准确捕捉到在这一阶段当中一切都正在趋于"过度"的意涵，从而隐含了超真实概念的激进化演进方向，[①]

---

① 参见夏莹：《鲍德里亚的"hyper-"概念群及其对现代性理论的极限演绎》，载《世界哲学》，2017(6)。

它在被鲍德里亚称为"代码的形而上学"①的数字化时代成为可以涵盖元宇宙当中"虚拟增强"的物理现实的一种隐喻性的表达。

因此，虽然目前就如何界定元宇宙之概念的内涵，不同领域的学者曾给出各种不同的界定，② 但关于元宇宙彰显的元叙事方式却总是指向"超真实化"的虚拟现实，即元宇宙所构筑的虚拟世界在其理想化的存在样态上是一种比现实更完美的增强现实。由此带来一个错觉，似乎元宇宙的到来会真正实现鲍德里亚所谓"真实"与"虚假"之间界限的内爆，并最终带来"真实的消失"。但事实上，元宇宙，作为一种增强现实的寓言，不仅没有消灭真实物理世界的意义，反而在某种意义上将原本模糊的界限再度清晰化。

目前被广泛讨论的元宇宙的架构模式，一般被分为三个层次：处于基底的技术支持，包括 5G 网络、区块链、NFT、人工智能等；处于中间层的虚拟主机、智能可穿越等前端设备平台；作为表层场景入口的社交、游戏、交易平台等。③ 元宇宙的三元结构说明：第一，元宇宙所构筑的虚拟世界只是涵盖了人类社会交往体系当中可数据化的一部分，其以交易平台为基础，以平台化社交为基本方式，因此严格说来，并非一个与真

----

① [法]波德里亚：《象征交换与死亡》，车槿山译，73 页，南京，译林出版社，2012。

② 相关概念的讨论可参见：方凌智、沈煌南：《技术和文明的变迁——元宇宙的概念研究》，载《产业经济评论》，2022(1)；喻国明：《未来媒介的进化逻辑："人的连接"的迭代、重组与升维——从"场景时代"到"元宇宙"再到"心世界"的未来》，载《新闻界》，2021(10)。

③ 清华大学 2021 年元宇宙发展研究报告，https://www.sohu.com/a/491309561_120855974，引用日期：2020-01-01。

实世界完全平行的世界；第二，支持元宇宙世界的超真实化叙事得以展开
的方式全部依赖于现实世界中的网络技术以及与制作材料密不可分的可穿
戴设备。这一现实化的物质基底直接决定了建筑其上的社会交往方式。呈
现于眼前的虚拟世界究竟以何种方式被呈现出来，完全取决于真实世界的
技术基底。换言之，在"虚拟"与"真实"之间总是存在无论如何都无法被虚
拟化的物质介质作为中介。这一中介，一方面是作为特定参数所构筑的网
络环境，它是构筑元宇宙的"建筑材料"；另一方面，则为将人链接到虚拟
的元宇宙之上的可穿戴设备，它是搭建元宇宙的基础架构。可穿戴设备的
材质与构造直接决定了元宇宙的呈现模型。例如，目前还未完全成熟的
VR 眼镜会让其所呈现的虚拟世界出现变形、有边界感、晕眩等问题。同
样，出现在 20 世纪下半叶的电子游戏，作为元宇宙的雏形，所显现出的
恰恰是游戏玩家在游戏过程中对游戏手柄或计算机键盘的极度依赖。[①] 游
戏手柄的操纵模式与计算机键盘材质及其排列方式的变化都会直接影响
到游戏世界的呈现方式。即便是在最富有想象力的科幻小说家尼尔·史
蒂芬森的笔下，主人公阿弘在元宇宙已经被完美架构的未来世界中仍然
需要借助"目镜"以及电脑顶部的广角鱼眼镜头等多个技术设备的相互作
用，才能在他的双眼和他所看到的现实世界之间形成一个图像，而这个
图像才是元宇宙。[②] 换言之，元宇宙作为一个超真实的虚拟世界的相关
叙事，在其所构筑的"代码的形而上学"中凸显了作为根据的数据本体，

---

　　① 相关论述可参见车致新：《电影、游戏、元宇宙：交互界面的媒介谱系》，载《当
代电影》，2021(12)。

　　② 相关描述参见[美]尼尔·史蒂芬森：《雪崩》，郭泽译，28～29 页，成都，四川
科学技术出版社，2018。

但对元宇宙之存在样态具有真正决定性影响的是对数据进行加工和传输的技术和设备。它们都具有无法脱实向虚的实在性。

在这个意义上，元宇宙，作为一个融合了前沿技术与理念的概念，其完整内涵之本质绝非"虚拟"对真实的蚕食与吞并，相反，它试图将人类社会交往的方方面面整合为一个整体，最终却凸显出构筑这一虚拟世界所依赖的现实基础。元宇宙概念的提出所带来的对虚拟世界的一系列追问，如它是否能够被构筑，如何构筑以及构筑为什么等相关问题所需要的不是科幻小说家以及游戏玩家的回答，而是技术人员对诸如5G网络以及人机接口等相关技术的推进。换言之，元宇宙概念的提出反而引发了人们对现实世界与虚拟世界之间本质性差异的关注，以及构筑虚拟世界的现实基础等问题的认真思考，在这一意义上，元宇宙的到来所召唤出的绝非人类世界的"脱实向虚"，相反，是对某种建基于技术实在论基础之上"唯物主义"的回归。

二、柏拉图主义的双重颠倒：元宇宙的三元架构

对于元宇宙所展开的"考古学"，目前大多将其视为电子游戏的扩展版。① 因此，游戏玩家对于电子游戏的体验给予了当下人们关于元宇宙

① 相关讨论参见《当代电影》2021年第12期刊登的系列文章，其中包括车致新的《电影、游戏、元宇宙：交互界面的媒介谱系》一文以及姜宇辉的《元宇宙作为未来之"体验"——一个基于媒介考古学的批判性视角》一文中有关于从电子游戏发展至元宇宙的相关讨论。

基本架构的全部想象力。其中包含的可编辑性、互动性和沉浸式成为勾勒元宇宙之特性的基本用词。① 它们概括性地诠释了元宇宙中人的存在方式。由于在元宇宙的假设中，人类社会不得不以数据流的方式"迁徙"到元宇宙所构筑的虚拟世界之上，因此在关于元宇宙的想象中，被规定的互动性和沉浸式之间的矛盾，也成为未来人之存在不可消除的矛盾。概言之，可编辑性与互动性，彰显着人在介入元宇宙的虚拟世界之际所拥有的与虚拟世界相对峙的主体性原则；而沉浸式，则彰显着虚拟世界如何让人消除主体之自觉，进入到虚-实、物-我不分的状态。可编辑性与互动性彰显的是主客二分性，沉浸式则试图实现主客相融。两者是否真的构筑了游戏世界的自我悖论？如果我们深入到对游戏世界的操作模式当中，这一悖论或许并不存在。因为游戏中沉浸式的相融，既未达到中国哲学天人合一的自然圆融，也非 20 世纪现象学运动试图重构的前意识、前反思式地回到事情本身，而是依赖于技术中介（智能可穿戴设备）所实现的主体意识的自我投入，而这一自我投入得以实现的沉浸式，更多地依赖于网络运行的速度以及智能可穿戴设备在材质以及操作方式上的变革。严格说来，这一技术中介并不仅仅作用于人在虚拟世界中的沉浸，也作用于人在其中所彰显的能动性（互动性），因此如果元宇宙作为人的未来可期的存在方式，那么它似乎正在改变传统哲学中围绕人与现实世界所构筑的哲学分析模式。其中外在于主体之人的世界不再首先是客观物质世界，而是被技术构架的虚拟世界，并在这一架构当中形成

----

① 参见清华大学 2021 年元宇宙发展研究报告，https://www.sohu.com/a/491309561_120855974，引用日期：2023-01-01。

了"肉体之人及其现实世界—技术中介（可穿戴设备）—虚拟世界（数据流所编织的世界）"的三元结构。在此，客观物质世界只是成为可穿戴设备制作材料的提供者和被虚拟世界所模仿的对象。由此，自柏拉图以来，理念世界与现实世界之间的二分遭到了多方面的挑战。挑战的意义并非仅仅出于对传统哲学路径的理论修订，它所彰显的是人与世界之间新的关联方式的建立如何可能。

法国哲学家吉尔·德勒兹在《差异与重复》当中断言了我们这个时代的特质：

> 现代世界是拟像（simulacres）的世界。在拟像的世界中，人不会在上帝死后幸存，主体的同一性不会在实体的同一性死后幸存。所有同一性都只是伪造之物，它们是更具深度的游戏——差异与重复的游戏——制造出来的"视觉"效果。①

这一拟像的逻辑为元宇宙中人与客观世界的存在论提供了哲学基础。而德勒兹运用这一拟像的逻辑，一方面试图刻画、预言被媒介所统御的现实世界，另一方面则试图以超越简单的反柏拉图主义的路径（拟像逻辑）来彰显某种对西方哲学传统的解构力量。在德勒兹看来，柏拉图主义的核心要义并不是区分出理念世界与现实世界，而是将现实世界（客观的物质世界）作为对理念世界（原型）的复制与模仿，最终形成了

---

① ［法］吉尔·德勒兹：《差异与重复》，安靖、张子岳译，2页，上海，华东师范大学出版社，2019。

"原型相享有一种更高的源始同一性……而复制品则要根据一种派生的内在类似性来被判断"①的思维方式。而柏拉图特别凸显了复制品自身作为"肖像"与"幻像"的区分②，德勒兹在这一区分当中发现了柏拉图主义自身对于带有价值判定的二分法存在着内在的自我反叛，反叛的方式正是借助对作为幻像的"拟像"意义的释放。换言之，对于德勒兹而言，"柏拉图在这里做出了一种具有重大意义的哲学决断：使差异从属于被假定为起始者的相同与相似的强力，宣称差异就其自身而言不能被思维，并且要将差异和拟像投入无底的海洋"③。其结果是，作为幻像的拟像，作为无法在相似性上获得完全把握的复制品被排斥或者漠视。尽管如此，在德勒兹看来，被柏拉图提出的这个拟像的逻辑，成为潜伏在各个角落"低声嗥叫的敌人"。④ 直至今日，当各种媒介（德勒兹时代的电视、电影，以及今天的网络）成为人与世界相互作用的主要方式之后，无法被同一性所规训的拟像也终于堂而皇之地走入现实世界的"光天化日之下"，并将作为原型的同一性原则变成了"游戏"与"视觉效果"。这无论如何都应算是颠倒的柏拉图主义。在此，彰显同一性原则的原型从属于凸显差异性的拟像逻辑。但需要强调的是，这一颠倒并非简单的头足倒置的翻转，即理念（同一性原则）与现实之简单的颠倒；相反，在这

---

① ［法］吉尔·德勒兹：《差异与重复》，安靖、张子岳译，222 页，上海，华东师范大学出版社，2019。

② 相关论述参见［古希腊］柏拉图：《柏拉图对话集》，王太庆译，564 页，北京，商务印书馆，2020。

③ ［法］吉尔·德勒兹：《差异与重复》，安靖、张子岳译，223 页，上海，华东师范大学出版社，2019。

④ 同上。

一颠倒的过程中，原型的同一性原则遭到了彻底的拆解，从而形成了一个无限差异化的拟像的狂欢。在此，真正的颠倒的柏拉图主义将由"摹本（现实）—原型（理念）"的二元结构变成"现实—拟像化摹本（多样化的）—理念（游戏，或作为视觉效果的原型）"的三元结构。

德勒兹将被拟像逻辑所构筑的富有同一性的原型隐喻为"游戏"与"视觉效果"，这一隐喻却出人意料地成为对元宇宙的精准叙事。由数据流所构筑的元宇宙的虚拟世界与人的现实世界之间，究竟谁是摹本，谁是原型？这个问题并不如其呈现的那样显而易见：一般认为，元宇宙所表象（representation）的虚拟世界不过是对现实世界的"再（re-）现（presentation）"，因此是现实世界的摹本。但元宇宙的虚拟世界所构筑的摹本本身却是对现实的"增强"，比如它对自然风光的摹写要比现实中的自然更唯美，它可以通过调整面部参数让一个人的面孔更符合大众普遍接受的"美人"的标准，等等。更有甚者，在未来的元宇宙的构想中，人在元宇宙中的行为能力会呈现出"超人"的特色，飞翔、跳跃、变幻形态等这些在现实世界中不可能存在的人的生存方式在元宇宙的世界里将成为人人具有的基本技能。由此，元宇宙中所呈现的摹本是人和世界图景的原型"理念"。但原型（传统哲学中的同一性原则的承载者）却又在元宇宙以可编辑性、互动性等方式成为诸拟像游戏化的"视觉效果"，缺乏柏拉图意义上绝对的真理性和范导性。由此，围绕人而展开的关于这个世界的讨论方式发生了根本变化：柏拉图主义的划分（理念世界与现实世界之间的划分）带来的是一个超验世界与经验世界之间的分割，并推演出神性的世界与世俗世界的分割，以此为西方哲学与文化奠基；元宇宙的叙事所彰显的并非费尔巴哈和马克思所实现的头足倒置式的颠倒，即从对"天国"的批判转向对"尘世"的批判，而是尝试借助网络技术与智能可穿戴介质完成了对理念世界的再造。只是在这一再造的过程中，被再造的理念世界并非人的对象化或异化的产物，而是在差异化的拟像逻辑当中构筑了一个生成性的理念。该理念并不仅仅是人及其现实世界的复制性的再现，也可能是无中生有的创造。因此，对柏拉图的颠倒并非由"理念是现实的根据"颠倒为"现实为理念的根据"，而是转变为以网络技术与智能可穿戴介质为根据，它们共同构筑了可生成性的人及现实与理念的世界。换言之，在元宇宙的叙事当中，作为增强现实的虚拟世界（作为元宇宙的理念世界），以及试图以互动或沉浸式介入其中的人，都不再是对方的根据；相反，中介两者的技术和智能可穿戴介质自身却成为元宇宙架构的根据。由此我不得不再一次将元宇宙的三元架构排列如下：肉体之人及其现实世界—技术中介（网络及可穿戴设备）—虚拟世界（数据流所编织的世界）。正是由于这一结构的存在，拟像逻辑的三元结构才得以可能，德勒兹试图在柏拉图主义内部挖掘的颠倒的柏拉图主义才可能成立。因此，如果说德勒兹的拟像逻辑带来的柏拉图主义的双重颠倒导致了一个生成性的世界（人及其可编辑、可互动的虚拟世界），那么左右这一颠倒之颠倒世界的真正根据将是最富有"质料性"的一些技术进步，比如决定网络传输和接受速度以及使人机接口更流畅的诸多材料的改进。换言之，如果元宇宙的叙事能够成为未来真实世界的基础架构方式，那么哲学（不得不再一次强调）将不得不重新回到看似最为粗陋的唯物主义层面，所有的哲学家为了充分而完整地理解人与元宇宙的世界，将不得不像一个计算机的工程师与材料学家一样密切关注技术与材料的更新换代。意识与观念在元宇宙中的存在方式因此都不得不受限于技术与相关材料的束缚。从这一意义上说，假定元宇宙真的能够实现，其所实现的究竟是人的彻底的自由，还是技术决定论对人彻底的捆绑？对这一问题的答案还有待回应。

三、元宇宙：机器体系的激进化推演及其与资本的共谋

至此，我对元宇宙的讨论所凸显的始终是其技术基底对元宇宙的决定性意义。但对于绝大部分技术研究的从业者而言，元宇宙的彻底实现在极为遥远的未来。一个不争的事实是，在较为宽泛的意义上，元宇宙不仅意味着一个可以将人类社会生活方方面面都放入虚拟空间中的平行宇宙，同时还意味着互联网化的生活方式对当下人的现实生活的渗透，诸如维持当下人生活的网络购物与电子支付以及勾连人与人之间的社交平台的普遍化。它们的存在，事实上已经让人们的一部分现实生活虚拟化（元宇宙化）。因此，以虚实互渗，人机交融所构筑的元宇宙化的生活世界实际上已经悄然拉开了它的序幕。在这一虚实互渗的元宇宙叙事当中，将人链接到互联网之上的设备同样在这个虚实互渗的元宇宙的世界当中发挥着关键性的作用。它作为走向未来元宇宙世界中人机无缝对接的初级形态，注定成为当下元宇宙架构推进当中的关键环节。

当我们以这样一种视角来审视元宇宙的时候，我们看到的并不是一个与当下现实生活截然不同的，作为增强现实普遍共享的元宇宙的虚拟空间的建立，相反，我们更为真切地感受到的却是，今天的元宇宙的发展逻辑本质上不过是自18世纪以来工业化时代的机器化大生产的普遍

应用所形成的人机关系的延展。换言之，当庞大的机器装置作为劳动工具进入资本主义工厂当中的时候，它立刻就对人自身及其生活方式产生了直接影响，并且其影响的方式至今没有发生根本性的变化。对此马克思在《1857—1858 年经济学手稿》中曾有过精彩的描述。

首先，马克思将庞大的大机器称为"自动的机器体系"，其所讨论的大机器不仅局限于 18 世纪伫立于工厂当中的庞然大物，就其自动化的功能对工厂中的工人劳动的可替代性而言，机器体系已经可以发挥人之器官和机体的功能，并在某种意义上实现了以机器体系为轴心的人机融合方式：

> 加入资本的生产过程以后，劳动资料经历了各种不同的形态变化，它的最后的形态是机器，或者更确切些说，是自动的机器体系……这种自动机是由许多机械器官和智能器官组成的，因此，工人自己只是被当作自动的机器体系的有意识的肢体。[①]

换言之，机器体系自其诞生之日就从来不是作为人的延长的肢体，相反，从来都是人作为机器体系延长的肢体。

其次，由于马克思立足对人的生活方式的关切，他对人机融合的揭示中所凸显的始终是工人在人机融合中被吞并与淹没的过程和方式。例如，马克思特别区分了作为劳动工具的大机器生产诞生之后，彻底改变了人与劳动工具之间的内在关联。

----

① 《马克思恩格斯全集》第 31 卷，90 页，北京，人民出版社，1998。

此前，"工人把工具当作器官，通过自己的技能和活动赋予它以灵魂，因此，掌握工具的能力取决于工人的技艺。相反，机器则代替工人而具有技能和力量，它本身就是能工巧匠，它通过在自身中发生作用的力学规律而具有自己的灵魂，它为了自己不断运转而消费煤炭、机油等等(辅助材料)，就像工人消费食物一样。只限于一种单纯的抽象活动的工人活动，从一切方面来说都是由机器的运转来决定和调节的，而不是相反"①。由此，"劳动现在仅仅表现为有意识的机件，它以单个的有生命的工人的形式分布在机械体系的许多点上，被包括在机器体系本身的总过程中，劳动自身仅仅是这个体系里的一个环节，这个体系的统一不是存在于活的工人中，而是存在于活的(能动的)机器体系中，这种机器体系同工人的单个的无足轻重的动作相比，在工人面前表现为一个强大的机体"②。

这样的描述所揭示出的正是当下以虚实互渗的方式存在的元宇宙化的生活境遇中，人机融合过程中，现实的活生生的人在机器面前不断呈现出的"系统性愚蠢"：手机的存储和计算功能越强大，人自身的计算、记忆能力就越低下。阿尔法狗与围棋选手的对决让人们开始怀疑人类的智慧仅仅是数量足够庞大的知识的简单积累所构筑的。更为完美的人工智能机器人也正在尝试不断入侵独属于人的领域，如艺术、文学的创造。但所有这些人机对决所产生的诸多让人震撼的事件，就其本质来说，不过是马克思在大机器诞生之日就已经断言的机器体系在"工人面

---

① 《马克思恩格斯全集》第31卷，91页，北京，人民出版社，1998。
② 同上。

前表现为一个强大的机体"的激进化推进而已。如今这一机体借助自动化向智能化的推进过程，让人越发成为站在机器体系所构筑的机体旁边的人，对于这一趋势，仅仅处于大机器生产发端处的马克思也已经洞若观火："达到一定地步，机器就会代替工人"[①]，并且"这里已经不再是工人把改变了形态的自然物作为中间环节放在自己和对象之间；而是工人把由他改变为工业过程的自然过程作为中介放在自己和被他支配的无机自然界之间。工人不再是生产过程的主要作用者，而是站在生产过程的旁边"[②]。在此，我们甚至可以将马克思的"由他改变为工业过程的自然过程"视为马克思语境下的元宇宙的叙事方式。这一经过人机交融构筑起来的"自然"成为介入无机自然界与人之间的"第二自然"，在其中，人拥有着庞大的机器手臂，或者说机器手臂支配着人的行动。

　　最后，我们理解人机交融之本质的关键要点在于：马克思在大机器诞生之初就已经洞察到的人机交融的情景为什么在 18 世纪势不可当地发展起来，并延续至今无法停下其进步的脚步？更具前提性的追问是：既然人在自动化（最终发展为智能化）的机器体系面前会显现出羸弱而愚蠢的面向，为何现代人总会不可遏制地试图制造出一个自己无法打败的对手，以致最终创造出将自身包裹其中，受其技术与系统限定的元宇宙？对于这些问题的回答，已经超出了虚实互渗、人机互渗之可能性及其现实状态的描述和分析，已进入对作为自动化的机器体系直至今日之元宇宙的技术基底诞生的合理性追问当中。而对这一追问的回答实际上

[①]　《马克思恩格斯全集》第 31 卷，99 页，北京，人民出版社，1998。

[②]　同上书，100 页。

已经存在于马克思对机器体系的讨论当中。

对资本逻辑展开系统批判的马克思，之所以在后期关注大机器（包括大机器与人的关系，大机器在生产过程中的磨损等），正是因为自动化的机器体系根本上是作为一种劳动工具而获得其全部存在的合理性的。因此，机器体系诞生的全部合理性在于它能够不断地通过对自身机器体系的改造而带来生产效率的提高，其内在诉求正在于通过"把现有的大量劳动力压缩到必要的限度"①，即在有限的劳动者的劳动投入以及劳动资源之间，以尽量少的劳动时间来获取更多的劳动产出，并在产品的社会必要劳动时间的竞争当中获得最大限度的竞争力，以便获取最大的剩余价值产出。从根本上说，正是资本获利的内在驱动，使大机器的使用和对机器技术的研发成为现代社会进步的必要条件。在这一意义上说，虽然自动化的机器体系所代表的现代技术自身并不直接是资本，但资本自马克思时代就已经显现出了与科学技术无法剥离的共生共谋的状态：

> 在机器体系中……一方面，直接从科学中得出的对力学规律和化学规律的分解和应用，使机器能够完成以前工人完成的同样的劳动。然而，只有在大工业已经达到较高的阶段，一切科学都被用来为资本服务的时候，机器体系才开始在这条道路上发展；另一方面，现有的机器体系本身已经提供大量的手段。在这种情况下，发明就将成为一种职业，而科学在直接生产上的应用本身就成为对科

---

① 《马克思恩格斯全集》第 31 卷，97 页，北京，人民出版社，1998。

学具有决定性的和推动作用的着眼点。①

换言之，如果没有资本对剩余价值的无限欲求，自动化机器体系并不能真正诞生，更不可能获得智能化的推进，而今天元宇宙的构想，不过是这一资本与技术共谋的又一次精彩演练。只是伴随着当代资本的金融化（虚拟化）的展开方式，技术将不再以同步的方式与资本共进退，而成为资本为获取投资而不得不加入的理念化设计。技术由此不仅以其已实现和可实现的领域为资本的投注背书，更以科幻理念的方式为金融资本的获利加大权重。因此，元宇宙源于 30 年前的一部科幻小说本无可厚非，但作为概念黑洞突然井喷式爆发却并非这部小说的魅力所致，其最终不过是金融资本为自己探寻新的投资增长点的内在需要所致。

概言之，元宇宙作为 2021 年突然爆发的一个网络热词，不管它自身包含着怎样复杂的学科融合，也不管其所呈现出的未来世界如何虚拟，就其无法摆脱的技术基底及其本质上作为机器体系逻辑的现实化身而言，元宇宙始终不过是大工业时代资本逻辑推进下的技术激进化的表现。这一推进最为鲜明的结果或许并非一个完整的虚拟世界的建立，而是这样一个现实世界逐渐形成：一方面，人不得不越来越依赖于网络技术发展而生活；另一方面，金融资本将越来越依赖于贩卖新的概念为其续命，从而在"脱实向虚"的道路上越走越远。

---

① 《马克思恩格斯全集》第 31 卷，99 页，北京，人民出版社，1998。

图书在版编目（CIP）数据

黑格尔与当代法国马克思主义：历史与逻辑/夏莹著. —北京：
北京师范大学出版社，2024.6
（走进哲学）
ISBN 978-7-303-29881-5

Ⅰ.①黑… Ⅱ.①夏… Ⅲ.①黑格尔（Hegel，Georg Wilhelm
Friedrich 1770-1831）-哲学思想-研究 ②马克思主义-研究-法国-
现代 Ⅳ.①B516.35 ②A811.63

中国国家版本馆 CIP 数据核字（2024）第 059492 号

营 销 中 心 电 话　010-58805385
北 京 师 范 大 学 出 版 社
主题出版与重大项目策划部　　http://www.bnupg.com

HEIGEER YU DANGDAI FAGUO MAKESI ZHUYI:LISHI YU
LUOJI
出版发行：北京师范大学出版社　www.bnupg.com
　　　　　北京市西城区新街口外大街 12-3 号
　　　　　邮政编码：100088
印　　刷：北京盛通印刷股份有限公司
经　　销：全国新华书店
开　　本：787 mm×1092 mm　1/16
印　　张：39.5
字　　数：470 千字
版　　次：2025 年 7 月第 1 版
印　　次：2025 年 7 月第 1 次印刷
定　　价：168.00 元

策划编辑：祁传华　　　　　　责任编辑：刘　溪
美术编辑：王齐云　　　　　　装帧设计：王齐云
责任校对：陈　民　　　　　　责任印制：赵　龙